風間サチコ「人外交差点」2013年
木版画（パネル、和紙、油性インク）、180x360cm

The Kenneth and Yasuko Myer Collection of Contemporary Asian Art. Purchased 2014 with funds from Michael Sidney Myer through the Queensland Art Gallery | Gallery of Modern Art Foundation / Collection: Queensland Art Gallery | Gallery of Modern Art / © Sachiko Kazama / Photograph: QAGOMA

真犯人出現と内部告発

鎌田慧セレクション――現代の記録――

2

装画：風間サチコ
「人外交差点」より
装幀：藤巻亮一

目次

第一部　弘前大学教授夫人殺人事件

Ⅰ　弘前・一九四九年夏

弘前《ひろさき》医科大学教授・松水藤雄が、市内在府町七十九番地、高杉隆治方の離れ座敷に身をおくようになったのは、一九四七年（昭和二十二）年三月初旬のことである。高杉家の黒塗りの侍門の前を、百メートルたらずの狭い道が南北に伸び、それと平行して建つ木造二階の小学校校舎が、医科大学校舎として接収されたのは、その数日後のことであった。

朝陽小学校『百年史』には、この間の事情がきわめて簡潔に記述されている。

「三月十五日　本校は校舎を青森医学専門学校に譲渡し、本町二番地旧校舎に移転する。青森医専は三月二十二日本校校舎に移転、弘前市立病院をその附属病院にあてる」

まもなく青森医専は弘前医大となり、やがて弘前大学医宇部となった。

小学校校舎が、突然、大学校舎になってしまった理由について、どんな説明が教師からなされたか、当時、この学校の三年生として在学していたはずのわたしには、なんの記憶もない。親たちがこのことについて話しあっていたおぼえもないから、新学期がはじまると、ごくあたりまえのように、それまでの南へ五分の通学路を、こんどは北へ五分ほどのボロ校舎へむかっていたにちがいない。しかし、さいきん刊行された『弘前大学医学部三十年史』によれば、やはり反対意見も強かったようなのだ。

「朝陽国民学校引渡しの際は、同校父兄会の中に、賛成、不賛成の問題が起き、有力者の一部には強い反対があったという。学校の存続をかけた医専は、真剣遮二無二の移転であり、学生達も、反対派の人達を訪問、嘆願して廻ったという」

やがて、私たちが移転した本町二番地の校舎は不審火によって全焼した。追いたてられたり、被災したりした小学生たちは、卒業するまでのあいだ、公会堂や旧陸軍兵舎に仮設された教室を転々として授業をうけることになるのだが、小学生たちはともかくとして、この「真剣遮二無二の移転」によって、その運命を狂わされることになるのが、たまたま校舎のむかいに住むことになった松永教授と夫人であり、おなじ町内の住人である那須隆とその家族たちだった。

すぐちかくに住み、そのあたりを駆けまわって遊んでいた私自身、三十年たってから、こうして書きはじめることになろうとは、夢におもうことさえなかった。

青森医専は、敗戦一年前の一九四四（昭和十九）年、折からの軍医不足に対処するため、各地に設置されたもののひとつである。それまでの各帝大の付属医専だけでは、戦線拡大にともなう軍部の要求に応えきれなくなっていた。誘致合戦のあとでようやく青森市にも一校つくられることになったのだが、翌一九四五（昭和二十）年七月二十八日、敗戦のほぼ半月前、青函連絡船の母港をもつ青森市は、B29による大空襲によって壊滅させられ、医専の存続はあやぶまれることになった。

学生たちは、青森存続を主張した。が、家族をかかえた教授たちは、住宅問題、食糧事情などから、戦災を受けずにすんだ弘前移転へかたむいていた。その陰では、かつて誘致競争に敗退した弘前市当局の、はげしいまきかえしが展開されていたのだった。

弘前市は、焼失した師範学校の青森からの移転をすでに成功させ、既設の官立弘前高校とあわせて、軍都から学都への転換をめざしていた。弘前城公園のなかのレンガづくりの兵器庫が、そのまま師範学校に転用されたのは、その象徴である。かつて、津軽藩の城下町として栄えたこの町も、版籍奉還後、県庁を青森市にとられ、衰退の一途をたどっていた。

「弘前は戸数約七千戸中、半分は士族であるが、困窮して売り食いするもの多く、店はさびれ新鮮の物資を見ず、毎戸ただ古道具を売る」

とは、明治十（一八七七）年八月の「東京日日新聞」の記事である。斜陽をかこっていた弘前が、ようやく息を吹きかえすようになったのは、日清戦争のあとである。政府の強兵策によって、弘前にも師団司令部が設置されることになった。ときならぬ建設ブームがはじまり、兵舎が建てられ、商人たちがやってきた。さびれるばかりだった城下町も日露戦争をさかいとして軍都として蘇生した。猛吹雪の八甲田山麓での軍隊の遭難事件はこの頃のことである。そして敗戦を迎え、長い軍都の歴史を清算して、学都への大転換をとげようとしていた。

青森では医専の学生大会がひらかれた。「このまま青森存置に固執するのでは、医専そのものが消滅する結果になる。われわれ医学生こぞって弘前移転を決議する」と、学生たちも移転論に転換した。職員組合委員長には、東北大学から赴任したばかりの松永藤雄教授が選出された。教授会、職組、学生同盟は一致して、青森市長などへの陳情をおこなった。文部省、GHQ（連合軍総司令部）などへの嘆願書を提出し、陳情をくりかえした。

弘前市では、市職員を使って、文部省医学教育審議会の委員たちに、当時としては貴重な白米をとどけさせる、ひそかな物量作戦を展開していた。そのためもあってか、ついに弘前市は誘致に成功した。市立病院が医専附属病院にあてられ、校舎にはすぐそばの市立朝陽小学校（当時は国民学校）が転用され、生徒は師範学校の附属小学校に貸与された。

朝陽小学校にとっては、敗戦直後、ジープで踏みこんできた米軍兵士のピアノ徴発につづく、校舎の徴発だった。がしかし、弘前市は、師範学校、官立弘前高校、医専を統合、それに農学部をくわえた、総合大学としての「弘前大学」創設のチャンスをつかむことに成功した。この大事業にともなう経費の増大によって市財政は膨張し、青森、八戸《はちのへ》をはるかにしのぐ重税にあえぐことになったが、市民に根強い津軽の「中華思想」を満足させるには、それ相応の出費といえるものだった。

弘前医科大学教授、同附属病院内科部長松永藤雄は、一九四七（昭和二十二）年三月十日、青森発午前九時三十分の列車で弘前にむかった。

寄宿先は、東北大学附属病院内科次席だった頃に、そこの娘を治療して顔見知りになっていた高杉隆治宅とした。大学校舎のむかいに位置し、通勤至便これ以上のところはなかった。弘前の中心地からすこし西に寄り、南側と西側とを寺院街にかこまれたこのあたりは、どこか淀んだような静かなたたずまいの城下町のうちでも、とりわけ閑静な一郭である。

在府町は、江戸詰めの武士たちの留守屋敷のあったところで、道の両側には門構えの武家屋敷がつづき、塀の中からは、松や梅などが枝を伸ばして道の上に日陰をつくった。

そこから五分ほど南へいくと、武士たちが弓の稽古をした大矢場に突き当たり、その土手のうえには法華宗の寺院が甍をならべて連なっている。西へ進むと、津軽藩主の菩提所としての長勝寺を中心とした禅林三十三ヵ寺が、その三門の左右に整然とたちならび、北へ進むと水を湛えた掘割と大手門にぶちあたる。城下町としての弘前市は、戦災に遭わなかったためもあって、古い町割りがそのまま残り、本丸を中心に、百石《ひゃっこく》町、五十《ごじっ》石《こく》町、代官《だいかん》町、小人《こびと》町、御徒《おかち》町、若党《わかどう》町、在府《ざいふ》町などの武家街と鍛冶《かじ》町、銅屋《どうや》町、桶屋《おけや》町、親方《おやかた》町、大工《だいく》町、鞘師《さやし》町、白銀《しろがね》町などの町人街に厳然と区画され、それらを護る形で、寺院街と堀と川が配置されている。

高杉家は、黒塗りの侍門をくぐり抜けた庭のむこうに母屋があり、その右手の離れが松永教授に貸し与えられた。きれいに手入れされたサワラ（あすなろ）の垣根が東西に道を通るひとびとの視線を遮断していた。クルマの通ることもなく、学者が住む環境としてはこのうえもなかった。道には街灯もなく、夜になると人通りはまったく途絶えた。その静けさは馴れないものにとって、不気味ともいえるようなものだった。

松永藤雄は、東北大学医学部黒川内科の三羽烏のひとりとして指折られていた。戦時中、日本政府がときの南京政府汪兆銘主席の病状見舞いに派遣したのが黒川博士であり、彼が愛弟子のなかから随員として白羽の矢をたてたのが、松永だった。内科部長、教授として弘前医大に赴任した彼の前途は嘱望されていた。細おもてに黒の丸縁メガネ。両側にピーンと張った耳。いくぶん薄い唇から発せられる言葉は鋭く、それでいて名調子の講義は、学生たちの評判を呼んだ。「パリパリのやり手」というのが、学内での評価となった。

もっとも、リアリストである看護婦たちはまもなく「皮肉屋サン」との称号を奉ることになるが、そこにこめられている一種畏怖とも畏敬ともつかないニュアンスが、松永の病院や学内での存在の仕方をよくあらわしている。

高杉家で三ヵ月ほど下宿生活を送ったあと、松永は桐生《きりゅう》の実家に疎開させていた二十九歳の妻すず子と、七歳の長男、二歳の長女を呼びよせた。庭木にかこまれた閑静な二階造りの離れ屋敷で、ようやく親子ともどもの生活がはじまったのである。

すず子夫人は、桐生高工教授の一人娘として育てられた。地元の高等女学校を卒業後、二年ほど東京の学校に学び、帰省してから琴、三味線、お茶、生け花といったような純日本式の素養を身につけていた。東北大学医学部助手の松永と結ばれるようになったのは、知人の紹介によるものだった。

弘前に移り住んでまもなく、大学ちかくのグラウンドで、学生と職員との野球の対抗試合があった。和服姿で現れたすず子夫人は、豊頬の目鼻だちのハッキリした美人だったが、それよりも着物の着こなし、化粧、たち居振る舞いは、田舎の小都市ではついぞ見うけられないほどに洗練されたものであったので、応援にきていた看護婦たちから、ため息が洩れたほどであった。

こうして内科学教室の創設に辣腕を振るっていた新進気鋭の教授と美貌の妻の噂は、よその土地からきた、津軽弁でない上流階級にたいしては、一目も二目もおく風習の強い、ちいさな城下町のひとびとのあいだに、静かにひろがっていった。

＊

一九四九（昭和二十四）年八月三日、松永は長男を連れて青森市にむかった。県庁で米軍払い下げストレプトマイシンの配給についての会議を終わらせると、彼はそのまま十和田湖の途中にある酸ケ湯《すがゆ》温泉にまで足を伸ばすことにした。翌年四月に予定されていた学会での発表にそなえるのと、温泉で療養中の病人たちの指導をかねてのことであった。夫が一週間ほどでかけることになったため、すず子は桐生の実家に手紙をだして、母親の信江を呼ぶことにした。

すず子は一人娘だった。それに三十歳にちかくなってからできた子どもだった。それだけに桐生と弘前とに別れて暮らしているのは、信江にとっては淋しいことだったし、娘や孫の着物を作っては送り届けるのを、老後の楽しみとしていたのである。

母と娘が四ヵ月ぶりに再会したのは、松永教授が青森にでかける前日のことだった。久しぶりに顔をみることのできた娘は脚気気味で、「身体がだるい」と疲れたような表情をしていたのが気がかりといえば気がかりなことであった。が、松永が注射をうち、出張のあいだの分として飲み薬をおいていったので、たいした苦にもならずにすんだ。

八月六日は朝から上天気だった。まわりを白神山系などの山でかこまれているせいか、この東北の片隅にある小都市でも、八月はけっこう暑い日が続くのである。信江は、朝食を終えると、「暑くならないうちに」と思いたち、禅林三十三ヵ寺の門前町である茂森町の床屋へ、孫娘のオカッパを剪り揃えにでかけることにした。

街の両側には、あすからの旧盆の入りにそなえて、屋台がたち並び、花や団子や線香などが色どりも鮮やかに商われていた。藩主の政策によって寺院が城下に移されてしまったので、近在近郷に住むものたちは、先祖の供養のために、この城下の寺院街まででてこなければならないのである。お寺の仏壇に供えるもののほかに、子供用の赤い緒のついた下駄や手拭いや風呂敷なども、葦簀《よしず》の屋根を張った畳一枚ほどもない屋台のうえに並べられていた。その店の前を頬かむりしたり、風呂敷包みを袈裟懸けに背負ったりした在のひとたちが、お寺にむかってゆっくり歩いていくのだった。

すず子に教えてもらった床屋は銭湯の入口の横にあった。そういえば、一日に桐生を発ってから、信江はまだ一度も風呂にはいってはいなかったのである。それでまだ旅の疲れもどこかに残っているようなのだ。一昨日は松永がでかける支度で忙しくて風呂にはいれず、昨夜はようやく沸かすことになって水まで張ったのだが、どうしたことか大家の都合でついにたてられずじまいだった。やはり借家住まいだからなにかと気兼ねもあった。

「わたしは風呂はそんなに好きじゃないからいいよ」

などとすず子に気休めをいったりしたが、今日あたりはどうしてもはいりたいものだ、と床屋のガラス戸を引きあけながら信江は思った。

まだ午前九時をすぎたばかりなのに、床屋は満員だった。学校は夏休みにはいっていたし、それにやはりお盆を迎えるためにか、その狭い店には、子どもたちが座りきれないほど待っていた。

じっと座っていられない子どもたちの、叫ぶような方言をきいても、信江には一言も理解できなかった。自分の孫の番がすぎてしまったのではないかと不安にかられたりしたが、どうやら無事に散髪も終わり、途中、八百屋に寄って、すこしばかりの野菜と豆腐を買いもとめ、家にたどり着いたのはもうかれこれ一時ちかくになっていた。

すず子も外からかえったばかりなのか、外出着の白いワンピースのままで縁先に座り、疲れた表情で松永からきたばかりの絵葉書に目を落としているところだった。

「どこかでかけていたのかい」

「そう。砂糖の登録に。病院に寄って売店で牛乳を買ってきたわ」

　戦後まもないこの頃は、コメや砂糖は配給制だった。台所にはいると、何本かの牛乳瓶が洗い桶に張った水のなかで冷やされているのがみえた。

　主人《あるじ》のいないせいもあって、夕食は簡単にすませた。高杉家の風呂をもらったのは、もう八時をまわっていた。母と娘と孫娘の三人が水いらずで湯舟につかり、ひさしぶりに背中を流しあったりしたあと、残って髪を洗っていたすず子は浴衣に着換え、タオルで髪をこすりながらでてきて、

「お湯がもったいないから洗濯しようかしら」

というのをきいて、

「きょうはもう休んで、あしたにでもしたら」

　信江がいうと、

「それもそうね」

あっさりいって、すず子は信江のそばにペタンと座った。

　団扇をつかいながらラジオのスイッチをいれた。土曜の夜で、「とんち教室」がはじまっていた。青木先生が、「石黒敬七さん」「長崎抜天さん」と形どおりに出欠をとりはじめると、中年すぎの生徒たちは元気よく、「ハーイ」と答える。NHKの人気番組である。

　その日は、この地方では珍しく、夜が更けてもまだ蒸し暑かった。縁側は南に面していたので、中天にかかった皓《しろ》い月がよくみえた。娘のK子が眠りだしたので、すず子はあわてて蒲団を敷き蚊帳を吊った。松永がいるときは、信江はひとりで二階の十畳に寝るのだが、この日は西を枕にして、縁側の方から、すず子、K子、信江の順に川の字になって寝た。枕の側の壁を通して、ダンス音楽が響き、ときどきカン高い嬌声がまじってきこえてきた。

　すぐ裏手の、「在府町」という名の武家屋敷街では意表を衝く、白亜の外装の鉄筋コンクリート二階建てがある。ル・コルビュジエのアトリエに学んで帰国したばかりの若き前川國男が設計したモダニズムである。土曜日になるとその屋上に医大生や看護婦や洋裁学校の生徒などが集まってきては、ダンスにうち興じるのだった。この保守的な地方都市でも、進駐軍がやってきたあと、社交ダンスが流行りだしていた。

　ビルの持ち主は、木村産業研究所である。木村家は、そのすぐそばに大きな門の広大な屋敷を構えているのだが、木村重成（江戸初期の武将、豊臣秀頼の臣で大坂夏の陣に戦死）の末裔と伝えられている。八百石という約束で藩にきたのだが、実際きてみると三百石の扱いだった。それでも、与えられた田んぼの状態をみて、百石返上、二百石になったとつたえられている。

　廃藩置県となって、津軽家は東京に移った。それに同行したのが木村静幽で、彼はのちに大倉喜八郎と組んで事業を興し、一九三一（昭和六）年、生まれ故郷の弘前で木村産業研究所を

創設した。コンツェルンの持株会社的なものだった。戦時中、同社の精密機械部門の岩木精機では、風船爆弾のメーターを製造し、木工部門の岩木産業では、ベニヤ板で練習機をつくっていた。

が、しかし、戦後に残されたのはホームスパン工場だけであり、これはやがて津軽こぎんの研究所として再興された。とにかく、敗戦を迎えて、無用の長物と化した本社ビルの屋上は、青年たちにダンスホールとして貸しだされることになった。軍需産業の本拠が、アメリカ風俗に占領されたのも、時代というものであった。

この日は、月夜のせいもあってか、集まってきた若者たちは遅くまで踊り、その騒々しさは、寝ている枕元に遠慮も会釈もなく降りそそいだ。

琴の名取りでもあるすず子には、ダンス音楽は余計気にさわった。母娘は寝つけず輾転《てんてん》としながらボソボソ話し続けていた。それもやがて静まりかえった頃、昼の疲れもでて、母娘どちらからともなく眠ったようだった。

信江はふと目をさました。夢心地に、「ああ」という重い溜め息をきいたような気がした。目をあけると、二燭の豆電球のあかりをうけて、娘の枕もとに白いシャツの男がうずくまっているのがみえた。

「すず子！」

夢中で声をかけた。男は蚊帳をまくってひらりと外へでた。ガラス戸がすこしあいていた。そこから顔をだすと、月の光をうけて、身軽に敷石を伝いながら逃げる後ろ姿が目にはいった。

「泥棒！」

信江が叫んだのと同時に、男はくぐり戸のむこうに姿を消した。

すず子は、枕をはずして大きくあえいでいた。そのたびに首から生温かい血が噴き出た。絶えだえの息の合間に、

「わたし、死んでしまう」

といったのが、最期だった。

信江は血を止めようとしてタオルを首にまきつけた。手首をにぎりしめて娘の名前を呼んでいた信江は、ようやく我にかえると、高杉家と結ぶ渡り廊下をころげるように駆けだした。

高杉隆治が眠りに就いたのは、柱時計が十時をうつのをきいてからであった。それからどのぐらい眠ったであろうか。

「父さん、父さん、泥棒だド」

老妻のよしのが激しくゆり動かしているのだった。部屋の外で、大沢信江が泣くような声で、

「はやくきて下さい、はやく」

と叫んでいた。

障子を引きあけると、信江は藍色の花模様の柄の寝巻き姿で棒立ちになっていた。高杉は廊下の突き当たりにある手回し式

の電話に飛びつき、力一杯ハンドルをまわした。あわてているのかうまくつながらなかった。苛だったよしのが代わろうとして手を伸ばすのを、舌打ちしながら振り切り、なおもグルグルまわして、ようやくかかった。

「警察、警察だ。警察につないでけろ」

六十五歳の高杉には、番号を調べている暇がなかった。警察もまたなぜかグズグズしているのだった。「医大の前の高杉だ」となんど繰りかえしても、なかなか要領を得ない。ようやく「すぐ行く」との返事をきいて、電話をきった。離れにむかおうとすると、信江は哀願するように叫んだ。

「すず子が、すず子が怪我してます。医者を呼んで下さい」

驚いて目をむけると、信江の手足は血に染まっていた。

離れにはいっても、豆電球が点っているだけでよくみえない。スイッチをひねっても明るくならない。渡り廊下をひきかえして、寝室の電球をはずして持っていったのだが、あわてているのかうまくソケットにはまらない。手に触れた紐をひくと、なんのことはない。簡単に灯いた。

一面の血の海だった。はずれ落ちた蚊帳が血を吸っていた。すず子夫人は蒲団からのけぞり、血だまりのなかに横たわっていた。高杉は絶句してたちすくんだ。箪笥にも血飛沫が走っていた。後ろからついてきた信江が泣き喚いた。

「すず子が、娘が可哀想です。どうか蒲団に寝かせてやって下さい」

信江が頭を持ちあげ、高杉が足のあたりをもって蒲団の上にあげた。すでにこと切れていた。

よしのは洗面器に水を汲んできて、信江の手足を拭いてやった。K子の寝巻きにも血糊が飛び散っていたので、着替えさせた。抱きかかえるようにして便所につれていき、放心状態の信江と一緒に自分の蒲団に寝かせた。

それでも警察はまだ到着しなかった。こんどは自分で電話をかけた。交換手に、「一一〇番!」とよしのが頼むと、ねぼけ声の男がでてきて、

「ここだバ、警察でねえジャ」

にべもなく切られてしまった。

「なんぼ警察は遅いんだべナ」

よしのは居てもたってもいられず、下駄を突っかけて門の外にでて、警察がやってくる北側の道をうかがってみた。道路にでるとき、くぐり戸が半開きになったままなのに気がついた。

覚仙町《かくせん》二十四番地の馬具商吉田鉄蔵は、寝入りばなを電話のベルでたたき起こされた。

「警察！　警察！　警察ですか」

あわてた女の声はそう叫んでいた。

「ここだバ、警察でねえジャ」

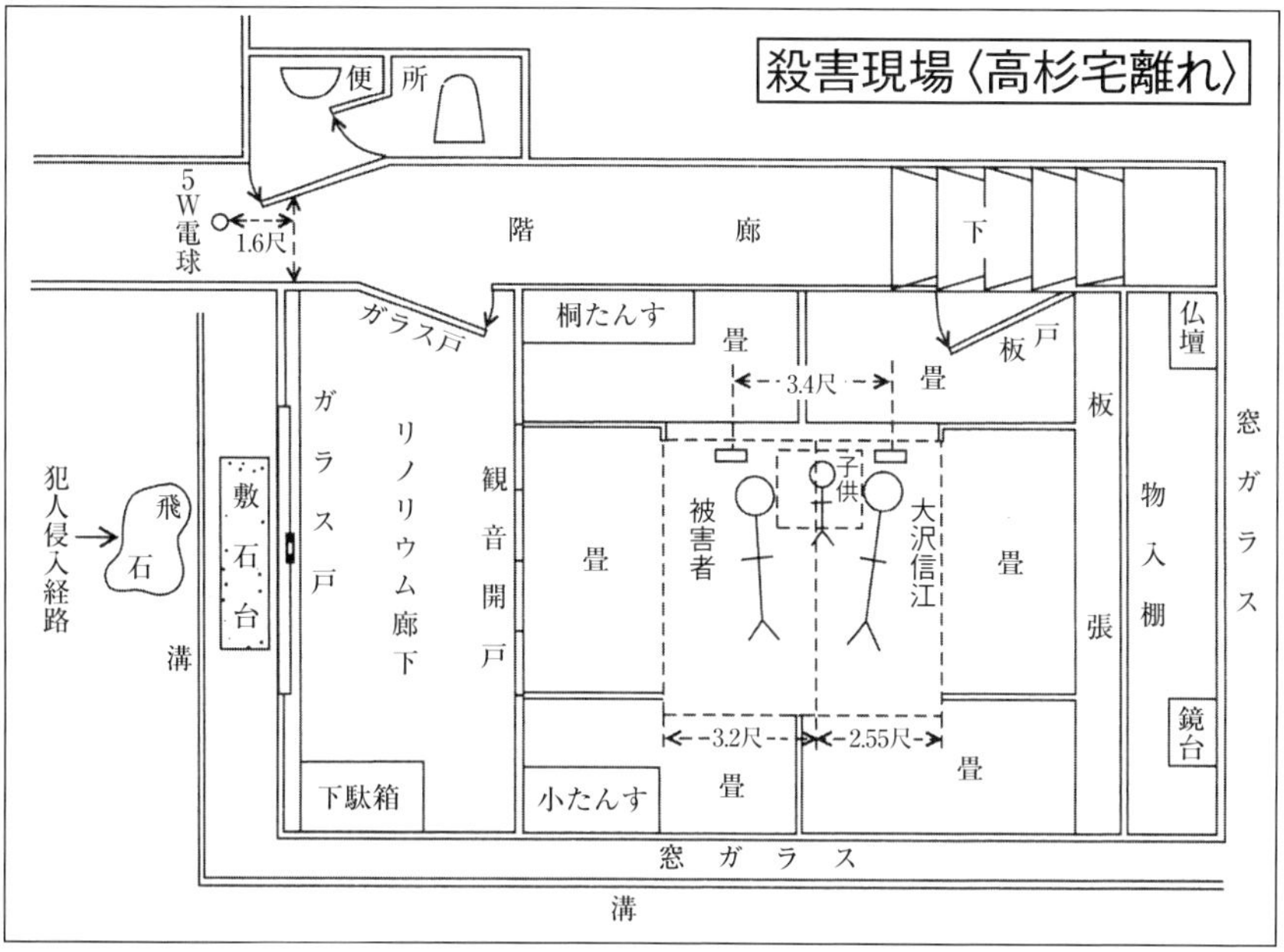

（第二審検証調書添付見取図による）

受話器をかけて、吉田はまたかとうんざりした。女房のシマもやはり目が覚めたとみえ、寝床からくぐもった声で不審そうにたずねた。

「いまどき、なんだべ」

「きっと、なんガあったのせ。あしたになれば判るべな」

事件があったり、火事になったりすると、きまったように吉田の家へ電話がかかってきた。電話番号が「一一〇番」だったのだ。警察の電話がヒャクトーバンになる、と報じられてから大分たっていたが、弘前ではまだそのままになっていた。

吉田鉄蔵は馬具商である。この頃は馬具の注文も減りだしていたので、彼は軒のひくい店先で、ズック生地でグローブを縫う仕事に精をだしていた。まだ皮革の生地など払底していた時代だったので、この思いつきは当たった。

ネプタが好きで、そのうえ子ども好きだったので、夏になると自分で野球のミット型の子ども用ネプタをつくって、近所の子どもたちに曳かせたりした。わたしもそのひとりだった。横山隆一の『フクちゃん』の絵を画いたネプタの前で、鼻柱に白粉を塗って勢揃いした写真があったのだが、度重なる引っ越しでなくなってしまった。

翌朝、長身の吉田はのそりと街を歩いていた。地元新聞社の前にさしかかると、人だかりしていたので、彼は昨夜の電話を思いだした。ひと垣のうしろから掲示板を覗きこむと、そこには筆太の字で「松永医大教授夫人刺殺さる！」と張りだされているのだった。

「ンだべ、やっぱりンだべ」

ゆうべ妻に語った予想が適中したので、彼は得意でないこともなかった。と、急に大事なことを思いついたように、彼は警察署に足をむけ、なかにはいっていった。事件が発生するたびに電話で起こされるのではたまらない。「なんとかしてくれ」との苦情を正式に申しでることにしたのである。


八月七日早朝、松永藤雄は旅館の女中に叩き起こされた。弘前から迎えがきている、というのだった。前の晩は蒸し暑く、寝苦しかったので寝不足気味だった。玄関にでてみると、はす向かいに住んでいる病院巡視の高松次雄だった。彼は松永の顔をみるなり、

「大変です、先生」

といいにくそうにいった。

「どうしたんだ」

「奥さまが、大変です。とにかく、この自動車さ乗って、すぐもどって下《け》せえ」

息子と車に乗りこんでからも、高松はなかなか話したがらなかった。

「家内がどうかしたのか」

「はい、奥さまがちょっと」

病気ぐらいで大学の車をさしむけることはない。ひょっとして気が触れたのか、そんなことも頭に浮かんだりした。走って三十分ほどしてから、執拗に問いかける松永に、高松はようやく重い口をひらいた。

「ゆんべ、先生どこサ強盗はいって、奥さまが怪我されだんです」

「おふくろは」

「やっぱし、怪我されだようです」

「で、すず子は」

「はい、奥さまは……」

弘前に着くまでの三時間、松永はじいっとしていた。「必ず犯人を捕まえるための証拠をあげる。仇をうつまで絶対に泣かない」。そう自分にいいきかせていたのだった。

自宅に着いたのは八時頃だった。非常線が張られていたのだが、それを越えて門のちかくにも人だかりがしていて、サワラの垣根越しに庭を覗きこんだり、なにやらひそひそ話したりしていた。同僚の医者や顔見知りの看護婦たちがあわただしく出入りしていた。

すず子の脈にふれてみると、まだ肌のぬくもりが残っているように感じられた。警察が写真を撮り、看護婦が身体を拭いた。そのあと血まみれの蒲団から移し替えた。無造作に投げだされ

た右腕は、眠っていたときとおなじ形のままで硬直していた。

　鋭利な刃物での咽喉の貫通刺創が致命傷だった。大量出血による絶命である。医者としての自分が、一滴の輸血の措置さえしてやれない。それが松永にとっての無念だった。

　告別式は大学が受けもつことになった。それは異例のことであった。

*

　松永教授を乗せた車が、埃を蹴立てて弘前への道を急いでいた頃、殺人現場から歩いて五分と離れていない在府町二十三番地の石渡谷《いしどや》みほは、自宅の裏庭で洗濯をしていた。その前日、息子の重穂の嫁が男の子を産んだ。五十三歳のみほにとっての初孫だった。

　奥の部屋の産褥《さんじょく》に就いている嫁に代わって、彼女は朝から早々と盥《たらい》の前にしゃがみこんで、汚れものの洗濯に余念がなかった。

　まばらな垣根越しに、東隣の那須家の妻とみが、朝食の惣菜にするのであろう、庭の畑でえんどう豆やきゅうりをもぎとっているのがみえた。と、「かあさん、かあさん」と呼ぶ声がして、小学校六年生になる弘が、とみの方に駆けていった。

「かあさん、かあさん、人殺しあったドー」

「本当が、何処で?」

「木村産業の裏の家で、オガ様が殺されだんだド」

　石渡谷みほは、ギクッとした。高杉家の離れには、大学病院に通院するため、みほの姉妙子が間借りしていたのである。前掛けであわただしく手を拭きながら、みほは垣根の隙間から那須家の庭にでた。

「弘さん、それ本当ですガ?」

「本当だハンデ。むかいの高谷がらいまきいたばかりだンダ」

「木村産業の裏ダバ、高杉の家でねェガ?」

「ンダ、高杉の家ダド」

　みほはあわてて家にひきかえし、のんびり歯を磨いている息子の重穂に、ちょっとみてきてくれ、といいつけた。重穂が下駄をつっかけて走っていくのといれちがいに、豆腐売りの古川サダがやってきた。小柄で色の浅黒い彼女は、商売柄いろんな家をまわって歩くので、情報通だった。彼女のことを自分を取りあげてくれた産婆さんだ、と私が信じこんでいたのは、なにかの拍子に母親がそんな冗談をいったからだ。

「ああ、古川の母ッチャ。在府町で人殺しあったって、きいでネエゴスガ?」

「オラもいまみできたどこですた。高杉の家の前さ、巡査がいっぱい居だオン」

「そんで、どなだでスベナ、殺されたひとは」

「医者様だいっった話コデセ」

みほの姉の嫁ぎ先は獣医だった。それでますます不安になった。自然に声も高くなっていた。

「高杉の家っても、前の方ダベガ、奥の方ダベガ」

「なんでも、医大のセンセの奥さまダド聞いてきましたジャ」

みほはようやく胸をなで下ろした。下駄の音を響かせて重穂が帰ってきた。その報告は古川サダのものと一致していた。

奥の深い、武家屋敷の裏は、たいがい畑にされていた。人殺しのニュースが飛びこんできたとき、弘の兄の那須隆は、畑の隅で雑草をむしり取っていた。

「チョットみにいってくる」

といいながら走りだそうとする息子を、父親の資豊《すけとよ》がたしなめた。長い間裁判所の書記官を務めた、この謹厳実直を絵に描いたような五十八歳の老人にとって、二十五歳にもなる伜が、野次馬のひとりになって、バタバタ走っていくのを見逃すことができなかった。

それにその日は日曜日とはいえ、旧盆の十三日なので、どこの家でも朝から忙しいのである。まず仏サマを迎えるために、家のなかを奇麗にしなければならない。

八畳一間、六畳三間、十畳一間の家と庭の掃除があるし、夕方には家族揃って、自分の家ばかりか親戚の墓参りにいくのが、このあたりの風習である。十二人家族の大世帯、那須家ではその支度で大変なのだ。

古川サダがやってきたのも、前日から油揚げや豆腐を頼んでいたからで、とみは墓前に供えるために赤飯を炊き、病没した長女が好きだったきんとんや、煮しめをつくったりしなければならなかった。それを重箱につめて墓地に持参する。茄子やきゅうりを胴体にみたてて、割箸を折って四本の足をつける。それを御馳走と一緒に墓前に供える。仏サマはその馬ッコに乗って下界に降りてくるのである。

長男は生まれてまもなく亡くなっていた。二男の隆が、世が世ならば、屋島の源平戦で扇の的を射落として名をあげた那須与一の末裔、三十六代当主だった。長女は病没し、隆は六人の妹と三人の弟の上に立っていたのだが、二十五歳になって失業中、ひとが好いばかりでどこか頼りないところが、資豊の不満でもあった。

朝食がすむと、資豊は、隆に自分の勤め先のりんご加工場にいって、リンゴ酒をもらってくるよういいつけた。やっと外にでることができることになった隆は、ちょっと寄り道して松永家を覗いてみた。病院の車や警察の車が狭い道をふさぐようにして停まり、まわりを四、五十人の野次馬が取りまいていた。

どさくさにまぎれて庭にはいってみたが、犯行のあった部屋は雨戸を閉ざしていて、みることができなかった。むかいに住んでいる「東奥日報」の菊池記者がいた。話しかけてみても、菊池は鉛筆の尻で現場の方を指しただけで、またなにやらメモ帳に書きこんでいて、取りつくしまがなかった。

父親の勤め先は駅のちかくにあった。資豊は定年で裁判所を辞めてから、ここで帳場の仕事を手伝っていた。家から歩いて三十分ほどの道のりだった。隆は新聞社にむかう道を通り抜け、掲示板に貼られた速報を読み、またブラブラ歩きだした。

途中、ブリキ屋の前にさしかかると、そのままなかにはいった。屋根を葺《ふ》きにきたりストーブの煙突を取りつけたり、バケツの修繕を頼んだりして、ここの主人とは顔見知りだった。彼はここでかねてから欲しいと思っていた、自転車の配給についての情報を仕入れることを思いついたのだった。

「おはようゴス」

「おやマンダ隆さんでネエガ。随分まだ早えんですすナ。サアサア入りセ。お茶っコでも一杯飲んでいったら、どんです」

主人の長尾善作は、商売人らしい腰の低さで招きいれた。

「どこさいってきたんですバ」

「ンデネゴス。これがら福士のリンゴ屋にいくんでサ」

「そんですか。朝マはやぐから親孝行だことで」

善作は相槌をうちながら、そばに座っていた妻にお茶を淹れさせた。

「まあ、カラ茶ですけんど、あがって下《け》せえ」

「ゆうンべですな、在府町で、非道いことあったんですネ」

「ホホウ、なんですバ」

「人殺しでゴス」

「人殺し？　そりゃマンダたいしたことですな」

「医大のセンセの奥さまが、殺されたんですジャ、くる途中みできたんだけど、たいした人だかりですた」

そんな話をしたあと、隆はたちあがった。

小瓶に詰めてもらったリンゴ酒を六本ほど風呂敷に入れて、汗を拭きながら自宅にたどりつくと、田名部（現在むつ市）の小学校で助教諭をしている十九歳の忠が帰ってきていた。予定より二日ほど早く帰ったのだった。

夕食後、病気で外出をしない妹をひとりだけ残して、那須家は親子あわせて十一人で、お寺参りに出かけた。

家族揃っての外出は、それが最後になった。

＊

その頃の大学教授は、いまからでは想像できないほどの「上流階級」だった。まして、松永夫人は評判の美貌だったし、それに夫の留守中に殺害されたこともあって、事件らしい事件のない盆地のなかの城下町で、この夏の夜の事件は恰好の話題となった。地元紙は連日トップ記事で扱った。現場には野次馬が絶えなかった。

一面トップの第一報には、「種々の疑点」の見出しで、つぎのように記されている。

松永医大教授夫人の殺害事件はお盆さなかの弘前市に大きなショックを与えたが殺害の際「私は死んでしまう」と謎の一言を残したこと、傍に寝ていた目覚め易い老母すら殺される迄判らなかった程何も言わずに刺されたこと、一物も盗まれて居ないことなどから単なる強盗殺人とも思えぬ疑問の点が種々含まれており、或いは痴情関係も予想されるが、自殺としての根拠は非常に薄弱である。夫人は非常な美人であるが、近所の噂によればおとなしい貞淑な奥さんであったらしい点、この殺害事件は大きな謎として夏の夜に猟奇の話題を投じている。（「陸奥新報」一九四九年八月八日）

痴情関係も仲のよい教授夫婦の関係上一応否定され、残るは怨恨関係かまたは医大生その他医大関係者の美貌の教授夫人に対する横恋慕の末の殺害の見込みが有力で、更に犯行が一思いに急所を貫いている事等から加害者は殺害の経験を有するか、さもなければ解剖の経験者、医学の心得のある者等の推測も可能で、市警捜査課では学生関係を撤底的に洗っているが少しずつ捜査網が縮小されている。（「陸奥新報」八月九日）

松永教授夫人刺殺事件は弘前市警を挙げて三日にわたる必死の捜査も空しく犯人の行方は勿論、そのメドもつかぬ模様で、八日夕は医大生二名、九日午前八時更に附近下宿の医大生一名を取調べたが不審の点なく釈放、全署員はお盆さなかに一睡もせず捜査をつづけている。殊に当夜医師達により現場が荒されたこと、附属病院等松永家と関係のある大学関係者が非協力的であること、凶行の動機がはっきりしないこと等捜査は困難を極めているが、捜査当局は依然同家を知っている医大関係者とにらんでいる。

風評を否定　松永教授談

捜査本部では八日夜お母さんの信江さんと共に松永教授から自宅において家庭事情につき聴取したが教授は「世間から風評されるようなことは全然ない」と否定していた。（「陸奥新報」八月十日）

最初に疑われたのは大学関係者だった。犯行現場裏のダンスパーティに参加したり、ちかくに下宿していた医大生たちが取り調べを受けた。松永教授の「素行状況」聴取のため、弘前市警は看護婦二名に出頭をもとめたが、これは拒否された。弘前市当局が懸命に誘致した大学を、自治体の警察である弘前市警察署が疑惑の対象として捜査しなければならないところに、市警の苦悶があった。

当初、痴情説が強かった。被害者が残したのが「わたし、死んでしまう」の一言だけだったことから、犯人は顔見知りとする意見である。それに付随して、夫人はダンスホールに出入りしていた、結婚前に交際していた男がいた、などの「風評」もひろがっていたが、これは寝ているところを刺し殺された〝猟奇性〟が、無責任な噂として増幅されていったものにすぎなかった。被害者の美貌は人びとをことさら興奮させた。

やがて痴情説に代わってでてきたのが、怨恨説だった。

怨恨説が有力とすれば当の夫人は模範的な家庭の主婦で令息の学校のPTAの会合か教授の同僚夫人との交際に顔を出す程度の人で、映画もこの程一年振りで『ジャコ万と鉄』を見たという人なので、直接怨恨を受けるようなことはないと見られているため、或は松永教授に対して何ごとかを含む者の仕業ではないかとの説が強い。（「東奥日報」八月十一日）

たしかに、松永教授は、その齢《よわい》の割にしては政治力がありすぎた。弘前医大は東北大学閥といわれ、同大出身の丸井清泰が学長として君臨していたが、彼はその「片腕」との評判が高かった。大学運営、人事にたいしては絶大の発言力をもっていたので、当然学内での批判も強かったし、弘前移転にあたっての反対派の怨みも残っていた。学生に厳しく、カンニングを発見して落第させたこともあった。といっても、それは夫人の惨殺に直接結びつくほどのものではなかった。こうして、事件は次第に迷宮入りの様相を濃くしていった。

ときおり、耳よりな情報がもたらされないでもなかった。たとえば、そこからすこし離れた橋の袂にあるタバコ屋に、事件の夜、右手を血だらけにした男がたち寄ってタバコを買った、という通報があった。が、ようやく本人を探しだしてみたものの、友人宅で酒を飲み、口論から殴りあいになって血を流しただけのことが判明したりした。

津軽では前後不覚になるほど酒を飲み、そのあげくに喧嘩になるのは、それほど珍しいことではない。それはジョッパリ（強情）と友情の安心感のカクテルがもたらす産物でもあった。

この頃の新聞には、ぼつぼつ市警への批判がではじめている。市議会に拘束される自治体警察では、市の虎の子である医大と附属病院には歯がたたなかったのであろう。ついに国警から応援部隊が乗りこむことになった。国警県本部隊長が視察に訪れ、県捜査課次席須藤警部、工藤警部補、西田巡査部長が捜査陣にはいることになった。

一方、「象牙の塔」への批判は、「松永事件へ協力せよ」の社説となって現れるまでになった。

参考人として任意出頭を求めた看護婦すらこれに応ぜず病院自体捜査に冷淡、非協力的であると報ぜられている。尤《もっと》もこの事件以来、看護婦の傷害事件を始め今まで隠された醜い面が少しずつ表面化しているので掘り返されることを恐れる点もあろうが、それはそれとして一般市民として、大きな立場から事件解決には積極的に協力すべきではなかろうか。

学都として浮び出ようとする今日、附属病院が疑惑の眼で見られているということは、弘前の民主化のため見のがすことの出来ない一事と思う。（「陸奥新報」八月十四日）

事件当夜から二週間たって、弘前市警はようやく最有力容疑者を逮捕するに至った。自称千葉医大生、二十三歳である。彼は、右手指と右足に負傷していて、事件直後から姿を消していたため、行方を追及されていた。弘前から二十キロほど秋田県側にはいった、碇ケ関《いかりがせき》温泉の旅館に恋人とともに〝潜伏〟していたのを、刑事が追跡して踏みこんだのである。

犯行現場の松永宅から、犯人の逃走路と思われる道路上に、点々と血痕が落下していたのが発見されていた。当時、「犯人も負傷している」との見方が強かった。だから、医大生で怪我をしたものは疑いをかけられるのに充分だった。そのうえさらに、その男の恋人は、すこし前まで弘前医大附属病院の小児科看護婦長をつとめ、被害者宅付近に下宿していたこともあって、土地カンもある。男が以前、市内の旅館で拳銃での自殺未遂事件を起こして二人は知りあっていたのだった。

弘前市警は「詐欺罪」の別件でひっぱり、よってたかってせめたてたが、アリバイが証明されるに至っては釈放せざるをえなかった。こうして二週間目にしてようやく挙がったホシも警察側の黒星となった。

那須隆が逮捕されたのは、それから二日後の八月二十二日のことである。誤認逮捕で恥をかき、迷宮入りを懸念されていた弘前市警は、事件発生以来十六日目にして、ようやく汚名を雪《そそ》ぐことになったのである。「再び有力容疑者」（「東奥日報」）、「真犯人は確定的か」（「陸奥新報」）と地元紙は大々的に報じた。

逮捕されることになった日の午後、那須隆は、表庭の松の木の剪定に余念がなかった。梯子に登っていると、刑事が二人やってくるのがみえた。

「吉田の井戸はどこだバ」

彼らはそんなとぼけたことをいいながらはいってきたのだった。那須家の裏庭と一一〇番の電話の持ち主である吉田鉄蔵の裏庭とは、背中あわせとなっていて、兇器の捨て場として疑われた井戸はそのまん中にあった。両家は庭伝いにいけば通り抜け自在なのである。

事件の翌朝、血痕の跡を嗅ぎまわった警察犬は、那須家の一軒手前の斎藤みよ方にまで到達していた。その後、斎藤家の庭に置いた漬け物石に血液の点滴があるのが発見されて押収されたり、那須家と斎藤家の境にある垣根の笹の葉にも血痕が発見されたりしていた。事件後、このあたりで発見された赤いシミは、たいがい血痕として疑われていた。

目下失職中で、警察官志願者である那須隆は、妹の夫の友人の警官を通じて猟官運動中だった。そのこともあって、事件発生は彼を必要以上に張り切らせていた。彼はこれまでもよく近所の家の屋根の雪おろしなどを買ってでたり、さまざまな事件の情報を吹聴して歩いたりした。いくぶん腰軽《チャカシ》なところが目立つこの青年には、殊勲を挙げてめでたく警官に採用されたいという野心もあったから、捜査への協力の姿勢は、はたからみて不自然と思われてもしようがないところがないでもなかった。

ある日の夕方、小柄な父親がいつものように、猫背加減の内股の急ぎ足で勤め先から帰ってくると、医大正門前で右手に包帯をまいた学生風の男とすれちがった。その話をきくと、那須は早速むかいの菊池家から自転車を借りだしてその行方を追跡したり、煙草屋に血まみれの男が現れたとの情報がはいると、一日中こころあたりを探しまわったり、事件直後、隣の下宿の医大生が姿を消したのが怪しいと警察に注進したり、仕事のないものの気楽さと腰の軽い性格と警官への就職運動をもふくめて、給料取りの警官よりもよくはたらいた。

ある日、横山警部補が隣との境の垣根にしゃがみこんでいた。横山は警察官試験のときの試験官でもあって顔見知りだった。那須隆が近寄って覗きこむと、横山は笹の葉に脱脂綿をひたしている。

「何ですバ、それは」

声をかけると、振りむいた横山はずり落ちかけた眼鏡をあげながら、得意そうにいった。

「これがァ、これだバ、オキシフルだネ。こうして掛げで、泡ッコたつのが血だネ、ホレ見なが」

いままで、虫の糞とばかり思っていたのが、実はそれは血痕だったのだ。隆は弟妹たちを動員して一枚一枚笹の葉を調べ、虫の糞状の「血痕」を発見しては、ちかくの交番に連絡した。本署から鑑識課員が駆けつけた。

が、かれの協力がほとんど役立たなかったことが、かえって警察の疑惑を濃くした。偽装工作と疑われたのである。そんなことに気づくこともなく隆は協力するのに忙しかった。その頃の犯人像は、大学関係者の怨恨、痴情説が強かったので、顔見知りの医大生に病院内の様子をききこみにいったり、不良説がでてくると友人のヤクザに頼んだり、ひとりで大奮闘していた。

この日も、顔見知りになっていた二人の刑事が裏庭の井戸を探しにくると、隆は梯子から下りてさっそく案内し、磁石をもちだして紐で吊るし、井戸の底へ下ろしながら兇器の発見に協力した。が、現実は探偵小説通りにはいかなかった。二人が帰ると、それといれちがいに別な刑事たちがやってきて、

「ちょっと間《ま》、本署さきてけろジャ」

ということになった。彼は作業衣代わりに着ていた海軍用白開襟シャツを脱ぎ、鴨居の吊るしにぶら下げて、外にでた。

那須隆は、こうして逮捕された。


那須逮捕の記事を読んで、隣に住んでいる石渡谷重穂は、奇態な感じを受けた。事件の朝、母にせかされて現場の高杉家までひとっ走りしてきたのだが、その翌日の夕方から、彼の家には三人の刑事が張り込みにきていたのだった。

「今夜はカギ掛けなくてもヨウゴセ」

とかなんとか愛想を振りまきながら、一晩中那須家との境の垣根にへばりついていたのである。昼は昼で二階に上がって、隣の庭を監視していた。重穂にとって隆は隣人であるだけでなく、小学校の同級生でもあるし、それに職場で彼は隆の後任者でもあった。

大学病院の事務員として採用されるまで、重穂は種苗店に勤めていた。はじめ重穂を面接したとき、種屋の親父は彼の履歴書をみて、那須隆とおなじ住所であるのに気づいて変な顔をした。前任者の那須隆がトラブルを起こしてやめたあとに、重穂が面接にいったからである。家にいると刑事がやってくるし、店にいてもおなじ刑事が、前任者の那須隆の勤務状態を調べにやってくる。

「アレッ、あんだ、ここにいだんですか」

などと刑事の方がバツが悪そうな顔をするのだが、狭い町とはいえ、それは偶然の一致というものだった。

逮捕第一報をみて重穂が驚嘆したのは、「警察というところは、あんなに早くから犯人が判るものなのか」ということだった。それに自分のうちの垣根から血痕が発見されたといっても、大きな声ではいえなかったが、母親と顔を見あわせて「あれダバ、梅を干した時にこぼれた汁だネ」などとささやきあっていた。ところが、その汁の跡はまたたくまに那須家の庭までひろがり、買い物にいってくれたり、屋根の雪下ろしを手伝ったりしてくれる愛想のいい隣の友人は、号外の主人公にまでなってしまったのである。

石渡谷家の隣の津軽塗職人柴田正雄は、事件後から、家の前の、道を頬かむりに長靴履き、一見田舎者《ザイゴ》風の扮装《いでたち》で目つきの悪い男たちが、いったりきたりするようになったのに気づいていた。彼の家は在府町の入口に位置していて、かつて在府の侍の家族を護るために槍の指南番が住んでいた。柴田は指南番の子孫ではなかったが、納戸から木刀を取りだし、今晩あたりは泥棒がはいるかもしれないとの用心を怠らなかった。その後、

道傍に炭俵を敷き、夏なのにもかかわらず、マントをかぶってうずくまっている不審な男の姿もみかけるようになった。

いまから考えれば、在府町の人びとにとって、実はその頃がいちばん枕をたかくして眠れる時期でもあった。

事件発生の翌朝、雄シェパードの警察犬、ダキロ・フォン・オーカコク号は、刑事たちをあとに従え、飼主の唐牛哲夫をひっぱりながら勢いよく犯行現場を飛びだした。まず、高杉家の門を右に曲り、血液の点滴にしたがって裏の木村産業研究所の庭に入ってひとまわりし、そこから二百メートルほど進んで、那須家の手前、斎藤みよ方斜め向かいの電柱に到達すると動かなくなった。疲れきってしまったのである。

一方、那須隆はその話をきいて、斎藤家に下宿している二人の医学生が怪しいと睨んだ。刑事が学生の素行をききにきたので、よく集まっては夜遅くまで騒いでいるなどと伝えたが、刑事の関心はそんなことではなく、学生たちが松永家に出入りしていたかどうかにあったようだった。が、受け応えしている隆自身、刑事の目がじいっと彼の顔色をうかがっているのに気づいていなかった。

那須隆は、藩校稽古館の後身である私立東奥義塾を卒業すると、開拓団の指導員として一九四四（昭和十九）年、「満州」に渡った。そこで七ヵ月ほど暮らしているうちに赤痢にかかり、それと落馬による胸部打撲から肋膜炎を併発して帰国、敗戦まぎわの一九四五（昭和二十）年五月、青森県通信警察官となった。

通信警察官は青森県独自の制度で、身分は巡査なのだが、仕事は警察電話の施設保全、架設に従事するもので、防空警備活動の末梢神経としての通信網を確保するためのものだった。が、それも翌一九四六（昭和二十一）年三月には廃止となった。退職後、彼はりんご屋や種苗店に勤めたが、種苗店の店主と衝突して、失業の身だった。無職でブラブラしているもの、これが警察から嫌疑を受ける条件のひとつになった。

この頃、失業者がふえだしていた。全国で二十八万五千人の行政機関職員の馘切りが発表され、国鉄青森管理部では二千名、県庁では三百名の整理がはじまった。民間でも企業整備のあおりを受けて、中小企業の倒産が続出していた。津軽地方では六月中旬に降雹《ひょう》があり、馬鈴薯、野菜が全滅、稲作もまた低温寡照の日が続いて農民たちは飢渇《けがつ》の予感に戦《おのの》いていた。

福島県平市では労働者たちが警察におしかけて占拠した。下山国鉄総裁が轢《れき》死体で発見された。三鷹駅では無人電車が暴走して六名の死者をだした。その前々日には、弘前機関区でも、機関車を暴走させる工作をしていた二人組の男が機関庫から逃げだすのが発見されている。東北本線松川駅付近での列車転覆は、八月十七日のことだった。

＊

失業者である那須隆は、鬱屈した日々を過ごしていた。すでに嫁いだ妹と助教諭として自活している弟を除いた十人家族にもたらされるのは、定年退官後の父資豊の恩給とりんご加工所からの細々した収入、それに準看護婦をしている妹の安月給だけだった。津軽藩と姻戚関係にあり、那須与一の直系でもある那須家も、農地改革によって八町歩ほどの小作地を取りあげられて、逼塞状態にあった。

知人に頼まれたこともあって、隆は石鹼の行商をはじめていた。風呂敷に包んで、同級生や知りあいの家をたずねては、ひとつふたつと金に換えた。彼には弟妹の多い家庭の長男として、すこしでも家計に役立ちたい、との焦りがあった。

暑い陽射しの下を歩きまわっている頃、捜査の網はじりじりと那須にむけて絞られていたのだが、彼は気づいていなかった。歩き疲れてたちよった家のラジオは、波のような雑音に乗せて、ロスアンゼルスから水泳の試合を実況中継していた。万余の観衆を集めたオリンピック記念プールで開催されている全米水上大会では、日本の古橋、橋爪選手が大活躍していた。

ひとびとは毎日ラジオに齧りつき、「フジヤマの飛魚」と呼ばれた古橋広之進が、両腕を水車のようにふりまわして世界新記録を樹立するラストスパートに酔い痴れ、しばしのあいだでも世相の暗さを忘れていた。

石鹼の行商にでかけたり、裏庭の畑で茄子の葉についた虫を取ったり、菜種を蒔いたり、庭木の手入れをしたりしている隆の上に、捜査の網はさらに縮んでいた。

那須隆が容疑者リストに挙げられるようになったのは、「無職」ということもあったが、のちに千葉《ちば》東《とう》一家の組長になる栗山敦夫との交際《つきあい》が、すぐそばの交番にキャッチされていたからである。

その年の春三月、隆の東奥義塾時代の友人、今《こん》勇三が仙台で服毒自殺を遂げた。その葬式の席で、隆は今《こん》の母親に栗山を紹介された。今と栗山もまた、東奥義塾の出身者だった。今の母親は、ちかくの町から弘前にでてきていて友人のすくない栗山が、息子の急死をあまりに嘆き悲しんでいるのをみかねて、那須を紹介した。友人の仏前でひきあわされた後輩を善導することに、隆は使命感を感じたようだった。

ヤクザと元警官の二人の青年は、連れだって今勇三の墓前によく姿を現すようになった。栗山の家から今の寺にむかう道すじに那須の家があるのも、二人の仲を深めることになった。那須もまた公園の裏側の街で同棲生活をはじめたばかりの栗山をよく訪ね、泊まりこんだりするようになっていた。

逮捕前日の八月二十一日の夕刻、那須は歩いて三十分ほどの栗山の家を訪ねた。が、栗山はでかけて留守だった。

「すぐ帰ってくるビョン。はいって待ってシナガ」

内妻の赤松よしえが、ひきとめたので、彼はあがりこんだ。

一時間ほどして栗山はようやく帰ってきた。那須家のちかく、寺院街の入口にある交番に呼びだされていたのだった。殺害現場にもちかいので、その交番に捜査本部が設けられていた。那須のことをきかれたのだが、栗山はそのことを那須にいわなかった。

三人で夕食をすますと、栗山はまたそそくさとでかけた。隣組の常会で夜まわりの相談があるとのことだった。「すぐ帰ってくる」というので、那須はよしえとラジオをききながら待っていた。と、あたりが急に騒がしくなって、沛然と雨が降りだした。那須は傘を借りて帰ることにした。出がけに思いかえし、下駄も借りることにした。

履いてきた靴は、リンネル製で、父から譲り受け、靴屋で修理させたものだった。白クリームを厚く塗って大事に履いていたもので、雨水で汚してしまうのはいかにも勿体なかった。台所用のチビた下駄に履き替えて彼は外にでた。彼が帰ってまもなく、栗山が帰宅した。

それからのことについては、のちに栗山は裁判所でこう証言している。

栗山敦夫（当時二十三歳）の証言

午後九時頃帰宅してきたところ、那須が十分位前に私方から帰っていったとのことで、当時私もいつもならまだいるのに、どうして待っておらずに帰ったのかな、実はちょっと聞きたいこともあったのに、と妻にいっておりましたところ、妻は先頃那須とははっきりいうことができないが、靴音をたてずに歩いていた者があるので那須にまちがいないといって、さらに那須が私方をでるときに傘を借りて靴をおいて行ったことをきかせてくれましたから、私も歩行に音をださない靴とはどんなものかと思い、当時おかれていた下駄箱の上から取ってみましたところ、佞武多《ねぶた》祭の際履いていたのと同様の靴で、白ズック製でありましたが、いつもと違って白のクリームを塗ったばかりの様であり、踵も革を釘で打ちつけ爪先の方がゴム張りでした。

それから靴を下駄箱におき部屋に入ってから、今晩は胸騒ぎして仕様がないから那須が姉のところに行ったのではないかといったところ、妻もそうかもしれないとのことでしたので、私が同人方へ行くべく支度をしていたところ、私方の戸を叩く者がありました。それで、

「誰か」

ときくと、

「警察の今刑事だ」

というので、いま頃なんの用事できたのかと思い、さっそく差錠をはずしてなかに入れると、

「那須がきていないか」

ときくので、四時頃きて九時頃帰って行った、靴をおいていったと話して、靴を渡そうとしたところ、今刑事みずから取りだして、

「血痕がついているぞ」

といいました。すると妻もでてきて、

「血痕がついているから猫が庭へでてきていたのか」

というので、私もそこにいた猫に寄りつけたところ、今刑事は、

「それは困る。これが唯一の証拠品だからそんなことをされては困る」

といいました。なお、猫は靴をつきつけられたとき、あたかも魚を噛む様な様子をしました。私も最初靴に烏賊の汁でもついていたかな、と考えましたが、今刑事と私とが靴紐を解きましたところ、人血かどうか知りませんが、血と思われるものがついておりました。

弘前市警巡査部長今武四郎（当時二十九歳）**の証言**

二十一日も捜査会議がひらかれたのですが、午後十時頃終り、すぐ帰宅しましたが、途中栗山方前を通りましたところ、同人がちょうど出かけるところでしたから、

「那須がきていないか」

とききましたら、同人は、

「きていた」

と答えました。何故私はその様にきいたかというと、当時、茂森町巡査派出所に捜査本部を置いて捜査していた横山警部補から、那須が二十一日の午後三時頃から栗山方に行っているようで家に見えない、と同日の捜査会議の席上話したので、念のためきいたのです。しかも、栗山はそのとき、那須が午後四時頃きて九時頃帰っていったというので、なにか持ってこなかったかとさらにききました。すると、なにも持ってこないが、履いてきた白ズック靴をおいて傘と下駄を借りて行ったといいましたから、私は、

「どれ」

といってみたら、下駄箱の上に白ズック靴一足があがっておりました。それで手に取ってみると、血がついていたので鑑定が必要であると思い、その旨話していたら栗山がでてきました。それで私は栗山の妻に話して参考品として持ち帰り、すぐ応援にきていた須藤警部（国警警察官）に見せたところ、同人も署長にみせてくれ、というので、すぐ署長の家へ持って行きみせましたら、

「自分も出署するから先に持って行き、笹田部長に写真を撮

らせておく様に」

　と命じましたから、署に行きその連絡を致しました。

靴をみせられた山本正太郎・弘前市警署長は、官舎のすぐそばにある署に駆けつけた。署長は笹田一雄・鑑識課と今巡査を同道し、車で五分ほどの松木医院（内科・小児科）の扉をたたいた。松木医師は、弘前市公案委員でもあった。

　それから二時間ほどして、ズック靴に附着していたのは、「人血である」との鑑定結果がだされた。

　翌日、那須隆は逮捕された。白ズック靴に附着していた「血痕」が、逮捕のキメ手となった。

　逮捕から二ヵ月後の十月二十日、那須隆は勾留のまま再逮捕され、その二日後、青森地方検察庁弘前支部検事・沖中益太によって起訴された。那須は頑強に否認していた。

公訴事実

　被告人は変態性欲者であるが、国立弘前大学医学部教授医学博士松永藤雄妻すず子当三十年の美貌に執心し、昭和二十四年八月六日午後十一時頃から同十一時三十分頃迄の間に弘前大学在府町七十九番地高杉隆治方離座敷の階下十畳間に実母等と枕を並べて就寝熟睡中の松永すず子を殺害して、変態性欲の満足を得る目的でその寝室に忍び込み、枕許に坐し所携の鋭利なる刃物（大型ナイフ）を以て、同人の頸部を一突きに刺し、左側頸動脈、同頸静脈、同迷走神経等を切断し、間も無く死亡させて所期の目的を遂げたものである。

　罪名

殺人罪　刑法第百九十九条

＊

逮捕された那須隆には、アリバイがなかった。

突然の逮捕で混乱していた彼は、事件当夜の八月六日は、むかいの「東奥日報」記者菊池泰一宅で将棋を指していた、と供述した。夕方になると将棋を指しにいくのが、その頃の習慣だった。しかし、菊池はそれを否定した。その日は、「陸奥新報」の小野三郎はきていたが、珍しいことに那須は姿を現さなかった、と菊池は主張したのである。

市警は新庁舎を建設中だった。釘を打ちこむ音がのどかに響いていた。那須はそこに連れこまれ、朝早くから深夜に至るまで追及された。疲労し、下痢が続いていた。監房生活は慣れないために寝つけず、それに一晩中、蚊が襲来した。睡眠不足の那須の耳もとで、刑事がどなり散らした。正座させた膝を靴で踏みつけ、顔面を強打した。「思いだせ」というたびに、那須はアリバイの供述を変えた。

「将棋を指しにいった」が「家にいた」と変わった。すると刑事は、「家にいなかった」という妹の供述書を鼻先に突きつけた。半月以上も前の晩のことである。「お前の友だちが公園でみかけたといってるぞ」と刑事がいうと、那須はそれに飛びついた。するとこんどは、別の刑事が取調室のドアのむこうから、「百石町の八百屋の店先で西瓜を食っていた男が、那須が映画館にはいるのをみたそうだ」と報告しているのがきこえてきた。彼は、それだ、と思った。

「魂凍る断末魔の呪い
毒薬！　狂乱！　怨みをこめたお岩の呪いにゾッとする肌寒さ」

そんな新聞の宣伝文句に惹かれて、『四谷怪談』をみにいった記憶が蘇った。

彼はこう供述した。

第十七回供述調書

那須　隆
当十五年

右者に対する殺人被疑事件に付昭和二十四年九月七日弘前市警察署に於て司法警察員須藤勝栄はあらかじめ供述を拒むことが出来る旨を告げて取調べたところ被疑者は任意左の通り供述した。

一、昨日、西田刑事に八月六日の晩、大和館に『四谷怪談』を見に行ったと申上げてありますが、その内容について簡単に申し上げます。

二、配役は、
お岩及び妹お袖　　田中絹代
お岩の夫民谷 上原　謙
お岩を片想いしている男　　佐田啓二
右男の母　　飯田蝶子
一文字屋の娘 山根寿子
等で、その他は記憶にありません。

三、民谷は某殿様に使われている倉庫の鍵を預っている倉庫番であった。ある日、盗賊に倉庫を破られたために浪人となって、お岩と二人で傘の内職をしていた。浪人をしていても、黒の長紋付を着て、なんら武士に変りない服装で、いつかの機会を狙っている点が浪人生活の中にうかがわれた。愛妻家であった反面小心者であったらしい。

ある日、お祭りがあった。一文字屋の娘が女中頭を伴なってお祭見物に行った際、悪者六、七人のために〝トリコ〟にされようとした時、お岩の夫民谷が救けてやったが、そのことを見ていたのが、かねがね倉庫破りをしていた盗賊であった。

この盗賊は以前から民谷のところに出入りしている男で、

民谷に対して、

「一文字屋は偉い武士たちが出入りしているから一文字屋に婿養子に行って再び武士になる機会を得るようにしたら」

と進言する。その盗賊は、一文字屋の女中頭と恋仲になって、一文字屋の主人に民谷を紹介しようと努力する反面、お岩と民谷の夫婦仲を割くにつとめ、加えてかねてからお岩に片思いしていた男が、民谷不在中、お岩のところを訪ねて煙草入れを忘れて行ったのを、民谷に発見されたことから、次第に夫婦仲は悪くなって行った。

それにお岩が病気したことを幸いに、盗賊が良い薬があると称して、毒薬を服用させたところから、病気がますます昂進して顔が非常に醜くなった。

盗賊が民谷に、お岩はこんなに醜くなり治る見込みのない病気であるから殺した方がよいと進言したことから、民谷は盗賊からもらった毒薬で毒殺した。

そこにちょうどお岩に片思いしていた男が現われたので、その男を斬殺したため、二人は亡霊となって現われるところで、

前編は終りとなった。

四、昨日も申上げたように、映画を見に家を出たのは、午後七時半頃であるから、大和館に入ったのは午後八時すこし前であったと思います。

従妹の那須愛子がいると無料で入るのですが、当夜はいなかったので、百円紙幣で五拾円の切符を買って入りました。

五、私が大和館に入った時は、やや満員というところで、後方は若干の人が立って見ていた。私は階下の後方中頃で立って見ていた。

そのうちに右後方の椅子が空いたので、そこに座ってみていました。午後八時すこし過ぎてから最終回の映画が、ニュースから始まり、『四谷怪談』を最後まで見て、同館を出たのは、午後十時すこし過ぎで、百石町、一番町、警察前、本町、大学前を通って、家に帰ったのは、時計を見ませんでしたが、午後十時半頃と思います。家に帰ったら、皆寝ていたようでありましたので、誰にも話かけず休みました。

映画館への往復および館内では知っている人とは会いません。当夜の服装は、白ズボン、白半袖開襟シャツに下駄と思っています。

六、ニュースの内容は、

三鷹事件のニュース、チンパンジーの曲馬団ぐらいより記憶にありません。

上映中、消灯、フィルムの切断等はなく、他にも変ったことはなかったと思っています。

七、映画に使用した百円紙幣の出所について申上げます。

七月中旬頃

　本町　清藤靴ヤ
に、金参阡六百円也を貸したことがあったが、十日位して、
百門紙幣で
　金壱阡円也
八月二、三頃に、
　金壱阡壱百円也
計弐阡壱百円也
を受取った
残りの壱阡五百円也は、七月下旬頃レンコートと交換した。
レンコートは鈴木久吉さんへ金弐千円で売って、その代
金は母に渡した。七月下旬に売ったのであるが、金は八月七、
八日頃受取ったと思います。
　映画に使用した金は、八月二、三日頃、清藤さんから受取った
　金壱阡壱百円也
のうちから、支払ったものです。
八、ジャックナイフを持っていたことがないかとのお尋ねですが、私がそのようなものを持っていた記憶はありません。
　那須　隆
右録取し読み聞かせたところ誤りのないことを申し立て署名指印した。
　前同日
国家地方警察青森県本部刑事捜査課
弘前市警察署応援警察官
司法警察員　警部　須藤勝栄　㊞

　那須は映画のストーリーを語りながら、浪人生活の焦燥、友人の裏切りなどにたいする彼自身の心境を語っていたのかもしれない。

　しかし、これほど詳細にわたって供述したのにもかかわらず、彼が『四谷怪談』をみにきたのは、前編最終日の八月六日ではない、それも午前中のことだった、とそのあと、大和館の切符モギリ嬢である従妹の那須愛子が証言した。那須は後編をみた日と混同していたのだった。

　翌日、那須愛子からの重要証言を取った横山警部補が那須を追及した。肥満体の横山は、脱いだ靴下を机の上にならべて載せ、水虫の両足を那須の鼻先につきだして尋問した。

「那須！　お前《め》がヨ、どれほど頑張《けっぱ》ったって、従妹の愛子はきてねえっていってるんだ。お前《め》だって判るべな、警察サいだんだから。警察は容疑者よりも証人の方を信用するもんだ。ナア、喋ってしまえ。お前だべセ、殺ったのは！」

　那須は、自分はなにも知らないんだから、調べてもらえばわかることです、と主張してきた。が、彼のアリバイは、証人が現れるとたちまちのうちに崩されてしまうのだった。

「わだしのために、いろいろみなさんに苦労かけているのが判りました。もうなんも調べねえで下《け》せ。お願えします」

自分の供述を裏づけるために、刑事たちが無駄に走りまわっているのを「申し訳ない」と彼は思うようになっていたようだ。その翌日づけの調書にはこうある。

「わだしはたしか大和館に前編の『四谷怪談』をみにいったと思うのですが、しかも、晩にいっていないとすれば、六日の晩はいったいなにをしていたのか、わだしの頭には浮んでくるものはありません。

裁判の結果、無期懲役になろうがどうなろうが、裁判長の判定にお任せします。控訴する気持はありません」

被害者すず子の母、大沢信江は、警察署の暗室に待機させられ、連行されてきた那須をみた。そして沖中益太検事にこう供述した。

「わたしがみた犯人とそっくりであります。横顔の輪郭も、頭髪がすこしもつれて前に出ているのも、後姿も、胴の細さも、真犯人と思われます。あまりに酷似しているので、この男に娘があのようなひどい目にあったのかと思うと、つい気分が悪くなったくらいであります」

那須が逮捕されたのは栗山の家に預けた白ズック靴に附着していた「血痕」を証拠としてであった。連行されるとき、外出着に着替え、無造作に鴨居の洋服かけにひっかけた海軍用白開襟シャツから、やがて被害者と同型の「血痕」が検出された。

彼は精神鑑定勾留と自宅にあったピストルの「銃砲等不法所持禁止令違反」の別件逮捕とによって、ずるずる勾留され、逮捕後二ヵ月たって、はじめて殺人罪で起訴された。頼みの綱のアリバイはついに成立せず、面通しした被害者の母信江の証言が、退路を断った。

なお、「ピストル」とは、先祖伝来の骨董品である。

Ⅱ　その冬・被告席

福田安雄が「満州」から復員したのは、一九四六（昭和二十一）年六月二十日だった。車窓から、ゆっくりと移動する津軽の野づらとそのむこうに長い裾野をひいた岩木山を眺めていると、戦いに敗れた気配はどこにも感じられなかった。

列車が弘前駅のホームにすべりこむと、復員兵たちはわれがちに飛び降りた。故郷の土を踏んで、二十二歳の福田は、安堵の想いとともに、三年間音信不通だった家族のことが急に心配になった。

「安雄さ〜ん」

若い女の声がした。

「ホウ、福田、お前《め》だ、お前《め》！」

浮き浮きしていたまわりの復員兵たちは、わざとらしく囃したてた。男たちの視線を浴びて、那須芳子の白い顔があった。彼女は反対側のホームの車窓から身を乗りだしていた。

「安雄さん、帰ってきたの！」

「ただいま帰りました」

福田は無意識のうちに敬礼していた。芳子はそんな彼をまじまじと凝視《みつ》め、それから白い歯をみせて笑った。

「安雄さんのお宅はみんなお達者ですよ。手紙ッコありがとう。八月十五日に届いたの」

弘前第八師団司令部に勤務していたときに、女学校を卒業したばかりの芳子がはいってきた。美人で明るく、気立てがよかったから誰にでも好かれた。そんなこともあってか、彼女はまもなく参謀長付きになった。

ある日、福田たちは木の枝づたいに、空中を移動する訓練を受けていた。トド松の幹に登らされた福田は、枯れ枝を摑んだまま地上に落下した。血まみれになって昏倒している福田をみて、周りのものは手をつかねて棒立ちになったままだった。芳子が駆けつけ、傷口を洗滌《せんじょう》して薬をつけ、救急車に一緒に乗ってくれた。そんな芳子の姿を福田は想い浮かべていた。

師団司令部は解体されて、芳子は看護婦になっていた。帰郷した福田は県の林檎検査所に勤めた。彼は那須家に出入りするようになり、芳子と兄の隆は、福田の父親のところにネプタ囃の横笛を習いにくるようになった。

松永教授夫人殺人事件が起こる日の午後、勤め帰りの福田は自転車でお城のある公園に寄ってみた。大手門をはいってすぐ左手にある、松林にかこまれた野球場では、市内のノンプロ大会がおこなわれているはずだった。が、試合はすでに終わっていた。まだ照り返しの強い球場では、どこかのチームが残ってノックを受けているだけだった。スタンドから声がかかった。

昼の定時でさきに帰っていた同僚だった。

「もう終わってしまったジャ、一緒に帰るべシ」

と誘われたのだが、福田はそれをことわってまた自転車にまたがった。家に帰っても独り身の彼には別に用事があるわけではない。それにもうすこしひとりでいたい気持ちが強かった。


ペダルを踏みながら、福田は一週間前のことを想い起こしていた。医大のそばの南糖グラウンドで、仲間たちと草野球をやっていた。土手の上に、痩せて小柄な芳子の父がつくねんと立って試合をみおろしているのに気がついた。那須家三十五代当主資豊が、勤め先からの帰りがてら所在なげに野球を見物しているのを、福田はほほえましく思った。

病死した長女の法事がすんだあとで、福田は資豊の部屋に泊めてもらったことがある。鎧、兜、刀剣、源氏の白旗などを飾った床の間を背にして端然と座し、陶器の本を繙いたりしながら、資豊は静かに暮らしていた。玄関脇の八畳間に起居し、食事も足付きの膳を運ばせてひとりでした。その自室にひとを泊めることなど異例というほどのものであった。福田は気に入られているのを感じていた。

試合が終わった頃、資豊はたち去っていた。福田が自転車をひきだして帰りかけると、道のむこうを、こんどは芳子が歩いてくるのだった。若い男とすこしまをおきながら、連れだってこっちに近づいてくるのである。福田は仲間たちの陰にかくれるようにして、横道にそれた。

友人のところによったとき、ついそのことを口にだしている自分に福田は気がついた。話は愚痴っぽくなっていた。

「あァ、その男だバ、いつも芳子と歩いてるぞ。グズグズしてれば、取られてしまうベナ」

友人も知っていた。手の怪我で入院してから芳子と知りあった男なのだそうだが、どうということもなく、たぶんに開放的な芳子の性格を考えれば、さして苦にすることでもなかったかもしれない。それでも、内気な福田にとって、友人の冗談とも本気ともつかない言葉は、胸ふたがせるには充分だった。

野球場に背をむけてゆっくりペダルを踏みながら、福田は木橋を渡って黒塗りの城門をくぐり抜け、堀端の桜並木の下を通ってテニスコートにでた。金網にへばりつくようにして観衆が群がるのがみえ、応援団のどよめきもきこえてきた。高校生の試合だった。その喧噪が沈みがちな気分をすこしひきたてるようで、福田はホッとした。

木洩れ陽が暑かったので、コートの横側にまわり、何気なくいままで自分がいた道路側に眼をむけると、那須隆がたっているのだった。こっちに気づいたとも思われたが、サングラスをしている那須の視線の行方は定かではなかった。いままでだったなら、すぐに近寄って話しかけるのだが、芳子のことが心にわだかまっていて、そのままにしてしまったのだった。

もしも、一週間ほど前、芳子がほかの男と歩いているのにでくわすことがなかったなら、福田は那須に声をかけていた。おそらく自転車を押して那須と肩を並べて帰り、どこかで氷水の一杯でも飲んでいたにちがいない、と福田はあとでそのことを後悔した。

もしも、福田とテニスコートから連れだって帰ったなら、取調室での那須隆は、八月六日、夕刻の自分の姿を思いだし、その記憶を基礎にそれからの夜の行動を蘇らすことができたはずだった。

しかし、そうはならなかった。

アリバイを追及された那須隆は、八月六日夜は、むかいの菊池宅へ将棋を指しにいった、と供述した。そのあと『四谷怪談』をみにいったと主張した。ところが刑事が、福田はお前を公園で夜みかけたといってるぞ、と囁くと、助かりたい一心で、それに飛びついた。

「本丸に登り、岩木山のみえるベンチに座って、二時間ばかり月をみていました」

といってしまったのである。

「どんな月だったか」

蜘蛛の巣にひっ掛かった獲物を狙うように、刑事は周到な一撃を加えた。那須は絶句した。

*

八月七日、事件の翌日。日曜だったが福田は出勤していた。午後一時頃、館山正一巡査がやってきた。館山は師団司令部時代の先輩であり、戦後になって、警官に転身していた。

「この頃、那須と会ったことあるガ?」

「隆さんだバ、きのう会いました」

「ほう、ンだガ。なんが話コしたガ?」

「そんでねえゴス。会ったたって、ただみかけただけですジャ」

「何処でだバ」

館山はポケットから手帳をだして、鉛筆をなめた。

「公園ででした。公園のテニスコートにいたんですジャ、先生《ヘンヘ》は」

「何時頃でサ?」

「ンデスノ」福田は自分の腕時計をみながらちょっと考えた。

「六時はまわっていだと思いすた」

福田はききかえした。

「なんでまだ、隆さんこと、調べにかかっているんですバ」

館山巡査は、元同僚の気安さから、那須隆が十六人の容疑者の中のひとりにはいっていることを教えた。しかし、那須本人とその家族をよく知っている福田には、信じられないことだった。

「那須だバ、不良だンダネ」

確信に満ちた口調で館山がいいきった。

「そんなことはねえど思うな、俺《おら》だバ」

「お前《め》がそんでねえったって、あれは、品行不良だンダネ」

館山がおなじことを繰り返して力説するのをきいて、福田は思い当たることがあった。

そのすこし前、福田は、印刷会社の社長である県会議員に、市役所を紹介するからはいらないか、と勧められたことがあった。が、彼はリンゴの検査員としての仕事があったので、失業中の那須を代わりに紹介した。

ところが、その話をきいた小野三郎が、「那須は品行不良だから駄目だ」と反対して、せっかくの話はつぶれてしまったのだった。印刷会社専務の小野三郎は「陸奥新報」の発行人でもあり、隆はその前の年の暮れの一ヵ月間ほど、そこで広告取りのアルバイトをしたことがあった。

小野専務の秘書は、那須家のむかいに住んでいた。隆は彼女に好意を寄せていた。そのことが小野の気に障っていた。「品行不良」の噂は、ここから出るようになったようだ。彼はその後、那須に不利な証言をいくつかしている。

たとえば、検事の尋問に答えて、小野三郎は、事件の翌日、墓参りの途中、寺院街で出会った那須の挙動が不審であったと供述した。さらに、友人仲間で「物知り博士」の異名をとり、マッチ箱に何本の軸がはいっているかとか、月の光が地球に到達するまでの時間などを諳んじているほど記憶力のいい那須に、アリバイの記憶がないのはおかしい、とも証言したのである。

小野は自分が編集兼発行印刷人でもある新聞記事とおなじことを検事に語った。

那須逮捕について「陸奥新報」は、こう報じている。

欲情の結果の犯行か　変態性欲者の容疑者

真犯人とみられる某は取調べの結果異常な変態性欲者であることが判明した。

同人は、

東奥義塾を卒業し、終戦直後県警察本部無線通信士をしていた折、女に対する猥褻行為で馘首された事もあり、其後会社等に勤めたがいずれも長続きせず、現在無職で市内不良等と交際していた。

弘前にいても猥褻行為が多く、元勤務先の先輩某方で主人の不在につけこんで妻女にいどんだり、友人の留守宅を訪問して、食事を頼んで御馳走になった上、腹が痛いといって床を敷いて貰い友人の妻に暴行しようとして未遂に終るなど変態行為がしばしばあり、かつ、それが必ず人妻に限られていた。

今回のも松永夫人の美貌に目をつけ、教授の不在を幸いに忍び込み、欲情を果さんとして凶行に及んだと推定され、捜査当局は極力婦人関係を洗っている。

ここに登場する「元勤務先の先輩某方」とはほかならぬ小野自身のことであり、「友人」とは、那須が先輩の誼みで更生させようと躍起になっていた「不良」の栗山敦夫のことである。

那須逮捕の第一報以後、彼の知人たちのほとんど全部が冷酷な証言者になった。事件は保守的な町のひとたちを興奮させた。無責任な噂が飛びかい、なんら根拠のない新聞情報がそれを増幅させた。那須が信頼していた福田の証言さえ、警官によって歪曲され、孤立感に苦しむ那須の目の前にブラさげられたのである。

早朝から深夜にわたる連日の取り調べのなかで、那須は混乱しながらも、ようやく「アリバイ」に到達した。

八月六日、事件の夜、彼は家にいた。母のとみは、末娘の静子が子供会の合唱団の行事で下北半島の田名部町（現在むつ市）にでかける支度に忙しかった。静子がちいさいときに着た古い振袖をほどいて、二枚あわせに縫い直していた。そのそばで、那須は腹ばいになって本を読んでいた。とみが静子の荷物につける名札を書いてくれ、とたのんでも、彼は『起源と珍聞』に没頭していて生返事をするだけだった。

那須は「物知り博士」といわれて得意だった。津軽人はたいがいそうであるが、きいた話に尾ヒレをつけて吹聴して歩き、ひとを喜ばせて得意になる性癖が強い。雪のなかに埋もれて長い冬を越すためには、他愛のない法螺《ほら》話は必要にして不可欠な潤滑油でもあった。彼が松永事件にたいして人並み以上に関心があったのは、これで殊勲をたてて警官に登用されたいとのちいさな野望もあったが、弘前じゅうを沸かせた大事件が、ほかならぬおなじ町内に発生していて、この絶好の話題に、ひとよりも情報量が不足していては「物知り博士」の沽券《こけん》にかかわる、というものだったからだ。

『起源と珍聞』は、物知り博士としての那須のネタ本でもあった。だから、そこに書かれていることを頭に詰めこむのに忙しく、母親の手伝いをするなどの余裕はなかった。

十時すぎになって、はすむかいの長尾繁一の家から、釘のゆるんだ箱の上で丸太を切っているような音がきこえてきた。那須は読みさしの本から顔をあげ、

「いま時分、なんだベナ」

誰にということもなく声をかけた。耳をそばだてると、その断続的にきしんで響く音は、木を切っているのではなく、カンナ状の氷削り器に氷をかけているものだとわかった。

那須隆は、勾留二十日後の九月十一日になって、それまでの、東宝映画『ジャコ万と鉄』をみにいったかもしれません。親戚に泊まっていたかもしれません、どうか調べて下さい、として

いた供述を翻し、沖中検事に決然としてこう述べている。

「わたしは昨晩（留置場へ）帰ってから、よく考えた結果、確信をもって申し上げるのでありますが、八月六日の晩には、わたしは自宅にいて、すこしも外へでなかったと思います。

近所で氷を削る音がしたので、妹綾子にその話をした記憶があります。いままでたびたび八月六日の晩のわたしの行動について、陳述を変えたのは、思いちがいをしておったのでありますが、こんどは確信をもって申し上げます」

刑事は長尾の家に駆けつけた。が、長尾家ではあっさり否定した。六日はたしかに氷をかきました。しかし、それは夜のことではなく、屋根にコールタールを塗った昼のことでした。まちがいありません、と証言したのである。

その頃、長尾宅では、どぶろくを密造していた。摘発も厳しくなっていた。警官にドアをたたかれて、長尾は驚愕した。が、ききこみは那須家に関することだった。どぶろく造りが露見しないためには、面倒にかかわりあわないのが得策というものであった。

こうして、那須のアリバイは、崩壊した。

弘前市警は、犯人像を当初の痴情関係から「異常性欲者」に修正していた。それは、被害者が暴行もされず、一物の盗難もなく、就寝中咽喉をひと突きにされて即死した、などを根拠に、精神病学者であり弘大学長でもある丸井清泰が「精神変質者や残虐性に富むサディスト」（「東奥日報」一九四九年八月一三日）と推理したことにも影響されていた。

丸井は当時、ドイツ学派が主流の精神医学界にあって、フロイト学派に属し、性衝動によって人間の深層心理を解明する大胆な講義は、学生たちを魅了していた。

学生を誤認逮捕して釈放せざるをえない破目に陥ってから、弘前市警は、捜査線上を必要以上に歩きまわる那須への疑惑をさらに深め、逮捕のチャンスを狙っていた。彼が市にとっての虎の子ともいえる「大学関係」以外の容疑者であることへの安堵感もあった。

捜査陣のなかには、「那須は素行が悪い」という風評がひろがっていて、通信警察官をやめたのも女グセが悪いからだ、といったような伝わり方をしていた。

捜査本部が設置された茂森町の交番は、林間学校の連絡所になっていた。いまは廃校になった、私立大平高校の教師の田代春道などが中心になり、お寺に下宿している弘大生たちを組織して、夏休みの早朝、長勝寺の境内に小学生たちを集めて勉強をみてやっていたのである。

津軽家の菩提寺である長勝寺を護る形で、禅林三十三ヵ寺が左右に建ち並び長い寺院街を形成している。参道の両側には、亭々とした杉木立が生い茂り、鬱蒼と影を落とした道を子どもたちは林間学校へ通った。

ようやく夜が明けそめたころ、眠い目をこすりながらでかけ、お腹を空かして帰ってくると、母が朝食の支度をして待っている。寝坊して起きてこない先生を、下宿先のお寺に迎えにいくのも楽しみのひとつだった。夏休みの宿題を、私はたいがいこの林間学校で片づけた。とても便利だった。事件のあった日の朝も、私はこの林間学校へ通っていたはずだ。しかし、通りに面してすこし奥にある交番が、その朝どんな状態だったか、いまはさっぱり記憶にないのが残念である。

　田代春道は、林間学校の関係もあって、寺院街の入口にある交番によくたち寄った。巡査の工藤弘は、まだ二十四歳の若さだったにもかかわらず俳句を嗜み、同年の田代とは話がよく合った。田代は町への行き帰りに交番に顔をだし、工藤は田代のお寺に遊びにきた。

　有力容疑者の学生が釈放されたあと、工藤巡査は、上司から、「那須逮捕の材料を集めろ」と指示されていた。いつものように田代が交番に顔をだしたので、工藤は田代に何気なくきいた。

「那須のことでなんがいい話コねえゴスカ」

　田代は栗山敦夫の東奥義塾での一年先輩であり、田代が駒沢大学の学生だった頃、東京にでていた栗山は下宿によく遊びにきた。田代は栗山のところできいてきたばかりの話を工藤巡査に伝えた。

　栗山の話とは、事件が発生してから、那須の素振りがどうもおかしい。これまでのように長居することもなくなり、ソワソワしている。それに前みたいに、説教じみたこともいわなくなって、どこか投げやりになった。あいつはよく「紙一枚でも人を殺せる」と自慢していたし、階段を上り下りするときにでも物音をたてない。どうもこわくて仕様がない。それになんかうちの姉にたいしても変態的なところがある、というような他愛のないものだった。

　工藤が田代から仕入れた話は、そのまま捜査会議にもちこまれた。そしてその夜、今巡査部長は栗山の家へ行って、那須の「血染めの靴」を手に入れたのである。

　あとは、那須変態説の情況証拠を固めればいいことだった。栗山とその内妻赤松よしえ、そしてその姉赤松としえが、ダメ押しをした。この姉妹の家に泊まったことが那須を決定的に不利にした。三人は警察にたいして那須の言動のありったけを証言した。

　それをもとに、沖中益太検事は法廷でかなり強引な誘導尋問をしている。

栗山敦夫（23）の証言

検事　証人方に泊まったとき、夜中に証人の妻が目をさますとか起きるとかすれば、被告人が目をあけてみるという事はなかったか。

栗山　妻が便所に行ったりして那須をみたら、目を薄くあけて寝ており、まったく隙のない人といっておりました。
検事　階段を上下するに音をたてないで歩くという事はどうか。
栗山　私たちが階段を上下すると、必ず音をたてますが、那須は音も立てずに妻の所に来て肩を叩き、びっくりさせた事があると聞いております。
検事　人を殺すとか殺せるとかいった事はないか。
栗山　話の発端は判りませんが、紙一枚で証拠もなく人を殺せるとか、眠っている人の障子の陰で眠っている人と呼吸を合せて十分位すれば完全に眠り、そこへ紙を水にひたして口を覆うと自然に息が止まり、指紋がないためと紙もなくなるために、証拠がひとつもなく殺せるといった様な話をしているのを聞いた事がありました。
検事　泥棒に入る時どうすればいい、とかはいわなかったか。
栗山　どんな話の時に出たか知りませんが、那須はとにかく音をたてずに歩くには畳の合せ目を歩くといいとか、その他いろいろな話を聞かせました。

栗山の内妻赤松よしえ（25）の証言

検事　栗山が打合せから帰ってきて（八月二十一日夜）、なんだか那須の様子が変だといわなかったか。
よしえ　当時の事は忘れました。
検事　那須の様子が変だから気をつけろとか、いつもとちがっているから、よくみておれ、といわなかったか。
よしえ　そうです。まちがいないです。
検事　その夕飯をたべる前にちょっと変な様子をしたとかまたは変な事をいわなかったか。
よしえ　那須は私に対しなにか楽しい事があるかとか、怖い事があるかとかいいましたから、私はそんなことはないと言うと、那須は自分にはある、といってなにかしらうれしそうな様子でした。
検事　一生忘れられない事がある、といわなかったか。
よしえ　いいました。しかも思いだして寝るんだ、という事も話しておりました。
検事　被告人が預けて行った靴の傍に猫がくっついて咽喉を鳴らした事実はあるか。
よしえ　実際みて知っております。
検事　それでどのように考えたか。
よしえ　別になんとも考えませんでした。
検事　靴に血がついていた事はどうか。
よしえ　今刑事がきてから初めてみました。
検事　被告人は冗談かもしれないが、敦夫の首を襲ったりしていつでも殺すことができるといった事はないか。
よしえ　月日ははっきりしませんが、そんな事がありました。
検事　被告人が証人方に泊まったとき、便所へ行くときになにか変わった事はなかったか。

よしえ　私が便所へ行ったとき、那須をみたら薄目をあけている様子をした事が二、三回もあり、はたして眠っているのかいないのか判らない人と思いました。

沖中検事の起訴状の冒頭には、「被告人は変態性欲者であるが」ときわめて断定的に記述されている。「変態性欲者だから松永夫人を殺害した」というのが、検事の論理である。起訴状に裁判官の予断を生じさせるような記載をすることは、新刑事訴訟法によって禁じられているのだが、沖中は強引にこれを押し通した。

するとそのあと、隆の変態性欲者ぶりを論証すれば、おのずから殺害の事実も導きだされることになる。ヤクザの栗山敦夫と赤松姉妹は、あたかも手兵のような証人だった。

沖中検事は、自分が提起した「公訴事実」を維持するために、赤松姉妹に誘導尋問をつづけていた。とりわけとしえの部屋に泊まった事実がクローズアップされた。沖中はそれを最大限に利用しながら、殺人者那須隆の姿を、裁判官に強く焼きつけようと必死になっていた。

赤松としえ（27）の証言

検事　お盆すぎに栗山方へ行った事があるか。

としえ　行った事があります。

検事　そのとき被告人は証人に対し、夫との別れ話の解決をしてやるといったのではないか。

としえ　その通り間違いありません。

検事　それで証人方に行ってからどうしたか。

としえ　入るなり窓をあけたり、塀をみたりして少し落着きがありませんでした。

検事　家と道路の関係を調べなかったか。

としえ　調査したという訳でもありません。

検事　松永夫人殺人事件の事についてなにかいわなかったか。

としえ　内容については覚えておりませんが、そんな話をしておりました。

検事　本件の犯人の手口や侵入の状況について話した事がなかったか。

としえ　そのときは別に話しませんでしたが、その後、雨戸や廊下をあけて入り、障子をあけて蚊帳をめくり、そして殺した様に犯人の侵入手口やその他の事を話してくれました。

検事　そのとき手真似をしてみせたか。

としえ　蚊帳をめくり、悠々と咽喉をついた、といっておりました。

検事　それはいつか。

としえ　たしか私方に泊まったときと記憶しておりますが、日時は判りません。

検事　そのとき、障子をあけるには敷居に小便すればいいとはいわなかったか。

としえ　それは最初きたときに話した様に記憶しております。

検事　被告人が泊まったのは、どこかに火事があった前の晩ではなかったか。

としえ　そうです。長坂町か蔵主町に火事があった前日の晩でした。八月の中頃と記憶しております。那須が玄関から入ってきて挨拶をして、私は台所で飯支度をしていながら、那須とは気のない挨拶をし相手となっておりましたが、なかなか帰る気配もなく、飯時になってひとりで食べるわけにもいかず、那須にも食べさせました。

検事　被告人は飯を何杯喰べたか。

としえ　よく判りませんが、二、三杯たべたように記憶しております。それからしばらくして、急に腹が痛いというので、薬を飲ませました。それが済むと「胃が痛い」「胃が痛い」というので押したりしておりました。

検事　腹が痛いとか、胃が痛いとかいって、病人になると帰らなくてもよくなると思い、その様にしたように見受けるが、証人としては、そうかといって帰れともいうことができず、また主人とも縁が切れていないから泊まられたら困る立場にあったのではないか。

としえ　そうです。

検事　そのような立場にありながら、帰れということもできず泊めたのか。

としえ　そうです。

検事　なん時頃寝たか。

としえ　十時頃でした。しかも私から泊まれといったわけでもなく、いわば座り込みにあった様に思われます。

検事　その晩被告人は話かけてばかりいて、証人を眠らせなかったというが、どうか。

としえ　いろいろ話をしたうえ、汽車の音も聞えよく眠れませんでした。

検事　なにか恋愛した事について話をしなかったか。

としえ　その内容は記憶なくなりましたが、そんな話をした様でした。

検事　恋愛に破れ、物質的にも精神的にも苦痛を感じ、一度は死ぬかなとも考えたほどだ、いつか殺してやる、といわなかったか。

としえ　殺してやりたいほど憎らしい、といっておりました。

検事　そのとき松永夫人殺害の事件について話をしなかったか。

としえ　先ほど述べた様な事をいいました。

検事　被告人はよく眠った様子であったか。

としえ　夢でもみたのか、大変うなされていたので、いま起こしてやろうかと思ったほどでした。
検事　二分も、五分も続けてみると死んだ様になるとか、死ぬとかいわなかったか。
としえ　そんな事もいいました。そのときだったと思いますが、煙草に火をつけてよこしたようでした。
検事　よく眠れなかったのはどういう訳か。
としえ　平生は眠りますが、その晩は気持が悪く他の男と寝ている関係から、よく眠れませんでした。
検事　被告人は蚤のため眠れなかったと述べているがどうか。
としえ　蚤がいた事は事実ですが、そのため眠れないという事もなく、私は平気で寝たほどでした。

赤松姉妹が法廷に検事側の証人としてひきだされ、沖中検事の計算通り、迎合的な証言をつづける三ヵ月ほど前、隆は、沖中からおなじことを尋問されていた。隆が検事の疑念を晴らすべく供述したのにもかかわらず、沖中はそれを無視して裁判官の前でおなじ質問を繰り返したのである。被告人は法廷において、不利な供述はしなくてもいいことになっているが、ここでの隆の積極的な返答は、むしろ彼の健全さを示している。
検事　本年八月十五、六日頃、長坂町に火事のあったとき、赤松とし え方へ泊まったか。
那須　ええ、泊まりました。
検事　そのとき、君は初めは頭が痛いといい、さらに腹が痛いといって座りこんだではないか。
那須　初めは頭が痛い、ついで腹が痛いといって泊まったことは間違いありませんが、虚言《つくりごと》をいったのではありません。
検事　君は夫持ちの女の元へ夫が不在中同じ部屋に泊まりこむ事はよい事と思っているか。
那須　よいとは思っておりません。帰ろうと思いましたが、女が「泊まれ」といったから泊まりました。
検事　赤松としえは君が策を弄して座りこんで帰らないから仕方無しに泊まらせたら、一晩中薄気味が悪く眠れなかったといっているが、どうか。
那須　私は策を用いたのではありません。一晩中私は寝れなかったが、女は寝ておったようであります。
検事　君は女に対し、泥棒するとき気づかれないように寝ている人と呼吸を合せると大丈夫だ、というような話をしたか。
那須　したと思います。
検事　紙一枚でも人を殺せる。紙を濡らして寝ている人の顔にかけると原因も判らないというような話を女にしたか。
那須　その話ははっきり判りません。
検事　敷居に小便をして雨戸を開けると音がしない、というような話をした事があるか。
那須　入口の障子を指示し敷居に水をかけて開けると音がしな

い、という話はしました。

検事　タンスは下の方から開けるといい、という話はどうか。

那須　下から開けられるものだ、という話はしました。泥棒は下の方から開けるものだ。普通の人は上の方から開ける、と話しております。

検事　君は赤松に対し恋愛をした相手の女から断わられ、女を殺して自分も死のうと思った事がある、とそのとき話したか。

那須　そんなことはないと思います。

検事　君はその晩、赤松が電灯をつけて寝ると何回も電灯を消したそうだが、どんなことをしたのか。

那須　私は電灯をつけると寝られないから、二、三回消したのであります。

検事　君は赤松が風が強いので雨戸を開けて外にある七輪を見に行ったら音をさせずに後について行ったそうだがどうか。

那須　どこに七輪があるのかなあと思って女の行ったところへ行きました。

検事　そのとき君は後から女の身体にさわりながら顔をすりつけるようにしながら、「大丈夫ですか」といった事があるか。

那須　そんなすりつけるとかなんとかないと思います。

検事　女がすこし眠ると両手で女の手をつかみ女の右に立膝をして身体に接着するような恰好で、顔を女の顔に三寸位に近づけ、火事だ、といった事があるか。

那須　私は肩かなにかゆすったように思いますが、両手で手をつかんだかどうか、そんな細かい所まで覚えてません。

検事　君はその晩、赤松に対し松永夫人を殺した犯人の話をした事があるか。

那須　松永事件の話はしましたが、犯人は判らんから犯人の話はしません。

検事　君は松永夫人殺害犯人は雨戸を開けて三尺か五尺の廊下を行き、部屋に入って蚊帳を頭の分だけまいて右手でギュウと切った。お前も危いと赤松に話したことはないか。

那須　それに近いような話はしました。犯人が蚊帳の中に入ったのに、よく母親たちが判らなかったものだ。そばに寝ていて判らない筈もなさそうだ。一突きにメスかなにかで突いたそうだ、といったと思います。

検事　手真似で蚊帳をつまみ上げるような恰好をしたそうだがどうか。

那須　私は手真似をしたと思いません。

検事　君はその晩ほとんど眠っておらず、女が目を覚ますたびに目を覚ましておったそうだが如何。

那須　汽車の音がうるさいのと蚤がおったのと風が強くて一晩中眠れなかったのであります。

検事　君は警察の監房におった時も夜間、看視の巡査が行くたびに眠っておらなかったそうだがどうだ。

那須　私は取調べされて寝不足のためよく眠れなかったのであります。
検事　深夜、君の寝息がしないから、看視の巡査は君が頓死でもしたのかと心配しながら息を殺してみると、いつでも君は薄目をあけて見ているので、夜は寝てないらしいとの事だがどうか。
那須　そんなことはありません。
検事　栗山夫婦も君は夜間は眠らずに朝か昼間眠るようだといっているがどうか。
那須　私は夜寝ます。

沖中検事は、那須を殺人罪で起訴する段階においてすでに、「変態性欲者」と断定していた。これに「科学的根拠」を与えたのは、弘前大学学長の丸井清泰だった。丸井の学内での政治力は、おなじ学閥の松永教授の力に大きく依存していた。松永は丸井の片腕と自他ともに許していた。だからこそ、夫人の告別式が大学の費用で賄われたのである。

フロイト学派の丸井学長は、沖中検事の嘱託を受けて那須のいる拘置所にやってきた。那須は精神鑑定のため、という理由で鑑定留置させられていた。丸井は那須の上半身を裸にさせ、軽く聴診器を当てた。それから問診にとりかかった。


「名前は」

「那須隆です」

「年はいくつかね」

「二十五歳です」

「ここはどこだ」

「弘前拘置支所です」

「いろは、をいえるか」

「いろはにほへとちりぬるを……」

「弘前の人口は？」

「約六万五千人です」

「日本で一番高い山は」

「富士山です」

「日本で一番長い川は」

「信濃川です」


と、ドアがノックされた。「先生、電話です」。呼びだされたまま、丸井は帰ってこなかった。それでも精神鑑定書だけは作成された。そこには、

「被疑者那須隆の本件犯行当時及現時の精神状態は正常健康な精神状態から著しくかけ離れた状態にあったものと認めることができない」

と記載されていた。そしてこれにくわえてつぎのようにも書かれている。

「表面柔和に見えながら、内心即ち無意識界には残忍性、サディズム的傾向を包蔵しており、相反性の性格的特徴を顕著に示す」

「精神の深層即ち無意識界には婦人に対する強い興味が鬱積していたものとみることができる」
「本件犯行の起こった日時及びその直後における被疑者那須の行動、被害者に対する関係その他被疑者那須の警察官及び検察官に対する供述を検討してみると精神医学者、精神分析学者としての鑑定人は、凡ての事実を各方面から又あらゆる角度から考察し、被疑者那須は少くとも、心理学的にみて、本件の真犯人であることの確信に到達するに到った」

　事件直後、丸井が新聞記者に問われて語った犯人像の推理と警官が作成した供述書と自分が十分ほどインタビューした那須本人とを、きわめて強引に結びつけた精神鑑定であった。

　師団司令部あとの平和利用としてやってきて、軍隊に代わる力を持つようになっていた国立弘前大学は、容疑者学内説が消えたあと、「学問の権威」のお墨付きによって、「心理学的」な真犯人断定の大盤振る舞いに興じていたのである。

　丸井学長の鑑定と栗山、赤松姉妹の証言を敷衍しながら、沖中検事は罫紙で百二十五頁にものぼる、膨大な死刑求刑論告書を作成した。

　一九五〇（昭和二十五）年十一月二日、弘前地裁の検事席において、沖中は左手を腰に当てた得意のポーズで、テーブルの上においた論告書を読み進めていった。それは検事の想像力の如何なるものであるかを研究する、絶好の資料ともいえるものであった。

「……然らば本件の動機は何であるか。ここに本件捜査の困難な点があるが、本件は変態性欲者が変態性欲を満足せしむるために行なった犯罪であると信ずる。即ち被害者は美人である。上品であるが大学教授の夫人であって貞淑である。如何に恋こがれても、何とも出来ない。所謂禁断の実である。この不可能を乗りこえて人妻を自分が独占して変態性欲を満たすためには、殺害する外にはない。変態性欲者は相手の異性の肉体の一部を抉り取って無上の満足を得るものである。被害者の寝顔に顔を寄せて覗き込み、そして被害者を何人にも与えず自己が独占しようとして殺害をなし、自己の変態性欲を満足せしめたものである。

　それは、被害者の母親大沢信江が目をさました時、犯人が被害者の枕許から被害者の顔をのぞくようにしておったという陳述で明らかである。

　本件犯人は、本件の殺人によって満足を得ているのである。従って犯人から見れば、本件の殺人は一方において不安があり、一方において満足がある。犯人は一瞬の楽しみを思い出して心密かに楽しんでいる筈だから、犯人は良心的の苦痛が少ない。健康も害せないであろう。何となれば本件の殺人をひとつの楽しみにしており、如何なる方法を持ってしても不可能な他人の愛妻を横取りして、自分が独占したという不都合な考えをもって満足しているからである。悪い事をしたとは思っておらない。自分の最も愛する女性に最大の愛を捧げたと思っているであろう……」

弘前拘置支所看守石岡良太郎にとって、那須隆は不思議な収監者だった。三十四歳の石岡はこれまで職業柄七年半ほど罪人たちを見守ってきたのだが、那須は彼らのように刑のことで怯えたり、煩悶したり、悲観したりせずに、なんの苦しみもないように、ニコニコしているのだった。食欲はすすむし、夜は安眠し、体重は増えさえしていた。この罪人は自分の犯した罪にたいしてあたかも他人事のように無関心であり、すべて弁護士まかせといった様子で、悟りきったもののように見受けられた。その明るさはこれまで見慣れてきた凶悪犯人の態度にはまったくないものだった。

石岡のこのような証言と赤松よしえが那須の言葉として証言した、「一生忘れられないことがある。それを思いだして寝るんだ」を重ねあわせて、沖中検事は、「自分の最も愛する女性に最大の愛を捧げた刺殺」と解釈した。永遠に独占するための殺人、いささか翻訳小説的にすぎるが、沖中には那須の明るい表情を、愛を成就したものの充足感としてしか説明できなかった。

が、変態性欲者という、うす汚れたイメージと、ロマンティックすぎる結末の描写は、たがいに対立して落ち着きが悪い。それで沖中は論告に経済的効果をもつけくわえることにした。

「……なんとならば、被告人として犯人として訴追され、勾留を受け、裁判をされても自分が行った事であるから仕方ないという考えと、自分は否認をしている、証拠は湮滅《いんめつ》してあるから運がよければ無罪になるかもしれん。そしたら自分が悪いことをしながらそれを免れ、おまけに多額の補償金をとる事ができる。自分は刑務所のなかで不自由ではあるが、仕事をせず、遊んでいられる。もしも無罪になった場合には、仕事をした以上に補償金名義で日当をとれるのであるから何も差し支えない。もし自分が勾留を受けなかったら、自分は無職で無収入であるのに勾留を受けたために職業に就いておったのと同様になるという心境と変態性欲を満足させ、相当の金儲けができるかもしれんという希望さえ持ちはじめているので、被告人は刑務所の中で、悠々自適し、体力の増加と健康の増進とを来しているものである……」

沖中検事は、この冗漫な悪文ともいえる検事論告を、風邪気味なのかいつものように挑戦的にではなく、ダルな調子で読みつづけながら、ようやく結論に到達した。

「検察官は被告が真犯人でないとの手掛かりを得るためあらゆる努力を支払い苦心した。が、事実は反対で不幸にして絶対に真犯人であるという結論がでてくるのみであった。長い検事生活中これほど苦心し精力の消耗を強いられた事件を取り扱ったことがない。被告人のほかに真犯人はない。被告人は先日上映された『獣人』のような異常性格者である……。

被告人を殺人罪の極刑に処するのが至当と思料する」


沖中検事は変態性欲者として那須を起訴し、変態性欲者として死刑を求刑した。那須は他人事のようにぼんやりそれを聞いていた。実感はなかった。超満員の傍聴席には、目の前の男に死刑が求刑されたことを当然とする空気が強かった。

被害者の夫である松永藤雄は求刑のあと、記者にこう語った。

「死刑にしても亡くなった妻がかえってくる訳ではないし、人命を助けるという医者の立場からいっても、死刑には反対すべきだろうが、那須のような性格者は社会のバチルスの如きもので、社会の進化にとって絶滅すべき存在です。しかも、このような異常性格者は遺伝性のもので、医者の立場からも絶滅せねばならないものと思います。私は死刑の求刑は当然であり、那須に対してはそうすべきだと思います」（「陸奥新報」一九五〇年十一月三日）

＊

最終公判はこの年の十二月二十七日だった。第一回公判は前年十一月末、この一年余りの間に二十七回の裁判が積み重ねられてきていた。六月末からはじまった朝鮮半島での戦火は次第に激しいものになっていた。

一九五〇（昭和二十五）年も、騒然としたなかで暮れようとしていた。弘前城の濠に面した、屋根に雪の降り積もった公会堂での裁判は、相変わらず多くの傍聴人を集め、法廷内には熱気が溢れていた。

竹田藤吉弁護人は、

「本件は被告人の冤罪《えんざい》であり、疑わしきは罪とするなかれの格言通り、無罪の判決があって当然である」

と最終弁論をしめくくった。つづいて三上直吉主任弁護人がたちあがった。

「本件は因習にとらわれた人間が自己の考えに固執し続け、そのもとに起訴された事件であり、その請求した証人にたいしては伝聞証拠でも問い質し、弁護人請求の証人には圧迫を加えたようにも見受けられる。かかる証拠は採用できない。本件犯人が被告人であると裏づける証拠がない以上、無罪の判決があるべきである」

三上直吉は当時八十三歳の高齢だった。法廷には常に和服に袴姿で現れた。背中は怒ったように飛びだしていた。ひとびとは、その瘤を知恵袋といい交わしていた。それほど彼の論理は緻密であった。自宅には風雪を受けた「代書人」の看板が、「弁護士三上直吉」と並んで掲げられていた。弁護士登録番号二十三番。県弁護士会の最長老だった。

　一方、竹田藤吉は、三上とは対照的に大柄でガッチリした体軀だった。裁判所給仕から苦学力行のすえに弁護士になった竹田は、先輩の三上をよくささえた。弁護人席に並ぶこの二人のコントラストは異様だった。二人とも弁護士生活最大の事件としてこの弁護に没頭していた。

　死刑を求刑した沖中検事は、二人の弁護士が最終弁論をつづけるあいだ、検事席でふんぞりかえり、わざとらしく新聞を読み耽っていた。小柄な肥満型の彼は激昂しやすく、弁護人証人を指さし、金切り声をあげて恫喝するのが得意だった。

　この日は、彼は自分の役割はすんだ、ということを示すためにか、法廷の成り行きを無視していた。ときどき、新聞から目を上げると、むかい側の席で風采もあがらず、歯切れの悪い最終弁論をつづけている弁護人に、「なにを小癪な田舎の弁護士が」といったような一瞥をくれていた。

「最後になにか陳述することはないか」

　豊川博雅裁判長は、被告席の那須隆に語りかけた。これは裁判のしきたりである。が彼はしきたり通り、「別にございません」とはいわなかった。被告席からたちあがって声をだした。それは弁明というよりは、不思議な世界にはまりこんだ男のモノローグでもあった。

「まったく思いもよらない証人と証拠によって、わたしは、新しい言葉でいうところの、『吊るし上げ』（デッチあげの意味）にあったような気持ちです。

　わたし自身気がちいさく、これといった度胸もないのですが、普段からいたって呑気でして、こんな大それた疑いが自分にかかってくるなど夢にも思ってもみませんでした。公判が開かれるたびに、この法廷で自分がやったんではないということがはっきりする、とだけ思っておりました。

　鑑定書が出され、靴やシャツが証拠にされていましたが、わたしとしては、信じないといえばなんですが、まったく信じられません。自分自身がやったんでしたら、どうして事件のあとでも着たり履いたりしているものでしょうか」

　証拠として法廷に持ちだされることになった海軍用開襟シャツや白ズック靴は、取り調べ中に一度も刑事たちによって彼に示されたことがなかった。それらに被害者の血痕が附着している、といわれ、それを証明する鑑定書まで現れてなお、である。隆は狐につままれたような奇妙な孤独感に襲われるのだった。これまでたしかに自分の周りにいた、と思っていた友人や知人が、まるで世界が変わってしまったかのように、硬い眼差しを彼にむけるようになってしまったことも、信じがたいことだった。

「良心に従って、ほんとうのことを申し上げます。知っていることをかくしたり、ないことを申し上げたりなど、決して致しません。右の通り誓います」

法廷に姿を現した友人や知人が、宣誓書を読み上げ証人席に座った途端、あたかも魔法にでもかけられたかのように、わたしは那須にはなんのかかわりもありません、といったような表情に変わり、まるでデタラメなことを陳述しはじめるのを、那須は遠い世界のできごとのように眺めていた。

松永教授夫人の美貌に執着し、永遠に所有せんがための兇行、と沖中検事が那須を弾劾しても、那須は松永すず子に会ったことはなかった。たしかに栗山敦夫などに、年より若くみえた、などと話したことはあったが、それはあくまでも話というものであって、人間誰しも話の弾み具合で、みてきたようにいいたがるものなのだ。

那須隆の致命傷は、町の鼻つまみ者だった栗山敦夫と交際《つきあ》っていたことだった。が、彼にしてみれば、栗山の父親にも「カタギの人にも交際してほしい」といわれて、その気になっていたのであり、よく泊まるようになったのは、元警官としての自分がせっかく善導しつつある栗山のところに、ヤクザ仲間や子分が押しかけてくるのを防ぐつもりでもあった。

彼をことさら不利にしたのは、栗山の義理の姉である赤松としえの部屋に泊まってしまったことだった。これが変態性欲の決定的な例証になった。夜は何事もなく明け、朝食を食べて帰っただけだったにしても、人妻の許に泊まった事実は、古い城下町のひとたちの心証を著しく悪いものにしていた。

その頃、赤松としえは、七歳下の男と同棲していた。彼はとしえが長年はたらいてつくった着物を売りとばしては遊び歩いていた。隆は心配している妹のよしえの相談に乗り、栗山とともに、としえの恋人と話しあうことになっていた。が、肝腎のふたりが姿を現さないまま時間がたち、としえと那須とで遅い夕食をとったのだが、あいにく彼は腹痛を起こし、風も吹き荒れだしたので、そのまま泊まることになった。

その晩、としえは、若い頃から「飲食街」で働いていた遍歴をひとくさり話し、那須はやや大げさに松永事件について話してきかせた。彼は子どものときからの習性で、明るい電灯の下では眠れないので電気を消し、としえはそれを点けた。ソケットがゆるんでいたのか、風が入ってくると、そのあと、電球はひとりでについたり消えたりした。それについてのとしえの供述も、沖中検事の手にかかると、那須の変態説を裏づける貴重な証拠に変貌してしまうのだった。

那須は被告席でそのやりとりをみながら、唇をかんでいた。最終公判での彼の陳述は、その想いの吐露でもあったのだ。

あるとき、温厚な三上弁護士が、いささか興奮した面持ちで、拘置所にやってきたことがあった。

南糖グラウンドのそばの農家で、「松永事件」とそっくりの手口の事件が発生した。この犯人が逮捕されれば疑いは晴れる、と面会した隆にいうのだった。一九五〇（昭和二十五）年七月十日深夜、松永教授宅から五百メートルと離れていない農家で、十七歳の少女が就寝中、首を切りつけられて一週間の傷を負う事件が発生した。が、三上や那須たちの期待を裏切った形で、この事件は迷宮入りに終わってしまった。警察は少女の素行を問題にし、痴情関係にしてしまったのである。

那須はこの事件の犯人についていては確信がなかったが、漠然とひとりの男を想い浮かべていた。彼は、長い最終陳述をこうつづけた。

「本件が起きたとき、刑事や知人がやってきて、病院の看護婦が刺されたとか、鞘師町の阿部方に強盗がはいって怪我させたことがあるとか話しておりましたので、事件をそっちの方に結びつけて考え、自分が疑われているとは思ってませんでした。自分はこのように呑気で、空白の人間であるのですから、もう一度あらゆる審査でわたしの性格を調査してもらいたい」

那須と弁護士たちは、松永事件の真犯人として、松永家のちかくに住む滝谷福松に疑いをかけていた。捜査陣内部にも、その嫌疑は少数意見として根強く残っていたのだった。

那須隆が逮捕された十日ほどあと、附属病院看護婦詰所に忍びこんで逮捕された滝谷福松は、余罪の追及を受けて、その年の五月上旬、鞘師町で屋台女の背後から抱きついて匕首で突き刺したことと、七月下旬、附属病院看護婦宿舎に侵入して看護婦を傷つけた事件を自供した。

当時二十歳の滝谷は、松永家裏のダンスホールに入りびたっていた。彼はここに出入りする看護婦のあいだでも評判が悪く、事件発生と同時に容疑者のひとりとして数えられていた。しかし、滝谷が逮捕される以前の事件は、弘大内ではスキャンダルとして隠蔽され、公表されていなかった。

それに、滝谷が逮捕されたときには、すでに松永事件の犯人として、那須隆が逮捕されていた。那須と滝谷は、おなじ留置場の洗面所で顔を合わせ、会釈を交わしていた。

竹田弁護人は、法廷で前田武雄市警捜査課長にこう尋問している。

竹田　医大の看護婦が刺された事件を知っているか。
前田　その時の被疑者は滝谷福松で、目下公判審理中です。
竹田　その犯行年月日は。
前田　本件殺人事件よりずっと前と記憶しております。
竹田　鞘師町のある店の女性が刺された事件は。
竹田　本件よりずっと前に先程述べた滝谷が犯したのであって、一応同人にも本件の嫌疑をかけたのですが、確固たる反証があり嫌疑は晴れております。

滝谷福松は、那須隆の弟忠と朝陽小学校での同級生であった。

那須家の庭に遊びにきたこともある。子どもたちは、一団となってさまざまの家の庭にはいりこみ、梅や柿の実をとったり、トンボや蟬を追いかけたりしていた。屋敷町から小学校の校庭にかけて、さらにその先の小川と田んぼのあるこのあたりは、子どもたちの絶好の遊び場だった。

松永家を起点にして、東へ三百メートルほどいくと滝谷ミシン店があり、西へほぼ三百メートルいくと塀に囲まれた那須家があった。そのあいだにはさまれて、沖中検事宅と豊川裁判長宅があった。この二軒は三十メートルと離れていなかった。そのあたりをわたしたちは駆けまわって遊んでいた。

事件の翌朝、警察犬ダキロ・フォン・オーカコク号は、松永家の門をでたあと、迂回してダンスホール入口を勢いよくまわり、そこから沖中検事宅の前を通りすぎ、豊川裁判長宅の門の下を左折して、那須家の手前にまで到達したのだった。滝谷、松永、沖中、豊川、那須と結ばれた全長六百メートルたらずの細い線は、この五人の運命を固く結びつけていたのだった。

＊

松永事件被告、那須隆にたいする判決は、一九五一（昭和二十六）年一月十二日、青森地裁弘前支部でだされた。

その日は夜来の雪にもかかわらず、朝七時から傍聴人がたち並んだ。豊川裁判長は二人の陪席判事を従えて入廷し、那須隆に起立を命じた。判決文が読みあげられた。別件逮捕となった銃砲等不法所持禁止令違反については、「罰金五千円に処する」としたあと、裁判長は、

「被告人に対する公訴事実中、殺人の点については被告人は無罪」

と言い渡した。

廊下まではみだしていた傍聴者たちのあいだから、どっと不満の声があがった。沖中検事は席を蹴ってたちあがり、「けしからん、けしからん」と喚きながら法廷から飛びだした。那須はにぎりこぶしで目頭をこすって裁判長にお辞儀を繰りかえした。大沢信江は、失神状態となって席からくずれ落ちた。

理由　公訴事実中殺人についてはその証明充分ならず結局犯罪の証明なきに帰するを以て刑事訴訟法第三百三十六条により無罪の言渡を為すべきものである。よって主文のように判決する。

たったこれだけの判決文である。あっけない幕切れだった。那須隆は一年四ヵ月ぶりに自由の身となり、粉雪の降りしきる道を両親に付き添われて自宅にむかって歩きだした。

那須隆は語った。

「正しい者はいつかは判る、という信念が勝ちました」

豊川裁判長はつぎのような談話を発表した。

「証明充分ならずとは、有罪と断ずべき証拠が不充分だということであって、海軍シャツの血痕鑑定書だけでは真犯人を立証しえない。とにかく有罪立証の証拠が少なすぎた」

松永教授はこう批判した。

「科学を否定した超常識にはただ茫然とするばかりだ」

沖中検事は憤懣《ふんまん》をぶちあげた。

「勿論控訴する。裁判官は証拠不充分というが、被害者の母親が那須をみて間違いなしといった。これでも充分だと思う」(「陸奥新報」)

席を蹴って法廷を飛びだした沖中検事のその後について、ある新聞は、つぎのように伝えている。


無罪の判決言い渡し公判の翌十三日、弘前市内の二、三の新聞社に検察庁からといって電話がかかってきた。電話の主は、沖中検事と弘前市警前田捜査課長で、某社記者が早速駆けつけたところ、沖中検事は、

「夕べね、日本人でふとった奴が酔っぱらってね、那須を無罪にしてやったと叫びながらある食堂に入っていったよ、不謹慎もはなはだしいではないか」

と開口一番いったそうである。なにか控訴に関する発表でもあるものと予想して駆けつけた記者氏、いささかあてが外れた格好でちょっと戸惑ったが、以下は記者が語った会見の内容をそのまま。


そのふとった日本人というのは、豊川判事のことで、公判が終った晩、酩酊していたというのであるが、それがもし那須被告の弁護人とでも呑んだものであれば収賄罪が成立するとのこと、その事実を署員を動員して調べたいが、市警が動いたとなると穏当を欠くので、新聞社の方で調査したらどんなものかなどと相談を持ちかけられた、というのである。

そこで記者氏はその会見内容を検察庁発表として書いても差支えないかどうか訊ねたところ、検察庁発表ではまずい旨をもらしたというが、これはまったく不見識極まる話で、記者氏もその非常識ぶりに驚いている。

会見に出向いた新聞社は何れもこの馬鹿馬鹿しい内容は報道しなかったが、新聞記者にたいして豊川判事がどこで酒を呑んだか調査方をほのめかすなど、言論人を冒瀆《ぼうとく》するもはなはだしいことといわなければいけない。もっとも沖中氏は前夜から召上った酒で、まだはっきり酔がさめておらなかったそうだから、あるいはユーモアを飛ばしたのかも知れないが、深刻な話なので某記者が語るがままに内容を公開する。

(週刊「東北経済新聞」一月二十八日号)

豊川博雅裁判長は、結審と同時に秋田市へ転任となっていた。判決は、秋田から弘前へ出張してくだしたのだった。「市民の大多数が被告をクロにみていた」（「陸奥新報」一九五一年一月十三日）なかでの無罪判決は、豊川への風当たりを強くした。

「あいつ、頭がおかしいんじゃないか」。沖中検事がそういうのは、秋田にいた豊川にもきこえてきた、と本人はいう。判決理由がたった三行だったことも、批判を強めることになった。

といって、豊川裁判長自身、確信があって無罪にしたわけでもなかった。有罪にする証拠が不充分だっただけのことである。判決に至る最終段階になっても、三人の判事はまだ有罪説に傾いていた。が、その有罪説をもういちど客観的に眺めなおすと、こんどはこっちの方の疑問が深まるのだった。

「疑わしきは罰せず」。それがもっとも妥当な結論になった、という。

たった三行の判決文には、豊川が新任地秋田で多忙という理由があったにしろ、そんな苦悶と英断とがふくみこまれていたのである。

那須隆が逮捕時に着用していた海軍用開襟シャツが、最初の鑑定人である弘前医科大学教授引田《ひきた》一雄《かずお》の手許にまわってきたとき、「血痕」は鑑定する価値もない古い斑痕《はんこん》でしかなかった。しかし、そのあと、古畑種基《ふるはたたねもと》東大教授が鑑定したとき、そのおなじ開襟シャツには、血液型を特定するに充分な量の血液が附着していた。

検事側の最大の切り札は、古畑教授が、海軍用白開襟シャツについて、

「血痕の血液型はＢＭＱＥ型であり、松永すず子の血液型もＢＭＱＥ型であって、これが同一人である確率は九八・五パーセントである」

と断定した鑑定書だった。が、しかし、豊川判決は、この「法医学の権威」を採用しなかった。引田教授の、

「路上の血とシャツ、ズックの血とを比べてみて、色の具合からもちがう。血ではない。血としても古いものだということができます」

という証言に信をおいた。引田が事件直後鑑定し、歯牙にもかけなかった海軍用開襟シャツの「血痕」を、豊川裁判長もまた無視したのだった。

引田一雄が青森医専教授として青森県に着任したのは、事件発生の一年ほど前の一九四八（昭和二十三）年五月のことであった。ここに法医学教室を開設することになったので、北大医学部助教授だった引田が、母校北大の今裕総長の推薦を受けて赴任したのである。やがて青森医専は弘前医大となるのだが、弘前は引田の故郷でもあった。その後、県内の法医解剖のほとん

どは、引田のもとでおこなわれるようになっていた。

那須逮捕の直後、引田の研究室に市警の刑事が小型の柳行李を担いではいってきた。そのなかには那須家から押収したシャツ、浴衣などの衣類や革バンドが乱雑に詰めこまれていた。通常、証拠品には、「証○○号」との付箋がつけられているものだが、「調べてみてくれ」と机の上に投げだされた証拠品の扱い方の奇妙さを、引田はいまでもよく記憶している。これらの衣類にしても、そのあとで持ちこまれた白ズック靴にしても、とうてい鑑定に価する物件ではなかった。

北大時代、引田は業者からルミノール液の提供を受け、いつかは使ってみたい、と思っていた。血痕の疑いのあるものはまず予備試験をおこない、それから人血かどうかの本試験をおこなう。人血と認められれば血液型まで割りだすのが血液鑑定の常道である。だから、ルミノール実験をおこなうこと自体、血痕の疑いのあることを逆に証明することになりかねない。

それでも、引田はあえて白ズック靴の暗色斑痕にルミノール試薬を塗布してみた。が、燐光を発するには至らなかった。つまり血痕であるとは証明されなかったのである。ところが、すでにその白ズック靴の斑痕は、弘前市公安委員の松木明によって、血痕であり、B型であるとの判定がだされていたのだった。

突然、刑事たちによってはこびこまれた柳行李は、引田の鑑定結果が発表される前に、またもやあわただしくはいってきた刑事によって持ち去られた。誰かが刑事に命じて取りもどさせたのである。

弘前地裁の法廷に証人として呼びだされた引田は、提出する機会を失ったままになっていた鑑定書を背広のポケットから取りだした。

「明確なる証言をしたいので、これをみて証言することの御許可をお願いします」

と、検事席から沖中検事がはじかれたようにたちあがって、引田を制止した。

「裁判長、受けつけないで下さい。証人は特定の政党に属しているものですから、この鑑定には信憑性はないのであります」

引田は共産党のシンパだった。沖中はそれをいったのだ。それでも豊川裁判長はそれを受理して、無罪判決の「大黒柱」（豊川の話）としたのだった。

検事側は控訴した。

仙台での控訴審がはじまると、松永藤雄教授は、仙台地検吉岡述直検事に、引田批判の手紙を書き送った。

「今後お取調の際、科学的に弱いと存ぜられます点が御座いましたなら、何卒その研究を御命じ下さいませ。必ずお役に立ち第一審を覆えさせて頂き度くお願い申し上げます」

その手紙のなかで松永は、引田の運命をこう暗示している。

「近く青森医専閉校と共に自然退官（氏のみ医専教授のままで、大学の教授になっておりませぬ）することになるということは大体事実と存じます」

内科医としての松永藤雄は、弘前地裁での開廷中、被告席の斜め後ろ三メートルの位置に座って、那須の呼吸を測っていた。事件の報せを受けて酸ケ湯温泉から弘前にむかう車のなかで「必ず犯人逮捕の証拠をあげる。仇を討つ」と自分に誓ったことの実践であった。

一審では検事側からの松永証人申請は却下され、二審でようやく採用されることになった。

法廷での那須隆は、事件の核心にせまる箇所にさしかかると、呼吸が荒くなり、つばを呑みこむ回数が多くなる。松永はそれに気づいて、科学的に呼吸を測ることにした。ポケットから懐中時計を引きだし、那須の呼吸を数えると、通常一分間に十八～二十回のものが、アリバイとか血痕などの重要なところにさしかかると、三十回にもなる、ということを膨大な自分のノートにもとづいて証言した。

妻の悲運を思えば、松永の執念を理解できないではない。といって、ひとはテレビで野球をみただけでも呼吸が速くなるものである。

このような〝科学的データ〟が証拠として採用されたことが、結審前の那須を不安にさせていた。まして、仙台高裁の中兼謙吉裁判長は、実地検証で、那須にたいして、

「どういう恰好でやったのか。おいキミ、ここに来てやってみろ」

などと指示したりしていた。那須は一度も、やった、といったことはなかった。しかし、裁判長ははじめから彼がやったと思いこんでいたのだった。

仙台高裁は古畑鑑定を全面的に採用し、那須にたいして懲役十五年の刑を言い渡した。当時の新聞は、「科学的勝利」と報じている。有罪の判決を受けて、那須は最高裁に上告した。が、それは七ヵ月後に棄却された。

那須隆は、松永藤雄弘大教授の復讐心と、丸井清泰弘大学長の松永への友情と、古畑種基東大教授の権威と、そして弘前市公安委員の松木明医学博士の政治協力によって、殺人犯として宮城刑務所に幽閉の身となった。

豊川博雅裁判長は、誤判判事として歴史に名をとどめることになった。そして引田一雄教授は、弘大から追放された。

青森医専と弘前医科大学はその頃、弘前大学医学部に吸収された。前記両校の教授は、自動的に弘大教授に横すべりした。ところが、引田だけは教授会の審査にかけられた結果、十一対八の差で落選、退官という処遇になったのである。

医学部は、丸井学長以下、東北大学出身者で固められていた。引田は北大出身だった。が、そのことよりも、学長の意を受け

て人事権に采配を振るっていた松永教授の実力が、引田退官を予告した彼の意志が、そこにはっきりと投影されていた。引田はついに任官されなかった。法医学主任教授は、その後一年間、空席となった。

引田一雄教授の評価について、『弘前大学医学部三十年史』には、こう記述されている。

「警察の古老によれば、引田教授が執刀中に『わからない、わからない』と呟くのが印象的であったと話している」

いまでも、弘大医学部では「松永事件」はタブーとなっている。教授にしても、巡視にしても、親しい友人を通じて面会を申しこんでさえ、拒否された。菊判七百四十八頁にもおよぶ『三十年史』での、この事件に関する記述は、

「八月六日、学校近辺の民家に、殺人事件あり。学内まで捜査の手が伸びる」

との一行だけである。

Ⅲ　血痕

事件発生の第一報は、弘前市警の岩船善四郎刑事が受けた。在府町の高杉隆治からのせきこんだ電話は、まだ離れ座敷に泥棒がいるような臨場感のあるものだった。当直刑事だった岩船は、竹内弘巡査に署長用の黒塗りの乗用車を運転させて現場に急行した。が、岩船も竹内も、県会議員を務めた高杉の家を知らなかった。

十一時過ぎの地方都市は、寝静まっている。それに現場付近は、医大のコンクリートの塀と門構えの屋敷がつづくだけでとりつくシマもなかった。車を徐行させながら瞳を凝らして進むと、くぐり戸のあいている家が目にはいった。出てきた高杉よしの指さすままに、岩船は左手に懐中電灯を握りしめ、右手に拳銃を構えて前進した。

縁側のリノリウムの床には血にまみれた足跡が乱れ、一面血の海のなかに女性が横たわっていた。

「コロシだ！」

岩船はようやく「泥棒」などではない事件の重大さに気づいた。髪をふり乱した老女が、彼にすがりつくようにして叫んだ。大沢信江である。

「助けて下さい。すず子を助けて下さい」

医者だと勘違いされたのだった。岩船は断りきれずに脈をさわってみた。すでにこと切れていた。

署に引き返した竹内巡査の報せで、山本正太郎署長、前田武雄捜査課長などが駆けつけた。それから非常線を張った。手配はたち遅れた。

那須隆逮捕のキッカケとなった白ズック靴の発見は、それから二週間あとのことである。

一九四九（昭和二十四）年八月二十一日夜、捜査会議が終わったあとで、今武《こん》四郎刑事は、鑑識課の笹田一雄に栗山敦夫から電話があった、と教えられた。笹田と栗山とは顔見知りで、今は笹田に紹介されて栗山を知っていた。

その日の捜査会議でも有力容疑者として絞られていた那須が、栗山の家へいったことが報告されていた。今は自転車にまたがり、栗山の家にむかった。濠端の、まっ暗なだらだら坂を下りていくと栗山の家がある。が、すでに玄関の電気は消えていた。もう十一時も過ぎていた。

「あしたにするか」。今は自宅にむけてペダルを踏みながら、何気なく後ろを振りかえると、裏側の二階の窓から灯りが洩れているのがみえた。

「お晩です」

声をかけながら格子戸をひくと、栗山が階段を下りてきた。彼は下駄箱を指して、

「その靴みれば良ごセ」

とささやいた。靴をひっくりかえすと、土踏まずに、血痕状のシミのあるのが目にはいった。目を近づけると、つま先にも米粒状の斑痕が点在しているのだ。

「誰のだバ、この靴は」

「那須のですジャ。きょう置いていったんですネ」

「本当ガ！　したらちょっと貸してけれ」

今は署にひきかえした。すぐそばの署長官舎の扉を叩き、山本署長を起こした。山本署長、今刑事、笹田鑑識係長は、あわただしく車に乗りこみ、五分ほどの松木医院にむかった。市の公安委員である松木明は、松永事件解決について市警にハッパをかけていた。

自室から起きてきた松木は、靴を薬剤室に持ちこみ、脱脂綿で靴底を拭き取りはじめた。今と笹田は部屋をでて、待合室でまつことにした。暦の上では、もう翌日になっていた。一時間ほどして松木と署長がでてきた。

「人血だ、被害者とおなじB型だ」

松木はそう断定した。那須が逮捕されたのは、その日の午後である。

青森地裁弘前支部に証人として出廷した栗山敦夫は、今刑事

は突然やってきた。靴の血痕を最初に発見したのは、今刑事である、と証言した。今が「血がついてるぞ」と叫んだのをきいて、妻のよしえが、「ああ、気持《きもち》悪いジャ。そんで猫が寄ってきたんだべサ。血の匂い嗅げば、猫は化けるっていうのし」といったとも陳述している。

だが、いま青森市内で行政書士をしている今武四郎の記憶によれば、栗山から電話があったからこそ、わざわざ寄り道して彼の家へいったのであり、それも血がついている靴を指し示したのは栗山の方だった。栗山が〝タレ込んだ〟事実は、これまで秘密にされてきたのである。

津軽のヤクザ組織に弘前市の近郊の大鰐温泉を中心にした千葉東一家というのがあった。先代の千葉東一郎が県議選にでるというので、

「千葉東、おめえは何党だ」

ときかれると、彼はすこしもあわてず答えた。

「俺《おら》が。俺《おら》は千葉東だ」

こんな一口ばなしがいまでも残されている。栗山はのちに二代目を襲名した。

弘前市警―栗山の線にからめられて那須は逮捕された。彼が「変態性欲者」にされてしまうには、栗山の内縁の妻の赤松よしえ、その姉のとしえの証言が重要な役割をはたした。この事件には栗山の影が色濃く残されているのである。

さいきん栗山が拘置所から出所した、という情報をえて、わたしは早朝、深夜と何度となく彼の家をたずねた。そのたびごとに不在だった。感じのいい奥さんがでてきて、「なにも話したくないといってますよ」と笑った。その歯切れのよさから、彼女が、津軽のひとでないことはすぐに判った。赤松よしえは、すでに家を去っていたのだ。

栗山が、そして赤松姉妹は、なぜ那須隆に不利な証言をしたのか。それがいまだに残されている謎のひとつである。が、警察にとって、ヤクザは情報源であり、そこで貸し借りの関係が生じるのはよくある話である。市警と栗山もまたそんな関係にあったことは、取材で会ったある元刑事の口吻からもうかがうことができた。

ようやく、赤松の弟の所在をたずねあてることができた。弟の妻は当惑したような表情でこう語った。

「赤松の家は、両親《ふたおや》が早ぐから亡ぐなったもんで、随分《ずぶん》大変だったらしいんでサネ。子どもが八人もいて、としえがいちばんの上、そのすぐ下がよしえということで、この二人は、小学校もろくにでねえうちからはだらいだんだそンです。学校サも行がねがったけど、生まれつき頭の方も弱かったんですべ。親がなんとかすればもうすこしなんとかなったべけど、そうした余裕もなくて、てっとり早くはたらげると

ことといったら、『料理屋』ぐらいのもんですべ。そんなことで、まな、家庭の犠牲になったってわけですべ。

よしえが栗山と知りあったのは、飲み屋でだったんでしょ。頭は弱いけんど、みかけはちゃんとしてるべサ。みためは大柄だし、男好きするし、で、栗田も一緒になったったんだべけンど、籍は最後まで入れてもらえながったんですネ。みかけだけよくても、一緒に暮らしてれば、やっぱし頭の方がちょっと足りねえ。結局、捨てられだ、ということでサネ。

そのあとは四回ぐらい男と一緒になったべナ。そんでも、最後の男は、八戸のひとで、十五も年下だったネハ。このひととダバ、そんだネ、八年ぐらいも一緒だったがな。籍もちゃんと入れてもらって、本人もたいした喜んでいたけど、三年ぐらい前離縁されてしまって。

八戸にいたとき、交通事故さ遭ってしまって、それから余計おかしくなったネハ、ときどき頭を病むんだそンです。姉のとしえも、おかしくなってしまって、病院サはいったり出たりでしょう。そいでもこっちの方は主人もいて、まあなんとかやってるけど、よしえの方は心配でね。字も読めねえし、計算つうこともできねえ。おカネ渡しておいて、これとこれを買いセ、とか、ああして、こうしてといっておけば、なんとかやる。いわれたことだバ素直によくきくんですネ。

松永事件のことでもお父《ど》ちゃが、『おめえ、裁判のときなんかいったのが』ときいても、もうなんもわがらなくなってしまった、っていうばかりで、昔のことはもう忘れてしまっているんだべサ。警察もアヤフヤだもんだね。ああしたひとのはなしをそのまま鵜呑みにしてしまって。

とにかくあのひとは、自分でダバなんも考えることはできなくて、ただ、いわれたことだけ、ハイハイって、いうだけなんですから。

会ってもらいたくねえんです。よけい頭がこんぐらかって、ひどくなられてしまったんでは困るんでネハ、ほんとですジャ」

那須逮捕のキメ手となった白ズック靴は、引田一雄の鑑定の結果、「血液の確証なし」とされ、それから十二日後の北豊、平嶋侃一（国警本部科学捜査研究所法医学課）の鑑定結果でもやはり「血痕は証明し得ず」となった。

しかし、その一ヵ月後の松木明と間山重雄（市警鑑識課技手）の共同鑑定では、「人血、B型、附着斑痕は噴出したものの細かなものが飛び着いたもの」となり、翌一九五〇（昭和二十五）年九月の古畑種基の鑑定では、「人血の附着認めず」の結果に終わっている。

白ズック靴の血痕は、鑑定人の手を経るごとに、ついたり消えたりしていたのである。

白ズック靴 鑑定依頼年月日	鑑定書 作成年月日	鑑定人	鑑定箇所と方法	鑑定結果
1　昭和24・8・24	24・9・1	引田一雄	右紐（切取り）＝ベンジン検査 全体＝ルミノール検査	血液の確証なし
2　24・8・30	24・9・13	北　豊 平嶋侃一	紐（切取り）＝ベンジン検査 全体＝ルミノール検査	血痕は証明し得ず
3　24・10・15	24・10・19	松木　明 間山重雄	多数の箇所 全体＝なし	血液・人血・B型。附着斑痕は噴出したものが細かく飛び着いたもの
4　25・7・6	25・9・20	古畑種基	全体＝ルミノール検査	人血痕の附着認めず
5＊　24・8・20	24・8・20 24・10・4	松木　明	紐＝抗人血清検査 上底＝ピラミドン反応	血液型は資料不足で検出できず

（＊註　5の鑑定書は一九七六年になって提出されたものである）

白ズック靴が栗山宅から押収されたのは、一九四九（昭和二十四）年八月二十一日深夜のことだった。ところが、松木鑑定の日付は「八月二十日」となっている。証拠として押収される前にすでに鑑定されていたことになる。いかに鑑定書が杜撰《ずさん》だったかを証明している。

押収された日の夜、松木明によって人血の付着が断定されたのだが、そのあとひとを変えて鑑定を依頼しても、その誰もが、「血痕」を証明しえなかった。正式には十月十九日の松木、間山鑑定だけが、人血、B型を検出したことになっている。

ズックの血痕はみたいものだけにみえていた。この鑑定書は那須を犯人に仕立てるために作成された、といって間違いない。

さらに奇妙なことに、その二十七年後、仙台地方検察庁がようやく提出したもう一通の松木鑑定では（鑑定依頼一九四九年八月二十日）、「人血。血液型は資料不足で検出できず」となっている。

事件発生当時は、それまでの自白中心主義から、物証を重視する新刑事訴訟法に切り換えられてまだ八ヵ月目であった。古い捜査方法で頭が固まっていた山本署長以下の捜査官たちは、証拠なんか適当でいい、と思いこんでいたのかもしれない。

松木医院での、今刑事と笹田鑑識係長とが席をはずした一時間のあいだ、深夜の薬局で、松木明と山本署長とが、なにを話しあっていたのか、それが疑問である。その夜、ただちに「B型」と鑑定されたのだ。

「靴底に血痕があった、と須藤勝栄国警警部、今武四郎刑事、太田貞三郎刑事などはいまでもいってます。山本さんもみたのですか」

とわたしは、署長退任のあと市議会議長まで務め、いまは市の社会福祉協議会会長などの要職についている山本正太郎にきいた。

「いや、わたしは底をみなかったわけです」

「しかし、靴ですから、当然、ひっくりかえしてみるでしょう」

わたしは、テーブルの上においた煙草の箱をひっくりかえしてみせた。

「それは」と彼はちょっと間をおいた。「今君が玄関へ持ってきて、どうもこれは血痕らしいというんだが、わたしは、甲の方だけ、その白い靴の……」

「今さんは、靴底を指摘しなかったのですか」

「それは、わたしに、ひっくりかえしてみせたわけでもないし」

「今さんが靴を持ってきて、『署長、ここに血がついています』といったでしょう」

「キミ、ひとを誘導尋問にかけるのか！」

山本は突然声を荒らげ、そのあと力弱くつづけた。

「わたしはなにも、あなた方に追及される必要はないんだ」

「しかし、今さんも須藤さんも、底にベットリ血がついていた、といってるんですよ」

「今君は底までみたかもしらんが、わたしは、白い靴墨を塗ったところに血痕らしいものがあるから、これが血痕だとすると重要な資料だから、松木先生の所へもっていったまでで、ひっくりかえしてみたわけじゃないですから」

「しかし、ベットリついているなら当然……」

「だからわたしは、須藤はモウロクたかったんでねえが、すこしアレなんでねえが、と思ってるんだ」

署長当時からたくわえていたチョビ髭の下の前歯が欠けていた。寝巻き姿ででてきた山本正太郎は、深夜押しかけた突然の来訪者の前で、かつての尊厳をついに取りもどせなかった。七十歳になって彼は家をでて、ひとり暮らしていた。

大地主だった山本家の借子《カレゴ》（年期奉公の農夫）だったのを、認められて養子になった、というひともいる。だから、弘前市民のあいだでは、七十過ぎにして養子先を出ることになった山本の運命を、津軽の婿の歴史のひとこまとして話したがるひともまた多いのだ。

「あの墓は、どなたの墓ですバ」

ひとつだけ離れて建つちいさな墓を指さしてたずねる。

「ああ、アレですか。アレはムコの墓ですジャ」

とにべもなくいい放たれるように、婿は死んでもなおかつ婿としてしか扱われないとの小話に、津軽はこと欠かない。「糠三升あれば、子供をムコにだすものではない」といったような教訓を、古い時代のひとびとは胸にしまっている。

山本正太郎は、高等小学校卒でありながら、弘前市警署長、市議会議長まで務めた立志伝中の人でもある。彼は、ひっきりなしに煙草を喫い、なんども、「もういいじゃないか、この辺で」と話を打ち切ろうとした。

那須逮捕の前夜、公安委員松木明の薬剤室でなにが起こったのか。山本もまたそのなかにはいなかった、待合室で結果がでるのを待っていただけだ、と弁明した。今刑事、笹田鑑識係長の「山本と松木が薬剤室にいた」との証言を否定したのである。

白ズック靴の「血痕」によって那須隆は逮捕された。が、引田一雄の鑑定によれば、この白ズック靴および海軍用白開襟シャツなどの押収物件から血痕は検出されなかった。那須は犯行を否認しつづけていた。検事勾留、判事勾留と引き延ばして、警察は連日、那須隆を追及した。が、起訴にもちこむキメ手に欠いていた。そうかといって釈放する気は毛頭なかった。

市警はその前、すでに誤認逮捕によって面子をつぶしていた。新聞では迷宮入りか、と書きたてられていた。最後に残された切り札としての那須隆を自供に追いこむのが、警察にとっての必須の課題であった。

逮捕後二十一日たち、勾留期限は満了だった。沖中益太検事は、刑事訴訟法百六十七条を引張りだして、隆を一ヵ月間の精神鑑定にかけることにした。沖中はこう語っている。

「私は永年の検事の経歴から、那須を調べれば調べるほど犯人としての確信が増すばかりだ。この前の判事勾留が切れる時も私は起訴するといったが、上司の方からいま少し慎重にというので、精神鑑定となったのだ。これがキメ手だという物的証拠はないが、那須の取調べに対する行動、被害者のお母さんの証言その他、那須を犯人としてしか考えられない。仙台の方（仙台高等検察庁＝引用者註）がよいといえば、何時までまっても同じだから起訴するつもりだ」（「陸奥新報」一九四九年十月四日）

起訴にもちこむ物的証拠はない。だから鑑定留置で時間を稼ぐ。これが沖中の作戦だった。精神鑑定は通常、弁護人側が被告人の犯行時の心神喪失状態、あるいは心神耗弱状態を証明するのに使うのが普通だが、ここでは検察側が伝聞証拠としての「変態性欲者」に科学的裏づけを与えるために使われたのである。

弘大学長丸井清泰は沖中の要求に応えた。彼は精神鑑定の結果、那須が「本件の真犯人であるとの確信に到達」したのである。精神鑑定のための一ヵ月間の留置期限が切れると同時に、こんどは鉄砲等所持禁止令違反で再逮捕された。

那須家には先祖から伝わっていた外国製の六連発短銃があった。銃身の長い時代もので、弾丸もなく、子どもたちのオモチャにされていたものである。逮捕直後、家宅捜索で押収されたのだが、隆は山本署長あてに始末書を提出し、それでケリがついていた。それが苦肉の策としてもう一度ひっぱりだされたのである。勾留を引き延ばすための別件逮捕であり、タライ回しである。こうして逮捕後二ヵ月たって、ようやく起訴となった。

沖中検事はきわめて率直に語っている。

「那須の殺人犯人である事は間違いないと確信するが、手続きの関係上まず鉄砲等所持禁止令違反で起訴した。すぐまた殺人

罪として逮捕状を請求し、書類の整備とともに、二、三日中に追起訴する」（「陸奥新報」十月二十二日）

那須隆の身柄拘束の状況を、日を追って記せばつぎのようになる。

8・6　事件発生
8・22　逮捕
8・25　勾留
9・3　勾留延長
9・12　鑑定留置
10・12　別件逮捕（鉄砲等所持禁止令違反）
10・14　勾留
10・22　本件再逮捕（殺人罪）
10・24　本件起訴

沖中は別件逮捕に気がひけたのか、那須家のオモチャ箱に転がっていた拳銃を、那須の性格の暗さを象徴するモノとして最大限に利用した。彼は那須について、こうも解説している。

「武家としての那須には、何処か血を恐れぬ精神、殺伐な暗い影を感ぜられて仕様がなかった」（「陸奥新報」十月三十一日）

丸井鑑定による変態性欲者の像と、拳銃を所持していた「血を恐れぬ」青年の像とを重ねあわせれば、松永事件の犯人像のモンタージュに成功する。新聞の報道によって増幅されたそのイメージを、弘前市民はしだいに自分の胸に焼き付けていった。

＊

別件逮捕による勾留のあいだに作成され、殺人罪の再逮捕、そして起訴へと導いた唯一の〝物的証拠〟が、十月十九日づけ松木明・間山重雄の海軍用白開襟シャツと白ズック靴に関する共同鑑定である。このふたつの重大な鑑定が事件から二ヵ月半後に、それも同時にふたりの共同作業でなされ、ふたつとも被害者と同型の血痕を検出した。

海軍用開襟シャツはその後もさらに鑑定にまわされる。松木、間山鑑定の二日後には、東北大医学部三木敏行助教授のもとで鑑定に付された。ここに到着したとき、シャツの「血痕跡」は、すでに切り取られて穴だらけになっていた。三木が鑑定したのは、北、平嶋が鑑定した「褐色斑痕」とは別の色の、豌豆大の「赤褐色の血痕」であり、結果は被害者と同型のQ型となった。

開襟シャツ　鑑定書

	鑑定依頼年月日	作成年月日	鑑定人	鑑定箇所と方法	鑑定結果
1	昭和24・8・24	引き揚げられて作成せず	引田一雄	肉眼検査だけ	斑痕は帯灰暗色
2	24・8・30	24・9・13	北　豊 平嶋侃一	褐色斑痕（一ヵ所）ルミノール、ベンジン、ヘモ	血痕B型

3	24・10・15	24・10・19	松木　明 間山重雄	クロモーゲン 他の箇所 多数の斑痕	血痕証明至難 血液＝人血 ＡＢＯ式でＢ型 Ｑ式でＱ型 下方から飛び 来って附着 色調の観察なし
4	24・10・17	24・10・19	三木敏行	所々に豌豆大の 切りあとあり 左襟の左寄り豌 頭大の赤褐色の 血痕がある	Ｑ型
5	25・7・6	25・9・20	古畑種基	附着量少ない	Ｍ型・Ｅ型・赤 褐色

日本帝国海軍大湊要港部によって敗戦後放出され、やがて那須隆に貰い下げられたシミだらけの古着は、きわめて鄭重《ていちょう》に扱われて、弘前大学、東北大学、そして東京大学の門をくぐり抜けた。シャツの血痕は、大学の門をくぐるにしたがって、取るに足らないシミだった、帯灰暗色（引田鑑定）から褐色斑痕（北・平嶋）、そして赤褐色（三木）と次第に色調も著明となり、斑痕の数がふえていった。

事件発生後十一ヵ月目に、裁判所から古畑種基に依頼された鑑定事項は、

一、海軍用開襟シャツに人血痕の附着ありや。

二、畳表に人血痕の附着ありや。

三、海軍用開襟シャツ及び畳表の双方に人血痕の附着ありとせば、

（イ）右両者の人血痕につき血液型の異同如何、特にＡＢＯ式及びＱ式の血液型以外の血液型について鑑定せられたい。

（ロ）海軍用開襟シャツ及び畳表の人血痕につき附着の時期に時間的間隔ありや、ありとせばいくばくの間隔ありや。

というものであった。

「法医学界の権威中の権威」ともいわれる古畑種基（のちに東大名誉教授、科学警察研究所所長）は、被害者の血糊に染まった畳表と那須隆のシャツとを分析し、確率論を援用してこの依頼に応えた。

「即ち畳表についている血痕と開襟シャツについている血痕が同一人の血液である確率は〇・九八五又は九八・五パーセントであり、両者の血痕が同一人の血液でない確率は〇・〇一五又は一・五パーセントとなる。理論上〇・九八五の確率があるということは実際上は同一人の血痕と考えて差し支えないということを示している」

「両者の血痕の附着時期は共に半年以上二年以内であると推定され、両者の附着時期に時間的間隔を認めることはできない」

この判定が、有罪の唯一の証拠となり、那須隆は仙台高裁において懲役十五年の判決を受けて下獄した。このことについて

古畑は、『法医学の話』（岩波新書）で縷々《るる》述べている。

某日わたくしは証人として尋問されることになった。

裁判長はわたくしの鑑定書にあげてあるシャツの血と畳の血とが同じである確率が九八・五パーセントということについて説明してほしいということだったので、つぎのような例で説明した。

一〇〇人の陪審員に向ってシャツの血と畳の血とが同一のものだと思う人は手をあげてくださいといったとき、九八人が手をあげ、一人は手をあげず、一人は半分だけ手をあげた。つぎに、右の両者は別人のものであると思う人は手をあげてくださいといったとき、一人が挙手し、九八人は手をあげず、一人は半分挙手したという成績である。裁判長はそのうちのいずれをとるも自由であるとお答えした。

すると、弁護人は、B・M・Q・E型の頻度は一・五パーセントだということであるが、それでは一〇〇〇人中に一五人あることになり、人口六〇〇〇〇のH市には九〇〇人も同じ血液型の人があるはずである。それにもかかわらず証人はシャツの血は被害者の血がついたのだということはどういうわけであるかと詰問せられた。

それでわたくしは、このシャツの血はおそらく動脈から飛散したものがついたと思われる。血というものは怪我をしないかぎりつかないものである。なるほど、B・M・Q・E型の人は人口六〇〇〇〇人の土地に九〇〇人もいるであろうが、怪我をしていない人の血がつくはずはない。

ことにこのシャツの血は動脈血が飛散してついたものと推定されるので、このシャツを着ていた人の近いところで動脈を切られたB・B・M・Q・E型の人があれば、その人の血がついたと思われる可能性が生まれるので、怪我をしておらぬB・M・Q・E型の人が、何十万人いようとも、それは問題にならぬのであるとお答えした。

古畑の論理は徹頭徹尾、多数決の論理、少数切り捨ての論理である。確率から犯人を割りだすのが、彼の「科学性」でもあった。それを補強するため、古畑は状況証拠を採用している。動脈を切られた被害者の近所に那須が住んでいたという事実である。

しかし、動脈血を浴びたシャツにしては、この海軍用開襟シャツには血液の量が少なすぎた。鑑定書には、「附着しているが斑痕少ないため、人血反応は実施しなかった」とも明記されている。古畑はこの本には記述していないが、法廷での弁護側の反対尋問、

「開襟シャツに着いていた血痕は動脈血の噴射の主流によって出来たものと認められたか」

にたいして、こう答えている。

「そうではない飛沫のように思った」

「そうすると被服にはしたたり落ちる程の血も着いてないように思われるが、その場合兇器からあれ程の血がしたたると推断できるかどうか」

「それは仮定が入っているので判らない」

　東大教授、古畑種基の「鑑定書」に全面的に依拠した有罪判定によって、その後の裁判でも、血液型の鑑定書が証拠になりうる道が拓かれることになった。

　いま無実の罪を叫んで再審を請求しているひとは、十三件十四人である。このうち、のちに科学警察研究所所長となった古畑種基の鑑定によって刑が確定したのは、那須隆以外にまだいる。

　ひとりは、一九五四（昭和二十九）年三月、静岡県島田市郊外で起こった幼女暴行殺人事件（島田事件）の被告赤堀政夫、もうひとりは、一九五〇（昭和二十五）年二月、香川県財田《さいた》村に発生した老人殺害事件（財田川事件）の谷口繁義であり、さらに一九五五年十月、宮城県松山町での一家四人惨殺事件（松山事件）の斎藤幸夫である。三人とも極刑を宣言され、日夜死刑執行の恐怖にさらされている。（のちに、三人とも無罪判決、釈放）

　谷口繁義の場合も、彼が着用していた国防色ズボンの人血痕は微量にすぎたため、最初の鑑定人が血液型判定は不能としたものを、古畑が「微量であるため充分な検査をすることができなかったが血液型はO型と判定せられる」との鑑定をだしている。

　古畑の思想は「法医学は社会の治安維持のための公安医学」（『簡明法医学』金原出版）というものであり、彼の権威性は、「充分な検査をすることができな」くとも、血液型を割りだすことにあった。

　白ズック靴が、鑑定人の手を経るごとに血液の痕跡を消していったのにひきかえ、こと海軍シャツに関しては、血痕は次第にその数をまし、色調もまた著明になっていった。「松木・間山」鑑定は、あたかも魔法の杖の一振りを与えたかのように、それまでなんの取柄もなかった物体に、突如、証拠品としてひときわ輝く光彩を与えたのである。

＊

　事件発生の電話を受けて、まっ先に現場に駆けつけたのは、岩船善四郎刑事だった。

　彼と同行した竹内巡査の連絡で、サイドカーに乗った山本署長以下、前田武雄捜査課長など弘前市警の幹部たちが現場に到着、ようやく殺人事件としての捜査がはじまった。被害者が医大教授夫人であったため、警察側では、大学病院の医者や看護婦たちが、現場を踏み荒らしてしまうのを制止することができなかった。市の「お客様」としての大学への遠慮もあった。

　岩船は事件から十二年たって、十五年ほど務めた刑事生活に見切りをつけた。いま、青森市でタクシー会社の取締役営業部長としての生活を送っている。彼は、最初に踏みこんだ現場の状況を、いまでも鮮明に想い浮かべることができる。あれだけ大量の血が飛び散っていたにしては、那須のシャツについている血痕が少なすぎる。それがいまなお残る疑問である。

それに、白ズック靴に附着していた血痕もまた疑問なのだ。血液は、被害者の咽喉から枕を伝って畳に浸みこむ。とするとズックの底に血痕がつくためには、加害者はそれまでの時間、現場に踏みとどまっていなければならない。刺してすぐ逃げるのが犯罪者の心理というものだ。靴底に附着した血液によって那須が逮捕されたことに、岩船は首をひねっている。

国警の工藤多七警部補もそれとまったくおなじ疑問をもっていた。事件の翌朝、工藤が現場に到着したとき、現場には誰もいなかった。遺体は病院に運ばれ、蒲団の枕許には線香が立てられていた。蚊帳を通してガラス戸にまで血しぶきが走って凄惨だった。それにひきかえ、あとでみることになったシャツのシミが、あまりにも色あせたものであったことに、工藤はかえって那須犯人説に疑いを深めるようになった。

当時、警察は国家地方警察（国警）と自治体警察とに二分されていた。日本の民主化のために、中央集権的な警察権力を地方分権にすべきである、とのマッカーサー書簡にもとづいて、一九四八（昭和二十三）年から、人口五千人以上の市町村では、独自に警察を維持することになった。

が、この政策は、日本の土壌では、国警と自治警の縄張り争いと反目とを、自治体内部では有力議員と癒着した警察の腐敗を栽培しただけに終わった。反目について、口さがない市民たちは、「滑稽（国警）と失敬（市警）の争い」と揶揄《やゆ》していた。

事件の前年、弘前市で開催された県下警察官柔道大会において、弘前市警チームは、国警県本部警務部長の審判を不満として試合を放棄し、退場していた。この種のイザコザは日常茶飯のことであった。市内は市警、市外は国警という管轄権の設定は、そのまま縄張り争いに転化していた。犯罪が相互の管轄区域にまたがり、犯人が別々に逮捕されると、両者で共犯者の身柄引き渡しを要求しあったり、管轄外で犯人を検挙してもめたり、逮捕にしても逃亡にしても、そのたびごとにいざこざがもちあがって、ことさら反目を深めた。

警察関係者の宴会の席上で、国警本部長の盃を自治警の署長が受けなかったとか、警察学校の講習会で悪口をいいあうとか、両者が席をおなじにすると、対立感情がそのままむきだしになってしまうのだった。

弘前市警にとって、弘大教授夫人殺害事件は、いわば進駐軍将校夫人殺しにも匹敵するほどの大事件であり、その捜査結果には市警の存在と威信が懸けられていた。だから、山本署長、前田捜査課長の現場到着の直後、全署員が非常招集を受け各所に非常線が張られた。そして、署員六十名を投入して左記の九班が編成され、市内をシラミつぶしにしての大捜索が開始されたのである。

一、被害者の交際関係調査
二、松永教授の交際関係、同教授に怨恨を抱く者の調査
三、松永教授の子弟関係調査
四、在府町附近の前科者調査
五、在府町附近の不良、香具師の調査
六、同町附近の変態性欲者調査
七、旅館料理屋臨検
八、現場検証、兇器その他の証拠品発見
九、取り調べ関係

しかし、一週間たってもなんの手がかりもなく、捜査当局には疲れと焦りの色が濃くなっていた。新聞は迷宮入りを伝え、市警への風当たりは強まっていた。それでも市警内部には、国警の応援を受けようとする空気はなかった。

青森県の自治警察連合会会長は、この頃になって山本署長に進言した。このまま迷宮入りになっては、自治警はおろか、警察全体の不名誉にもなってしまう。ここはこらえて国警に応援を要請してはどうか、というものであった。こうして国警県本部から捜査陣に参加することになったのが、須藤勝栄捜査課次席（警部）、工藤多七警部補、西田留蔵巡査部長の三名だった。

それでも国警の工藤刑事が、現場に踏みこんだのは、事件の翌朝だった。

「なにも応援の要請がきているわけではないが、これからの捜査の参考になるだろう。もし万一、あとで要請とかなんとかになったときのためもある。ちょっと様子をみにいってくれ。ただ気をつけてくれよ。わかってるな」

との命令を受けて、彼は先行したのだった。

松永宅にでかけて様子をさぐった工藤は、そのあと、遺体が解剖されている病院にむかった。手術室にはいって、入口のそばの椅子に遠慮がちに腰かけてみたが、けっして座り心地のいいものではなかった。

なにしろ、その頃はまだおなじ建物のなかに市警と国警が雑居していたのだが、たがいにお茶もださない、口もきかないといった関係がつづいていた。手術室にはいった途端、振りむいた市警幹部の視線が、あながちひが目のためばかりではなく、「なにしにきた」と問い詰めるように、工藤には感じられた。

那須隆が逮捕されたあとでも、工藤はもう一方の線を追っていた。大学病院の看護婦寮のむかいに住んでいる十九歳の滝谷福松である。滝谷は大学病院の看護婦詰所に忍びこみ、騒がれて逮捕されていた。自供した余罪はふたつとも、いきなり女性に襲いかかって傷つけたものである。それは松永事件の手口によく似ていた。

工藤は滝谷をせめたてた。が、家宅捜索しても兇器は発見されなかったし、家族は、「その夜、福松は家にいた」と証言した。そのアリバイの前で、工藤は歯がみした。それでも彼は諦めきれずに、滝谷にむかっていった。

「俺はな、松永事件は、絶対にお前《め》だと思ってるんだ」

まだ十九歳の滝谷は、不敵に応えた。

「おらが犯人だという、なんが証拠でもあるんですか」

工藤のもとにつけられていた十人の捜査官たちは、すこしずつ那須担当の方に引き抜かれていった。勾留を引き延ばしながら、那須を落とすための材料集めに刑事たちは奔走していた。

「もうそっちはいい。こっちに決まったんだから」

工藤は上司にそういわれた。滝谷については、彼が自供した事件だけで送検し、結着をつけなければならなかった。彼は那須を一度だけ取り調べ、アリバイを追及した。那須は、亀甲《かめのこう》町の洋服屋に家族の洋服の修理を頼み、公園のテニスコートに寄ってテニスの試合を眺め、家に帰って夕食をたべた、と供述した。その態度からしても、工藤は那須をクロとは思えなかった。

翌日、那須は、横山警部補の追及を受けると前日の供述を翻し、公園で月をみていた、といってしまったのだった。

工藤多七の家に、夜おしかけて強引に会った。彼は団扇《うちわ》で蚊を追いながらいい渋っていた。

「弘前は狭い町だし、いまでもよく当時の関係者に顔をあわすから」

工藤は何度も話の腰を折った。

「いま頃いうと、先輩の顔に泥を塗ることになるし、卑怯なことだが……」

それでも話しだすと、鬱積《うっせき》していたことがあってか、次第に能弁になった。それは彼が長年従事してきた職業に、いまも誇りをもっていることを感じさせた。彼は短軀でエネルギーに満ちていた。不敵な面持ちとふっとよぎる鋭い眼の光は現役時代の執拗さを彷彿とさせた。三十二年間勤務し、警察庁長官賞、警察功績賞を受けて引退した。

須藤勝栄は、その後、青森警察署長、県消防学校長を歴任、いま青森市の青森マツダ自動車教習所常務取締役所長に収まっている。逮捕当時は那須追及の急先鋒であったにもかかわらず、「あのときは身体の具合が悪くてたいした取り調べをしていない」

と逃げ腰だった。それでも白ズック靴の血痕附着を、いまなおあまりにも強調しているため、市警の山本署長に「モウロクたかったんでねえが」と批判される始末である。須藤はまた須藤で、ハッキリいって、当時の捜査員はちょっとな、捜査の宝庫といわれる現場保存がデタラメだった、と市警を批判している。

一方、もうひとりの国警からの応援刑事である西田留蔵は、退職後、青森市で酒屋の店主となって余生を送っているが、いまは中風がひどくて寝たきりである。

国警対市警の反目とは別に、市警内部には深刻な派閥争いがあった。署長対次長の対立抗争は「川中島の戦い」とも呼ばれたほどに熾烈を極めていた。自治警の経費は自治予算によって賄われた。市町村長直轄下に公安委員会が設置され、公安委員会が署長を任命するのが、輸入されたアメリカ型民主警察のパターンだった。それはまた地方ボスとしての議員が、警察に容喙する基盤をも形成した。

たとえば、選挙違反で検挙された議員が、監房のなかから、

「オーイ、〇〇君、煙草くれ、タバコ」

など看守にむかって声をかけ、煙草を喫いながら、

「俺《おら》がこっからでたら、お前《め》の面倒みてやっから」

というのは、その頃の自治警でのごく日常茶飯事的な光景だった。弘前市公安委員長が遊郭の主人であったり、市財源の虎の子が、東北最高といわれた映画館などの入場税収入だったことにも、市警と地方ボスとの関係が暗示されている。

津軽平野のまん中に位置し、津軽十万石の城下町である弘前市は、リンゴとコメの集散地として形成されてきた。この盆地の町を目指して近在から農産物がはこばれた。その帰りに商店街にたちよって、衣類や日用雑貨品を買いもとめるのが農家の人たちの娯《たの》しみでもあった。

戦災を受けることがなかったため、敗戦後、この町に流れこんでくるひとたちは多かった。甘味としてのリンゴがあり、それと交換した洋服、靴などや日用雑貨品が駅前のヤミ市に並べられ、ヒトとモノとでごったがえしていた。復員兵が顔をだし、引き揚げ者がやってきた。こうして流れこんできたひとたちのひとりが、引き揚げ者連盟を基盤に市議となり、次長の須藤忠を署長にするともちあげた。そのため、市警内部での署長対次長の確執の火に油をそそぐことになった。

官僚的でいくぶん陰気なところのある山本にたいし、須藤は単純で、時代がかかったところがあった。弘前最大の人出となる五月の観桜会を迎えるにあたって、彼は鍛冶屋に十五丁ほどの十手《じって》を誂えさせ、巡査たちの腰に差させて悦にいったりしていた。道路使用許可がいる屋台開設の許可も大盤振る舞いし、署長派とみられていた警備交通課長の今井正や経済課長の白浜元三との対立をさらに激しくしたりしていた。

事件発生当時の捜査課長は前田武雄だった。彼は警備、教養畑を歩んできたので、捜査経験はなかった。前田が事件の翌日の日付で作成した「実況見分書」の冒頭には、すでに「被疑者那須隆に対する殺人被疑事件」と記述されている。

被疑者不明の時点でのこの那須隆の特定について、いま、金

木自動車学校の校長である前田は、多忙のため「実況見分書」を作成したのは事件の二週間後になった。だから被疑者名がはいってしまったのだ、と弁解した。

それは捜査経験の浅さを示しているようでもあるのだが、ある元刑事がいうように、被疑者を那須隆に絞ったあとで、都合の悪くなった最初の「実況見分書」は破棄したのではないか、との疑いを捨てきれないものにしている。

前田捜査課長は署長派だった。事件発生の年に捜査課長から教養課長に更迭されていた横山博は、捜査のベテランだったのだが、次長派と目されていた。事件後、横山はあたかも前田に対抗するかのように外勤巡査を集めて捜査班を編成し、那須隆の身辺調査を一手に引き受けた。取調室での追及回数は、国警の応援警部須藤勝栄の九回についで多く、殴る、蹴るの取り調べでは、彼がほかの誰よりも抜きんでていた。

弘前市警内における署長対次長の「川中島の決戦」の顚末について、『青森県警史』にはこう記述されている。

「署長が次長に対し不正行為の疑いありとして懲戒免職を発令するとともに検察庁に告発したが、たまたま市職員定数条例の改正に伴い、幹部定員が削減になったこともからみ、次長は署長を労働基準法違反容疑で告発、さらに市公平委員会に不利益処分審査を請求して対立した。

二十七年十二月、市公平委は懲戒免の取消しを決定し、次長は職場に復帰したが、署長は青森地裁に、異議申立ての訴訟をおこした。

二十八年一月、ようやく県自治警連会長らの斡旋により、署長・次長とも退職することで解決した」

喧嘩両成敗となったのである。

奥羽線浪岡《なみおか》駅は、青森駅と弘前駅とのちょうど中間にある。横山博は、この町で自動車学校長を務めている。最初訪れたとき、彼は自分で、

「横山はいま青森サ出張してますジャ」

と、とぼけた。彼は、大鰐温泉でちいさな旅館を経営し、そこから浪岡まで列車で通勤していた。

夜、自宅に押しかけ、戸をあけたとき、彼は居間でテレビの懐メロ番組を眺めていた。わたしたちに気づくと、彼はたちあがって両手でさえぎり、「いまわだいしの時間だから」とプライバシーを主張して、面会を拒絶した。が、諦めたのか、畳に尻をおろし弁明した。

「わだしは教養課長でしたから、なんも詳しいことは判《わが》らねえんです」

「でも、横山さんがいちばん活躍されたんじゃないですか。那須さんとこの笹の葉から〝血痕〟を採集したのも、横山さんじゃなかったんですか、ほら、オキシフルで検出したりして」

「いいえ、笹の葉にはなんも血などついてませんじゃ」

テレビの歌は、

〽おぼえているかい　故郷の村を……

に変わっていた。はたして白ズックの靴底に、本当に血痕がついていたのかどうか、それがわたしの疑問である。彼はズックはみたが、血痕についてはは判らない、と言葉をにごした。

「しかし、そのズックの血痕で、那須さんは逮捕されたんでしょう」

彼は一瞬、間をおいて、きわめて総括的にいった。

「まあ、ちょっとしたハシャギすぎですな」

すぐ横の道に、急にネプタがちかづき、通りすぎていった。威勢のいい太鼓と哀調をこめた横笛の音が、津軽の秋の気配を感じさせた。

「シャツには誰が血をつけたんですか」

わたしは短兵急に切りこんだ。

「血をつけた？」

「引田鑑定のときには、血痕はなかったじゃないですか」

「あとからつけた？　それだバ、偽装ですな。そんなこと警察官はできるもんでねえでしょう。罷免《ひめん》ですな、そんなことしたら。警察官は逮捕しなくても月給もらえるんです。ワザワザつける必要はねえんです」

これとおなじことを山本署長もいっていた。

「警察官がそこまでやって犯人をつくらなければならない義務はないんですジャ。自分のクビの問題でしょう。そこまで責任感旺盛な警官は、部下にはいませんでしたよ」

そして彼らに共通したいい方は、警察は被疑者を逮捕するだけの仕事。あとのことは頭のいい検事や判事が判断してきめたことだ。頭の悪いわれわれだけがいつまでも責任を追及されるのでは、警察ぐらい合わない商売はない、というようなボヤキだった。

前田捜査課長はこうまでいった。

「殺人犯などの重大な事件で疑われるのなら、本人が殺していない、潔白だ、ということの証拠をだすべきだと思うんですな」

本末転倒である。当時の市警幹部たちからは、ついに誤認逮捕についての反省はきくことができなかった。


事件発生の年の大晦日に、弘前地裁は放火によって全焼した。そのあと、刑事たちがまっ先に駆けつけたのは、那須家だった。母親が疑われたのである。しかし、那須家の門から庭にかけての雪の上に、人の出入りした形跡は見当たらなかった。彼らは屋敷内に奇麗にふりつもった雪をみてすごすご帰った。

翌年二月の深夜、市内で強盗事件が発生した。衣類数点、現金四百三十円、金の指輪一個が三人組の少年に強奪されたのだった。被害者は隣の家の電話を借りて警察に連絡し、寒いところを駆けつけてくる刑事たちのためにストーブの火を掻きおこした。ところが、やってきた刑事たちは、強盗に押しこまれたのにストーブが燃えているのはおかしい、と被害者を追及し、力ずくで頭を押さえて始末書を書かせた。扱いは狂言強盗になった。

　のちにほかの強盗事件で逮捕された犯人が自供して、市警のミスであったことが判明したのだが、このときの被害者は、ついでに裁判所放火事件の被疑者としての追及を受けている。これらの事実が、そのまま当時の市警の市民にたいする姿勢を物語っている。

　このふたつの事件について、那須隆に懲役十五年を求刑した仙台高等検察庁の吉岡述直検事は、こう解説している。

「本件は、弘前市という土地に起った事件である。津軽の人は他所《よそ》者を排斥する。被害者が貞淑な大学教授夫人であろうと彼《か》の女は他所者である。被告人は変質者であろうとも古くからの弘前在住者である。また津軽人は、怒るとき『火をつけるぞ』と口にする。そしてこれを実行し兼ねないのである。現に被告人の父親が十数年、前県内某裁判所に勤務中、裁判所構内に大火があり、母親がその放火犯として嫌疑を受けたことがある。起訴はされなかったが母親が火をつけたのだという噂は未だに消えない」

「桑山ふき（強盗事件の被害者）に対する弘前市警の処置は誤りであった。しかしその誤りを市警察署長は認めて公然と謝罪していた。のみならず、桑山ふきは花柳界の出身らしく、証人としての態度からみて、警察員が同女の被害届を狂言強盗と信じたのもあながち無理ではないと思わせるものがあった」（『刑事証拠上における血液型の価値』）

　予断と偏見に捉われているのは、ひとり弘前市警ばかりではない。

*

　ズック靴の「血痕」は、結局、証拠として採用されずに終わった。シャツの「血痕」について、引田一雄教授は、「ぼくがみたあとで、誰かがつけた可能性がありますね」と語った。

　当時の捜査官のひとりもこういう。

「わたしがいったというのがわかれば重大問題になりますが、誰かが血をつけたシャツを古畑教授に鑑定してもらったということでしょう。わたしがみたときには、シミだかなんだかわからないていどで、あれから鑑定できるはずはないんです」

　引田教授や当時の捜査官がシャツをみたとき、血液の附着は認められなかった。しかし、そのあとの古畑鑑定によって被害者と同型の血液が検出されているとするなら、誰かが仕掛けたとしか考えようがない、とふたりともおなじ結論に達しているのである。

白ズック靴と海軍用白開襟シャツから、最初に人血を採集して、被害者松永すず子と同型の血液である、との結論をだしたのは、松木明・間山重雄の共同鑑定である。当時の市警の捜査方針は、いつもここで科学的なお墨つきをうることになっていた。松木・間山鑑定はどのようにして作成されたのか、それが問題である。

松木明は、控訴審で、つぎのように陳述している。

「この鑑定書は、すべてそうですが、私の鑑定を補助した間山が原案を書き、私が目を通して筆を入れて作成したものであります。

図面も間山が書きました。そして私が押印だけしました」

その発言内容とほぼ同一の覚え書きを、彼は仙台高等検察庁に提出した。「松木メモ」である。

○この鑑定書は正式の鑑定書というべき性質のものではない。

○当時市の公安委員をしていたので、随時事件の捜査の報告をうけていた。

○それでこの立場から県警察当局及び捜査本部に求められるままに、捜査に協力したのである。

○したがって正式に鑑定を依頼されて鑑定に従事したものではない。のちになって検査の記録が必要なので、鑑定書の形式で一応出してくれということで、作成したのが本鑑定書である。したがって鑑定依頼書もあとから附け加えたものである。

○本鑑定書はのちに検査の要点だけを簡略に誌したものであり、したがって不備であり欠陥がある。このためこれを正式の鑑定とみなされるのは当を得ないものである。

正式の鑑定書は、東北大学法医学教室からのものであり、この鑑定書は捜査の進展のために行なわれた予備的性格の検査であり、むしろ予備的検査の記録と称すべきものである。

松木　明

松木明は、自分が作成した鑑定書の権威をみずから葬り去ることによって、責任を回避する道を選んだ。鑑定書は、市警鑑識係の間山重雄の原案通りに、ただ捜査本部にもとめられるままに作成したものである。つまり、警察が作った文書に彼は名前を貸し判を押しただけだ、と弁明した。

とすると、鑑定書の疑惑は、捜査本部と松木とのパイプ役であった間山重雄の一身に集中することになる。

間山重雄は、青森市のある新興住宅地に住んでいた。わたしたちが訪れた頃、彼は癌で喪った妻の四十九日をすませたばかりで、ようやく一人暮らしの不自由さをかこつ余裕を取りもどしたかのようだった。居間の鴨居には、日本国天皇の名による勲六等瑞宝章の大きな賞状が掲げられていた。彼の鑑識一筋の功績が報いられることになり、いまは病死してしまった妻とともに皇居にでかけた記念でもある。

定年後も四年ほど鑑識課に残り、ようやく後任者をえて、いま彼は市内のあるちいさな交通関係の会社に勤務している。

間山とは、自宅と職場で三度ほど会った。彼自身、自分が疑惑の対象とされているのを充分承知していて、なんとか弁明の機会をえたいと思いはじめていた矢先だった。「松木メモ」によって、共同鑑定人の松木明が責任をすり抜けてしまった以上、「当事者」は間山さん、あなたよりいないことになるじゃないですか、とまず、わたしは切りこんだ。

彼は、こぶしをふるわせ、幾分涙声になった。松木明にだす年賀状もそのまま突き返されるようになっていた。「自殺してしまえ」と書かれた葉書も何通かきている。間山は当時の関係者たちから見捨てられ、妻にも死なれ、孤独感に苛まれていたのだった。

引田教授のところで血痕が発見されなかった海軍用白開襟シャツから、やがて血液型まで検出されたとしたなら、引田のつぎにシャツに触れた、松木、間山に疑惑の目が注がれて当然である。そして松木が自分の権威と責任とのふたつとを同時に投げ捨ててしまうことによって、ひとりだけ浮びあがる戦術に成功したいま、泥船にとり残されることになったのが、間山である。

まず、最初に白ズック靴である。

間山はこの靴を、松木医院の薬局で水道の蛇口から水をだしながら水洗いして、表面のクリームを洗い落とした。その結果、ようやく粟粒大と米粒大のいくつかの斑痕を発見した、という。とすると、表面および靴底には、なにも附着していなかったことになる。

栗山敦夫の情報によって、まず今刑事が押収し、その後、山本署長、前田捜査課長以下、須藤、若船、横山、太田、笹田などの当時の捜査官たちは、〝靴底にベットリ〟から〝表面にポツンポツン〟といったようなニュアンスのちがいはあったにしても、いまなお、一様に血痕の存在を指摘している。

ところが、鑑識専門の間山技手がその靴から斑痕を発見するためには、蛇口の水をかけてクリームを洗い流す努力が必要とされていたのである。ようやくクリームを洗い流すと、米粒あるいは粟粒状の斑痕が附着している生地（リンネル）が現れた。

その検査によって作成されたのが、「人血・B型」との、松木・間山鑑定である。

しかし、間山は、当時、鑑識課にはいってまだ三ヵ月ほどしかたっていない新米だった。彼は特高刑事だったために戦後パージされ、秋田県で石油採掘の技師になっていた。それを市警の須藤忠次長が拾いあげて、鑑識課員（技手）としたのである。

間山には化学の素養はあったとはいえ、鑑識は畑ちがいだった。

「当時は素人でしたから、ただ、松木先生が書いた原稿を清書しただけでした」

と彼は主張する。

「松木・間山鑑定」は、医学博士の権威と素人の警察署員との共同責任で作成されている。間山は署長の命令を受けて、松木医院にでかけていっただけ。しかし、松木はなぜ新米の助手の名前をも併記し、共同鑑定人として責任を分与したのであろうか。彼ひとりでは責任を負いかねるなにかがあったから、としか考えられない。

さらに奇妙なことに、シャツを那須宅から押収したときの記録写真は、紛失している。

「シャツの血痕は、飛沫ではない、鼻血のように上から垂れた血です」

間山重雄は意を決するかのような、硬い表情でいった。飛び散った血痕なら星型になるが、シャツの血は西洋梨型の形状だった、と証言した。彼はわたしたちの前で取り乱し、疑いがかかっていることに憤激し、そして涙声になっていた。

「しかし、間山さん。引田先生のところへシャツがいったときには、血痕は認められなかったんですよ」

「その開襟シャツの血は筆でつけたものではありません。スポイト、あれでやったもんです」

「スポイト？　スポイトって、あの万年筆にインクを入れる……」

「正式には駒込ピペット、というんです。先が細くて目盛りがついている。誰かがなんかしてそれでつけたとしか考えられなくなりました」

「あの頃の刑事の顔ぶれをみてそういうことのできそうなひとは……」

「いません。なかなかそれは容易じゃないもんですから、使い方が。慣れないと容量が多くでてしまうんです」

そして、間山は弁明した。自分は鑑識にはいったばかりで、乾燥した血液の扱い方を知らなかった。那須隆から採集した血液を仙台の東北大にもっていくのに、試験官にいれ、途中の駅でアイスキャンデーを何本も買い、それで冷やしてはこんだくらいだ。いまなら、乾燥させ、もう一度食塩水で溶かす方法も知っているのだが、と彼はいう。

その頃、間山は隣人の成田千江に「那須は犯人ではない」と洩らしていた。

幾通かの那須にとっての不利な鑑定書を作成しながらも、いや、作成していたからこそ、彼は那須が犯人でないことを隣人に洩らさざるをえなかったのではないだろうか。その後、彼は青森市に転居し、成田千江は家族とともに東京都下の町田市に移り住んだ。

　ほぼ三十年たったいまでも、成田千江はこの隣人との会話を思いだすのである。

「どうしても、犯人はあの那須でダバねえと思うんです。シロですジャ」

「どうしてでサネ?」

「はっきりしたことはいわれねえけんど、那須はシロですネ」

　間山はそう断言したのだった。

　さいきん山本正太郎から間山のところに二度ほど電話がかかってきた。当時の仲間と一度ゆっくり飯でも食おう、そんな誘いの電話だった。が、間山はでかけなかった。

　当時、現場ちかくの交番巡査だった工藤弘は、いま弘前の郊外の駐在所に勤務している。事件関係者のなかでの数すくない現職警官のひとりである。先輩たちは退職してしまい、いまは責任逃れに終始している。当然、現職の彼への風当たりは強い。当時はまだ二十代の下っぱの巡査でしかなかったから詳しいことはなにも知らない。それに、いまの署長からは、「事件のことはなにもいわないように」と釘をさされているから、と彼は弁解した。事件の日から三十年もたとうとしてなお、まだなにかがうごめいているようである。

　弘前市内の目抜き通りの一画を占めていた松木医院は、いまはガソリンスタンドになっている。軍医であった松木明の父がここで開業し、東大医学部を卒業した彼がその跡をついだ。弘前では「東大出の医者は流行らない」といい伝えられているが、松木もまたそのひとりだった。

　彼はたいして商売に熱をいれる風もなく、市警の警官にジープを運転させては農村を駆けめぐり、津軽の民俗研究に没頭していた。松木は「血液型の地方的分布について」の論文によって、このあたりでは名を知られ、ときどき地方紙に寄稿する名士でもあった。

　松木にとっての不幸のはじまりは、市の公安委員の要職についたことであり、のちに横山警部補に批判されるほどの「ハシャギすぎ」た鑑定書を乱発したことであろう。追及が厳しくなると、彼はあっさりカブトを脱いで、自分の学問的業績も反古《ほご》にしてしまったのである。

　松木への疑惑のひとつは、当時、看護婦をひとり置いただけで、まったく商売に熱意をもっていなかった医院の薬局に、白ズック靴がもちこまれた一、二時間後に、「人血」、それもB型と断定できるほどの用具があったかどうか、ということである。少量の斑痕からそれだけの結論をひきだすためには、家兎《かと》血清とか遠心分離機とか、あるいはある程度の量の試験官が必要とされるのだが、間山の記憶によっても、「試験管は五、六本あったかな」というていどだった。

子どもだったころ、一面のりんご畑だった高台が、高級住宅地に変わっていた。松木明は目抜き通りに面した医院を給油業者に売り払い、ここに広大な屋敷を構えるようになっていた。

でてきた夫人に名刺を差しだすと、彼女は急に身体を硬くした。それでも奥にとりついだが、しばらくしてもどると、木で鼻をくくる口調でいった。

「お話しすることはなにもありません」

それをくりかえすだけだった。わたしはまいにちのように通った。ドアは固くロックされ、なかは静まりかえっていた。ときどき、老人のしわぶきがきこえてきた。その拒絶の仕方には異常なものが感じられた。

松木明と同居している息子は、弘大医学部の助教授になっていた。彼の斡旋によっての面会が考えついた最後の方法だった。研究室に出むくと、高校同期の息子は、

「あなたはなんですか、まいにち家にやってきて」

とどなりつけた。廊下にたったまま口論になった。結局、松木明の弁明はきけずじまいに終わった。

事件の鍵を握る最後の当事者である松木は、固く閉ざしたドアの奥で息をひそめたままである。彼が語りはじめない限り、当初、血痕の附着が認められなかった海軍用白開襟シャツから、どうして被害者の血痕が検出されたのか、の謎を解明することはできない。

「古畑鑑定書」を唯一の物的証拠として、那須隆は仙台高裁で懲役十五年の刑を宣告された。一審での無罪判決から一年四ヵ月後のことだった。その判決をきいて松木明はこう語っていた。

「十五年の判決は当然であると思うが少し刑期が短いといった感じだ。弘前では科学的証拠がみとめられず彼は無罪になったが、今回のこの判決が従来の〝カンによる裁判〟から〝科学を取入れた裁判〟の結果であり、科学者の一人としても喜ばしい」

（「陸奥新報」一九五二年六月一日）

＊

那須隆は判決の五日後、「逃亡のおそれがある」とする仙台高等検察庁の拘引状によって、仙台の拘置所へ護送された。

三上直吉、竹田藤吉両弁護人は、追いかけるようにして最高裁に上告した。上告趣旨はつぎのようなものであった。

一、判決における証拠説明において、古畑鑑定の「理論上〇・九八五の確率があるということは実際上は同一人の血液であると考えて差支えないことを示している」を援用しているが、この確率による鑑定には証拠能力がなく、証拠調べの手続きを経ないもので証拠裁判主義に反する。

二、海軍用開襟シャツは、被告人にたいして捜査段階から

公判手続の終了まで提示されることがなかった。公判において展示されたのは、すでに血痕附着部分がクリ貫かれたものであった。この証拠能力のない証拠を採って有罪にしたのは、憲法の精神に違反する。

三、起訴状の冒頭に、「被告人は変態性欲者であるが」と記載しているのは、裁判官に予断を生ぜしむるものであり、この瑕瑾《かきん》を無視して裁判を進行したのは、刑事訴訟法、憲法違反である。

仙台高裁での有罪判決から七ヵ月たって、最高裁第一小法廷で、岩松三郎裁判長は、上告棄却と決定した。

「憲法違反を云々するけれどもその実質は単なる訴訟法違反の主張を出ないものであり、すべて刑訴四〇五条の上告理由に当らない」

それが棄却理由だった。那須隆の刑は確定した。

「今日から懲役十五年を執行する」

宮城刑務所で宣告され、青い囚人服が手渡された。バリカンで刈られた髪が、両手に持った新聞紙に落ちるのをみながら、津軽ジョッパリのひとりである那須も、涙をこらえきれなかった。

「これで終わりか」そんな無念の涙でもあった。

二十八年ものあいだ、書記官として裁判所勤めをしてきた父の資豊にとって、有罪の逆転判決は、ことのほかショックが大きかった。かつて誇りをもって勤めていた職場である裁判所が、こと自分の息子に関する事件で誤審することになったのは、運命の皮肉としかいいようがない。

先祖から伝えられてきた刀剣、鎧兜《よろいかぶと》のたぐいから家屋敷まで手放した。弘前でも有数の弁護士に頼み、無実を晴らすために私立探偵まで雇ったりしたのも、最後には裁判によって息子が救いだされる、と信じていたからであった。

廃藩置県となったあと、那須家は東京の屋敷をひき払い、津軽藩の縁を頼って弘前に移住した。戦後の農地改放によって、八町歩ほどの田畑をただ同然の形で没収されてから、那須家は没落士族の生活を余儀なくされていた。那須資豊の悲願は、息子の代での家門の再興であった。が、那須家三十六代の隆には、どこか優柔不断なところがあった。親にたいして反抗することもなかった。

ただ一度、天皇が弘前に巡幸してきたとき、沿道で出迎えるのに盛装したら、との母親の忠告に、いまは時代が変わったんだと反撥《はんぱつ》して口論となり、プイと親戚へでかけて帰らなくなったことぐらいが、親子の対立といえば対立であった。

資豊は那須家当主としての決意を、法廷でこう述べている。

検事　先ほど、被告人が犯人なら証人がある覚悟で制裁するといったが、どうするのか。

資豊　私自ら手を下して切り殺すつもりであります。

検事　悪いことをすると切り殺してしまうということを当然の様に考えているのか。

資豊　当然というより私の覚悟のほどを表わしただけであります。

検事　証人は制裁して殺してみせるといったが、自分の子どもでも殺してなんとも考えないのか。

資豊　そうです。それほど親として責任を持っております。

上告棄却となって刑が確定すると、冤罪は必ず晴れるものだから、いまは非運と諦め、自暴自棄に陥ってさらなる悲運を重ねないように、と資豊はせつせつと獄中の息子に訴え、刑務所側へも、「本人に対し御教示賜われますれば、幸甚これよりすぐるものはありません」と書き送っている。

宮城刑務所の分類課長にとって、どこか殉教者のような表情をしている那須隆は、心にかかる存在だった。

「同房者には自分は冤罪だといってはいけない。自分だけはちがうというと必ずつまはじきされるから、絶対いうもんではないとか、

「まず、刑務所に慣れることだ。仕事や規則に慣れてしまえば、それほど苦痛ではなくなる」

などと彼は那須に忠告していた。それは管理者として、トラブルを防ぎ、監内の秩序を護るための常套句であったかもしれない。那須はその言葉をかみしめていた。しかし、そうしようと努めながらも、つい冤罪だと主張した。すると途端に座は白けてしまう。刑務所のなかで、自分を押し殺し、その世界に同化するまでに、ほぼ一年の時間を必要とした。

資豊は息子へ書き送った手紙で、おなじことを何度も繰り返している。

「静かに服せ、無事暮らせ、真面目に生活しろ」

「ジタバタしてもしようがない。出てからの勝負だ。晴れて帰ってくるのをみんなで待っている」

手紙でも、格子越しの面会でも、親子はいつもおなじことを語りあった。

「必ず冤罪は晴らす。それまで隠忍《いんにん》自重《じちょう》し、再審に賭けよう」

那須は秋田刑務所に移送され、また宮城刑務所にもどった。所内では真面目な靴工としてつとめ、何度か無事故で表彰されるほどの模範囚だった。ただ、事件に関する話になると冤罪を主張して強張《じょっぱり》を張るのが、ほかの模範囚とのちがいであった。

彼は苦しみをやわらげるため、キリスト教に入信しようと思いたった。が、牧師は罪を悔い改めない限り救いはない、とい

う。それは原罪という意味でもあったろうが、終始一貫、無実を主張し、冤罪を叫ぶ彼には罪を悔いることはできないし、被害者に詫びることもできない。こうしてついには説教にやってくる牧師と口論になってしまうのだった。

模範囚であるためか、刑が確定して五年ほどたつと仮釈放の話もでてきた。更生保護委員会に、刑務所内での行状、作業成績の書類がまわされ、担当者が面会にきた。

「被害者にたいしていまどう思っているのか」

改悛《かいしゅん》の情の深さが、仮釈放のキメ手である。しかし、那須は相変わらずの頑なさで答える。

「わたしは無実ですから、被害者に詫びることはなんにもありません」

こうして審査のチャンスが何度かめぐってきたが、そのまま潰えてしまった。この頃、自宅のちかくに住む保護司の斎藤正雄にあてて、彼はこんな手紙を書いている。

思いまするに、敗者の常として誤解、偏見、排斥まさに四面楚歌の声の中に、時には消えんとする微《かすか》な希望の灯を掲げ、今日まで無事故に務めて参りましたのは、愛する両親、弟妹と極く少数の理解者の励ましと導きによるものと思い、感無量のものがあります。

今度の先生の大いなる理解と御指導に新しい勇気が湧いて来ました。癩病《らいびょう》作家の北条民雄氏の言葉を思いだします。「吾々は深海の魚である。自ら光を出さなければならない」ということを言っております。刑務所に収容されている者は深海の魚であると思います」「多くの人を愛し少しの人を信じよ」といった詩人ゲーテの言葉を胸に小さな一灯を掲げておるつもりです。この点はいささか自覚しておるつもりです。

事件のことに対して色々申上げたいことも沢山御座います。再審のことも様々に考えてやりたいと思っておりますが、ここでは何分にも不自由です。いずれ自由の体になってからやってみます。今はただ強く自制して淡々と務める以外に私の道はなく仮出所もまた出来ないと思います。

今は何もいえません。いっても無駄だと思います。幸いに昨年十一月、一級に進級致しました。先生の御期待と両親弟妹の励ましに報いる様に努力致す覚悟で御座います。何卒今後とも御指導賜りますよう御願い申上げます。

在府町の屋敷を手放して、那須一家は郊外にちいさな家を買って移り住んだ。保護司の斎藤正雄は、そのちかくの村の村長を務めた篤農家であった。資豊はリンゴ加工所の勤めをやめ、裁判所のちかくに間口一間ほどの代書屋の事務所を構えた。書記官をやめてから十八年もたってからの開業である。すでに六十四歳になっていた。生活の糧をうるためとはいえ、那須家三十五代当主には強い抵抗感があった。

「司法書士那須資豊事務所」の看板を掲げる気持ちになったのは、事務所に通いだしてから二十日もたってからのことである。そのあいだ、白紙を貼った硝子戸の奥で、じいっと座っていた。〝士族の商法〟である。訪れる客はひとりもなかった。隣の店から薬缶一杯の水をもらい。終日、お茶をすすりながらひとりで法律書に目をそそぎ、暗くなるとまっすぐに帰宅するのが日課だった。那須隆の獄中生活もすでに十年を越えていた。一九六二（昭和三十七）年八月末、資豊からの手紙は、彼の強情を打ち砕くに充分なものだった。

　この手紙を書くことの切なさに堪え苦しきに忍びつつペンを取った。

　お前の末弟、愛弟勝は急死した。

　時は昭和三十七年八月十四日午後一時四十分、西津軽郡鰺《あじ》ケ沢《がさわ》町営田中町海水浴場に於て水泳中、心臓麻痺のため十八歳の生涯を閉じた。

　当日は大暑、水浴者は三百余り、監視人二人、水泳教師三人おったとの事だが水没を誰も知らない。

　海底に死体発見され直ちに引揚げられ人工呼吸一時間余蘇生せず、町立病院に運び注射及び最近設備した人工呼吸機にかけたが反応なし、この間、同海水浴場開設以来の無事故と観光施設の名にかけて、同水泳協会及び町立病院医師等の可能な限りの手当を施したが、総ては水泡に帰した。

　予《かね》てより夏休みは遊びに来いとの田中町の招待もあり、かたがた弘前高等学校在学生の美術展出品のためのスケッチの目的もあり、八月九日鰺ケ沢へ行き、八月十二、三日大戸瀬及び深浦をスケッチし、十五日帰宅予定のところ前日の十四日にこの事故に遭った。

　就職試験も終り、来春三月は東京の就職先も学校の推薦で大体決定し、本人も愈々《いよいよ》社会に出ることの明るい希望に燃え「サラリーを貰えば先ず第一に井戸に動力ポンプを設備して永年の揚水労力を解消する」などと家族一同を嬉ばせ、自分も夢を画《えが》きつつ歓喜の日々を送っておりしに、嵐に散る花の如く突如として十八歳を一期として世を去った。痛ましい限りである――。

　亡き今、せめてこの多大なる同情とあこがれの深浦大戸瀬を探勝し、母の故理の海で死んだことに瞑して可なりであろう。されどその笑顔今や世に無く、野に呼び、山にさけび、海にわめけども、雲、いたずらに音もなく流れ、夏草声なくしきりに茂り、山彦さえ返らず、ああ、若き魂魄何処にありや。

すでに七十一歳となり、病気がちな資豊にとって、末子の急死は大いなる打撃だった。生活もさらに窮迫していた。那須自身、十年間かがみこんでの靴工の生活で脊椎を患い、このまま獄死する恐怖も強くなっていた。

　仮出獄のチャンスはいたずらに流れていたが、ただ改悛の情を表明しさえすれば、家に通じる部厚い扉はひらかれるのである。仮釈放担当の分類課長も説得した。

「ここでいくら否認してもどうしようもない。とにかく社会にでてからの話だ。この場合は、認めて早くでた方がいい。いいから早くでろ」

　那須は「自白」と引きかえに「自由」を手にする道を選んだ。便箋十枚ほどの感想文を書いて更生保護委員会に提出した。きわめて抽象的、観念的、そして客観的に、彼は懺悔《ざんげ》を著した。

「私の場合は九年半の苦役の中にあって体得したことは、自己に天与された宿命に抗ってはいけないということと、私のために不慮の災難を蒙った被害者に対する『詫《わび》』即ち懺悔の一語に尽きる精神あるのみだと自覚しつつ、受刑の実績を上げんと励んで来ました……」

　さっそく更生保護委員会の担当者が面接にきた。

問　実際はどうだ、君がやったのか。

答　自分はやったことを認めます。

問　兇器はどうしたか。

答　ナイフです。刃渡り十センチメートル程度のものです。捨てました。

問　自白したことは仮釈を得んためのものではないか。

答　……………。

問　やった晩シャツを洗ったか。

答　水洗いをしました。

問　あの靴は君がはいていたものか。

答　はい、そうです。

　それから二ヵ月後の一九六三（昭和三十八）年一月八日、那須隆は仙台市行人塚の宮城刑務所を出所した。雪が舞っていた。那須は複雑な想いに捉われていた。すでに四十歳だった。十一年目の娑婆《しゃば》は、新しい年を迎えていた。

Ⅳ　現れた男

那須隆が宮城刑務所を出所して、八年の歳月が流れていた。雪国の弘前では春は遅く、五月になって桜と梅と桃とがいっせいに咲きだす。一九七一（昭和四十六）年五月末。それらの花も散って、ようやく緑が輝きだしたある日の朝、町はずれの露地の奥まったところにある那須家に、ひとりの若い男がたずねてきた。

かいがいしく玄関先の掃除にとりかかっていた母親のとみは、突然目の前に現れた男をみて、どきんとした。ひとなつっこいまるい目は、水死した末っ子を想い起こさせた。勝が彼女の里の日本海の海岸で命を絶ってから、九年目の春だった。

「おばさん。驚かないでください」

男はこういう場合の決まり文句を口にした。

「真犯人が名乗りでたんです」

とみはキッとなって問いかけた。

「本当ですか」

「本当です。わたしはそれを伝えたくて仙台からきたんです」

とみは男に駆けよった。

「その男は大学関係ですか」

「いや」

「それじゃ、滝谷福松でねゴすか！」

男はあっけにとられたままうなずいた。

「そんです。滝谷です」

真犯人出現の報せをもってはるばる仙台からやってきた村山一夫を、勝の使者と咄嗟に思いこむほどに、とみは信心に凝り固まっていた。勝が生きていれば、ちょうど村山ほどの年恰好になっているはずだった。

とみは身延山から帰ってきたばかりだった。神仏があるならば、どうか私の目にみせてください。息子の罪が晴れるならば、私の命を差し上げます。鬼神になっても冤罪を晴らしてみせる、そんな想いで七十を過ぎたとみは、這いつくばるようにして七面山を踏みしめてきた。寒中に水垢離《みずごり》をとり、太鼓を叩きながら雪道を踏んで街から街へと通り抜けた。もう十二年以上も一心不乱の信仰をつづけ、神仏の心をゆるがすために祈ってきた。

たしかに、息子の隆は出所し、五年間の保護観察のあと、ようやく刑が終了した。といっても、いまだ「人殺し」にはちがいなかった。

ある年の春、庭の雪が消えたあと、隣との境界がなくなってしまったことがあった。隆が垣根をつくり替えたのだが、それがもとで争いになった。そのときの隣人の捨てゼリフは、何度きいてもけっして聞き流しにできない、「このヒトゴロシ！」だった。

十五年の刑は、服役して十五年たつと終了する。しかし、社会に復帰し、どんなに真面目に生活していても、那須隆の名前から「人殺し」をこそぎ落とすことはできない。冤罪を雪がないかぎり、「人殺し」から抜けでることができないのである。

刑務所のなかで、那須が一筋の希望をつないでいた再審請求は、考えていたほど簡単なことではなかった。三上弁護士はすでに世を去り、病気だった竹田弁護士もまもなく亡くなった。打つ手のない八方ふさがりのなかで、那須は歯がみして日を送っていた。

誰よりも裁判の公正さを信じていた資豊は、再審の道が遠いことをもまた充分に知っていた。新証拠が現れない限り、冤罪者救済の再審制度も役にはたたない。彼は永年臥せった床から「裁判には、神様仏様は通用しない」とたしなめながらも、信仰の深みに傾斜していく妻をあえて止めようとはしなくなっていた。

彼自身、もはや息子の無実は、真犯人が現れる奇跡によってしか証明されないことに思い当たっていたからである。

とみは、村山一夫の手を取らんばかりにして家のなかに引き入れ、まっ先に神棚にむかった。が、手が震えてロウソクの灯を点そうとしても、マッチが擦りあわないのだった。それは十二人の子供を産み、切り詰めた生活のなかで、十一人を無事に育ててきた気丈夫なとみが、その生涯でもっとも興奮した一瞬だった。

那須はそのとき、四キロほど離れた場末の風呂屋で、朝の掃除にとりかかろうとしていた。電話を受けて彼はタクシーを呼んで飛び乗った。吉報は、離散している弟妹たちにも早速もたらされた。

追われるようにして東京にでた五女の綾子は、下町の露地裏の借家で報せを受けた。受話器をもどしてしばらくぼんやりしたあと、口惜しい想いを抑えきれずに泣いた。嬉しい、というよりただ口惜しかった。これまでの、さまざまな自分と兄との姿が瞼の裏を駆けめぐって、無性に口惜しかった。

隆が突然、警察の車で連れ去られてから、「人殺し」の妹たちにとって、気の安まるときはなかった。

「兄さんは犯人じゃない！」

大声で泣き叫んで眼が覚めるのは、すでに二人の子どもの母親になってからでも、珍しいことではなかった。

那須隆が逮捕されたのは、夏休みが終わろうとする頃のことだった。私立女子高の二年生だった綾子は、新学期がはじまっても登校しなかった。新聞では、兄は変態性欲者として報道されていた。道ばたやバスのなかで出会った同級生たちは、かならず顔をそむけた。

拘置所へ弁当をはこぶのが、彼女の日課になった。朝、昼、晩と手籠に弁当をいれてはこんだ。裏庭をつたって、覚仙町の吉田鉄蔵宅の脇からでたりした。ひとに会うのが嫌さにときどき道を変えるのだが、裁判所の裏にある拘置所には、ものの十分も歩けば着いてしまう。変えられる道は幾通りのものでもなかった。

その道を、冬になると橇《そり》に七輪を乗せて曳いた。熱い味噌汁をまいにち差し入れするのが、無実の兄にたいする家族たちのせめてもの心づくしだった。とみの想いは「何もしてない息子に臭い飯は食べさせられない」というものだった。その頃は、家族が直接、差し入れをできた。弁当箱は三段重ねの重箱を代用した。蓋の裏に惣菜の汁で、「ウチヘカエリタイ」と書いてあるのを見つけて、母と妹たちは泣いた。

綾子がいつも差し入れにいった。ふたつ年下の、中学三年の文子や、もうふたつ下の静子に代わってもらいたかったが、彼女たちは拘置所へいくのを極端に嫌がるので、姉の綾子がでかけていくしかなかった。

ある日、面会所へ着くと、小柄ですこし首の傾いた中年の女が受付の前に立っていた。拘置所へいく途中にあるミシン屋の女房だった。彼女が哀願するように係官にいっているのがきこえた。

「滝谷です。ここに飴ッコもはいってます。福松をよろしくお願《ねげ》えします」

滝谷福松はひとつ年うえの兄の忠の同級生だった。子供の頃、近所の子どもたちと庭にはいりこんで、凧を上げたりしていて顔は知っていた。彼は大学附属病院の看護婦への傷害事件で、隆とおなじ拘置所にはいっていたのである。

滝谷の継母《はは》の田沢ツルが振り返ってこっちをみた目が、なにかしら小馬鹿にしたような光をふくんでいたのを、十七歳の綾子は痛い想いで受けとめた。それは、お前《め》は人殺しの妹でねえか、そういっているようにも感じられた。

いまにして想えば、その滝谷福松が真犯人だったのだ。それでも、そのときは家に帰って、綾子は母親のとみにこういった。

「滝谷でだキャ、飴ッコも差し入れしてらぁん。兄さんにもお菓子ッコいれるベシ」

ある日、差し入れがすんで門をでた。「綾ちゃん」と呼びかけられるのをきいた。兄の声だった。振り返ると、獄舎のちいさな窓から手が振られるのがみえた。

高校を中退して、綾子は美容院につとめた。手に職をつけようと思ったのだが、美容院は噂の中継地でもあった。彼女を知ってか知らずか、ここで那須隆の話のでない日はなかった。

一審判決で無罪になった兄が帰ってくると、家には石が投げこまれ、朝になると板塀が剝がされていた。

注文もしないのに酒屋からは酒が配達され、豆腐屋は何十丁もの豆腐をはこびこみ、ソバ屋は何十人分ものソバを出前してきた。誰かが嫌がらせをしていたのである。

美容院の見習をやめて、電話局の交換手、看護婦などの面接を受けた。が、弘前では、那須はそのまま「松永事件」を意味していた。ほかにない苗字だった。

職安の紹介で靴屋に面接にいくと、そこの主人は、履歴書をみただけで「やっぱり食っていけねえんだべセ」と冷笑した。つぎに訪ねた洋品店では、はじめはもみ手をして迎えたものの、奥にひっこんだあとでてくると、態度が豹変していた。

「もう決まってしまったジャ」

と、にべもなくいい放った。

知人の紹介でようやく就職できたのは、パチンコ屋だった。パチンコ店の経営者は、たいがい他所者であり、「人殺しの妹」でも、それほど気にする風情はなかった。それにパチンコ店の店員なら、一日中台の裏にはいっていて、客と顔をあわせないですむ。そんな安心感もあった。

が、それでも、やはり時がたつと、台の前で、「松永事件はきょういるが」ときこえよがしの声をあげたり、玉がはいらないとあてこすったり、顔をあわせたりなどすると、わざわざそばに寄ってきて、

「裁判みにいってきたジャ。お前《め》の兄は青っちょろい顔《つら》していだね。随分よく似てるもんだな」

などと毒づいたりするのだった。

綾子は大鰐温泉の支店にまわしてもらった。その店の用心棒をしていたのが、兄を警察に売り渡した栗山敦夫だった。彼女は栗山が店にいた期間、一度も口をきかなかった。

津軽にいる限り、どこにいっても、「松永事件」の影はついてまわった。

二十三歳になったとき、綾子は東京へでた。下町の既製服販売店の店員になった。住み込みで給料は月千円。店員というよりは、体《てい》のいいお手伝いさんだった。

東北から東京にでてきたものたちは、たいがい江東、葛飾、江戸川などの下町に住むようになる。上京して成功したと自他ともに許すものでも、そのほとんどは川と川とに挟まれたこのゼロメートル地帯で、家内工業や下請けの町工場の経営者か商店の店主になっているにすぎなかった。

こうして下町は、昔ながらの江戸ッ子と故郷に錦を飾ろうとする地方出身者たちが隣りあわせて暮らすところとなっているのである。

住み込み店員はあまりにも賃金が安かった。それで綾子は、ちいさなゴム工場の工員になった。中学校の同級生の父親が経営者だった。

「田舎モンはすぐひとを頼ってくる」

もうすっかり東京人になりきっていたそこの次男が、眉をしかめていうのに、綾子は耐えた。たしかに、ほかにいくところがなかったからである。田舎をでて東京で生きようとするなら、どうしてもツテを頼るしかない。息子の一言は骨身に刺さったが、それはまた事実でもあった。

工場主の二十八歳になる長男は、精神障害者だった。機嫌のいいときはどうということはないのだが、うっとうしい季節になると、「ヒトゴロシー」とところかまわずわめき散らした。父親の猟銃を持ちだして綾子にむけたこともあった。が、幸いなことに弾ははいっていなかった。

ある日、彼は二階の部屋から、すぐ下の道路で車を洗っていた工員の背に銃口をむけ、そのまま引き金をひいた。蜂の巣状に散弾を受けた工員は病院に担ぎこまれて息をひきとった。綾子も参考人として警察に呼ばれた。それは弘前での、ひとだかりのする繁華街の橋の袂《たもと》にある交番に呼びだされた、苦い体験を思いださせずにはいなかった。

あのときは、病気でけっしてひと前にでることのなかった姉と二人、長いあいだ訊問された。姉は隆のシャツを洗ったことを追及されて机の上に泣き伏してしまった。太り気味の横山刑事は、机の上に足を投げだして水虫をいじったり、煙草の煙を天井にむけて吹きあげていた。

「兄さんは犯人じゃない」

綾子がそう叫ぶと、横山はうすら笑いを浮べながら、鷹揚に頷いてみせた。

「そんだな。妹だもんな。そのぐらいはいわねばまいね（駄目）な」

このとき、彼女は兄に不利な証言をしてしまったのだ。供述調書には、乱暴な横山の字でこう書かれている。

「隆は夕食を食べてから午後七時半頃まで家をでて、私がねむるときはおりませんでした。

私は二日に一度位、大体午前二時か三時頃に小用に起きております。六日の晩は小用に起きませんでしたが、丁度午前三時頃と思う時間に眼がさめました。

時計を見たのではないからハッキリしたことは言えませんが、私が何時もなら小用に行く時間だと思います。私が眼がさめたのは隆と母が何か話していたその声で眼がさめたのです。隆は裸でねていたと思います」

十六日も前の日の記憶だった。兄がいなかったというのは、綾子の勘ちがいだったのだが、この供述は隆のアリバイを崩して、検事の死刑求刑論告にそのまま採用された。

射撃事件の証人として、向島《むこうじま》署に出頭した綾子は、その重苦しい記憶を呼びもどしていた。本籍地をきかれ、姓名を名乗る。綾子の心臓の鼓動は速まっていた。刑事がペンの手を休めて、なにか気づいたような表情をしないか、それが不安だった。

が、そのまま無事に通りすぎた。ホッとした。

弘前では松永事件は大事件であったにしろ、東京まで知られているわけではない。それでも綾子は、「弘前」という言葉にはいつもギクリとさせられた。弘前、那須、松永事件、この三つの言葉の連鎖が、彼女の青春をほかの娘とちがった暗いものにしてきた。

綾子は東京にでて、津軽弁の痕跡を消すために必死になった。それは普通の娘たちのように、「田舎者」と馬鹿にされないためばかりでなく、相手に那須の苗字のうえに、弘前を重ねあわさせないためであった。自分の故郷のことを打ちあけなければ、相手もまた心をひらかない。だから何年はたらいても、綾子には心おきなく交際《つきあえ》る友だちはできなかった。

上野から夜行列車で家へ帰るとき、偶然、弘前出身の娘と隣りあわせたことがある。そのおなじ年頃の娘は、むかいに座った若い男に、まるで夢中になって故郷の自慢話をつづけていた。綾子は懐しさよりも、話題がこっちにおよんでくる恐怖感に苛まれながら、汽車が終点の青森駅に着くまで、石コロのように眠ったふりをつづけていた。

夫とはおなじ工場で知りあった。三つ年下の彼は、新潟県生まれだから、事件についてはなにも知らなかった。それでも、結婚してくれ、といいだされるようになると、綾子はかえって辛くなった。喫茶店でむかいあって座っても、彼女は「そのまえに話さなければならないことがある」といったまま、切りだせなかった。いつもそんな風なので、彼がいろいろ気をまわして、不安になっていく様子をみて辛かった。

人殺しの妹だとわかると、相手はかならず離れていく。だから兄のことがはっきり結着がつかないうちに結婚するのは、不安だった。いつまでたっても煮え切らない彼女に、彼は思いきったようにそれまでの疑惑を口にした。

「子どもでもいるのかい」

結婚に二の足を踏んでいるので、そう思われても仕方がなかった。綾子はもう三十になろうとしていた。ようやく事情を打ち明けて、ふたりは一緒に生活するようになった。夫は兄の無実を信じてくれた。が、いったん夫婦喧嘩にでもなると、

「お前は人殺しの妹だから、俺はいつ殺されるか判ったもんじゃない」

夫はそんな悪態をついた。そんなとき綾子は猛然とつかみかかっていった。

真犯人が現れた、との電話を受けると、これまでの積もり積もった憤りがつぎからつぎとこみあげて、なかなか泣きやむことができなかった。

戦争が終わると、第八師団司令部参謀長付きだった那須芳子

は、看護婦になった。試験を受けて、正式に資格を取るのが、彼女の希望だった。が、兄が逮捕されてしまうと、そのちいさな夢さえ吹っとんでしまった。

勤め先の病院で患者たちは噂しあった。あの看護婦の兄は人殺しだぞ、そうささやきあっているのが芳子にもきこえてきた。いたたまれなくなって、芳子は弘前を離れ、田舎のちいさな外科医院に移った。月給の五千円はそのまま家にいれた。

芳子は三女だったが、長女と次女はすでに嫁いでいて、収入をもたらすのは、父と彼女だけだった。母親のとみはりんごの袋貼りの内職をしていた。芳子は手術手当としてはいる分を、自分の生活費にあてていた。

二十年でも、三十年でも、はやく歳月がたってしまえばいい、と芳子は思いつづけていた。兄が逮捕されてまもなく、彼女は母方の叔母に連れられて、神様《ゴミソ》に拝んでもらいにいったことがある。津軽には神様はどこにでもいた。死者の霊魂の口寄せをする巫女《イタコ》とちがって、ゴミソは目明きで、神様が乗り移ることによって霊感をえ、依頼者の将来などを占ってくれるのである。

兄の生年月日をきいてしばらく祈禱《きとう》に耽ったあとで、ゴミソはこういった。

「いまこのひとは、事件にまきこまれて大変な目に遭っている。それでも、四十年もすればはっきりする。必ずはっきり判るようになる」

その一言が彼女を励ましてきた。はやく年月がたって、兄の無実の罪の晴れる日がきてほしい、と祈るようにして暮らしてきたのである。それでも、沖中検事が憎くて、火でもつけようかと思ったことがないでもなかった。が、そうなれば、兄が余計困ると思い直して踏みとどまった。

二十八歳のとき、二歳年下の郵便局員と結婚した。農村出身の相手方では、親戚じゅうが反対した。なにも人殺しの妹を、それも年のいった嫁ッコを貰わなくてもいいべ、というのが、その理由だった。夫は一人息子だったが、両親の家をでて別居した。

代用教員をしていた弟の忠は、勉強して教員免許を取る夢を捨てて自衛隊にはいった。その頃、退職金目当てに自衛隊にはいる若者は多かった。その下の弟もまた自衛隊にはいった。人手不足に悩む自衛隊だけは、「人殺し」を問題にしなかったのだ。六女の文子もパチンコ屋、七女の静子は一時飲み屋ではたらいた。

それぞれ妹たちが結婚したのは、みな一様に二十八歳を越してからのことである。就職難と結婚難が、人殺しの妹たちにとっての残酷な青春を物語っていた。

「那須さん」と名前を呼ばれるだけで、彼女たちは身ぶるいした。同情した雇用主たちは、店では苗字ではなく、名前を呼ぶことにしてくれた。そんなちょっとした心づかいが、彼女たちにとっての大きな救いだった。

母のとみの信仰は、だんだん深まっていった。津軽三十三ヵ寺をまわって願をかけ、岩木山にものぼった。彼女は犯人をつきとめるために、殺された松永教授夫人から直接ききだすことに思い当たった。

イタコの口寄せは、いまではマスコミですっかり有名になってしまったが、旧暦六月二十三、四日、下北半島の恐山と五能線金木町近郊の川倉地蔵の大祭の日に、大勢のイタコが県内から集まってくる。このほかにも、春と秋に、家の祭壇に飾っているオシラ様をあそばせる日もまた、イタコを招いて司祭させる。

オシラ様は、桑の木でできた包頭形の一対の人形がその御神体である。娘と飼い馬の恋に気づいた長者が激怒して馬を殺した。殺された馬は自分の皮で娘を包んで昇天し、桑の木に宿ったのがオシラ様だとも伝えられている。

津軽の老女たちは、それぞれのオシラ様を持ちよって、紅白の絹のオセンダク（衣類）を着せ、首のまわりに金銀の鈴を十六個つけて飾り、それにオミキやシトギ（餅）を供え、ひいきのイタコを頼んで、家族の霊を呼んでもらうのである。

「八月六日のホトケサマをお願《ねげ》えします」

自分の番がまわってくると、とみはよく当たるという評判のイタコに頼んだ。八月六日は事件の夜である。とみは息を殺して待っていた。盲目の老女であるイタコはローソクの灯の前で静かに数珠をもみすりながら、一心に祈りはじめた。

それでも、ホトケはなかなか現れなかった。拝みだすと、たちまちのうちに、津軽弁に節がつけられた、低く這うような死者の語りがはじまるのが普通なのである。

アーア、アイヤア
きょうの水呼ぶ
なんの水呼ぶ
若き小枝の水呼ぶ
形はみえないが声ばかり
姿はみえないが音ばかり
神は涙に濡れてくる
裾は小露で打ちこぼれ
七瀬も八瀬も渡ってくる

三途の川を死者が渡ってくるのだ。死者は呼んでもらった礼をいい、自分が死んで家族のものたちを悲しませていることを謝る。そういう風にしてはじまるのが、「イダコの口説き」なのだが、松永夫人はなかなか降りてこなかった。

イタコのとみへの弁明によれば、このホトケは可哀想な仏サマで、この世からは籍を抜いたものの、あの世ではまだ仏の籍にはいっていない。ひとに罪を着せてしまった可哀想な仏サマだ、というのだった。松永夫人はあてどもなく血の池のほとりを彷徨《さまよ》い歩いている、という。と、ようやくホトケが降りてきた。

あの夜、わたしは眠っていました。誰かがそばにちかづいてきた。けれども、わたしは主人かと思って安心してました。松永夫人の話はそれだけだった。本人自身、熟睡していたので、自分を刺し殺した男については、知りようがなかったのである。

事件が起きたとき、那須家の末娘の静子はまだ中学一年生だった。すぐ上の文子にも彼女にもまた、高校にすすむ経済的余裕はなかった。中学校を卒業すると、駅のちかくのりんご問屋の店員になった。汽車に積みこむために、りんご箱を満載した馬橇が近在近郷から弘前にむけて蝟集《いしゅう》してくる。馬が勢いよく踏みだすたびに、首にくくりつけられた大きな鈴が、雪に覆われた街並みに澄んだ音を響かせた。それはかつて津軽によく見受けられた風物詩でもあった。那須一家にまつわりついた噂は、空になった橇に乗せられて、またおなじ道を帰っていった。

静子は、りんご屋につとめ、文房具屋にうつり、紹介者をえて市役所の臨時職員となり、そこもやめて、スタンドの飲み屋ではたらきだした。この転職の跡が彼女の苦難を示している。店のすぐそばに、剣道の道場があった。東京の大学で修業してきた青年が、そこを借りて空手の道場をひらいていた。稽古がすむと店にたちより、静子と言葉を交わすようになった。彼女はいまでも「夫に拾ってもらった」と感謝している。

静子の夫は材木屋の二代目だった。那須隆は、出所してからしばらく印刷工の見習をしていたが、賃金は安かった。それで、この顔のひろい義理の弟に紹介してもらって、シャッター会社の社員になった。

巷では建築ブームがはじまっていた。弘前をでて北海道に渡り、そのあと八戸、青森の営業所長を務め、やがて、弘前営業所にもどった。が、弘前に帰って「那須隆」の名刺をだすと、たいがい相手は、もういちど顔を見直すのだった。

ひとの出入りのすくないこの盆地の城下町では、何年たっても事件はひとびとの記憶の底に澱んでいた。

やがて静子の夫は、あたらしく建設された団地の入口に銭湯を建てた。隆はその管理人になった。ここでは名刺をだす必要がなかった。風呂をたて、番台に座り、最後の客が帰ると、桶を洗い、盥を洗って湯舟を掃除する。出所から二年ほどして、大立洋岸のある町で代用教員をしていた娘と知り会い結婚した。那須は明るい性格の妻と浴場管理人として静かに暮していた。

仙台から、見知らぬ青年が現れたのは、事件の日からすでに二十二年もたっていた朝だった。

＊

村山一夫が猥褻図画《わいせつとが》販売の罪名によって、懲役六ヵ月の判決を受けたのは、一九七〇（昭和四十五）年十月末だった。彼自身はもちろん、弁護士でさえ、たかだかポルノ写真で半年間も宮城刑務所にブチこまれることになるなど考えてもいなかった。まあ、罰金の何万円かですむ、と高をくくっていたのである。

猥褻図画販売といっても、実のところ村山が販売したわけではなかった。八戸のある男が、外国船員から手にいれたポルノ写真集を車に積んで東京にむかった。仙台を通りかかったとき、彼は顔見知りの村山のことを想いだした。

村山は仙台の水商売関係に顔がひろく、気さくで面倒見がよかった。彼に頼んで仙台でもすこし消化しようと思いたったのである。村山は気楽に引きうけ、何ヵ所か電話をかけて買い手をみつけだした。彼にしてみればお易い御用、といったところだった。

三十代にはいったばかりの村山は、どこかひとなつっこいところがあった。それに人助けして、頼りがいのあるところをみせるのが好きな性分でもあった。それはたぶんに、高利貸しという商売をしながら、業者仲間の理事などに収まって、肝心の商売の方はさっぱりだった父親の血筋をひいていたせいもあったかもしれない。売り手と買い手をひきあわせ、彼はそのままポルノ写真のことを忘れていた。

ところが、まもなく、競馬のノミ屋をやっていた買い手が家宅捜索を受け、押し入れの外国ポルノ雑誌が露見した。警察に追及されたノミ屋は村山の名前をだした。

「オイ、村山、ちょっとつきあえよ」

といわれて、彼は警察に連行された。

「こんなの、外国じゃいっぱい売ってますよ」

「外国で売ってたって、日本の法律では禁じられてるんだ。誰に頼まれた」

「そんなこといわれてもジャ、知らねえひとだからしようがないすよ」

「想いださなかったら、お前がブチこまれるんだからな」

「こんなんでブチこめるなら、ブチこめばいいじゃないすか」

検事の前で村山はひらき直っていた。一年でも二年でも、どうぞブチこんでください、骨休みになっていいすよ。彼は軽く考えていた。自分で売ったわけではないし、それにこんなことで相手の名前をだしたんでは、男がすたるってなもんだ、そんな気持ちだった。それでそのまま懲役六ヵ月、求刑通りの宣告となった。検事との口論は著しく心証を悪くしていたし、法廷でも改悛の情をさっぱり示さなかったのが災いした。

それに彼は四ヵ月ほど前、秋田刑務所から出所したばかりの「前科者」でもあった。秋田刑務所に二年四ヵ月ほどはいったのは、「詐欺」罪によってである。しかし、これもまた村山にしてみれば、はなはだ不本意なものだった。

村山は東京の大学の法科に籍をおいていたが、高校時代からのボクシングに熱中して中退してしまった。仙台に帰って、彼は子どものときからのツテとこまめな活動力と生まれつきのひとなつっこさで、水商売の経営に乗りだした。彼の母親は生前、市内の繁華街で、けっこう名の知られた料亭を経営していた。

不渡りをだして銀行との取り引きを停止されていた歳上の知人に、村山は月五万円の謝礼金で自分の当座を貸した。その謝礼金には、知人の会社での「代表取締役」の名義貸し料もふくまれていた。が、知人の狙いは、会社をトンネルにして品物を買いつけ、そのあと倒産させて逐電することにあった。それで村山は、あっさり詐欺の共犯者とされたのである。

欺されたんだ、と彼は主張した。しかし、ボクシングに熱中していてなんの勉強もしなかったとはいえ、大学では法律を学んだことになっている。弁明は通らなかった。

このふたつの刑とともに、村山一夫は一日の保釈もなく刑期いっぱいつとめた。反抗的で改悛の情の顕著でないものには、仮釈放の恩典は与えられない。

村山一夫が、滝谷福松と出会ったのは、宮城刑務所第一病棟十二房だった。病舎は、刑務所のなかではもっとも娑婆にちかいところで、よほど病気が重いか、よほど運のいいものしかはいれない。

思いがけなく猥褻図画販売の罪名によって、また刑務所に舞いもどった村山と懲役十年の刑をもうじき終えようとしていた滝谷は、この病舎で一週間ほど一緒に暮らした。まったくちがった人生を歩んできたふたりの男の偶然の出会いが、弘前大学教授夫人殺人事件の遅すぎた解決に結びついたのである。

夕食後、八人の同房者たちはそれぞれのベッドの上に座ったり、寝ころんだりしながら退屈していた。房内ラジオが、三島由紀夫の割腹自殺をめぐる特集番組を流した。差し入れられた新聞の大きなスペースが、墨で黒く塗りつぶされていたので、どんな大事件が発生したのか、みんなわくわくしていたのだ。ようやくラジオで三島事件を知って、房内のインテリともいえる村山は感動した。

地位も名誉もカネもありながら、自分の身体をひきさいて日本民族にむかって警告を発した三島由紀夫は、純粋な男だ、と村山は思った。仲間たちもラジオにききいっていた。溜め息が洩れた。博打や傷害や殺人などを犯した男たちは、そういえば、自分ひとりの欲望に縛られてここにいる。

「一生のうち、一度ぐらいはなんかいいことしなくてはなっ」

誰かが真面目な口調でつぶやくと、そのむこうのベッドからまぜっかえす意見がでてきた。

「馬鹿馬鹿しい。いまどき腹切って死んだってなんにもならないさ」

いつも静かにしているお坊さんが、説教口調で話しだした。

「人間、私利私欲のためだけで生きるのではなしに、ひとのため、他人のために生きてこそ、人間としての道が拓けるものなのです」

彼はあやまって人を殺した、とも噂されていた。と、いちばん隅のベッドにいた滝谷福松が、その話にすがるような声をだした。

「おれたちのように悪いことばかりしてきた人間でも、更生できるもんだべが」

ベッドは、二列で四つずつ並び、滝谷は村山とおなじ列で、たがいに左右のはじっこに位置していた。村山は自分の意見を開陳した。

「人殺しだけしなければ、誰だって更生できるんだわね」

しばらくだまったあとで、滝谷が思い切ったように口を開いた。

「おれ、実は、ひとり殺っちゃってるんだけどな」

ベッドの上で胡座をかいていた坊さんは、手をあわして、「南無阿弥陀仏」とちいさく唱えた。滝谷の口調はどこかひとごとのようでもあった。

滝谷は病舎にはいってきたばかりの新入りだった。それに、どこか頼りないところがあったので、重きをおかれていなかった。そんな彼が、突然、人を殺したといいだしたので、ハッタリと思われても不思議はなかった。刑務所内で、自分の犯罪を大きくみせかけて虚勢を張るのは、珍しくない。

「お前がひと殺した？　調子に乗って、このッ！」

いきりたった声が響いた。隣のベッドにいた五十がらみの男が、

「顔でも洗ってこい」

といいざま、お茶をひっかけた。大下金吾は山形のヤクザの親分だった。

「でまかせいいやがって、この野郎」

退屈しのぎの絶好の材料だった。

「みんな信用しねべけんども、本当だよ」

滝谷はまだいっている。

「どこで殺ったんだ。ええ、誰を！」

「弘前だ。俺の代わりに、ひとりこの宮刑《みやけい》にはいっていたんだ。本当さ」

「そんたらだ怪《おか》しげな話はねえべな」

部屋のなかは活気づいてきた。誰も信用していなかったが、面白い話なのだ。

「そんだったら、お前《め》、卑怯じゃねえが」

山形の親分が挑発した。滝谷は口をつぐんだ。村山は滝谷の

涙をこらえたような声にひっかかっていた。完全に信じたわけではないにしても、ありうるように感じられた。彼には自分が「詐欺罪」にされてしまった口惜しさが残っていた。

村山一夫名義の当座預金口座は不渡りになり、会社は倒産した。計画倒産の疑いがあった。彼は警察で追及された。お前が取りこみ詐欺のつもりがなくても、代表者はお前じゃないか。まあ、素直に認めれば、こんなのは執行猶予ですぐ釈放だよ。ただ、いまのように、どうのこうのとゴネて否認していたら、いつまでたってもでられないぞ、とにかくこれに拇印を押せば、悪いようにはしない。突っぱれば突っぱるほど、裁判官の心証も悪くなって、刑も重くなるだけだ。法廷でもすんなり認めて、早いとこカタをつけた方がいいぞ。

といわれて、まだ二十五歳の村山は警察を信用した。その見返りが、二年四ヵ月の懲役だったのである。それにこんどのポルノ写真だって六ヵ月もぶちこんでやがる。そんな経験から村山は、「身代わりにひとりはいっていた」という滝谷の言葉が気にかかった。

が、ほかの連中は、いっときの座興としか受けとめていなかった。殺人未遂罪で懲役五年の刑を受けて服役中だった高山義雄は、そのあとで、つぎのように述べている。彼は失明していた左眼がうずきだして、病舎に収容されていた。

「滝谷は病舎へきたときから、部屋のたかい所に取りつけてあるラジオのスピーカーのことを、『ラジオがゆれ動いている』とか『おっこちてくる』などというような、わけの判らないバカげたことをいうことがあり、話をしていてもとんちんかんでおかしかったので、みんなが半分バカにしていたのです。

私もおなじような気持ちでしたので、滝谷の話を信用しませんでしたし、また話を信用しなかったのには、人殺しというような大きな事件を、いきなりやったといわれても信用できないということもあるのです」

山形の親分、といわれていた大下金吾はのちに山形市で、検察官にたいしてこう述べている。

「滝谷は出所する前に私にたいして、山形のパチンコ屋に就職を世話してくれないか、といったことがありますが、わたしの方針として刑務所帰りの頼みはきかないことにしているので断りました。

滝谷は女性的でおとなしくて、なよなよしたところがありました。出所しても身寄りのないということであったので、村山が、『俺が出所したら迎えにこい』などといっていたため、涙を流して喜んでいたことがあります」

村山一夫が宮城刑務所の門をでると、滝谷福松が小走りにちかよってきた。歩き方にしてもそうだが、彼にはどこか頼りないところがあった。憎めないのである。雨まじりの風が吹いていた。四月も下旬になったとはいえ、ひさしぶりの外界の風は身ぶるいするほどにつめたかった。三島事件から発展した人生談議が、滝谷の「告白」までひきだしてしまった病舎でのことを、村山は想いだした。

「出所してからゆっくり聞こう。ここではなんだから」

と彼はその日の滝谷の告白に結着をつけていた。

滝谷自身、喋ってしまってから、すぐ目の前にきている仮釈放への影響を心配している様子でもあった。同房のものたちから馬鹿にされてしまった滝谷に、村山は同情した。ふさぎこんでいる滝谷を慰めるように、村山は「出所してからきこう」と声をかけておいたのだ。

一週間ほど病舎にいて、滝谷は腰の痛みが薄らいだのか、また工場へ出役した。別れしなに、村山は自宅の電話番号を教えておいた。村山より四十日ほどさきに出所していた滝谷は、約束通り、朝早く起きて、刑務所まで一時間の道を歩いて迎えにきた。村山は、十一歳ほど歳上のムショ仲間をひきつれて家へ帰った。妻は赤飯を炊いてまっていた。

弘大教授夫人殺し、といわれても、村山にはきいたこともない事件だった。一九四九（昭和二十四）年といえば、彼はまだ小学校にあがったばかりだった。勢いこんで話しだした滝谷が、村山の反応をみてガッカリしたような表情をしても、村山には相槌の打ちようがなかった。

「信じないのか」そういわれても彼には判断がつきかねた。

二日ほど日をおいて、村山はひとり、夜行寝台「八甲田」に乗って弘前にむかった。滝谷の話を信用したわけではなかったが、滝谷の身代わりに十年以上もつとめた男がいることに興味をもった。自分の経験からみても、警察ならそんなことをやりかねない、という気持ちもあった。

刑務所から帰ったばかりで、汽車に乗って遠出するのは魅力的だったし、それに弘前は彼が最初に好きになった女性の出身地でもあった。

早朝、弘前駅に降りたった村山は、駅前の食堂にはいった。飯をかきこみながら、そばに座っている年輩の男に、弘大の教授夫人が殺された事件があったかどうか、世間話に折りまぜながらさぐりをいれてみた。二十年以上もたった事件だったが、みんながおぼえていた。

で、「犯人はどうしたんですか」、と彼が一歩踏みこむと、そこからが議論になった。

「那須だべ、犯人はあれだベセ」

「どンだがナ。はじめは無罪になったべけんど、あどからあべこべに有罪になったり。なんだがサ、奇怪《えばだ》だ裁判でありすた」

村山は弘前のひとたちのあいだでも、疑問がもたれている事件だったことを知ることができた。市場や店さきでのおなじような会話をきいて、彼は仙台に帰った。

　滝谷の真剣な表情がだんだん気にかかるようになった。滝谷はまだ充分に話していない。彼はどこか怯えていた。「時効」のことばかり口にするのである。府中の三億円強奪事件の犯人も、もし海外に逃亡しているなら、その期間の分だけ時効は凍結される。それとおなじように、身代わりの犯人が刑務所にはいっているあいだは、時効が延びるのではないか、それが滝谷の不安だった。


　弘前から帰って、村山は仙台駅前に事務所を構えている南出《みなみで》一雄弁護士に電話で問いあわせた。南出は、金融業だった父親の代から世話になっている弁護士である。

「ああ、キミか。なんでかね、そんなこと」

　江戸ッ子特有の歯切れのよさで、南出は気さくだった。時効の成立には変わりがないことだけをききだすと、「いやあ、ちょっと」村山は言葉を濁して電話を切った。

　もうとっくに時効が成立していることが判ると、滝谷は途端に能弁になった。想いだすのを助けるためか、軽く目をつぶりながら、まるで映画のストーリーを話すような気楽さで、とうとう喋りだしたのである。それは私立の法科にはいって、刑事になることを夢みたこともある村山を、いたく興奮させた。

　彼はまた急行「八甲田」に乗りこんだ。弘前の市立図書館にいって当時の地元紙をだしてもらい、現場をみて滝谷の逃走経路を歩き、兇器を捨てたという映画館にもいってみた。しかし、そこはすでに取りこわされ、ガソリンスタンドに変貌していた。村山が弘前で歩きまわってきた話をきいて、滝谷はすこし気を悪くしたようだった。

「まんだ俺の話こと信用しねえんだが。随分《ずんぶ》まだ村山さんも水臭いでねえが。おれの指紋も掌紋も、足跡も警察にあるはずだジャ。やつら那須さん一本に突っこんでしまってよ、そんでみんなボイコットしてしまったんだベセ。誰が真夏に、女いたずらするに、軍手はめていく馬鹿あるベナ」

　滝谷は自信満々だった。自分の犯罪を証明するのに大乗り気だった。村山は滝谷にあおられるようにして、三度目の弘前行きを実行した。このとき、那須家を訪問したのは、なにか資料がないか、と南出弁護士にいわれたためでもあった。

　村山一夫は、メモにこう書いている。

「事の次第を話すと、御母堂に泣きつかれ、病床にあった尊父まで寝床から這いだしてくるとあっては、思わずもらい泣きをしてしまった。それもそうだろう。服役させられた那須さんもさることながら、この二十二年間、社会非難のなかで生活してきた家族の苦しみは、毎日、血涙の日々だったに違いない。ありがたいことに、鑑定書をはじめとした、私の必要とした書類がすべて御母堂の手によって保管されていた。早速借用してくる」

三上直吉、竹田藤吉両弁護士はすでに病没していた。裁判資料の一部と証拠として押収された海軍用開襟シャツと白ズック靴を、とみは神棚に祀って息子の無実の日を祈願していた。それをそっくり、みず知らずの村山の手に委ねたのは、彼を十年前に水死した勝が送ってよこした使者だ、と直感したからだった。

弁護士生活の最後のエネルギーを傾注した三上直吉は、最高裁が上告を棄却し、那須隆の有罪が確定した一九五三（昭和二十八）年、燃え尽きるようにしてこの世を去った。

彼は強姦致傷事件などの依頼人でもある滝谷福松が、ほかならぬ松永事件の犯人でないか、との疑いを最後まで捨て切れずに死んだ。仙台高裁に滝谷の記録を証拠として取り寄せることを請求して、三上はつぎのように書いている。

弘前市大字相良町六滝谷福松当二十年は、

（一）注昭和二十四年五月六日午後九時三十分頃弘前市大字下鞘師町一四菓子商阿部清子当二十一年方屋台店の裏入口附近に於《お》いて同人の背後から抱きついて捻じ倒し、口をふさぎ頭部を絞め所携の匕首《あいくち》を以《もつ》て突き刺す等の暴行を加え、

（二）同年七月二十一日午前零時頃弘前市大字本町五三病院長副島廉治管理に係る弘前医科大学附属病院第三病棟内科看護婦宿直室に強姦の目的で故無く侵入し就寝中の看護婦高橋伴子当二十四年を強姦する目的で同人を仰向けに押し倒す等の暴行を加え同人の右膝部左中指等に全治約十日の切創を負わせ、

（三）同年九月二日、午後十一時頃同病院の眼科詰所及二階其他第一病棟に看護婦と情交の目的で故なく侵入した、ものであるが、その時期、犯行の手口において本件犯行と似通うものがあり、本件犯行を疑わしめるものありと信ずる。

この証拠調べの請求は却下された。仙台高検の吉岡述直検事は、この三上の行為を、「那須を弁護するために自己の弁護する他の事件の被告人滝谷福松を犯人視する主張は、弁護人の良識を疑わしめるものである」と、激しく指弾している。

三上直吉は、弁護士の道を逸脱したと批判されてなおかつ、自分で犯人探しをする以外に、那須の無罪を証明することができないと思いつめていた。

滝谷福松が弘前市警に逮捕されたのは、松永教授夫人殺人事件発生の八月六日から、一ヵ月ほどしてであり、有力容疑者としての那須隆が逮捕された十日後のことだった。滝谷ミシン店のむかい側にあたる、大学附属病院の看護婦寮では、よく下着

が盗まれたり、若い男に忍びこまれたりしていた。このことは病院巡視から警察に伝えられ、管轄担当の茂森町巡査派出所の工藤弘と市警本部の兼平刑事は、張りこみをつづけていた。

と、ある夜、二階から看護婦の悲鳴がきこえてきた。ふたりの刑事が階段を駆けのぼると、逃げていく若い男の後ろ姿がみえた。駆けつけた病院巡視の案内をえて、滝谷家のガラス戸を叩くと、十九歳の福松が丹前姿ででてきた。足に眼をむけると、泥がこびりついているのがみえた。

翌日、警察で追及された滝谷は、ほかの婦女傷害事件も自供した。

滝谷と那須は市警の留置場にいれられていた。朝、洗面所でなんどか顔をあわした。滝谷には安心感があった。松永事件は彼が自供するまでもなく、那須隆が逮捕されて眼の前にいる。

国警から応援にきていた工藤多七警部補は、松永事件の手口が似かよっているのを根拠に、滝谷を執拗に責めたてた。が、滝谷も必死だった。傷害にくわえて殺人が露見すると、死刑になると思いこんでいた。那須は彼の救い主でもあった。滝谷は、継母《はは》のツルが差し入れた弁当を返すとき、ちいさな紙片をしのばせた。八月六日のアリバイを工作したのである。

工藤多七が滝谷家へでむいてツルを尋問したとき、彼女は息子の指示通りに「その夜、福松は家にいました」と証言した。意気ごんでいた工藤は、ガックリした。

逮捕された那須が留置場にいれられたとき、監房看守をしていたのは、通信警察官時代の同期生だった。「殺人犯」と巡査との奇妙な再会である。

「どうしたんだバ？」

びっくりしたのは相手のほうだった。律義で融通のきかない点では、むしろ那須のほうが警官にむいていた。

「どうしたもんだガサ。急にひっぱられてきてしまったんだジャ」

那須は口惜しさとバツの悪さで、ひきつった笑い顔になった。監房にやってきた刑事たちは、ふたりが話しあっているのをみてびっくりした。那須の同期生は早速、繁華街の交番に配置換えとなった。その後任に本部の内勤巡査がまわされてきた。彼は不服そうだった。よくぶつぶつと独り言をいっていた。

それまでは本部の机にむかって事務を執っていたのが、陽の当たらない部屋にいて他人の弁当の中身を調べたり、監房の住人たちを風呂に連れていったりする仕事に急に変えられたからである。彼はぶつぶついうばかりで、仕事にはまったく熱意を示さず、おざなりにしか職務を遂行しなかった。

滝谷がはいってきたのは、その看守になってからだった。彼がアリバイ工作を依頼した紙切れは、空弁当に張りつけられて、鉄格子のあいだをすり抜けた。するりと逃れた滝谷の罪を背負った那須隆の悲運は、ここからはじまった。

那須と滝谷の家の距離は四百メートルほどのものである。四百メートル離れて生活していたふたりの青年は、留置場の壁ひとつへだてて暮らすことになった。ここで運命を入れ替えたふたりは、まったく異なった軌跡を描きながら、猛スピードで左右に去った。

＊

両親に手をひかれた滝谷福松が、津軽海峡を渡って弘前にたどり着いたのは、まだ三歳のときだった。一九三四（昭和九）年三月の函館大火によって焼けだされたからだ、と彼は父親の武治郎にきかされている。親子三人が禅林三十三ヵ寺の門前町である、茂森町六十八の赤平方に身を落ち着けるようになったのは、それからまもなくである。

T字路の突き当たり、バス通りに面している赤平宅では、棟つづきの二階屋を荒れるにまかせていた。ある日、どこからきいてきたのか、滝谷武治郎が姿を現した。住む家に不自由している、是非とも貸してほしい、と彼は頼みこんだ。

「廃屋《あばらや》同然でとても住めるもんでごいせん」

と女主人が断ったのだが、まっ黒でいかつい顔をしているものの、愛想がよくてどこか憎めない武治郎に根負けして、赤平家では貸すことにした。雨漏りしているところは自分で修理するから、などと如才のないことをいうし、それにいかにも困った風情なので、同情したのである。

武治郎は工業用ミシンを持ちこみ、一日背中をこごめては、馬の背にかけるシートや日除けテントを縫っていた。普段は温和しく、それに津軽人にはみられないほどに客にたいして愛想を振りまき、言葉も丁寧で外交上手だったので、けっこう仕事はあったようなのだが、悪い癖があった。夜になって酒を飲みだすと、大家との境の羽目板をどんどん叩きながら、

「誰がこんな家に住むものか。クソババア奴《め》」

などと怒鳴る声がきこえてくるのである。が、翌朝、裏庭の奥にある便所にたったときに、当の「クソババア」に出会ったりしようものなら、バツが悪そうに用足しもしないで、また店にひっこんでしまうような可愛いところもあって、そのまま居つくことになったのだった。

女房のたみは、頬に火傷の跡が残っていてあまり外には出たがらなかった。が、気立ての優しい女で、甲斐甲斐しく武治郎の仕事を手伝うはたらき者でもあった。滝谷一家が弘前に流れこんできたのも、彼女が県内の日本海側にある鰺ケ沢の出身だったから、それでなにかの縁を頼ってきたらしいのだ。

武治郎は、北海道寿都《すっつ》郡寿都町歌棄《うたすつ》で生まれている。歌棄は小樽から積丹《しゃこたん》半島の付け根を横切り、奇岩怪石が天にむけて屹《きっ》立《りっ》する岩内《いわない》雷電海岸の先に、ポカリと現れる、寿都湾に面したちいさな港町である。

忍路《おしょろ》高島（小樽）およびもないが

せめて歌棄磯谷《うたすついそや》まで

かつて、この波静かな入江は、ニシン漁業によって殷賑《いんしん》を極めていた。春風が吹きだすと、沿岸一帯の海は厚く盛りあがり、銀色に光るほどにニシンの大群が殺到した。それを目当てに「ニシンの神様」とも呼ばれた出稼ぎのヤン衆たちが東北各地から集まってきた。いまなおこのあたりで、時化がくると、「ゴメ（カモメ）の高飛びヤン衆の高枕」と表現されるほどである。

このちいさな港でも、紅灯が揺れ弦楽が響き嬌声がさんざめいた。「江差追分」は、波濤《はとう》逆まく忍路高島までは無理だとしても、せめてその手前の歌棄、磯谷までは連れていってほしい、というヤン衆として出稼ぎにでる夫との別れを惜しむ妻の唄ともいわれ、ここで幼時をすごした、弘前市出身の小説家、葛西善蔵の愛吟したものでもあった。

とはいえ、この女の哀感を歌った追分も、本歌は、ニシンの漁場をめぐる豪商たちの場所取りをからかった狂歌であり、「せめて歌棄、磯谷だけ」でも欲しいとする、きわめて現実的な欲望を表現したとの説もある。

寿都湾には、幕府の命を受けた津軽藩の、蝦夷警衛の出張陣屋が置かれていた。アイヌとの交易のために、知行主《ちぎょうぬし》による「商場所」がひらかれ、それはやがて豪商による場所請負人によって取りしきられた。ニシンは早割、背割、身欠《みがき》、胴鰊《どうにしん》、数の子などに加工され、搾粕《しぼりかす》は肥料として全国にはこばれた。「場所」はそのまま宝庫であり、場所取り合戦の歴史は、アイヌが追われ、ヤン衆がふえていく歴史でもあった。

武治郎の祖父は秋田からきたヤン衆のひとりだった。はたらき者だったのを見込まれて、歌棄の浜に定着していた同郷の滝谷家の養子になった。彼はやがて新潟から函館の台場普請にきていて、大工の夫と死別していた片桐やすと結婚した。やすは夫が病死したので、子どもを抱えて故郷の新潟へ帰るつもりだったのだが、ニシン漁で栄えている景気にひかれて北上し、旅館の洗濯女としてはたらいていたのだった。やすは再婚して男ひとり、女ふたりの子どもを産んだ。末娘のチヨが武治郎の母である。やすはしっかり者で、夫もまたよくはたらいたので、網元としての滝谷家はニシン景気に帆を張るように次第に財をなした。歌棄の教立寺にある滝谷家の墓が、かたわらに石仏を配置したりしていて、まわりにくらべてもひときわ立派なものであることによっても、当時の勢いを偲ばせるものがある。長女のタケが婚家の墓にはいらずに、実家の墓のそばに自分でちいさな墓を建て、そのなかにさっさとはいってしまったのも、実家にたいする誇りといったようなものを示していよう。が、末娘のチヨは、どうしたことか家を飛びだし、流れ者の男と一緒になってしまった。籍にもいれてもらえず、挙げ句の果てに捨てられ、帰ってきたときはすでに身ごもっていた。やがて生まれたのが、福松の父の武治郎である。

情が濃くて気立てのよかったチヨは、まもなくニシン漁師と結婚した。武治郎は、越後からきていた雑貨商に嫁いだ、チヨの姉タケにひきとられた。タケ夫婦には子どもがなかったからである。ところが、武治郎はタケの嫁ぎ先の早川姓を名乗らなかった。あるいはそれは、滝谷に誇りを感じていたタケの意向であったのかもしれない。

雑貨商の養父は、厳格な男だった。文机の前に武治郎を座らせて教育している姿を近所のひとたちはみかけている。養母のタケは皮肉屋で、ひとづきあいはよくなかったが、甥の武治郎を可愛がった。海岸沿いの漁村は田んぼに恵まれないため、その頃は飯に豆をいれるのが常食だったが、タケは茶碗から豆を選り分けて自分で食べ、残りを豆嫌いの武治郎に与えた。

結婚したチヨはおなじ歌棄に住んでいた。それでも、のちにできた三人の子どもたちに気兼ねしてか、彼女が武治郎に会っているのをみたひとは、いない。

武治郎は小学校を卒業して、ちかくの大きな商店へ奉公にあがった。歌棄の海を沸きたたせたニシンも、その頃は次第に北上していった。一九二一（大正十）年、歌棄浜で二万四千石を記録していたニシンも、昭和にはいるともうほとんど寄りつかなくなった。歌棄はさびれだしていた。成人した武治郎は故郷に見切りをつけた。

息子の福松が生まれたのは、炭坑都市の夕張である。一九三〇（昭和五）年、武治郎三十二歳のときだった。当時、夕張は三菱、北炭の黒ダイヤ景気で沸き立っていた。かつてニシンにヤン衆が群がったように、黒ダイヤにひかれてひとびとはこの細長いだけの町に押しかけた。武治郎もそのひとりだったのであろう。

この炭坑の町で武治郎が何をしていたのか、その消息を知っているものはいない。武治郎がそこから函館を経由して弘前に姿を現したとき、息子の福松は三歳になっていた。港町の函館で武治郎がなにをしていたのかもまた、不明である。

福松が六つになったとき、母のたみが死んだ。酔った武治郎が打擲《ちょうちゃく》した際、当たりどころが悪かったとも、死産した嬰児《えいじ》とともに身罷《みまか》ったとも伝えられている。大家の話によれば、葬式をだすカネがなかったため、しばらくはそのままにしていた、とのことである。遺体はリヤカーに乗せられ、杉の木立がたち並ぶ寺院街を通り抜け、その裏の森のなかにある火葬場《やきば》にはこばれた。福松はそのあとをチョコチョコついていった、という。

田沢ツルが武治郎と知りあったのは、はたらいていた市内の飲み屋でである。常連の客の武治郎が、「子どもを寝かしつけてきた」と洩らしたのをきいて、彼女は同情した。ついに自分の子どもをもたずに終わったツルは、子ども大好きだった。

冬になると、ツルは店先で武治郎に教えられた焼き芋を商った。「壺吊り丸焼き芋」と紙に書いて張りだすだけでよく売れた。石焼イモとちがって、素焼きの壺の中に針金で吊るされ、コークスの火力で蒸し焼きにされたサツマイモの風味は、津軽では珍しいものだった。近所の子どもたちは十銭銅貨を握りしめて群がった。タキヤノツボツリマルヤキイモ、と早口ことば代わりに唱えては笑いあうのだった。

武治郎は二キロほど離れた繁華街の上土手町にあるミシン屋に歩いて通うようになった。最初は自分のミシンの修理を頼みにいったのだが、話しているうちに、主人のきっぷのよさにひかれて、ここではたらくことにしたのである。ミシンを並べた隅に仕事場があった。そこで武治郎は、注文に応じて腹かけドンブリや乗馬ズボンや馬の背にかけるシートを縫いながら、ミシン修理の技術を身につけていった。

器用で、はたらき者だった。ところが賃金は遊郭で使いはたしてしまうので、ツルは店へよくカネを借りにいった。福松の手をひいて町を歩いていると、福松は「此所なんだバ」ときくのが癖だった。ツルはそのたびに傾き加減な首をさらに曲げて、旅館や下駄屋や薬屋の説明を丁寧にした。

福松はツルになついていた。母の死んだことを忘れてしまったようだった。酒に酔って武治郎が大声をあげてツルに殴りかかると、

「カアさん殴るんだバ俺《おら》こと殴れ」

福松があいだにはいった。

「集金にやると女郎屋の勘定書きをもってきたもんです」

ミシン屋の女将《おかみ》の飯村つるのは、そんな風に武治郎のことを記憶している。だが本人はケロリとしていて憎めなかった。外から帰ってくると、ガラス戸を開けるよりはやく、「大将、ただいまッ！」と背丈に似合わぬ大きな声をだした。テレ屋が多く、挨拶のはっきりしない津軽人にはあまりみかけない性格なので、半ばあきれられながらも、可愛がられていたのだった。

あるとき、西海岸の鰺ケ沢町に集金に出かけたきり、一週間たっても二週間たっても帰らないことがあった。心配した主人が探しにいくと、武治郎は蕎麦屋の座敷にドテラ姿で陣取り、馬方連中をまわりに従え、酒を振る舞っての大得意だった。

はいってきた主人の姿を認めた途端、まっ青になって、「ああ、大将」とつぶやくがはやいか、席から逃げだしてしまった、とか。

一方、ひとり息子の福松は、淋しがり屋のところがあった。遊び仲間の歓心を買うために、学校へ持っていく金を使いこんでは振る舞った。露見すると武治郎に殴られるのが目にみえているので、ツルはひそかにまた小銭を与える。悪循環だった。文房具屋からノートや消しゴムを失敬して友だちに配ったりもした。

筋むかいのハイカラ屋（果物屋）の伜と組んでは、インチキビー玉の遠征にでかけたり、柿泥棒に精をだしたり、裏の八幡神社

の境内でターザンゴッコをしたり、過保護気味のツルのもとで、腕白少年《ズルスケ》として育っていった。

　ミシン屋の主人が、歩兵三一連隊に出入り自在の門鑑（木札に焼き印を押した入門証）をもっていた御用商人であった関係から、武治郎は軍属として被服廠で働くようになった。生活はようやく安定しだしていた。

　そのころでも、軍隊からは物資をくすねてきた。だから、いったん敗戦になるがはやいか、彼は大量の隠匿物資を自宅に運びこんだ。「テント（滝谷家の通称）は刺し身に朝酒白い飯《ママ》」と近所のひとたちを羨ましがらせたのは、この頃のことである。

　子ども好きだったツルは赤児をもらってきて育てたりした。自分の生いたちを想い起こすのか、武治郎も身寄りのない子どもをよく連れてきた。預っていた頭の弱い娘が、押し入れの隠匿物資である長靴を溲瓶《しびん》代わりにして大騒ぎになったこともある。便所は神社との境になっている裏庭の土手のそばにあったので、夜はまっ暗で不気味だった。

　最初の赤児は二年ほどで病死したが、市の幹部職員がひとにいえない事情で預けた娘は、ツルの手許で大きくなった。福松もこの娘のことはよく可愛がった。

　高等小学校（二年制）を卒業すると、福松は国鉄弘前機関区に就職した。機関士は徴兵されないことを知ったからである。一九四五（昭和二十）年四月、日本の敗色は濃くなっていた。

　最初は庫内手。機関車の罐《かま》の掃除がその主な仕事だった。罐のなかにもぐりこんで詰まった煤を拭き取る。彼はまっ黒になってよくはたらいた。ニコニコしていて先輩のうけはよかった。器用で呑みこみもはやかった。長身でどことなく甘い顔立ちをしているのでは武治郎には似なかったが、勤勉さ、器用さ、ひとなつっこさ、そして酒好きは父親譲りだった。機関助手見習から機関助士へとトントン拍子に進んだ。昇格は同僚の誰よりもはやかった。

　機関車はデゴイチである。機関区の受けもち範囲は弘前を基点に、奥羽線の上りが秋田県の大館まで。下りは終着駅の青森まで、そして五能線は深浦までだった。

　機関士と罐焚きの機関助士は一心同体である。呼吸が合わないと遅れがでる職人芸でもある。ペダルを踏んで罐の蓋をひらくと同時にスコップで石炭を放りこむ。石炭を罐のなかにたいらに敷かないと熱効果がさがる。バッと踏んでバッと入れる。このリズムで機関車は前進する。青森へいく途中にある大釈迦峠は勾配25の難所で、新米助士にはきつい。細身の身体の福松はそれでもへこたれずによくがんばった。彼は先輩の機関士たちから信頼されていた。

　仕事が終わると、鍋焼きうどんなどを振るまわれ、「あしたもがんばるべし」といわれて家へ帰る。彼は、この仕事が好きだった。青い制服にサングラス。制帽の顎紐をグッと下ろす。

なにしろカッコよかった。

　もしも、とかつての先輩たちがいう。もしも彼があのまま機関士になっていたなら、あんな事件は起こさなかったろうに……。もしもそうだとするならば、あるいはいま頃、彼は電化された運転台に座り、勤続三十年の表彰を受け、勤務から帰ると盆栽などをいじって平和に暮らしていたかもしれない。

　が、そうはならなかった。


　かつては城下町として、そしてその後は軍都として発達してきた、きわめて保守的な地方都市である弘前にも、敗戦後の民主化の波とともに、ダンスとヒロポンがはいってきた。十九歳の福松にとって、ダンスホールは女性に触ることのできる唯一の場所だったし、ヒロポンはダンスで遅くまで遊んでも、つぎの日の重労働を乗り切る精力剤であった。

　それでもダンスホールは、市民から冷ややかな眼でみられていた。一九四八（昭和二十三）年、ホール設置をめぐってひらかれた市の公聴会の席上、良識派は「社交ダンスは学都弘前にとっては考えものだ」と主張している。

　といって、学都は若い男女を集めることになったし、そのエネルギーの発散場所をも必要なものにしていた。医大生、看護婦、洋裁学校の生徒たちは、あちこちでパーティをひらいた。電柱には人集めのポスターが張りめぐらされていた。

　繁華街にある老舗《しにせ》のは《かくは》デパートを接収したアメリカ占領軍は、そこで毎晩ダンスパーティをひらいて、市の名士夫人たちを集めた。街角には、「セントルイス」「カサブランカ」などの看板がたてられた。福松の家のちかくの木村産業研究所二階でも、医大生たちがパーティをひらくようになった。そこは、「フリージア」と名づけられた。

　その頃、若いアベックをみると子どもたちは後ろから囃したてた。音楽にひかれてダンスホールのむかいの木にのぼり、異様な光景をのぞきみてツバを呑みこんだ。そんな時代だった。

　福松は暇があると、ひとりで畳に足をこすりつけるようにして、クイック、クイック、スロー、スローの練習に余念がなかった。夕飯をすますのもそこそこに、その成果を発揮するため、毎晩、街にでた。

　そのころの弘前のダンスファンたちは、ぴったりと髪を撫でつけ、長袖のカッターシャツに黒ズボン、黒靴のいでたちで現れる福松をよく記憶している。田舎の青年にしては脚が長く、黒豹のように敏捷《びんしょう》だった。すぐチークダンスにもちこみ、尻に手をまわしてくるので、女性たちの顰蹙《ひんしゅく》を買っていたが、本人は一向に気にする様子はなかった。肩の上で合わした手をそのまま強引に巻きこんだりするので、「あれはヘンタイでねえか」と嫌がられていた、と証言する女性もいる。

　相手の内股に足を踏みこむピポットターンが、福松の得意とするところだった。彼はズボンの右ポケットにちいさな靴ブラシを忍びこませ、ターンのたびごとにそのハケの部分で相手の股をくすぐることを考案した。それが効を奏したのかどうか、そのあとで彼はパートナーをちかくの公園に誘った。

ヒロポンは、若さに似合わない持続力を発揮した。一晩に四人も誘いだすこともあった、という。彼には自信があった。

夜は忙しくなった。機関助士はやめた。酒を飲みすぎて街で暴れ、一晩、留置場に泊められたのが契機となった。鉄道員であることに気づいた警察は、翌朝そうそう釈放したのだが、ついに乗務時間にまにあわなかった。そんなこともあって、彼は機関士の夢を捨てた。戦争も終わっていて、もう徴兵される心配はなくなっていた。

「テント」は病院のちかくに引っ越し、ミシンの修理・販売も手がけるようになっていた。福松はその手伝いで忙しくなった。つとめをやめると時間は自由になった。修理にでむいた収入を自分のポケットにねじこんだので、ヒロポンを買う余裕もできた。十九歳の気弱な少年にとって、カネとヒマはよくは作用しなかった。

ある時、注射を打つ息子のそばでツルがたずねた。

「病気でもねえのに、注射したら身体悪くするばかりだベナ」

「なんも心配いらねえジャ、これは身体を丈夫にするクスリだネ」

福松はツルを馬鹿にするようになっていた。もう、「カアさん」とは呼ばなかった。「クソババアー」とか「ツル」と呼び捨てた。生みの母でないことをはっきり知ってからは、彼女はもはや他人にすぎなかった。

その頃、一年後輩の成田良三は、福松と街で出会っている。彼はツルが手伝いにいっていた蕎麦屋の息子だった。もしもまだ戦争がつづいていたなら、成田もこの先輩のあとを受けて機関区にはいるつもりだった。兵隊に取られなくてすむ、と吹きこまれていたからである。

しかし、戦争も敗け戦に終わると、成田は道を変えて大工の小僧になった。股引きに足袋、草履姿の彼は、革靴をテカテカに光らせた福松をまぶしげにみあげた。福松は別世界の人間になっていた。つきあっていた女をナイフで傷つけたことを自慢話のようにいうのをきいて、成田はびっくりした。

「なしてそんたらだことを？」

「気にくわねばやるんだでバナ」

成田は思った。福松は看護婦寮の前に引っ越ししたから駄目になったんだ、と。

福松は女には不自由しなくなっていた。いつも四、五人と同時進行だった。靴ブラシとヒロポンの効用は著しかった。

ヒロポンは戦後しばらくのあいだ、市販されていた。「薬事法」が公布されて取り締まりの対象となったのは一九四八（昭和二十三）年七月、それでもまだ手に入れるには不自由しなかった。「覚醒剤取締法」の制定はその三年後のことである。

　福松が常用した量は次第にふえ、一日五十本にも達した。量がふえる前から、彼は街で若い女とすれちがうと口笛を鳴らし、卑猥《ひわい》な言葉を投げかけ、後ろから追いついてスカートをめくった。大人たちが眉をしかめても、彼にとってはそれは軽い冗談でしかなかった。まして、ヒロポンは、神経質で小心な彼を勇気づけ、大胆にさせた。路上で女性を押し倒したり、むかいの看護婦寮に忍びこんだりするのも、見知らぬ女性があげる悲鳴に快感を感じたからである。

　が、それでも、いったん逮捕されてしまえば、「起訴状」には、「情交を目的として」とか、「強姦するために」と記述される。罪名は強盗傷人、強姦致傷、建造物侵入などといったおどろおどろしいものになった。それは本人自身にとっては不思議なことだった。自分ではたんなるいたずらだと思いこんでいたからである。彼は女性たちの血の凍るような恐怖を、想像することはできなかった。

　十九歳の福松は、ただ女に触ってみたかっただけだ、とはいえなかった。もしいったにしても取調官は信用しなかったであろうし、それにその方がはずかしいことだとの意識が彼を支配していた。

福松は虚勢を張るように刑事の誘導に首肯《うなず》いた。「強姦しようと思った」「カネを強奪しようと思った」。供述書にはそう書きこまれていった。

　松永教授夫人殺しの容疑を首尾よくすり抜けると、滝谷はほかの犯行は全部認めた。

　一九五〇（昭和二十五）年六月、青森地裁弘前支部で懲役十年、五一年九月、仙台高裁秋田支部の控訴審で七年の刑を言い渡された。保釈になっていた彼は弘前拘置所に収監され、まもなく青森刑務所に移送された。

　刑が確定するまでの二年間、福松は相変わらずダンスに、というよりダンス場でのガールハントに熱中していた。松永事件の翌年、一九五〇年の春、彼は地方のある町からでてきて看護婦学校に通っていた山田良子と、ダンスホール「セントルイス」で知りあった。

　福松はそのころ、四、五枚の会員証をポケットにいれて、ダンスの梯子に余念がなかった。「セントルイス」には、それまで弘南バスの車掌と出入りしていたのだが、看護婦寮は福松の家のすぐむかいだから、帰り道は自然に良子と一緒、ということになった。

　彼は良子にダンスを教えた。彼女にとって三つ年上の彼が最初だった。彼もまた気立てのいい良子には次第に本気になっていた。彼女は福松の家に泊まるようになり、まもなく寮から蒲団を運びだして同棲した。福松は「薬事法違反」で、検挙されたりしていた。だから良子ははじめのうち、彼が刑務所に収監されたのは、その罪によるものとばかり思っていたのだった。彼女は、福松の子どもを堕ろして田舎へ帰った。五年たって、ようやく福松の仮出獄が決まった。武治郎は青森の刑務所へ迎えにいく支度をツルに整えさせた。枕許にボストンバッグを置き、あとは朝起きて一番列車に乗れば、息子と会えるばかりになっていた。

　嬰児からミルクで育てた養女も、もう中学生になっていた。病院のそばのミシン屋はすでに行き詰まり、家賃も払えないままに場末に移ったが、そこも追い立てを食らい、その頃は繁華街から外れて生活していた。

　武治郎が最後に店を張った和徳《わとく》町は、いまでも桶屋や建具屋や染物屋や靴屋などが残る職人街で、おおらかな人情が生きているところである。ここに移ってきたとき、武治郎はどうしたことか大量のミシンやテント生地を仕入れていて、商売は順調だった。

　出発の支度を整え終わると、武治郎は半切りにした巻き煙草をキセルに差しこもうとした。と、煙草をポロリと取り落としたまま、口から泡を吹きだしているのだった。歌謡曲のレコードを借りにきていた友人が、

「滝谷さん、当《あだ》ったんでねえが」

　と声をかけた。気のいい武治郎はまだ利いている左手を振って、大丈夫だ、といってみせた。それがいけなかった。そのまま息をひきとった。福松が五年ぶりに刑務所から帰った日が通夜になった。葬式には近所のひとたちがすこしばかり顔をだした。わびしいものだった、という。武治郎五十七歳。福松二十六歳だった。

　ツルは籍を抜いて商家の飯炊き女になった。養女は生家に帰した。福松は天涯孤独の身となった。九月、弘前では寒さがはじまろうとしていた。

　出所してまもなく、福松は街で偶然、山田良子に出会った。妊娠しているのが一目でわかる身体だった。

「勘《かに》忍して」

　良子は蚊の鳴くような声をだした。福松は「いいさ」と努めて明るくいった。彼女はいま東京の郊外に住み、自宅ちかくの病院で、助産婦として自活している。

　身寄りのなくなった福松は、ヒロポン仲間の姉の吉田てると一緒に暮らすようになった。おなじ歳の彼女は彼に同情した。福松はどこか女性の同情をそそるようなところがあった。はたらきもののてるは、りんごの袋貼り、衣類の行商、土方仕事、なんでもやった。

福松は家でぶらぶらしていた。長い刑務所暮らしで痔を悪くしていたこともあったが、はたらく意欲はなかった。たまに土方仕事に出かけるのでも、鏡台にむかって髪を撫でつけてからだ、とてるはいま笑っていう。福松は武治郎の花札仲間でもある、真むかいの靴屋に最高級の靴をつくらせた。未納代金は、短冊型の「御誂え注文帳」に書きとめられたサイズとともに、まだ残されている。

福松は、義弟の屋台を手伝うようになった。市内や近郷の神社で宵宮があると、ふたりで車を曳いて金魚すくいの店をだした。福松は更生しようと本気で思っていた。てるに子どもができたのを知ったからかもしれない。

しかし、警察は、仮出所中で、刑期の終了していない「前科者」を放ってはおかなかった。刑務所に収監される前にも、彼は「薬事法違反」「窃盗」などの容疑で逮捕されている。それらは結局、起訴は成立しなかった。前科者はことあるたびに逮捕の対象となった。

仮出所して一年後、こんどは「強盗傷人事件」の容疑によって、福松は逮捕された。

一九五七（昭和三十二）年十一月深夜、人通りの絶えた商店街を、三十四歳の女性がひとりで歩いていた。うしろからつけてきた男に、突然棍棒で頭を殴られ、ハンドバッグを強奪された。その容疑者として、福松が逮捕された。彼は否認した。それでも、青森地裁弘前支部は、懲役七年の刑を宣告した。無罪になって釈放されるのは、一年後の秋田での控訴審によってである。みかえりに、いくばくかの刑事補償金がおりた。釈放されて二ヵ月後、こんどはちかくの食堂に忍びこみ、寝ていた十五歳の娘の首を絞めた疑いで逮捕された。これも「犯罪の嫌疑なし」ということで、不起訴処分として釈放された。福松は二十九歳になっていたが、すっかり不貞腐《ふてくさ》れていた。

彼はたちなおろうとしていた。が、警察はそうはさせなかった。ことあるごとに、遠慮も会釈もなくしょっぴいた。那須隆は冤罪に耐えて強くなったが、福松は自暴自棄になって罪を重ねた。それは家にたいする誇りのちがいでもあったのだろうか。

一九六〇（昭和三十五）年二月のある夕方、福松はひとり歩きしていた二十七歳の女性のオーバーの背に包丁で切りつけた。強奪したカメラを持って質屋に現れた彼が逮捕されたのはまもなくのことだった。当時の彼には、質屋からアシがつくなど思いもよらなかった。カメラは拾ったものだと主張した。

このとき、彼は犯行を否認したまま弘前の裁判所で懲役十年の宣告を受けた。仙台の高裁でもやはり十年。最高裁に上告したが、棄却された。やってないことをいくらやってないと主張しても、七年もの刑を受けてぶちこまれる。それならやったことをやっていないといってもおなじことじゃないか。それが滝谷福松の精一杯の抗議だった。

一九六三（昭和三十八）年七月二十五日、福松は秋田刑務所から宮城刑務所に移送された。その年の正月八日、那須隆はようやく仮出獄を与えられて、宮城刑務所をあとにしていた。ここにきて福松はその後の那須の消息をきいた。那須家の没落は、秋田にいるときにも風の便りで耳にしていたが、自分の罪を着たまま、長いあいだつとめていた那須のことは、やはり気になっていたのだった。

冤罪で入獄したときには待っていたてるも、こんどばかりは見切りをつけた。家財道具を売り払って差し入れのカネをつくった。別れのために面会にきたてるは、子どもは堕ろしたといった。そして、女の子だった、とつけ加えた。土方仕事で陽焼けしたてるの厚い頬を涙が伝った。

那須とすれちがった宮城刑務所で、福松は村山一夫と出会った。滝谷と那須の軌跡をもとにひきもどしたのは、本人自身、警察、検察、裁判所に酷い目にあった村山だった。村山と滝谷、この前科もちたちは、かぼそくよじりあった偶然をバネに、やがて日本の警察、検察、裁判所を驚愕狼狽《きょうがくろうばい》させることになる。

V　追いついた真実

滝谷福松は十年ぶりに刑務所をでた。一九七一（昭和四十六）年三月のことである。もうじき四十一歳になろうとしていた。刑終了まで四ヵ月だけはやい仮出獄だった。

「初犯、初犯と威張るな初犯、二犯三犯夢のうち、あっと気づけば七、八犯」

十九歳のときに犯した強姦致傷未遂などの併合罪によって、最初に刑務所の門をくぐったのが、二十一歳だった。懲役七年だったのを五年で出獄、娑婆の空気を一年だけ吸って、こんどはまったく身に覚えのない「強盗傷人事件」で一年半、また拘束されてしまった。

その一年後、こんども強盗傷人事件で逮捕されて、懲役十年。二十一歳からの二十年間のほとんどを、彼は青森や秋田や仙台の冷たい壁のなかですごしてきた。この二十年、そとは目まぐるしい変貌を遂げていた。が、彼はそれとはまったく無縁の生活を送ってきた。

宮城刑務所は現存するもののなかではもっとも古い。周囲には土塁がめぐらされ、その上に厚い赤煉瓦の塀が屹立している。一八七九（明治十二）年、西南の役の賊徒を収容する集治監として建設され、数多くの死刑囚が処刑された宮城刑務所は、長期囚と死刑囚の刑務所として知られているのだが、滝谷は秋田から移送されたあと、八年ものあいだ、ここに収監されていた。

朝七時、チャイムで起こされ、「テンケーン」の叫びで、ゴザの上に正座する。点検官が房の前にきて、「バンゴー！」と気合をかける。「二〇三五番」。これが長期囚・滝谷福松の呼称番号だった。工場にでる。手織布工が彼の仕事である。帰ってきてすっ裸になり、掌と足の裏をみせてのカンカン踊りの所持品検査。三分入浴、三分で洗って、また三分の入浴。楽しみは天皇誕生日などの祭日に配られる大福や駄菓子。日本が高度経済成長をつづけていたあいだ、滝谷にとっての生活とは、くる日もくる日も、判で押したようなものでしかなかった。

スリルは、ミキテン（見張り）張っての「鶏姦」（男色）である。女役はアンコ、男役はカッパと呼ばれている。ごくたまに、「花子さん」と呼ばれるオカマがはいってきたりする。

愛は、チリ紙や石鹼の日用必需品と交換される。が、所持品が不自然にふえているのが看守に発見されると、懲罰を食う。囚人同士の物品授受は規律違反である。

懲罰で多いのは、刑務所内刑務所である懲罰房に閉じこめられ、入浴、運動、面会、文書閲読、ラジオ聴取などの娯楽が禁じられる「軽屏禁」であり、減食、階級降下をともなう。彼は十年のあいだに三度ほどこの懲罰を受けている。

他人の罪をかぶって服役した自分の経験から、滝谷は、ときどき那須隆のことを考えるようになっていた。保釈で出所しているとき、滝谷は一度だけ那須と街ですれちがったことがあった。那須が一審で無罪の判決を受けて釈放されていたときである。会釈して通りすぎただけだったが、滝谷にはそのときの那須の姿がきわめて鮮明に残っていた。


那須隆が収容されていた宮城刑務所に移送されてから、無実でありながら、いまの自分とおなじように辛い獄舎生活を送っていた隆の心情を、より身近に想像できるようになった。彼の潔白については、ほかならぬ滝谷がいちばんよく知っていた。

滝谷は、所内で閲覧にまわされるカトリック伝道会の機関誌の編集部に手紙をだした。心の安らぎをうるために、マリア像を手にしたいと思うようになったのである。それが機縁で編集者の修道尼と文通するようになった。胸につまってきたものを、どこかで吐露したい。かといって、手紙は検閲されるので、事件について書くことはできない。文面は次第に宗教的な色彩をもつようになった。

「罪を犯してそれを明かさないでいればどうなりますか」

修道尼への滝谷の質問は、抽象的でありながらも、どこかせっぱつまったものがあった。

「このまま隠し通して死んだ場合、神の前でどんな審判が下されるのですか」

彼はたまたま知ったキリスト教的な「罪と罰」におびえたように、質問をつづけていた。修道尼はそんな滝谷の文面が気にかかっていた。身寄りのない彼にとっては、手紙のやりとりだけでも救われる想いだったのだ。

機関誌に滝谷の手紙が転載された。見知らぬ女性からも手紙がくるようになった。

福岡県の炭鉱地帯の病院に入院していた女性との文通は、だんだん情の昂ぶったものとなり、ついには「心の妻」と呼びかけるまでになった。ダンスホールで知り合って交際《つきあ》った女性は数多くいたが、手紙で愛を交換するなどは、彼にとってはじめての経験だった。それは、殺伐とした生活だけを送ってきた滝谷にとっての、もっとも美しい幻想の時代ともいえるものだった。が、一緒にならないのなら、こんな文通はつづけない方が相手にとっての親切だ、と分類課長に忠告されて、短いプラトニッククラブは終わった。

おなじ頃、房内で、ひとを殺ったことがある、と発作的にいってしまったこともあった。が、しかし、幸か不幸か誰の関心もひくこともなく終わった。懲役太郎で、それもマメ泥棒（婦女暴行男）は、刑務所内ではさっぱり尊敬をかちえない存在だったし、唐突にいいはじめたにしても、虚勢を張っているとして、ことさら軽蔑されるのが関の山だった。座興にもならなかった。

諸事悩みごとの相談に乗る身上担当官がまわってくると、ぜんぶ喋ってしまおうとなんども思った。相手も彼のせっぱつまった表情を読んで、

「なんか相談したいことがあるんだね」

誘いだすような笑顔をむけたが、途端に現実にかえった。いまいっちまったら仮釈放がつかなくなってしまう。それに、もしも時効になっていなかったなら……。

凍るような想いが、告白を辛うじて踏みとどまらせた。

十年の刑も終わりにちかづいていた。釈放が目の前にちかづくと、また「告白」が頭をもたげてくる。キリスト教に影響されたか、彼のなかでは「罪と罰」の代わりに、「告白と更生」が大きな比重を占めるようになっていた。

ある日、身体の調子が悪くて医者に診てもらった。すると、どうしたことか、心電図がプクップクッと急に上昇した。本人にしてれば、なんの自覚症状もなかったのだが、いまになってみれば、それは神様の思し召しというものだったのかもしれない。こうして滝谷は服役者にとっての憧れの病舎に収容され、ここで「三島事件」と出合い、村山一夫と出会った。

宮城刑務所を出所したとき、滝谷福松が懐にしていたのは、作業賞与金として支払われた五万四千八百八十円だけだった。これが十年間、紙工、洋裁士、補綴夫《ほてつふ》、手織布工としてはたらいたことにたいする国家の報酬だった。それだけを手にした彼

には、もはや帰るべき家もなく、待っている肉親、知人もいなかった。

　彼の身柄は、刑務所から広瀬川をへだてた住宅街にある、更生保護施設で預かってくれることになっていた。この鉄筋二階建ての寮は、出所したものを六ヵ月間だけ無料で収容する施設である。ここにいるあいだに、自分で更生の道を歩まなければならない。保証人には所長がなる。

　が、彼はあくまで個人名であり、関係は「叔父さん」である。刑余者《けいよしゃ》たちは社会に嘘をつき、その発覚におびえながら更生の第一歩を踏みださなければならない。

　更生保護施設までの道順を書いた紙切れを片手に歩いていた滝谷は、煙草屋をみつけてたち寄った。

　まず最初の買物である。といっても、煙草の名前も値段も判らなかった。ポケットからいちばん大きな札をひきだして、店の奥に声をかけた。

「この青いのをください」

　釣り銭を数えてみて、彼ははじめて、ハイライトの値段を知った。

　その前日、ふたりの看守につき添われて街へ出た。「郊外散歩」とよばれている長期囚の社会復帰前の見学である。刑務所備えつけの背広を着こんでネクタイを締めた。市電に乗せられ、デパートに連れていかれたのだった。

　街は三月、これから春が訪れようとしていた。東北の中心都市である仙台には、ビルが林立し、切れ目なくクルマが流れ、ひとびとはせわしげに歩いていた。秋田から移送されてから八年間、この町の一郭で暮らしてきたとはいえ、歩いてみるのははじめてだった。

　市電の窓ガラスに額をくっつけ、流れる街の風景を眺めながら、彼は驚嘆し、そして不安だった。自分でも嫌になるほどキョロキョロしてしまう。ひとびとの視線が自分に集中しているようで、緊張し疲れきった。十年のブランクは、一日の社会見学で取りもどせるものではなかった。

　それでも四日ほどして、市内でも大きいうちのひとつに数えられる、蒲団屋にぶじ就職することができた。職安の斡旋である。その店は裏の工場で綿《わた》を打ち直し、蒲団皮を縫製し、デパートに納めていた。

　滝谷はミシンに詳しいし、それに縫製もできた。人手が足りないときだったので、詳しい事情をきかれることもなく、そのまま採用になった。創業者の息子でもある専務は、暗い感じでどことなくぎこちないところがあるが、初対面だから固くなっている、と思っただけだった。

　半月ほどして、保護観察官が様子をみにきた。普通はそんなことをしないのだが、専務は彼の従弟の仲人でもあった。それでわざわざやってきて、「お宅だから、特別にお耳に入れておくのですが」と報せた。それで専務は、新入社員が「ムショ帰り」であることを知った。

その頃すでに、滝谷はおなじ工場ではたらいているふたつ年下の女性と親しくなっていた。彼女は離婚したばかりで、八歳になる娘を抱えて自活していた。専務は、「ずいぶんはやいな」と半ばあきれながらも、この前科者を穏便にお引き取り願う絶好の口実にした。

「おなじ会社ではたらいているんでは、具合が悪いだろう」

と本人を納得させ、知人の会社に押しつけた。

滝谷が蒲団屋に入社した日、たまたま専務の友人が遊びにきていた。旧制中学の同級生で、冷暖房やパイプ工事を扱っている工務店の経営者である。蒲団屋が店舗兼事務所を鉄筋二階建てのビルに改造したとき、同級生は建築会社の配管関係の下請け業者として現れ、ふたりは再会した。それを機縁に、往き来するようになっていたのである。

堅い一方のふとん屋の二代目とちがって、パイプ屋は世慣れていた。たまたま事務室にはいってきた滝谷の後ろ姿を見送ったあと、彼は専務につぶやくようにいった。

「なんだかあいつ変だな。出稼ぎにきて、こっちに女でもできて蒸発したんでねえのか」

滝谷にはどこかそんな影がつきまとっていた。

まもなく、パイプ屋の事務所へ蒲団屋から電話がかかってきた。蒲団屋の専務は困惑していた。保護司の情報によって、自分の店にやってくるまでの経歴はわかったものの、滝谷は真面目によくはたらいていた。

かといって、前科者をおいておくのは、心穏かならざるものがあった。悩み抜いたすえ、専務は、パイプ屋が「前科者」を使っているのを自慢していたのを思いだした。あつかい慣れているだろうから、どうだい、なんとか引き取ってくれないか、という蒲団屋の声をきいて、パイプ屋はあっさり引き受けた。

全従業員、といっても、七、八人のものだったが、パイプ屋はみんなを集めて滝谷を紹介した。更生するように気楽につきあってやってくれ。しかし、このことはよそへいってはいわないように。まだ五十前の社長は、刑務所帰りや住所不定男をうまく使いこなした。そのことに誇りさえ感じていた。それに経営者的な感覚からしても、行き場のない人間を使っている方が安上がりというものだった。

長い刑務所生活のあとの埃まみれの蒲団屋とちがって、外の現場で、太陽の光を受けての仕事は、滝谷を次第に生きいきさせた。昼休みに同僚と飯を食いながら、刑務所の飯の話をするまでにうちとけていた。ピストル売買で刑務所にはいっていた男もいたが、この前科者同士の肌あいはまったくちがっていた。滝谷はどこかひとのいい笑顔をみせたし、仕事となると馬鹿がつくほど真面目だった。

それでもときどきまだ何かうしろめたいような表情をするのが、パイプ屋の気にかかる、といえば気にかかることであった。

まだ蒲団屋にいた頃、滝谷は出所してくる村山一夫を刑務所の門まで出迎えにいった。彼の紹介で弁護士の南出一雄にも会っていた。もはや告白はあとに引けないものになっていた。それは彼にとっても決意のうえだった。

弘大教授夫人殺人事件の真相は、社会問題化する秒読み段階だった。となればなるほど、滝谷の不安も強まった。日給が安くて食うのが精一杯であるとはいえ、いまの職場をうしないたくなかった。前科がはっきりしてなおかつ、黙って使ってくれるところなど滅多にあるものではない。まして、人殺し、とわかってなお置いてくれるかどうか、その保証はなにもなかった。

仙石線の線路のそばにたつ倉庫の二階が、パイプ屋の事務所になっていた。その隅の応接セットに、社長と村山一夫と村山が連れてきた「読売新聞」の記者が座っていた。滝谷は社長のそばに硬くなったまま立っていた。

すこし離れて、経理担当の事務員である山本キヨ子が帳簿に目を落としながら、聞き耳をたてていた。二十六歳、独り身の彼女が、遅くまで残って帳簿づけするのは日課だった。

滝谷は一気に話しだした。その話には目にみえるほどのリアリティがあった。二十分ほどだまってきいてから、パイプ屋は「ああそうか」と鷹揚に答え、「よく話してくれた」と太っ腹なところをみせた。話し終えた滝谷は、そばの椅子にへたへたと座りこんだ。

滝谷の表情が別人のように明るくなったのは、そのつぎの日からである。長いあいだ胸につかえていたものが吐きだされ、恐れていたようにクビにもならずにすんだ。彼には新生活の道が目の前で拓けていくのが感じられた。

事務所で采配を振るっていたのは、山本キヨ子だった。滝谷は彼女の指示通りに動いた。「チベットの山のなかからポコッと出てきたオジさん」。キヨ子にとって彼はそんな存在だった。キョロキョロしていて、どこか世慣れていない滝谷に苦笑しながら世話を焼いているうちに、やがて十五歳下の彼女の同情は、次第にその質を変えていった。

滝谷はすっかり落ち着きを取りもどした。が、それとは逆に、パイプ屋の経営は次第に左前になっていった。その頃はまだ建築ブームの波に乗っていたのだが、豪放磊落《らいらく》、ゴルフとマージャンに熱中していた社長の経営は、けっして緻密なものではなかった。滝谷は仕事もないのに日給を受け取ることに抵抗を感じるようになっていたし、キヨ子はキヨ子で、自分の分はさしおいても、他人の給料を計算するのが精一杯だった。倒産はまもなくやってきた。

村山一夫は滝谷に中古トラックを一台買って与えた。彼の生活が破綻してしまっては、これからいよいよはじまる真相解明劇が不発に終わってしまう。滝谷の告白は、彼が更生していなければ維持されないことを、この「ムショ仲間」がいちばんよく知っていた。

滝谷はクルマの免許を取得して自営することになった。蒲団屋で知りあった女性と正式に結婚したのは、この頃である。

パイプ屋は倒産した。彼の事業は、いわば滝谷の更生の踏み台をつくるためにあったようでもあった。この恩人は、倒産すると女子事務員とともに逐電した。失職したキヨ子は、仙台市の繁華街にある大衆酒場の仲居になった。きっ風《ぷ》がいいので店での評判はいい。

ふたりの娘を抱えたパイプ屋の妻は、元従業員のキヨ子がはたらいている店のむかいにあるキャバレーのホステスになった。

彼女はピラピラしたミニドレスをつけて、ときどきキヨ子の店へ客を連れてやってくる。「チェリーちゃん」が源氏名だが、どこか社長夫人といったような風情があるためか、指名も多い。彼女のプライドと夫にたいする意地が、同僚ホステスとの競争に耐えている。そんな気負いを、酔客たちは感じているかどうか。

南出一雄弁護士は、妙な奴だなあ、と思った。顔見知りの村山一夫は、一度だけでなく、二度、三度と殺人罪の時効について問い合わせてくる。

なんとなく中央大学の法科にはいり、なんとなく高等文官試験を受けて、なんとなく検事になった、という南出は、江戸っ子らしい洒脱《しゃだつ》さで生きてきた。思想犯担当の検事として、青森に赴任していたときに敗戦を迎えた。帰京する途中、むかし勤務していたことのある仙台で、なんとなく下車してしまった。それがこの町で弁護士をはじめるきっかけだった。

村山一夫を、金融業をしていた彼の父の代から知っていた。親父譲りの、すぐひとのために駆けまわる性質も充分呑みこんでいたし、「猥褻図画販売事件」の弁護も引き受けてやった。その村山が、突然、「先生、真犯人がいるんです」といってきたのだが、南出は弘前の事件を知らなかった。村山を信用しない、というわけではなかったが、ことは重大にすぎた。

仙台駅前のビルの六階の事務所に、村山と一緒に現れた滝谷は、長い刑務所暮らしのためか、どこか常人とはちがう凄味をただよわせていた。それでいて、とまどっているような頼りない稚気も同居しているのだった。南出は事件の夜のことをひとおりきいた。滝谷の話には、つくり話ではもちえない迫真性、といったようなものが感じられた。

ときどき、質問をはさみながら、南出は滝谷の告白をいちおう信じた。といって、話を信じるのと、それに乗るのとは別問題である。南出の手許には、滝谷の話を検証するための資料はなにひとつなかった。

村山は弘前にでかけて資料を集めてきた。そのあと、また南出は滝谷とむかいあい、机の上においた当時の新聞記事を参照しながら、「尋問」をつづけた。ところが、逃走経路がくいちがった。

滝谷は那須の家の前を通ってそのままバス通りに突き当たり、そこを右折した、というのだが、新聞では犯人は那須と隣の家とのあいだに逃げこんだように報道されていた。そこを突っこむと、滝谷はすこし声を荒らげて、

「おれがやったんだから、おれがいちばんよく知っています」

と突っ張る。この自説をけっして枉《ま》げようとしない点が、元検事の心証をよくした。

これでしくじったら、弁護士としての自分が笑い者になるのは目にみえている。が、そうかといって、滝谷の側から考えてみると、いま頃そんなことをいいだして、なんの得になるわけでもなかった。むしろ、これから更生しようとする人間にとっては、不利になるだけだった。にもかかわらず、滝谷の態度は真剣だったし、むしろ信用されないことで焦《いら》だっていた。それに時効のことばかり心配するのも、その告白に信憑性を与えた。

やがて村山は裁判資料の一部を、那須家から借りてきた。南出は担当検事の沖中益太に記憶があった。広島にいたときの先輩検事だった。彼の強引さはよく知っていた。資料を熟読し、滝谷の態度と突きあわせ、南出は踏み切ることにした。

村山からの報せを受けて、那須隆も家族とともに仙台にやってきた。長い弁護士生活のなかでも滅多に出あうことのない、真犯人登場による冤罪の逆転解決に、南出は弁護士生命を懸ける決断をした。

村山に頼まれて取材していた記者が、まず最初に記事にした。滝谷が出所してから三ヵ月目のことである。新聞、テレビ、週刊誌は、このドラマティックな真犯人の登場のニュースに殺到した。

新聞記事をみて、弘前市茂森町の赤平修一は、「ああ、福松クンのいいとこがでたんだな」との感慨を深めていた。彼は北海道から弘前へ流れついた滝谷家の最初の大家の息子である。朝早く起きて、新聞配達にでかける福松少年のイメージが蘇っていた。

小田桐敏勝、桜庭すえ、それに弘前市収入役の坂本一郎など、その後の大家たちも、滝谷一家の当時の生活ぶりを想い起こしていた。彼らは家賃をほとんど受け取った記憶がないことでも、この一家のことをよく記憶していた。が、滝谷の告白は、そのような善意によって受けとめられたばかりではなかった。

このとき、育ての親である田沢ツルは、弘前市内の病院に入院していた。本人は喘息のつもりだったのだが、肺結核の疑いをもたれたのである。彼女は六十四歳になっていた。武治郎と

死別して旧姓にもどり、飯炊き女などをしたあと、岩木川のほとりにある農家の後妻になった。籍はいっていないとはいえ、血のつながりのない孫たちもなつき、まずは幸せな老後といえた。

ニュースを聞いて、親戚のものたちはこういった。

「後婆にも、うんと銭コ《じえん》はいってくらぁね」

うちの後妻にも沢山のカネが転がりこんでくるぞ、という期待は、とりもなおさず、この義理の息子の告白が、那須隆と共謀して打ったカネ稼ぎの大芝居とみられていたことを示している。突然の告白は、そう解釈するのが、いちばん腑《ふ》に落ちるというものだった。なにしろ、保守的な城下町の市民にとって、那須と滝谷はおなじ刑務所にいた、「ムショ仲間」にすぎなかった。

しかし、子どもの頃から手塩にかけて育てたツルには、別の解釈の仕方があった。アレは人殺しなどできる子どもではない。刑務所をでても身寄りはないのだから、これからもずうっと刑務所で暮らそうと思っていっただけのことなのだ。なんと不憫《ふびん》なことだ、といったような。

南出弁護士は、日本弁護士連合会の人権擁護委員の松坂清や青木正芳など仙台弁護士会所属の弁護士たちと弁護団を組織して、那須隆の再審請求の訴えをバックアップする態勢を整えた。

彼の不安は、村山や滝谷がまた何か事件を起こして刑務所に逆戻りしてしまわないか、という点にあった。村山はまた村山で、名乗りでたことによって滝谷の生活が行きづまり、嫌気がさして「なかったことにしてくれ」といいださないかと心配していた。

まもなく滝谷は、村山の店のあるビルの一室から、ウイスキー一本を盗んだ容疑で出頭を命ぜられた。もちろん警察の関心は、村山と那須との「共謀」にあった。この突然の騒ぎを、ふたりのカネ稼ぎのための芝居にしてしまうのが、警察にとっていちばん無難な解決であった。一方ではデッチあげの窃盗容疑で脅し、その一方で告白をつぶす、そんな構えだった。

が、しかし、滝谷にしてみれば、更生の大道が眼の前にひろがったいま、ウイスキーをかっぱらうなど考えもおよばなかった。小心だが律義でもある彼は、警察で敢然として自分の殺人を主張した。それはようやく真実を告白して、なおかつ信じられないことへの怒りの表出でもあった。自分の主張が認められるかどうか、自分が真犯人として認められるかどうか、それに彼の存在自体が懸けられていた。

だからこそ彼は頑なに主張した。三島事件によって触発されたのは、かつて自分で左腕に「男一匹」と彫りこんだ義侠《ぎきょう》でもあった。ウイスキー泥棒のいいがかりは、彼の更生を挫折させた「強盗傷人事件」の誤認逮捕にたいするのとおなじ怒りをかきたてた。

村山もまた、職安法違反で検挙された。塩釜のキャバレーに、外人タレントを斡旋し、売春させた、との容疑だった。ふたりは告白をつぶそうとする警察に執拗に狙われながらも、意気軒《いきけん》昂《ごう》だった。かつて、警察からいいように料理された体験をもつこの「前科者」たちは、みえすいた警察の嫌がらせにたいして、きわめて挑戦的になっていた。

再審は刑事訴訟法第四三五条第六号によって、「新証拠の発見」があったとき開始されることになっている。滝谷の出現は決定的な「新証拠」のはずだった。マスコミで大騒ぎになってから二週間後の一九七一（昭和四十六）年七月十三日、南出弁護士は那須隆に同行して、仙台高裁に再審請求書を提出した。

＊

再審請求は幸先きのいいスタートを切った、と南出一雄は思った。

この種の事件は刑事一部と二部との輪番制によって担当される。那須隆の請求事件はこのとき、仙台高裁刑事二部で審理される順番になっていた。ところが、刑事二部の細野幸雄裁判長は、一九五二（昭和二十七）年五月、那須を有罪として懲役十五年の刑を言い渡した陪席判事だった。主任判事としての細野が判決文を起草していた。これでは振りだしにもどって、もとの木阿弥になると南出は心配した。

彼は高裁長官に面会して配分変更を強く要請した。これまでの長い法曹界生活で、判事が自分の判定を百八十度転回させることの難しさを熟知していたからだった。長官は「裁判官の独立」を楯にあっさり断った。

しかし、蓋をあけてみると、弁護団の要請通り、刑事一部が担当部となっていた。だからこそ、出だしがいい、との感触をもったのである。

仙台での再審請求提出にあわせて、青森では、地元紙の「東奥日報」が、翌日の一九七一（昭和四十六）年七月十四日から大キャンペーンを開始した。「私の証言」の通しタイトルの連載カコミ記事は、「ムショ帰り」たちの無償の行為など、にわかに信じがたい庶民感情を安心させた。

いまなお、弘前市民の多くが漠然と感じている「滝谷真犯人マユツバ説」には、この記事の影響が色濃く投影されている。紙面の八段をつぶして十回つづけられた内容は、

「真相語らぬ〝真犯人〟背後に黒いうわさ飛ぶ」

「『映画館に捨てた』凶器　具体的だが、内容に疑問も」

「不審ぬぐえぬ〝告白〟険しい再審請求の道」

と「滝谷告白」に疑問を投げかけた。また当時の捜査官の証言を援用しながら、

「〝内また、足音もなく〟仙台高裁　原判決をくつがえす」

「二転三転した供述　アリバイはっきりせず」

「血液鑑定98・5％の確率認める」

などと、那須犯人説にしがみついたものだった。

仙台高等検察庁の国分則夫検事も、「滝谷の供述なるものは、本体真実の幾多の重要な部分において真実と合致せず、到底信用すべからざるもの」として、滝谷告白に批判を加えていた。

それは告白と当時の捜査内容とのちがいを指摘したもので、たとえば、窓の外から被害者が寝ているのがみえる状況になかった。被害者の母大沢信江が目を覚まし、不審な男が忍びこんでいるのを発見して「すず子」と呼んだのだから、滝谷は当然もうひとり女性が寝ていたことを知っていたはずである。

咽喉に刃物が突き刺されても、ゴボゴボと音をたてて血が流れでることなど到底ありえない。滝谷が兇器を捨てようとした古井戸は「塵芥《じんかい》捨場」にすぎない。シェパードの追跡した道は、滝谷の逃走経路とちがう、などというものだった。

翌年三月末、仙台高裁は、弁護士、検事、そして滝谷福松を同道して、犯行現場の実地検証をおこなった。滝谷にとって、十二年ぶりに踏む故郷の土でもあった。現場は報道陣と野次馬でごった返した。記者はこう書いている。

「『来たぞ』の声にカメラマンは一斉にシャッターを切ろうとした。ところが、滝谷さんはコウモリガサのオバケのような格好で顔を隠し、くぐり戸近くでしゃがんでいたカメラマンをカサでこづいた。付き添いの南出弁護人が『協定違反ではないか』と滝谷さんを援護するように報道陣をにらみつけた」（「東奥日報」一九七二年三月三十一日）

タイトルは「興奮気味の〝真犯人〟」「報道陣に拒絶反応　カサ半開き顔を隠す」「うるさいな！　オイ」などというもので、滝谷の勇気ある告白も、故郷でさっぱり歓迎されなかった当時の雰囲気がよく伝えられている。しかし、報道はされなかったが、この検証は真犯人の面目を遺憾なく発揮させることになった。

滝谷福松は二十三年半まえの夜の出来事を再現するため、裁判官と書記官を前にして、当時のままのガラス戸をあけ、左手に刃物をさげたポーズで膝をつき、二、三歩這うようにして廊下を横切った。

「おかしいな」

彼は首をかしげた。そこで敷居に到達するはずだったのだ。

「廊下の幅はもっと狭かったんだけどな」といいながら、彼は実演を続行した。「検証調書」にはこう書かれている。

「その敷居内に入ると、カヤがあったので、そのカヤのなかに入り、膝がこの程度入ったところ（以下現在の敷居にまたがって指示説明、実演）で女の人が寝ておった。その顔のあった位置はこの辺（実地にじゅうたんの上にチョークで表示）である。

その女の人を刺した状態は、右膝がこの位部屋に入った位置で、右手に刃物を持ち替えてこのような格好で刺したもので、刺したあとの刃物の止まった位置はこの位のものであった」

滝谷はなんの悪びれるところもなく、きわめて率直だった。

裁判官は滝谷に実演させる前に、家主の息子で中学教師をしている高杉活郎の証言を得ていた。

十畳だった居間を八畳間に改造したため、リノリウム敷きの廊下の幅は事件当時よりも広くなっていた。だから、裁判官は、首をかしげた滝谷をうしろから凝視めながら、真犯人としての心証を形成した筈だった。

そのあと、逃走経路の指示説明のため、滝谷はくぐり戸をで、右折して木村産業研究所の敷地のなかにはいった。そして便所の裏手にある古井戸に到達したのである。これまでも彼は建物の左手にあるこの井戸に兇器を捨てようとし、思い直して布切れで固く巻いた、と証言していた。

これにたいして、検事たちはそこには古井戸は存在せず「塵芥捨場」しかない、として彼の供述のデタラメさを証明する論拠としていた。

ところが、しかし、滝谷が主張しつづけていた古井戸は、この日を待っていたかのように、草むらのなかから、二十三年半ぶりに姿を現したのだった。

こうして、実地検証は、滝谷の独壇場に終始した。

那須隆を有罪に追いこんだ「海軍用白開襟シャツ」の鑑定書もまた、もういちど見直されることになった。弁護人側はその鑑定を北里大学医学部教授の船尾忠孝に依頼した。そして検察側は千葉大学医学部教授の木村康に依頼した。「科学」がもう一度裁かれることになったのである。

現場検証からちょうど一年たって、まず船尾鑑定が発表された。ここでは、国警本部科学捜査研究所の北豊・平嶋侃一の鑑定書、松木明・間山重雄の鑑定書は、「適正妥当なものとは言い難い」と軽く一蹴された。そればかりか、「法医学界の権威」である古畑種基の鑑定書もまた、

①古畑鑑定に使われた血痕量は一～一・五ミリグラムであり、自著でも最低二十ミリグラム必要としている吸着試験では、このような微量の血痕では計量が可能か否か疑問である。

②古畑教授が採用したMN式とE式の血液鑑定方法は、外国ではもちろん、日本でも「再現性に難点がある」として法医学界では決定的手段としていない。

③これらをもとにした確率計算の鑑定経過および結果は、確信ある証拠としてとりあげるには到底適正なものとは言えないと思考される。

と批判された。

検察側が依頼した木村康鑑定は、その二ヵ月後にまとまった

が、それもほぼおなじ結果となった。木村は古畑の確率論の採用については、「特に確率論的推定に際してベイズの定理を応用したことは重大な誤りがあり適正妥当でない」とキメつけた。

木村はのちに法廷で、「冤罪を作らないということのために法医学が存在すると考え、それを日常的に自分の使命と考えて仕事している」と述べ、「社会治安の維持のための国家医学」としての法医学を推進した古畑とは、まったくちがう立場であることを表明した。検察側は、自分が依頼した鑑定人からさえ、痛打を受けることになったのである。

弁護団は仙台高裁にあてた最終意見書を提出した。

「本件再審請求は速やかに認められ、直ちに再審開始決定がなされなければならない」

これが意見書の結論であり、弁護団の確信でもあった。

検察官も最終意見書を提出した。滝谷福松が仙台刑務所に収監されることになった強盗傷人事件について、最後まで否認していたことを、「滝谷が平然として虚偽の供述を押し通す性格を示すもの」として、最大限に利用した。

「叙上のとおり、真犯人であるとして名乗りでた滝谷福松の供述については、告白の動機、犯行の経過等に関し、数多の疑惑が存し、その真実性、信用性に首肯納得し得るものがなく、虚構であるとの疑いは到底払拭できないのみならず、滝谷の供述を裏付け得るものとして弁護人が申請した証人の証言内容には、新聞、テレビ等の真犯人出現等の報道からのその強い影響により暗示を受けて滝谷を真犯人なりと思い込み、記憶、連想の誤まりを生じたことによる錯覚、誤断に基づく証言と思われるもののほか、滝谷の言明を軽率にも過信している証言と思われるものであっていずれも信用しがたく、結局滝谷を真犯人であると認知する証拠ありと断ずることはできないものと思料する」

あとは判決を待つばかりだった。

弁護側、検察側の意見書が提出された五ヵ月後、一九七四（昭和四十九）年十二月十三日、山田瑞夫裁判長は待望の決定を下した。滝谷福松の出現から、すでに三年半の歳月が流れていた。

主　文

本件再審請求を棄却する。

この決定に対する異議申立期間を三日間延長する。

結　論

……、右検討の結果は、まず請求人についてアリバイが明瞭であったとは云い難いものであること、しかも推定の兇器に照応する刃器の所持について、これを全く否定する請求人の供述を疑わしいとみるべき証拠もあり、さらに同人が犯行当時の頃異常とまで云い難いが、かなりの程度に犯罪につき興味関心を抱いていたという事情の存することが認められるに至ったうえ、なににもまして、本件犯行の頃においても同人が着ていたと認められる本件白シャツに、血液型、その出現頻度、色彩、形状および位置（生成の機転）、生成の時期等の諸点において、本件犯行に基づく被害者の血液の附着以外には、その成因を全く窺い難い血痕の附着が確認せられ、しかも右諸事実からは、かなりの蓋然性をもって推認されるべき請求人と本件犯行との結びつきについて、十分な疑をさし挟み、或はこれを揺がすに足るほどの証拠ないし請求人の弁解供述の存していた事実を遂に発見するに至らなかった。

……なお残る前記諸事実に照らせば、請求人を本件松永すず子殺害の犯人とした原二審判決の認定の正当性は動かし難いところと云うほかはなく、他方かかる結果と対比すべき滝谷の供述がそれ自体において同人を真犯人となすについて決定的な要素に欠けるというものであった以上、到底右原二審判決の認定の正当性を左右するには足りないところであり、所論刑事訴訟法四三五条六号の証拠としての明白性は、いまだこれを欠くものとの結論に到達せざるを得ない。

よって本件再審請求はその理由がないことに帰するから、これを棄却することとし、刑事訴訟法四四七条一項、刑事訴訟規則六六条一項により主文のとおり決定する。

これが、百五十六頁にもおよぶ決定書の「結論」である。

疑わしい点はいろいろあるが、再審は開始しない。冤罪を主張する再審請求にたいする裁判官の棄却の論理はどこでもおなじものである。原判決にしがみついて、自分の責任を回避する。そこで不足しているのは、おのれの良心と使命感において、上級機関である最高裁の決定に疑問を投げつける勇気だけである。

山田瑞夫裁判長もまたその轍《てつ》を踏んだ。彼は黒い法衣を翻して、老後の安定に通ずる扉のなかに姿を消した。定年退官はその一ヵ月後のことだった。主文に付記された異議申し立て期間の三日間の延長（普通は三日間だけ）は、あとのことは後任の裁判長とうまくやってくれ、とでもいうような小心ものの置き土産でもあった。

その報せを、那須隆は入院先のベッドの上できいた。彼は浴場の屋根から落ちてきたツララを眼に受けて手術したばかりだった。希望の綱を断ち切られて、彼はうめいた。

「真犯人が出ても冤罪が晴れないなら、裁判なんかない方がいい」

しかし、そのまま打撃にうちひしがれているわけにはいかなかった。六日後、仙台高裁に棄却決定にたいする異議を申し立てた。裁判所に絶望を感じながらも、身の潔白のお墨つきは、やはり国家としての裁判所から貰うしかないのである。

真犯人として滝谷福松が名乗りで、彼の犯行の描写がいかにリアリティをもちえていても、それは「自白」でしかない、とは皮肉な逆説である。目撃者である大沢信江はすでに死亡しているし、兇器を便所に捨てたと滝谷が主張する松竹大和館は焼失し、ガソリンスタンドとなって部厚いコンクリートに覆われていた。

二十五年は苛酷に過ぎていた。滝谷の存在自体がなにものにも勝る「証拠」でありながらも、その証拠性を証明する物証がない、という論理もまた成立するのである。「自白」が有効性をもちえないのが、新刑事訴訟法の骨子でもある。山田裁判長の判断は、

「滝谷の供述内容が村山の知識に由来するところなしとはたやすくは言い難いところであるから、その供述が証拠と一致することをもって、軽々に滝谷を真犯人なりと判断することはできず、さらに諸般の情況に照らしつつその信憑性の検討を尽さなければならない。しかし、また、滝谷の供述と証拠の間の齟齬《そご》をもって、直ちに滝谷が真犯人でないのにこれを装い、虚構の供述をなさんとしているとみるのも相当でない」

というものだった。滝谷はシロでもありクロでもある、といいつつ、結局、「那須を無罪とする」責任を回避したのだった。

翌一九七五（昭和五十）年五月二十日、最高裁は白鳥《しらとり》事件（一九五二年、札幌市警の白鳥警備課長が射殺された事件）の再審請求に関する被告側の特別抗告を棄却する決定をだした。が、そのなかで、再審請求の審判にも、「疑わしきは被告人の利益に」の原則を適用すべきだ、との画期的な見解をうちだした。

長いあいだ、裁判は天皇の名においておこなわれる神聖侵すべからざるものだった。だから、一度確定されたものが覆されることなどはありえなかった。再審制度はあくまでも恩典であり、「疑わしきは確定判決に有利に」の思想が当然のものとされてきた。そのコペルニクス的転回が、白鳥事件にたいする最高裁見解だったのである。

これによって、「証拠の明白性」とは、新証拠と既存の全証拠との総合的評価によって判定されるものになった。

南出弁護士はこの最高裁見解を読んで、那須隆の再審の道が大きく拓けたのを感じた。滝谷の出現は、そこでいわれている「確定判決における事実認定につき合理的な疑いをいだかせ、その認定を覆すに足りる蓋然性のある証拠」に、充分該当するからである。

那須隆による「異議申立て」を受けた仙台高裁の三浦克巳裁判長は、事実調べを開始した。彼の古畑鑑定を批判した船尾忠孝北里大教授、木村康千葉大教授への尋問は詳細をきわめた。この三浦の態度に、どこか異常な、といえるほどまでの熱っぽさがあるのを、南出は感じとっていた。

滝谷福松は、証人調べに喚問されて仙台高裁に出頭した。三浦裁判長は彼をじいっとみつめてから、目を細めて幽かに笑った。それから、三浦はその笑顔をすぐにひっこめて、事務的な口調で尋問をつづけた。

裁判所の門を並んででながら、南出は滝谷にきりだした。

「オイ、忘れたのかい。三浦さんだよ。キミの、秋田の……」

滝谷は、はっとして、何かに気づいたように裁判所を振りかえった。十七年むかしの、秋田での法廷が眼の前に浮かんだ。強盗傷人事件の罪で、懲役七年の刑を受けていた彼を、無罪判決によって釈放してくれたのが、いままで会っていた三浦裁判長だったのである。

「そうか」と滝谷はちいさく叫んだ。歩きながら彼は三浦の笑顔を想い浮かべていた。「三浦さんなら、きっと俺のことを判ってくれるべな」

一九七六（昭和五十一）年七月十三日、三浦裁判長は決定をだした。

主　文　原決定を取消す。

本件につき再審を開始する。

三浦決定につぎのように書きだされている。

「弁護人の所論に応え、再審における証拠の『明白性』について当裁判所の見解を示すならば、当裁判所は『無辜《むこ》の救済』という基本理念を前提として、先に最高裁判所第一小法廷が昭和五〇年五月二〇日刑事訴訟法四三五条第六号にいう『無罪を言い渡すべき明らかな証拠』について示された見解に賛成であるので、これを引用してその説明にかえる……」

三浦裁判長の再審開始決定には、滝谷の証言が全面的に採用されていた。それぞれの項目の末尾では、「滝谷供述と微妙に合致し、その信憑性は極めて高いものである」の一句が、あたかもリフレーンのように繰り返されている。

那須隆については、「結局同人を有罪とするには証拠上極めて疑わしいの一語に尽きることが判明した」とも記述されている。

それはこれから開始される裁判の結末を予感させた。仙台高検は抗告を断念した。この決定は那須にとってばかりではなく、他の冤罪を主張するものにとっての大いなる朗報だった。一九四九（昭和二十四）年に新刑事訴訟法が施行されてから、はじめての再審開始決定だったのである。

＊

滝谷福松はいま、朝早くから夜遅くまで仙台市内を走りまわってはたらいている。休みの前の日、キヨ子のいる店で痛飲するのが、最大の楽しみである。生活も安定し、娘ももう中学生である。白いものが交じりだした髪をきれいに撫でつけ、ネクタイをキチンと締め、柔和な眼ざしで笑うのをみて、キヨ子はあの頃の、チベットの山のなかから出てきたばかりのような姿を想い起こして昔日の感に捉われている。もう六年も前のことなのだ。彼は冗談好きで、よく気がついて優しい。いまや少壮実業家とみえるまでになった滝谷に、あの頃の暗い影は窺うべくもない。

彼はいつも闊達《かったつ》に話した。語尾は仙台弁だが、熱中するとだんだん津軽弁にかえる。それでもわたしはききなおす必要もないので、ことさら調子がでてくる。彼の子どもの頃からの足跡を追いかけてきたわたしには、なにか昔からの知人みたいな気がしていた。

その話しぶりは、自信にみちみちていた。それでいて、話し方はきわめて客観的なのである。当事者がもう一度つき離して語るリアリティだった。それは獄中で、「事件」をなんども反《はん》芻《すう》していたことを感じさせた。

滝谷はわたしと一回会えばすむと思ったらしかった。が、日を変え場所を変えて、なんとなく会う破目になって、いらいらしていた。はじめは仕事が忙しいからとことわり、あげくのはてには信用できないといいだしてごたついた。わたしは「取材」の決裂を覚悟した。それでも、最後の頃には、彼のそばに座っているキヨ子が心配して、わたしの方へにじり寄ってくるほどになった。

「どうも怪《おが》すいんだっちゃ、滝谷は。滝谷はいままで、こんなことなかったんだ。これでええんだえか？」

キヨ子は、だんだん調子に乗ってしゃべりだす滝谷に、不安を感じていた。彼女の健全な感覚にしてみれば、人殺しはやはり人殺しである。得意になって力みはじめた滝谷をみながら、彼女は心配になりだしたのである。

「なんでもきいてくれ」

滝谷はそういうようになった。「協力すっから」。彼は会うときはかならず時間通りに現れた。「約束は守る」というのが彼の信念であることを、身をもって示しているようだった。

かつて世話好きで、たぶん法螺《ほら》話もまじえた話でひとを楽しませていた青年であったはずの那須隆が、刑事、検事、裁判官の尋問によって足許をくずされて〝殺人犯〟に仕立てられ、隣人、知人からも不利な証言をひきだされてしまった過去の辛い経験からか、いまは言葉を選び、必要以上のことはしゃべらない寡黙な男になってしまったのとくらべると、滝谷の態度はきわめて対照的であった。

滝谷は自分の「真実」を証明したかったのであろう。ひとが自分の話を信用してくれるかどうか、それは長いあいだ猜疑《さいぎ》の眼しかむけられなかった男にとって、重大な問題である。彼は熱っぽくしゃべった。そこには、話好きな人間によくみうけられる一種の洒脱《しゃだつ》さがあった。

といって、あまりにもあっけらかんとしているのをみると、わたしにもキヨ子と同様の不安がひろがってくる。なにしろ、話は人を殺したことについてなのである。


――それで、例の事件ですけど、どうしてやったんですか。何もそんなことしなくてもよかったでしょう。不自由していたわけじゃないし。

「んだから。んだから、いまから考えれば、おがすいんだっちゃ、ほんとに。なんでね、だからね、やっぱりクスリが悪かったんだね、ヒロポン。ぜんぜん、そういうやる気なんかねえのに、やってしまったんだっちゃ、はじめから殺人起こすとか、そういう意志ぜんぜんないんだから。

たとえば、酒飲んで、飲めばあっちこっち、どこさでもはいっていくような人あるっちゃ、ああいうような状態なんだね。そんで、こんどホレ、動かなくとも動いたとかね、そういう幻覚症状起ぎでくるんだネ。相手が動いたと思ったりしてさ。見つかったど思って、思い切ったことやるんだンネ。そんでも、なんともねえんだっちゃ。んだからつかまる率もすくねえと、こういうこと」

――ヒロポン打つとどんな気分になるの？

「髪の毛が、一本一本ババッとたつようなね、体がなんだかウキウキしてくるような感じなんだもんネ、して、とっても足、歩ぐに軽くなるのさ。たとえば、疲れて、とっても動きたくないようなときでも、ビンビン歩ぐからね。体がだるくて、きょうはとっても動きたくねえ、というときでも、それをビャーとやるとね、満足だでバ、バンバンいくんだでバ、んだから、それだけ身体に影響するんだ」

――それで、あさ、起きたときは？

「別状……普通さ。普通あさ起きてね、ミシンも二、三ヵ所修理にいったベサ。薬やってたがらね、クスリやってれば、もう万事正常に運行するんだがらネ」

――ヒロポン打っても細かい修理なんか、ちゃんと……。

「ちゃんとできるんだデバ、かえって頭切れるんだよ。酔っぱらいとはちがうんだってば。クスリやると、パッとはっきりするんだ。んでも、クスリが切れてくる間際だとがさ、もうすこしで切れるとかね、そういうときになると幻覚症状が起きてくるのさ、ホント」

――それで、その日は朝から田舎の方へ自転車で修理にいって、帰ってきて、それから？

「ウーン。やっぱりどっかダンスにいったんでねえのかな」

――それから、じゃ、ちょっと……。

「徘徊してこようって」（笑）

——それでまっすぐに、松永家へ？

「んでねえっちゃ、やっぱりぐるぐるまわって、どっかイタズラにええとこねえがって、覗いて歩ぐんだ」

——松永へはどうしていったの？

「あの、木村産業研究所の屋上で、昼間、ダンスやったことあったのさ。高杉の家がみえるんだよ、娘ふたりいてさ。みえていたんだっちゃ、屋上から」

——娘がいるのが？

「ウン。ミシンがあったのさ。して、それからあとだね。『ご免下さい、高杉です、ミシン直して下さい』って来たからね、そのとき娘ふたりいたったから、よぐわがるんだ。それで歩いていて、パッとこう頭さひらめいたんでねえがな」

——で、娘がふたりいて？

「前にいたな、と思って、ただ、それだけ頭にあってさ、で、まっすぐいったんだけど、鍵かかっていてあかねえのす。じゃ、こっちはどうだべなって、隣の方へいって、あかなかったらどうなったかわがらねえのさ。松永っていうのは、ぜんぜん頭にねえんだから、誰でもかまわねえのさ。触ればそれでいいんだ。

あそこはスッとあいたからね、だから、いい災難だったのさ、ほんとのことというと。あそこの道はね、街灯がほとんどねえもん。当時はないの、まっ暗。ただね、木村研究所とか、朝陽小学校（大学）の門灯はついていだけどね、あと、電灯なんてぜんぜんねえんだから、いまならホレ、防犯だなんだかんだって、昔だからね、設備はないの、まっ暗。どこでもね、サワラの垣根がいっぱいあって、ひとがきたなと思ったら、ちょこっとはいったら、もうわがねのす」

——刃物はいつも持って歩いていた？

「いや、いつもは持って歩がねえの。ただ、そういうとき、なんていうがな、あの当時はよく喧嘩あったっちゃ、それで、ヤスリをグラインダーで研いで、ドライバーの柄をつけて、ベスト（ミシン修理用の布切れ）で巻いて、ここに（バンドに）差していたんだ、立っている草でもなんでも、スパッ、スパッとよく切れだのさ。

そいで雨戸がスッとあいて、身体はいる分だけあけて、膝かぶついて這っていったんだっちゃ。で、ホレ、蚊帳あったもんで、それもスッとあげて、女のひとが寝ていたんだっちゃ。胸のとこに、スッと手やるかなと思ったら、グッと動いたのさ。動いたような気したんだよな。こりゃ大変だ、目覚ましたら大変だって、いきなり、こっち（右手）で、グッと刺したのさ、咽喉のどこさ。したら、むこうで、グッと左サねじったもんで、切れだのさ。ボコボコって、水流れるみたいだ音して、そのまま抜いて逃げてきたんだっちゃ。血は、ぜんぜんはねかえってこなくて、ただここのところ（掌の中《てのひら》）にガバッとはいったぐらいだったな。逃げたら、後ろで、ホレ、『泥棒！』って叫ばれて……」

——それでまっすぐ家へ帰った？

「すぐは帰んないの、ぐるぐるまわったの、なぜかっていえばね、警察犬というのが頭さあったんだ。いろいろ雑誌みると、警察犬に臭いかがせてね、それがパッと頭さ浮かんだもんね、んだから、これ、なるべく遠まわりしてね、いこうと思ったんだ」

——どうまわったんですか。

「現場から、いったん木村産業さはいったんだよ。はいってね、井戸に捨てようと思ったんだけど、まてよ、と考えたんだっちゃ、で、さや代わりの布でちゃんとくるんで、那須さんの前を通って、茂森通って、覚仙町、本町、相良町通って、帰ったんだっちゃ」

——そんなに逃げたという感じでもないね、もっと……。

「でもネ、この道路は時間かかるよ。ハヤバンでうちに帰らなきゃさ、わがらねえすぺ。いつまでもぐるぐるまわってたんじゃ。うちさ着いて、五分ぐらいたってから、店の前こと警察が通っていったよ、ガタガタ走ったりしてよ」

——鷲官が？　じゃ、もうすこしまわったらつかまったんですね。

「ウン、つかまっちゃう、コレ（短刀）持ってたからね、ホレ」

——走ったんですか、逃げるのは。

「いや、走ったって、軽く、マラソン程度」

——ひとに会わなかったの、途中で。

「会った。ひとりだけ。木村産業からでたときにね、自転車で、ボウーと灯りつけてフラフラきたんだ、そのひとひとりだけだっちゃ」

——それで、家に帰って？

「ウン、そとに水道あっからね、やっぱり手にいっぱいついているすぺ。だから洗ったのさ」

——つぎの日は大騒ぎになって、びっくりした……。

「だけどもね、内心はまず、ああ、やってしまったか。だけど逃げてきてしまったしさ、うちにいるんだし、ぜんぜんつぎの日も警察もだれもこないし。ウーン、これやっちまったなと思ったさ。でも、あとべつに目的があるとかさ、平常にスムースに、自然にスッとはいってしまって、スッとやってしまって、スッと帰ってきたんだから、自分ではたいした悪いことしたとは思ってねえのさ、結局、夢遊病者みてえなもんだね、だから、ホレ、つかまる率もすくないのさ」

——じゃ、つかまる心配はなかった。

「なかったね、だっておれ、つぎの日みにいったもん、ずっと遠くからだけどもさ。どういう状態だベナ、と思ってみにいったんだ」

——ホシは現場に帰る、といいますね。

「ウン、どういうふうになっていたか、みにいったんだ。んで

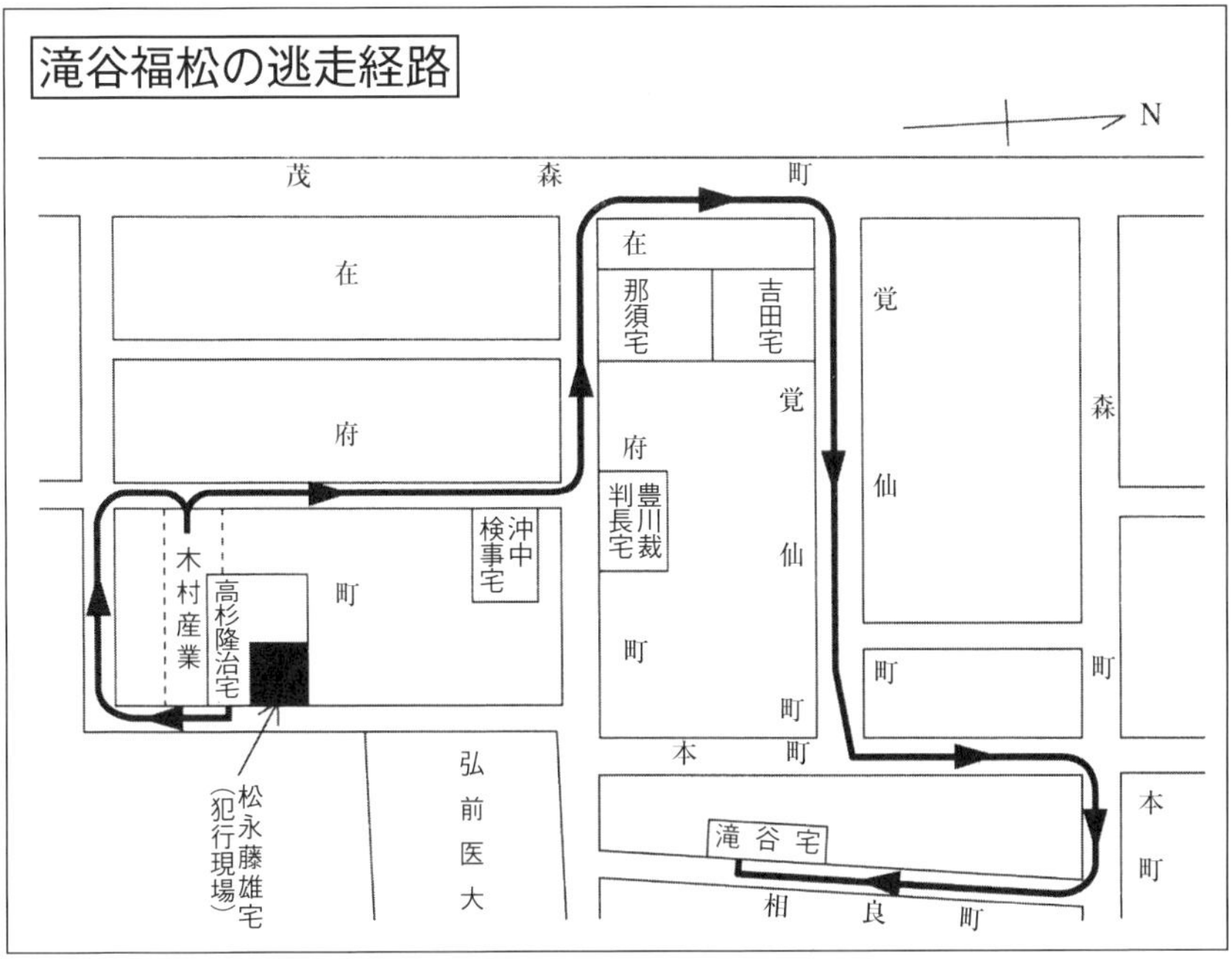

もホレ、自分でたいしたことないと思ってたからね、ソワソワしたりはしないのさ。んでもその場にはいがねえよ。やっぱりいげねえよ。やっぱりいげねえさ。いま考えると、いやいや、たいしたことしてしまった、と」

――それで、夢みたりなんかしなかったんですか。

「しない、しない。夢とかね、うなされるとか、そういうのはぜんぜんなかったね、だってやった意識つうのは、ないんだよ。警察にひっぱられても、犯人がちゃんとつかまってるんだもん、ホレ。だからおかしいなと思うさ、やっぱりね、おれだって。おれのためにつかまってくれて」

――まあ、心のなかじゃ、逃げられればそのまま……。

「ウン、その当時、自分でも罪犯してるから、そのためにまた殺人の罪になったら、死刑は免れねえもんな、バタンコだべ」

――那須さんとおなじ警察にはいって、パッと顔あわしたりなんか……。

「あわすよ、だって洗面所だってね、いったりするんだから、顔あわすよ。話はできないけどもね。おはよう、ぐらいはいうさ」

――すると、自分ではどんな気分？

「だから、自分だってホレ、あまり意識してるんでねえからさ。だって、まだすっかり犯人が決まったわけでもねえしさ。おれの関係でなんでつかまってしまったんだべな、そういう後ろ暗いことしたんだべな、と思ったりしてさ。

こっちは若いしさ。調べというものがどういうもんだか、あの当時は初犯であったしね、ぜんぜんわからねがったっちゃ、あの当時は。はっきりいうけどもね、自分から名乗りでることはできなかったさ。とにかくはやくうちへ帰りたいと。ああいう窮屈なところでね、はやくうちへ帰りたいと」

——そうでしょうね。

「んだからね、まず、こういうのも運もあるんじゃないですか、なんぼかね。那須さんはやっぱり不運でもあったね。だから、その不運を自分で解消してやりたいしね。やっぱり自分でも気持ちよくないもんね、本当の話。いまこういうふうな立場になって、ひとの不幸をそのままにしておいたんではさ、それは必ずなんらかの形で返ってくっからね。

ひとを助ける、というんではなく、自分のためだっちゃ。そんだ。自分のためにやっただけだんだね」

事件の翌朝、松永教授宅前のひとだかりを手前の角から覗きみた滝谷は、天井裏に隠しておいた兇器を手にして、百石町の松竹大和館へいった。日曜日のこの日から、「亡霊狂乱堂々の大傑作」と宣伝されていた、田中絹代・上原謙主演の『四谷怪談』後篇がはじまっていた。

那須隆も熱中して、前、後篇ともみに通った映画である。滝谷にはどんな映画だったか記憶に残っていない。『四谷怪談』どころではなかったのだ。彼にはただ映画館と、壺の深い汲み取り式便所があればそれでよかった。刃渡り二四・五センチの短刀はここに捨てられた。やがて映画館はつぶれ、コンクリートで塗り固められて、クルマの出入りの激しいガソリンスタンドになった。

そのころ、大学病院の看護婦やダンス仲間のあいだで、「犯人はミシン屋の滝谷だべさ」と囁かれていた。彼女たちにとって、滝谷は「ヘンタイ」として名が通っていた。が、かといって、誰も確信があってのことではなかった。

ただ、滝谷の家の同居人だった奥村正行には確信があった。彼はその夜、遅く帰ってきた滝谷が、水道で何かを洗う物音に気づいていたのだった。

奥村は一九四六（昭和二十一）年、名古屋で友人とミシン製造、販売の会社を興して社長に収まった。まだ二十一歳の若さだった。戦後の物不足の時代を背景にして事業も順調に伸びた。東北地方にも販売網をつくるため、地方紙に特約店募集の広告をだした。さっそく応じてきたのが、滝谷武治郎の「日の出ミシン修整所」だった。

一九四八（昭和二十三）年十一月、奥村が雪の弘前駅に着いたのは夜遅くなってからだった。ようやく探しだした滝谷の家に迎え入れられ、音をたてて燃えるルンペンストーブの前で、ようやく人心地がついた。

　武治郎は気さくで親切だった。親子ほど歳のちがうふたりは意気投合し、奥村はその後、滝谷家を拠点にして北海道へも足を伸ばすようになった。彼には武治郎と落ち着いたたずまいの弘前がとても気にいった。

　日の出ミシンはよくミシンを売りさばいた。月に三十台送ってもたりず、送る台数はふえる一方になった。青森地区でももっとも有望な特約店に数えられるようになった頃、こんどは支払いの方がどんどん遅れるようになった。

　武治郎の商法は、自分の店には置かずに、あっちこっちの有力者に押しこんで売らせる方法だった。そして回収したカネは、そのまま酒と女にそそぎこまれていた。いくらミシンを送ってもたりなくなるわけである。

　代金回収のためにやってきた奥村は、店先に寝泊まりし、滝谷一家の生活を管理する破目に陥った。女房のツルはカネ勘定にうとく、武治郎は派手好みで諸事万般ツケ払いで、銭湯代の支払いまでとどこおっていたほどだった。奥村はこの生活様式に大ナタを振るい、家計を全面管理し、必要なときに必要な分だけ渡す「管財人」の役割を担うようになっていた。

　朝食は納豆とつけもの、味噌汁だけ。夜の晩酌は一、二本。武治郎は若い奥村に従って文句はいわなかった。しかし、外泊は治まることなくつづいていた。息子の福松は毎晩遅く帰り、九時すぎに起きだしてひとりで食事をしていた。一家三人で顔をあわせて飯を食う習慣はなかった。ツルは夫にも、義理の息子にも遠慮して、首のまがった猫背をいつもちいさくしていた。

　福松は昼はミシンの修理を手伝い、夜になるとダンスにでかけた。ときどき仲間を連れてきてはヒロポンを打ちあった。彼は五歳ほど歳上の奥村をダンスに誘ったが、断られると残念そうな顔をしていた。それでも、ひっかけた女の自慢話をしたりした。福松は普段はおとなしく、どこか内向的な青年なのだが、酔っ払って、血だらけになって帰ることもあった。父親似だったのである。

　事件のあった夜、奥村は武治郎と夕食をとりながら、いつものようにその日の販売の成果と明日の行動予定を検討したあと、ミシンをならべた板の間に、ツルが敷いてくれた蒲団に横たわった。ガラス戸のカーテンをひき、裸電球の下で雑誌に読み耽るのが彼の楽しみであった。

　十一時もだいぶすぎた頃、道に面した店の前を通りすぎて、木戸をはいってくる福松の足音がきこえた。庭に頭をむけて寝ていた奥村は、ガラス窓の下を通り抜ける福松の気配を感じた。入口の戸がきしみ、いったん部屋にはいってまた外にでた。

　と、窓の下の水道が勢いよくひねりだされる音が響き、なにかを洗っている物音がした。すぐそばの「衛生湯」から帰って、手拭いをすすいでいるのだ、と奥村は思っていた。音がやみ、福松は自分の部屋へもどったあと、店との境の出入口から首をだして覗き、すぐまたひっこめた。

腹這いになっていた奥村は、雑誌を閉じてたちあがり、ソケットのスイッチをひねって眠りについた。

翌朝、ちかくで大学教授夫人が殺されたニュースが伝えられた。奥村は昨夜水道で何かを洗い流していた福松の姿を思い浮かべた。しばらくたったある日の朝、三人の刑事がやってきた。

「兄《あ》ンサ、いねガ」

あわててツルはどこかへ電話をかけにいった。三十分ほどして福松が帰宅し、警察に連行された。警察が踏みこみ家宅捜索がはじまった。靴、下駄、衣類が押収された。戸棚からヤスリを削ってつくった赤錆びた短刀がでてきた。奥村は武治郎とともに出頭を命ぜられた。

彼は松永夫人殺しのことだと思いこんでいた。ところが、警察での尋問は、大学病院に忍びこんだ事件についての、福松のアリバイの有無だったのである。奥村は「いなかった」と答えた。

それがすんでから、ようやく松永事件についての質問だった。きわめて形式的に、どうでもいいような口調で刑事はきいた。

「あの晩、福松は家にいましたか」

「たしか、いたようです」

「そんですか」

それだけだった。「いなかった」と、答えてもなんの関心も示さないような調子だった。すでに那須隆が逮捕されていた。奥村はわれしらずのうちに福松をかばっていた。もしも、最初から追及されていたなら、あの夜のことをありのまま話してしまったはずだった。

ツルもまた「いた」と答えていた。留置場の福松が、空になった弁当箱に紙切れを忍ばせたのを、奥村は知らなかった。アリバイは成立した。こうして滝谷福松は松永事件の捜査線上から姿を消した。

滝谷の逮捕がひとつの合図のように、「日の出ミシン」は斜陽の道をたどった。戦後の混乱期が収まるにつれ、ミシン業界にも過当競争の波が押しよせ、奥村のテコ入れをもってしても太刀打ちできなくなっていた。二ヵ月にもおよぶ長逗留に、名古屋でまつ妻は疑惑をもちはじめていた。当然の心配ともいえた。奥村は社員と交替して帰ることにした。

後任者は、きわめて事務的に債権を回収することにした。ミシン一台につきりんご三十箱、この条件で弁済させたのである。鉄道便で送られてきたりんごは、名古屋駅にたどりついたときには押しつぶされ、すでに商品価値をうしなっていた。

奥村はジグザグミシンを考案して特許をとった。通産大臣賞を受賞したこともある。しかし、小資本の技術など高が知れている。乱立していた中小企業は、やがて大企業に淘汰されることになった、彼はミシン業界を去った。

その後、プレス用金型製作の会社を興し、やがてそれもひとにゆずり、いま奥村は、名古屋駅前の証券会社の営業マンとして働いている。寝食をともにしていた福松が、ようやく真犯人として登場したことによって、彼もまた胸にわだかまっていた悔いがとれた。そして思った。

「やっぱり俺の勘に狂いがなかった。福松だったんだ」


弘前大学教授夫人殺人事件の再審第一回公判は、一九七六（昭和五十一）年九月二十八日、午前十時から、仙台高裁ではじまった。裁判長は再審を決定した三浦克巳である。

「被告人の名前は」

「那須隆です」

「年齢は」

「五十三歳です」

まず形通りに、裁判は、三浦裁判長の那須隆にたいする人定質問からはじまった。

被告席の那須は背中をのばし、落ち着いた声で答えた。傍聴席では母親の那須とみが手を固くにぎりしめて、その後ろ姿を凝視めていた。

裁判は一審無罪判決にたいする検察側の控訴審という形で進められていた。二十五年前、こうして控訴審がはじまったとき、那須とみは傍聴席にいなかった。仙台まででてくる余裕がなかったからだった。

二十五年たって、裁判はおなじ煉瓦造りの建物のなかで、おなじ形式で進められていた。小柄な那須には幾分肉がつき、頭髪には白いものがふえていた。弁護人席には、三上直吉に代わって白髪、ロイド眼鏡の南出一雄が座っていた。当時の吉岡述直検事に代わって、宮沢源造検事が控訴趣意補充書を朗読した。

五十分にもおよぶ朗読の内容は、滝谷福松の告白の信憑性への批判であり、古畑鑑定書の弁護を中心とするものであった。

それが終わると、南出弁護士がたちあがり、滝谷の証言を擁護し、古畑鑑定書を批判し、検察側の控訴取り消しを要求する弁論をはじめた。

検察、弁護側の気迫が、満員の傍聴席にひろがっていった。

滝谷福松が尋問を受けたのは、三ヵ月後の第三回公判でである。

まず南出弁護士が、

「松永すず子を殺したのは、あなたにまちがいありませんか」

と質問した。滝谷は直立し、

「まちがいありません」

きっぱり答えた。検事の質問にたいしては、彼はむしろ挑戦的だった。そのときのことを彼はこう語っている。

――裁判でですけど、現場に二燭の電灯がついていたんだから、そばに寝ていた母親や子供の姿がみえなかったはずはないって、検事がさかんに主張したでしょう。

「だから、みえないからみえないんじゃないかって、こう突っぱったのさ。あの裁判みたすか、面白かったよ」

――逃げるとき子どもの声がきこえた、といってますけど、母親の信江がさけんだのが、子どもの声のようにきこえたんじゃないですか。

「いや、子供の声きこえたんだ、泣いたんでなかったかな。とにかくみえなかったんだっちゃ、おれには、あんた、検事さんも、ずいぶんしつっこいでねえがって、おれいったんだから。しつっこかったからね。たじたじだったけな、検事。もう、おれがあの裁判にでたときには、決まったようなもンだったべサ」

――検事は自信なかった？

「なかったんだっちゃ。何回もおなじことをきくんだねえって、うんとやったんだから」

――どうして逃げるとき、血が垂れたんですか。

「ホレ、そのまま、(短刀を)こうさげていったんだから、垂れるすべ。ここさ(掌のなかに)血ががっぽりはいったすべ。して、ホレ、木村産業の井戸へいって、その井戸もないっていうんだよね。いや、あるって、おれがいって、それでとうとうみつかったんだ。だから、やった本人だから判るのさ。やっぱり、ああいうことがあるからね、裁判もよくなったんだもンね」

――それからあと、縁側の改造のことがあったでしょう。幅がちがっていて……。

「弁護士に教えてもらったんじゃないかってんだよね」

――実地検証のときにね。

「そういうなかのことをぜんぜんこっちはきいてないしさ。当時の状況思いだしてさ、やってみたんだけど、縁側へこういって、こういって、こうやろうとしても、そこまで(被害者のところまで)いがねえンだもの。だからおれ、すこし幅をひろげてねえかっていったんだ」

――それで……。

検事の方としてはさ、ホレ、先にきいたんじゃないかって、こっちは本当のことを申し上げてるんだからさ。何回も、わたし、本当のことを申し上げているんだからね。そういうことは判り切っている話なんだからきかないで下さい。時間もねえぐなるんだから。あのときおれ、うんと突っこんだんだ。ぜんぜんだめだったけな。たじたじだったけな、あの検事」

――検事は、滝谷さんが真犯人だと困るんだよね。裁判のとき、那須さんに会ったんですか。

「ウン。そのとき、那須さん傍聴席にいたっけ。だけど、話するわけでないしさ。ただ、軽く、会釈しただけさ」

――会釈はどっちから。

「むこうの方からだよ。おれも誰がいたか、いちいち振りかえってみていられねえがらね。マスコミの連中いっぱいきていて、塀乗りこえて帰ったんだ。刑務所の塀でねえから、すこし登ればでれるんだでバ。そういうこと裁判所でうんと協力してくれたな。マスコミは写真撮ろうとして、だから、おれ、あとでなんでもするから、いまはやめてくれっていうの。やるんだよね、それでも。だからだめなんだ。ぜったい協力しないから、もう」

那須隆の無罪判決は、第一回公判から五ヵ月後の一九七七（昭和五十二）年二月十五日である。

七十三頁の判決文では、「証拠」とされた海軍用白シャツには「押収当時、血痕は附着していなかった」と大胆に推論されている。誰かが人為的に附着させたという指摘である。そして、その末尾には、「本件の真犯人は滝谷であると断定する」と記載されている。

青森地裁弘前支部での無罪判決から二十六年、事件発生から二十八年目の真実だった。それは那須隆と同時に、誤判判事の汚名を着せられた豊川博雅、大学を追放された引田一雄教授の名誉回復をも意味していた。

「判決」（要旨）はつぎのようなものである。

主　文

原判決中殺人の点に関する本件控訴を棄却する

仙台高等裁判所が、昭和二七年五月三一日被告人に対し言渡した確定判決中銃砲等所持禁止令違反の罪につき、被告人を罰金五、〇〇〇円に処する

原審未決勾留日数中その一日を金一、〇〇〇円に換算して右罰金額に満つるまでの分をその刑に算する

理由の要旨

一、検察官の控訴趣意の要旨は、被告人が本件殺人事件の犯人であることは幾多の直接証拠、状況証拠により明白である。真犯人を名乗り出た滝谷福松の供述は信用できないのであるから、原判決が被告人に対し単に犯罪の証明なしとして無罪を言渡したのは事実を誤認したものであり、かつ無罪の理由を説示していない理由不備の違法があるから破棄さるべきであるというのである。

二、当裁判所の判断

(一) 被告人を犯人であるとする証拠の検討

(1) 直接証拠

1．海軍用開襟白シャツの血痕については（イ）被告人が返えり血を浴びた白シャツを逮捕の当日も平然と着用していたということは常識では考えられない。（ロ）被害者の頸部から噴出又は迸出した血液が附着したものにしては極めて不自然な状況にいる。（ハ）押収された当時の斑痕の色合いとその後右斑痕がB、M、Q、E型の人血痕であると鑑定された際の色合いとの間に瀝然《ママ》

とした相違が認められる。

以上の疑問点が解明されない以上、右斑痕を九八・五パーセントの確率をもって被害者の血液に由来する血痕であるとすることはできない。寧ろ本件白シャツが押収された当時血痕は附着していなかったのではないかという推論に立てば右疑問点はすべて解消する。従って右白シャツの血痕をもって本件の証拠とすることはできない。

2. 白ズック靴の斑痕は、これを血痕と認めるべき証拠がない。

3. 被告人周辺の血痕は、これが被害者の血液に由来すると認めるに足る証拠がない。

4. 被害者の実母大沢信江が、犯人と被告人がそっくりであるという証言は、同人の先入観と犯人に対する憎しみに左右された疑いが濃厚であるから、これを証拠として採用することは合理性に乏しく、かつ危険である。

5. 証人乳井節が犯行の時刻頃自宅前道路を白シャツを着た男が北方に走り去るのを目撃したという証言は、被告人に結びつく直接の証拠とはなりえない、

(2) 状況証拠

1. 目撃者として取調べた各証人の証言は、いずれも被告人を特定できるものではない。

2. 被告人が折込み式ナイフを所持していたと証言する証人はいるが、被告人もその所持を別段否定しているわけではない。

3. 本件が変態性欲者の犯行であることを前提とする検察官の主張は、被告人にそのような傾向は証拠上認められないのであるから採用できない。

4. 本件発生前とその後における被告人の言動に顕著な相違があると認めるべき状況は存在しない。

5. アリバイの供述について、被告人の供述が幾変転し、家族の供述が区々であることは、寧ろ事件当夜誰にも記憶に残るようなことがなく、家族等の間にもアリバイ工作のなかったことを窺わせる。

6. 被告人を取調べた司法警察員西田留蔵は、被告人が事件後満一か月の夜の月を眺めながら良心の呵責に耐えている印象を受けたと証言しているが、それは同証人の思い違いであることが明らかである。

(3) これを要するに、本件が被告人の犯行であることを認めるに足る証拠は何一つ存在しない。

(二) 真犯人を名乗り出た滝谷福松の供述についての検討

(1) 離座敷（犯行現場）および就寝の状況

(2) 東側窓からの見透し状況

(3) 引き戸の施錠

(4) 縁側の巾員
(5) 本件凶行および潜り戸のところまでの逃走の状況
(6) 逃走経路
(7) 被告人方周辺の血痕
(8) その他の状況

以上本件犯行の全般について滝谷福松が供述しているところは、証拠によって認められる客観的事実にまことによく符合し信憑性が高い。告白の経緯について述べているところも首肯できる。また本件の前後に弘前市において発生した同人の犯行より推認される、常に凶器を所持し、女性に襲いかかる性癖と凶暴性は、本件犯行の動機を認めるに足るものがある。

　当裁判所は以上の認定並びに同人が真犯人を名乗り出て以来当審に至るまで一貫して真犯人は自分である旨不動の供述をしている事実に照らし本件犯行の真犯人は滝谷福松であると断定する。

(三) したがって被告人に対し無罪を言渡した原判決に事実誤認の違法はなく、また判決に無罪の理由を詳細説示することは好ましいことであるが、それを原判決程度に記載したからといって違法とすることはできない。検察官の論旨は理由がない。

(本件と併合罪の関係にある罪の刑を定める裁判)

本件と併合罪の関係にある確定判決中の銃砲等所持禁止令違反の罪につき、被告人を罰金五、〇〇〇円に処するものである。

　被告席で、那須隆は長患いのはてに他界した父資豊のことを想い浮かべていた。とみは傍聴席からたちあがって三浦裁判長に手をあわせた。

　三浦裁判長は那須に視線をそそぎながら声をかけた。異例のことである。

「くれぐれもお身体を大切に」

　それが那須の長いドラマの終焉を告げていた。

　そのころ、滝谷福松はトラックの運転台にいた。口笛を吹きながらハンドルをにぎっていた彼は、裁判のことは忘れていた。

　かつて、那須に無罪判決をだした豊川博雅は、千葉県市川市の自宅でこのニュースをきいた。まっ先に頭に浮かんだのは、八十すぎてなおかつ那須無罪のために奮闘し、最高裁上告棄却のあと失意のうちに息をひきとった三上直吉弁護士の、背中を曲げたちいさな姿だった。

　被害者の夫だった松永藤雄は、東京のある大病院の院長になっていた。彼は記者にこう語った。

「私としては前々から正しい判断が下されることを期待していた。判決通り那須さんが無実なら、家族も含めて本当にお気の毒に思う。その分を加えて本当の犯人には激しい怒りを覚える。なぜ無罪になったか、裁判長が問題になる個所をどう解釈したのかなど早く知りたい」（「東奥日報」）

那須の家族を気の毒といったのである。ここにも長い歳月があらわれている。

大沢信江（被害者の母）
那須資豊（被告の弟）
那須勝（被告の弟）
滝谷武治郎（犯人の父）
三上直吉（弁護士）
竹田藤吉（弁護士）
沖中益太（起訴検事）
古畑種基（鑑定人）
丸井清泰（鑑定人）
菊池泰一（証人）
小野三郎（証人）
高杉隆治（被害者宅家主）

これらのひとたちが、この日の判決をきくことなく世を去っている。

突然刺殺された松永すず子が最大の犠牲者である。が、この事件は、そのあと思いもかけないひとびとの運命を変えた。被害者である松永家の打撃は大きかった。それと、冤罪事件は「解決」しても、傷ついた那須隆と家族の人生もまた、けっして回復することがない。それも残酷である。

那須隆と滝谷福松は、法廷で二十五年ぶりに再会した。三浦裁判長によって自分の冤罪を雪ぐことのできた滝谷福松が、こんどはその裁判長のもとで、冤罪事件の証人になったのは、たんなる偶然ではない。彼には、警察にたいする不信感が強かった。弘前市警の留置場ですれちがった那須と滝谷は、ここでもう一度出あい、会釈を交わしただけで、また左右に別れた。ふたりはこれから大急ぎで、失ったものを取り返そうと歩きはじめたのである。それ以来、ふたりは会っていない。

強盗、傷害、それに殺人罪がつけくわわれば、死刑は免れない、と滝谷は思いこんでいた。身代わりになった那須隆が命を救ってくれた、と滝谷は信じている。那須は滝谷によって冤罪から救われた、と感謝している。ふたりのあいだに、奇妙な友情が芽ばえるようになっていた。

判決から七ヵ月たって、滝谷は弘前にむかった。かねてから心にかかっていた父と母の墓参りのためである。彼は那須隆に会ってみたいといった。しかし、わたしは強く反対してひきとめた。会ってからのふたりのバツの悪さを充分想像できた。それが現実というものなのである。

それに那須隆は、父母弟妹の犠牲をもふくめた一億円の国家賠償の請求を準備していた。会ってしまえば、滝谷の行為が賠償金目当ての大芝居という噂に根拠を与え、それがまた、くちさがないひとびとのあいだでふくれあがることも予想できた。反対した代わりに、わたしは彼に田沢ツルの住所を教えた。

滝谷は田沢ツルをともなって武治郎の墓に詣で、二、三の知人に会って、そのまま列車に乗った。

滝谷福松　四十八歳。
那須　隆　五十五歳。

ふたりには、この異常な体験を語りつぐべき子どもがいない。それが、この事件の傷の深さを物語っている。

あとがき

ある日、突然、ひとりの男が逮捕される。殺人犯としてである。彼がどんなに、彼の真実を叫びつづけても、それとはまったく関係なく、新聞は彼の犯行の「事実」を書きたて、家には石が放りこまれ、家族は離散し、あるいは死刑を宣告されたまま、刑務所から解放されることはない。

そんな不条理な運命にからめとられたひとたちは、この本の主人公以外にも、いまだ数多くいる。日本の裁判の権威は、これらの冤罪者たちを暗闇に沈めて成り立っている、といっても過言ではない。

那須隆さんにとっての不幸中の幸いとでもいえるのは、奇跡的に真犯人が名乗りでたことである。といって、たとえ真犯人が登場したとしても、日本の司法制度は、それによってすぐに過ちをただすようにはなっていなかった。

真犯人・滝谷福松さんはきわめて胡散臭い目でみられながらも、ついに最後まで彼の真実を主張しつづけた。それでも、再審請求は却下され、ようやく、無実があきらかにされるためには、那須さんの逮捕の日から、実に三十年もの時間を必要としたのである。

地元弘前には、いまなお、この曲折に富んだ長い悲劇の終章を、ムショ仲間の那須と滝谷が仕組んだカネ稼ぎのための芝居である、といってしまう意見が根強く残っている。ひとたび形成された偏見は、どれほどの時間がたち、どれほど真実が明らかにされたとしても、簡単には払拭されることはない。その怖さが、この事件の顚末のなかにふくまれているし、それはそのまま、いまだ獄舎につながれている多くの冤罪者たちの救済の困難さを物語っていよう。

肉眼では識別できない「血痕」に凝縮されていたのは、冤罪をつくりあげる社会構造であり、さまざまなひとびとの有為転《ういてん》変《ぺん》であった。

わたしはこの本で、ふたりの青年の数奇な運命の交差を主軸にした。そのためあるいはプライバシーに踏みこみすぎたかもしれない。それはこまかな事実を積み重ねることによってしか、冤罪が成立し、解消されていく道すじをあきらかにできない、というわたしの判断によっている。

刑事や検事が主張する事実にたいして、あらたな事実をぶっつけ、刑事や検事や判事の常識にたいして、民衆の生活に根ざした常識を対比させてこそ、ようやく刑事や検事や判事の真実を解明できると考えたからである。事実と真実の厳しい関係を、わたしはこの仕事をつづけながら学んだような気がする。

また、ほとんどのひとたちを実名のまま登場させたのは、わたしなりにそのひとたちにたいする責任の所在をあきらかにしたいためでもある。かといって、わたし自身気おくれしないわけではない。ルポルタージュとはなんと因果な仕事なんだ、といったように。

この仕事は「週刊文春」一九七八年五月四日号から五回にわたって掲載された文章に手を加えたものである。長期取材の態勢をつくってくださったのは、編集部の花田紀凱さんであり、取材にあたっては、年来の友人である同誌記者の谷口源太郎さんの協力をえた。また、その期間中、仙台在住の南出一雄弁護士からは終始温かい励ましを頂いた。

本にするために尽力してくださったのは、文藝春秋出版部の平尾隆弘さんであり、装幀の労をとってくださったのは、田村義也さんである。これらのかたがたにあつくお礼を申しあげるとともに、いろいろご迷惑をおかけしている那須隆さんと家族のひとたち、滝谷福松、村山一夫の皆さんにも、この場を借りてお詫びしたい。なお、文中では煩雑さを防ぐためだけの理由で敬称を略させて頂いた。

ここまで書いてきて、わたしはいまようやくホッとしている。それはやっとひとつの仕事が終わった、といったような感慨でもあろうか。しかし長年にわたって苦しんだ那須さん御一家の、国家の責任を問う賠償請求の裁判はようやくはじまったばかりだし、まだお会いしたことのないほかの冤罪者のことも次第に気になりはじめている。そのなかで手紙を頂いたかたもいるが、この本がそのひとたちへのささやかな励ましにでもなれば、著者として幸甚である。

一九七八年八月

鎌田　慧

講談社文庫版へのあとがき

十二年まえ、文藝春秋から刊行された『血痕——冤罪の軌跡』に推敲をくわえて改題し、ようやくふたたび陽の目をみる機会をえた。長いあいだ品切れになっていただけに、著者としてはホッとした想いである。

この十二年のあいだに、免田事件の免田栄さん、財田川事件の谷口繁義さん、松山事件の斎藤幸夫さん、島田事件の赤堀政夫さんなどのひとたちが、「無実の死刑囚だった」として釈放された。喜ばしいとはいえ、恐ろしいことである。それぞれ、裁判所が真実を認めるのに、三十年もの時間を空費している。それが国家がメンツを捨てるために必要な時間だった。

とはいえさいきんでも、帝銀事件の平沢貞通さん、牟礼《むれ》事件の佐藤誠さんなどが無実を訴えつづけながらも、自由を奪われたまま息をひきとっている。その無念はいかばかりであろうか。

冤罪事件の非情さは、警察や検察や裁判所が、けっして自分たちの誤ちを認めないことである。いったん刑が確定してしまうと、再審（やり直し裁判）の開始を認めてもらうのは、ラクダが針の穴をくぐるより難しい。

まったく身に憶えのない罪名を着せられると、その潔白を証明するのに数十年もかかる。これほどひどい人権侵害はない。

しかし、世間のひとびとは、無実の被告人たちにはまったく無関心である。あるいはちょっとした同情をもったにしても、まったくの他人事と考えている。というのも、なにかやましいことがあるから逮捕されたんだ、と思いこみ、自分が突然、逮捕されることはない、と信じきっているからである。

ところが、身に憶えのない罪で逮捕されるカフカ的不条理の世界は、ごく当たり前のものである。ひとは逮捕されてはじめてそれに気づくことになる。

さいきんでも、誤認逮捕はけっして珍しいものではない。長期に勾留され、密室でせめたてられると、刑事のいうことを認めてとにかく外に出たいと希う。あとは裁判で無実を訴えようと、不当さに目をつぶる。ところが、釈放されたいばかりに、取調官に迎合した供述調書が法廷では証拠にされる、と知るひとはすくない。

肝腎の供述調書を偽造されたり、証拠をデッチあげられたりされるのも珍しいことではない。ごく軽い罪なら、裁判で争うよりも泣き寝入りですます方が簡単だ、と考えるひともまた多い。

警察は功を焦って無実の市民を逮捕し、検事は有罪にして罪を重くすることだけに腐心する。マスコミは容疑者の凶悪ぶりを描くのに熱中し、裁判所は刑事や検事たちが勝手につくりだした世界の虜囚《とりこ》となって、もはや被告の叫びに耳をかたむけない。自分とまったく関係のないところで、自分の運命が決められていくのが冤罪の恐怖だが、ひとびとはいまだ冤罪事件に無関心である。

日本人の大多数はいまなお、おカミを批判するのはおそれ多いと考え、逆らわず、自己主張せず、すべてを任せて穏便にはかってもらうのが、いちばん無難、との意識にとらわれている。

弘前大学教授夫人殺人事件は、奇跡的に真犯人が登場した冤罪事件として知られているが、法曹界では、再審開始決定の第一号として著名であり、「開かずの門」をこじあけた歴史的意味が大きい。また、血液鑑定や精神鑑定などにたずさわった学者が、いかに権力に迎合していたかをもあきらかにした最終判決が、証拠の偽造にまで論及した点でも異例である。

「疑わしきは被告人の利益に」
「疑わしきは罰せず」

それが刑事裁判の鉄則である。日本の警察の検挙率は、ついに五〇パーセントを割ったが、いたずらに検挙率を誇るよりも、「無実の囚人をつくらない」というのが、警察、検察、裁判所の最低の義務であろう。

三十数年、（島田事件の）無実の死刑囚だった赤堀政夫さんは、さいきん、つぎのような挨拶状を送ってきた。

「今日このごろの私は観るもの聞くものすべてが珍らしく不思

議におもいます。自然の流れはゆたかで、柿の色づきの一つにも、深い感動をおぼえます。

一方、この近代社会では、とまどうことばかりです」

人権を踏みにじって民主主義はありえず、民主主義を犠牲にする国家は、指弾されて当然である。そのためにも、わたしたちは隣人の冤罪に無関心であってはならない。

なお、この仕事のあと、わたしは、財田川事件の谷口被告の無実を訴えるために、『死刑台からの生還』（立風書房）を書いた。

一九八九年十一月二十日

鎌田　慧

新風舎文庫版あとがき

一九七八年に文藝春秋から発行された、この本の「あとがき」に、わたしは、「まだお会いしたことのないほかの冤罪者のことも次第に気になりはじめている」と書きつけた。その年の五月から、「週刊文春」誌上でこのルポルタージュの連載をはじめたとき、わたしの冤罪事件にたいする関わりは、編集者になっていた高校の同窓生に依頼された、元丸亀地方裁判所の裁判長・矢野伊吉さんの『財田川暗黒裁判』（立風書房）に協力したぐらいでしかなかった。

しかし、それでも、この取材で、いったん誤認逮捕されてしまうと、そこから抜けでる困難さを知った。とともに、もっとも弱いひとたちに罪を押しつけ、そのまま口を拭って出世していく、刑事や検事や判事たちへの不信を強めるようになった。「財田川事件」の現地を歩く旅で、わたしは、死刑確定囚・谷口繁義さん（二〇〇五年七月死去）の生家を訪問して、実兄の勉さん（一九九七年死亡）にお会いした。が、予想に反して協力を断られている。いまさら、無実を主張したにしても、裁判で決まってしまったものを覆すことなどできるものではない。それなら、そうっとしておいてもらったほうが、地元で暮らす家族のためだ、と彼はわたしに懇願したのだった。それが冤罪者家族のどうしようもない絶望をあらわしていた。

弟が死刑にされようとしているのに、と非難できないほどに、彼は困惑しきった表情をみせた。誠実な人柄の勉さんは、わたしが帰ったあと、そのことを獄中の弟に伝えていた。谷口繁義さんの、兄がわたしを追い返したことをとても残念がっていた手紙が残されている。

このちいさなエピソードは、冤罪者の家族の苦衷《くちゅう》をあらわして余りある。確定した死刑判決を覆すなど、庶民のだれが想像できようか。ラクダが針の穴を通るほど困難だ、といわれている「再審開始」など、貧しいひとたちの力でできるようなものではない。それまでの裁判でお金は使い果たしているし、再審を認められる「新証拠」など、素人に発見できるはずがない。まして、検事は、被告人に有利な証拠、つまりは、自分たち検事側に不利な証拠を、あっさり開示するわけはないのだから。

「弘前大学教授夫人殺人事件」は、発生当時「松永事件」と呼ばれ、いまは簡単に「弘大事件」とか「弘前事件」といわれたりしている。この事件は、刑事裁判の鉄則である、「疑わしきは被告人の利益に」を強調した、北海道の「白鳥事件」の最高裁決定（一九七五年五月、再審請求特別抗告棄却）が、再審請求事件にも適用されるようになった、最初の再審開始事件だった。

「弘前大学教授夫人殺人事件」は、この本に書いたように、真犯人が登場して再審が開始され（第一回の請求は棄却）、那須隆さんに無罪判決がだされた。そのあと、「財田川事件」など、四つの事件の死刑確定囚の冤罪が証明されて、つぎつぎに釈放された。

冤罪者が死刑確定囚にされていた、との恐ろしい事実は、死刑制度に深甚なる疑問を投げかけている。わたし自身も、谷口繁義さんとの交流によって、死刑廃止論者になった。が、いまは、冤罪があるから死刑制度反対、との段階から、死刑そのものの野蛮さにいたたまれなくなって、積極的に死刑制度の廃止を主張している。

矢野伊吉さんの『財田川暗黒裁判』は、たったひとり、全生涯をかけて谷口死刑囚の冤罪を証明した執念の書、として話題を呼び、この事件の再審開始に大きな役割をはたした。そのあとからはじまった、再審裁判の経過をふくめて、わたしは、『死刑台からの生還』（立風書房）を上梓した。また、成田空港反対闘争の渦中で、警官三人がゲリラに襲われて死亡した、「三里塚東峰十字路事件」の被告たちの冤罪を証明する、同名の本を編著（第三書館）で上梓した。これも無罪判決をひきだしている。

冤罪事件での死刑囚としては、ついに釈放されることなく獄死した、「帝銀事件」の平沢貞通さん、「名張ぶどう酒事件」の奥西勝さん（二〇〇五年五月、再審開始決定）、「袴田事件」の袴田巖さんなどの事件が、未解決である。奥西さんは一九六一年から四十五年間、袴田さんは四十年間も独房に幽閉されたままだ。なんと国家は非道なことをするのか。

一九六三年五月に発生した「狭山事件」の被告だった石川一雄さんは、一審で死刑、二審で無期懲役の判決を受け、一九九四年十二月、三十一年七ヵ月ぶりに仮出獄した。しかし、事件の日から四十三年たってなお、「犯人」の汚名を受けたまま、再審は開始されていない。この事件について、わたしは、『狭山事件　石川一雄四十一年目の真実』(草思社)を書いて、警官と検事の証拠のデッチ上げと証拠隠し、それを認知する力のない判事を批判した。

最高裁は、二〇〇五年三月、第二次再審の特別抗告を棄却した。今年五月に、弁護団は、東京高裁にたいして、第三次再審請求をおこなう。「目にみえない手錠がかけられている」と石川一雄さんがいうように、仮出獄しているとはいえ、無罪を宣告されていないので、罪人のような、精神的に不自由な生活をつづけざるをえない。

このひとたち、冤罪者を黙殺しているのが、世間の冷酷さである。逮捕されただけで、「怪しいから逮捕されたのだ」との冷たい視線を浴びせかける。逮捕時のセンセーショナルなマスコミのあつかいは、ひとびとの記憶にしっかりと残され、たとえ冤罪が晴れたあとでも、犯人視をつづけさせる。

この本の主人公である。勤勉で、生真面目な性格の那須隆さんは、デッチ上げられた証拠で逮捕、投獄、さらに有罪の判決を得たばかりに、狭い町で屈辱的な半生を送ってこられた。司法制度の暗闇に呑みこまれたのは、那須さんだけではない。家族のひとたち全員である。その家族が受けた精神的打撃を明らかにする、国家賠償請求の裁判で、那須さんは敗退した。

ところが、そのあと那須さんに、検事局から裁判費用の請求がまわされてきた。罪をなすりつけたものが罰せられず、多大な損害を蒙ったものにツケがまわされることを、那須さんは怒っていた。石が流れて木の葉が沈むこの非合理、それが日本社会の現実なのだ。

改めるに憚《はばか》ること勿れ、とわたしたちは教えられてきた。が、為政者は謝ることも改めることもなく、自分の過ちを自己合理化するだけだ。なぜかといえば、権力をもっているからだ。冤罪をなすりつけられたひとたちが、自分はやっていない、と血を吐く想いで訴えたにしても、警察も検察も判事も耳を傾けようとはしない。なぜかといえば、訴えているのは「犯罪者」だからだ。

いったん、逮捕されてしまえば、無間地獄《むげんじごく》に堕ちるように、市民社会からの転落はとめどもない。冤罪者が捉られたその恐怖を、どれだけ、わたしたちは感じ取ることができるか。

いまでも、多くの冤罪がある。わたしは、いま、狭山事件の再審開始のための運動に参加しているのだが、これ以外にも、北海道の「恵庭《えにわ》事件」で、殺人事件の犯人にされた女性の被告のように、一度も自供せず、弁護士が任意出頭の段階からガードしてなお、高裁決定で有罪とされている事件もある。

冤罪事件は、市民社会で生きていくことを、国家から一方的に否定される酷い仕打ちである。そのひとの人権を回復させるのは、市民の生活感覚と人権感覚とに根ざした、やり直し裁判（再審）である。

なお、文中では登場人物は一部仮名とした。また煩雑さを防ぐため、敬称は略させていただいた。新風舎文庫への収録に当たっては、編集部の米山勝己編集長、児玉容子さんのお世話になりました。那須隆さんのご一家に、感謝しております。

鎌田　慧

二〇〇六年三月一日

資料　新風舎文庫解説

大谷昭宏

弘前大学教授夫人殺人事件で、無実の那須隆さんが逮捕されたのは、事件発生から十七日目の一九四九（昭和二十四）年八月二十二日、半世紀以上も前のことである。

その後の経過をざっと時系列で追ってみても、一審青森地裁弘前支部の無罪判決が一九五一年（昭和二十六年）、二審仙台高裁の懲役十五年の逆転有罪判決は同年十二月、服役した那須さんが出所するのは、十一年後の一九六三（昭和三十八年）、真犯人、滝谷福松の出現がその八年後の一九七一年（昭和四十六年）、再審請求は、一九七四年（昭和四十九年）に一度却下され、晴れて仙台高裁で無罪判決が言い渡されるのは、一九七七年（昭和五十二年）、事件発生から実に二十八年を経過して後のことである。

鎌田慧さんのこの著書が最初に出版されたのは、その翌年であるから、二〇〇六年のいま、それさえも三十年近く前のことになる。だが、読者の多くもそう感じられたと推測するが、私には、新鮮そのものの作品として、目の前に展開された。

著者の鎌田さんとは親しくさせていただいて、それも二十年余りになる。人を逸らさぬ奥行きのある、温かく人なつっこい人柄、いつの間にか取材者と取材対象者が一体になっている。加えて事件は著者のふるさとでもある、弘前で発生している。

弘前弁が淀みなく流れ、一層、その一体感を顕《あらわ》にしている。

その一方で、いまもルポルタージュにこだわる鎌田さんの中に流れる横暴な権力に対する憤り、抑圧と蹂躙《じゅうりん》に泣く市民へのまなざし、それらが事件発生から半世紀以上、そして本書の初出版から三十年の時空を経て、なお、この作品を何一つ色褪せて見せない、大きな要因というべきであろう。

だが、新鮮さ、鮮烈さの要因をそこにばかり帰結させて本書を読み進むのは、あまりにももったいない。著者に対して失礼というものである。と同時に、ここに改めて文庫化して出版されることの意義を半減させてしまうといっていい。

事件は戦後の混乱がなお続く昭和二十四年、戦前は軍都として存在した弘前市が大学医学部（元青森医学専門学校）を招致することで学都としての新たな姿を模索している矢先に起きた。医学部教授夫人殺害という事件の犯人を医学部関係者から出すことはもちろん、事件そのものを、招致した医学部と関連づけて語ることをも、タブーであったのだ。何としてでも、そして一刻も早く医学部以外のところから犯人を炙り出さなければならない。青森と張り合う弘前にとって、弘前に来てまだ間もない那須さんを、貞淑で美貌の教授夫人を襲った変態性欲者として浮かび上がらせるストーリー仕立ては、それらの条件に見事に合致していたのだ。

いま、国策捜査という言葉が数多く使われている。ならば、那須さん冤罪事件は、当時の弘前という土地柄が生んだ「地域策捜査」が為した業《わざ》というべきものではないのか。

さらに、その地域策捜査に色づけと、道具立てをし、那須さん冤罪事件に強引に誘導していったものがいくつかある。一つは那須さん有罪の仙台高裁判決で唯一の物証とされた那須さんの海軍用開襟シャツの血痕を現場の遺留血痕と同一とした古畑種基元東大名誉教授（故人）の鑑定結果である。古畑鑑定は、那須さん冤罪事件とほぼ同時期、多くの事件の公判に証拠として出され、そのうち実に十三件、十四人が後に再審請求している。この古畑法医学の思想は本人が著書で堂々と述べている通り「治安維持のための国家医学」だったのである。

さらにもう一点。事件発生当時、日本警察は、戦前の国家警察権力による中央集権の解体を目指すマッカーサー書簡によって都道府県単位の国家地方警察（国警）と市町村単位の自治体警察に二分されていた。捜査力は分散され、ともに力量は劣るのに「滑稽（国警）と失敬（市警）」と市民から揶揄されるほど、そのいがみ合い、手柄の取り合いはすさまじかった。那須さん冤罪もまた、一時は真犯人、滝谷に肉薄していた国警を市警が強引に排除する形で突き進んでしまった。

何より、この警察組織の二分の弊害は、本書の中で〈たとえば選挙違反で検挙された議員が官房の中から「オーイ、〇〇君、煙草くれ、タバコ」と看守に向かって声をかけ、煙草を喫いながら「俺がこっからでたら、お前（め）の面倒みてやっから」というのは、その頃の自治警で日常茶飯事的光景だった〉と書かれている通り、自治体や自治体のボスとの癒着、その意向に沿った、これまた地域策捜査となることだった。

さて、ひるがえって那須さん逮捕、有罪判決から五十年余り、現代日本の警察、司法はいかなる姿か。二〇〇四年二月、東京で自衛隊のイラク派遣の是非を問うビラを自衛隊官舎に配ったとして市民団体のメンバー三人が逮捕されたうえ、七十五日にわたって拘留され、一審無罪だったにもかかわらず、二審で有罪判決を受けている。これこそ、那須さん冤罪に置き換えれば、まさに地域策捜査に代わる国策捜査であり、一審無罪、二審有罪の流れは国権ににじり寄る司法の姿ではないのか。

さらに地下鉄サリン事件の首謀者とされる麻原彰晃（松本智津夫）被告の東京高裁での審理をめぐって、麻原被告の罪状はともかくとして、高裁は弁護団の独自の精神鑑定による「麻原被告に訴訟能力なし」の主張を無視。高裁が委嘱した精神科医の鑑定に基づいて控訴棄却を決定してしまった。この構図は、かの古畑鑑定の思想、「治安維持のための国家医学」と軌を一にしてはいまいか。

国権と地方権力との違いはあれど、この姿は「オーイ、お前（め）の面倒はみてやっから」の声に呼応する半世紀前の警察、裁判所のありさまを、いままた合わせ鏡の中に見事に写し出しているといえまいか。

それが、私が本書を、いまもなお、私たちの目に新鮮、鮮烈に飛び込んでくると書く所以である。

二〇〇六年四月一日

弘前事件――真犯人が現れても再審棄却
冤罪にほんろうされた那須さんの人生

――鎌田さんが『血痕』（『弘前大学教授夫人殺人事件』）という本を出された弘前事件についてお聞きかせください。

鎌田　弘前事件は一九七六年に再審開始決定が出されるのですが、そのあと「週刊文春」の編集部から弘前事件のルポの連載の依頼がありました。

私自身が弘前の出身で、事件現場に近いところに生家がありましたから、取材もしやすかったことはありますね。この連載をまとめて本にしたのが「血痕」（一九七八年文藝春秋社）という本です。

弘前事件では、なんといっても、真犯人が現れても裁判所が再審請求を棄却したことが大問題です。

この事件で殺人罪で起訴された那須隆さんは、捜査段階から一貫して無実を叫ぶのですが、懲役十五年の有罪判決を受ける。那須さんは約十年間服役して、一九六三年に仮出獄するのですが、その八年後に真犯人が劇的に名乗り出るんですね。ところが、仙台高裁は真犯人の告白は信用できないと言って、再審請求を棄却するんです。

最終的には一九七七年に仙台高裁が無罪判決を出すのですが、免罪が晴れるまでに二十八年もかかった。

――真犯人が名乗り出るいきさつは？

鎌田　真犯人だったTは別の性犯罪で捕まって、仙台の宮城刑務所にいたんですが、一九七〇年十一月に作家の三島由紀夫が市ケ谷の自衛隊で割腹自殺した。その事件を房内ラジオの放送で聞いて、同房者と「一生のうちに一度ぐらい何かいいことをしないと」という会話から、人を殺したという告白をした。それを、わいせつ図書の販売で捕まって同じ刑務所にいた村山一夫という人物が聞いて、出所後、Tが名乗り出たことを那須さんの母親に伝えに行くんです。真犯人が名乗り出たということで、那須さんも親族もみんな喜んだんです。

それで、仙台の南出一雄弁護士が弁護人を引き受けて、一九七一年に再審請求を仙台高裁に提出するんですが、三年後に仙台高裁は再審を棄却する。

弘前には「東奥日報」という県紙と津軽地方の新聞で「陸奥新報」というのがあるんですが、二つの地元の新聞とも、真犯人だと名乗り出たのは、刑務所仲間がたくらんだ金稼ぎだ、と報道するんですね。Tと村山が、いかにインチキなやつらかという連載記事まで出すんです。逮捕されて刑務所に入ったやつらだから、ろくでもない連中だ、Tの真犯人の告白は信用できない、という那須さん犯人説のキャンペーンを始める。それで、ずっとあとまで、市民の中に偏見が消えていない。

——真犯人が名乗り出るのは那須さんが出所してから8年後ですね。

鎌田　那須さんは出所してからも苦労するんですね。那須さんの妹の夫が材木屋をやっていて、木くずが出るので、お風呂屋さんもやっていた。那須さんは仮出獄した後、職もいろいろ変えざるをえなくて、その風呂屋で働いていた。新証拠がないので、再審請求もできずに悔しい思いで耐えながら苦しい生活をしていたのです。

一審無罪から二審有罪への逆転
——有罪の根拠とされた「血痕鑑定」

鎌田　那須さんは一審の青森地裁弘前支部で無罪判決だったんです。検察官が控訴して、仙台高裁で有罪になってしまう。そのときの最大の根拠になったのが那須さんが着ていた白シャツに被害者と同じ型の血痕がついていたということでした。同じ人の血痕である確率は九八・五パーセントだという、当時、法医学の権威とされた古畑種基・東大教授の鑑定書です。

しかし、最初に警察からシャツの鑑定を依頼された弘前大学法医学教室の引田一雄教授は「灰色がかった黒ずんだ古い斑痕」という判断だったんです。警察は、引田教授が鑑定結果を出す前に、シャツを持ち帰っています。

それと、逮捕の決め手になったのは、那須さんが当時はいていた白ズック靴に「血痕」が付いていることでした。警察は、弘前市の公安委員をやっていたM医師に検査を依頼して「人血」だとわかったからだというのです。これも、引田教授の鑑定では血液の付着という結果は出ていなかった。裁判では、ズック靴に付いていたのは被害者と同じB型の血液だというM医師と弘前市警の鑑識課員の鑑定が出されました。

一審の裁判長の判決は、引田教授の証言を採用して、有罪の証拠はないから無罪というものでした。「疑わしきは罰せず」という原則にしたがった。

ところが、二審の仙台高裁は、古畑鑑定を採用して那須さんに懲役十五年の有罪判決を出して、それが最高裁で確定してしまった。

――そもそも有罪の根拠とされた「血痕」に疑問があったわけですね。真犯人が現れても再審を棄却した裁判所の言い方は？

鎌田　再審請求を棄却した仙台高裁（第一刑事部）の決定は、ズック靴の血痕などの有罪証拠にはいろいろと疑問はあるけれども、有罪判決を揺るがすものではないから、再審は開始しないという言い方ですね。

財田川事件の再審棄却決定も同じですが、結局、最高裁の有罪の決定に疑問を投げかける勇気が裁判官にないということだと思います。

異議申立で仙台高裁（第二刑事部）は、真犯人の告白は信ぴょう性があるとしたうえで、ズック靴の斑痕は血痕とは認められないし、白シャツの「血痕」にも疑問があるとして、棄却決定を取り消して再審を開始しました。

――異議申立の審理では、弁護団が出した鑑定書について、法医学者の鑑定人尋問など事実調べがおこなわれていますね。

鎌田　再審開始決定は、前年に最高裁が出した白鳥決定を引用して、那須さんを有罪とするには証拠上極めて疑わしいとしています。戦後の重大事件の再審開始第一号でした。翌年に出された仙台高裁の再審無罪判決は、白シャツの「血痕」について、「押収された当時には、もともと血痕は付着していなかったのではないかという推察が可能となる」と捜査当局の偽造を示唆しています。それで、当時の捜査関係者に片っぱしから取材して回ったら、その中の一人は、「だれかが血をつけたシャツを古畑教授に鑑定してもらったということでしょう」と言ってましたね。

家族も巻き込む冤罪の苦しみ

――一審無罪、二審で逆転有罪、真犯人が現れても再審棄却、確たる証拠もないにもかかわらず。那須さんは冤罪に翻弄された人生だったわけですね。

鎌田　弘前では「那須」というと、めずらしい苗字なので、あの事件の犯人か、と言われるような状況でした。那須さんは出所して弘前に帰ってからも何回も「人殺し」と言われたんですね。

家族も同じように苦しめられた。人殺しの兄弟とか言われて差別されますからね。それでも、那須さんの無実を信じて頑張っていた。那須さんの妹さんも追われるように東京に出て仕事をしていて、弘前出身ということを隠して、方言が出ないようにまでしていたといいます。

那須さんは、晩年は弘前ではなくて、鰺ヶ沢という青森県の西海岸の方に移って、妹さんのところに身を寄せていました。そこで亡くなられた。弘前ではずっと偏見が続いていたからですね。

亡くなる前に会いに行ったら、すごく怒っていました。国から裁判費用の請求がきたと言って怒っている。

那須さんは、再審無罪判決後、国を相手取って損害賠償請求の裁判をおこしました。原告は那須さん本人、母親と八人の妹や弟たち十人でした。家族をふくめた冤罪による損害賠償を求めたんです。

一審判決は那須さんの損害は認めて、家族への賠償は認めなかったので、控訴したら、高裁では那須さんへの賠償も認められず負けてしまった。そうしたら裁判費用の請求が来た。

冤罪が明らかになって、その責任を追及しようと思って裁判やったら裁判所はそれを認めなくて、費用の請求がきたというので怒っていました。そのあとしばらくして亡くなった。

那須さんは、亡くなる前に、死んでもマスコミに知らせないように遺言を残していたそうです。だから亡くなったことが知られたのは十カ月も後でした。彼や彼の家族を苦しめた、当時の報道に対する憤りがずっとあったんだと思いました。

財田川事件でも、矢野さんの本の出版を手伝うということになって、家族の話を聞くために、谷口繁義さんのお兄さんに会いに行きました。

ちょうど再審が棄却されたあとだったのですが、こういう本を今度出すんですと言ったら、「それは勘弁してくれ。書かないでくれ」と言うわけですね。娘も年頃だからと言うわけです。でも、そのあと拘置所にいる繁義さんに本の出版を断ったという手紙も出している。お兄さんはそれまで獄中の弟に手紙を書いて励まし、送金までしていた。冤罪者の家族の苦しみを感じました。

――冤罪が家族もふくめた人権侵害を引き起こすことを裁判所はわからなければいけないですね。

鎌田　昨年、ハンセン病の家族訴訟では家族も偏見差別を受けたとして家族の損害が認められました。冤罪についても、家族もふくめて差別を受けるということを裁判所は認めて、賠償が認められるべきです。

冤罪をつくる警察官の意識

――冤罪事件の取材をされて、なぜ冤罪がつくられるのか、冤罪の構造をどう思われますか?

鎌田　警察官が思い込みで怪しいと思った人物を犯人視する意識が変わらないと冤罪もなくならないと思います。警察はふだんから戸別調査をして「不良」や「変質者」のリストを作る。事件があると、そのリストから怪しい者を片っぱしからひっぱってきて自白させようとする。だから、差別されたり、偏見をもって見られた人が冤罪の目にあっている。

狭山事件は、部落差別にもとづく見込み捜査で、石川さんを捕まえて、自白させる。日本の冤罪の作られ方の典型ですね。袴田さんもボクサーくずれと言われ、差別されていますね。あとから「証拠」がねつ造されていく。

――自白を強要したり、証拠を偽造したりするわけですが、警察官はどういう意識なんでしょうか？

鎌田　警察官に取材すると、だれもが、自分たちは、組織の一員として、怪しいヤツをひっぱってきただけで、あとはエライ検事や判事が決めたことだから、自分たちには責任はないと言うんです。

それで、かれらは自分がやった事件が無罪になったことは納得している。ただ自分が間違った捜査や逮捕をしたことへの反省はない。これでは、同じような見込み捜査や逮捕、強引な取調べはなくならない。

――証拠のねつ造さえやってしまうし、おかしいと思っても自白をさせるわけですね。

鎌田　財田川事件では、警察官が取調べしているときにすぐそばの自分の家に谷口さんを呼んで飯を食べさせたりしています。十九歳で食べ盛りの谷口さんを飯を減らして空腹にさせておいてから、飯をたくさん食べさせる。そういう人間関係を作って自白させていくんです。

石川さんも同じですね。きびしい取調べをやったあとに、親身になってくれそうな近所の駐在を送り込む。

財田川事件、弘前事件と狭山事件では、十数年の開きがありますが、同じようなやりかたで冤罪をつくっていますね。いまでも警察は同じことをやっています。

なぜ裁判官は誤るのか

――一審無罪なのに二審で逆転有罪、真犯人が現れても再審棄却というような誤った裁判がなぜおきるのでしょうか？

鎌田　弘前事件で、地元で取材していて、そもそも冤罪ということを信じてもらえないということを感じました。警察に捕まったのだから怪しい、怪しくなければ捕まるはずがないという見方なんですね。市民も裁判所も。

警察が捕まえると新聞は「犯人逮捕」と書いてしまう。それを裁判官も市民も毎日のように見るわけです。裁判官も地域社会の中にいますから、袴田事件では裁判長が、そういう社会の雰囲気や報道に影響されて、熊本裁判官が、取調べがひどすぎるから自白も証拠も信用できないとして無罪にしようと思ったけど、裁判長につぶされて死刑判決が出されてしまった。

――狭山事件でも死刑判決を出した一審の内田裁判長は、裁判が始まる前に、世間を騒がせた事件だから早く決着をすると言ったと報じられています。そして、半年後には「自白」を根拠に死刑判決を出しています。

鎌田　冤罪は人間の命のかかった重大な人権の問題だという認識が必要なんです。もしも自分の身に起こって、呼べど、呼べど誰も助けてくれない、と想像すると、大変なことです。でも自分は大丈夫だ、と思っている。警察に疑われるような悪いことをしていない、と考えているのです。

それと裁判官はつねに「疑わしきは罰せず」という刑事裁判の鉄則にしたがうということが根本だと思います。

有罪にする根拠、犯人の根拠がないなら無罪にすべきですね。捜査する側の力がなかったわけですからね。

法律的にも有罪の証明がなければ無罪にするということになっているはずです。警察官、検察官や裁判官がこの鉄則を守っていれば、谷口さんも那須さんも石川一雄さんも袴田巖さんも冤罪で苦しまずにすんだはずです。

そのように言うと「犯人を逃していいのか」と言われるわけですが、探して見つからなければ、だからといって犯人を作るわけにはいかないわけですからね。

それを無理するから冤罪はおきる。「疑わしきは罰する」ということになってしまう。

――市民も冤罪や司法の現実を知って、意識を変えないといけませんね。

鎌田　福岡事件の西武雄さんの「叫びたし寒満月の割れるほど」という歌が本当に冤罪者の思いを表していると思います。たった一人で叫んでいるけど、関係ない人はまったく関心を持たない。たった一人の犠牲で、あとの人は平穏に暮らしているというのが冤罪の構造だと思う。

冤罪者の生活や気持ちは関係ないから関心がないというのではなく、冤罪の恐ろしさや冤罪者の苦しみを、本を読んだり、話を聞いたりして、想像しなくてはいけないと思いますね。

足利事件で菅家利和さんの救援を一市民として地元で最初に始めた西巻糸子さんは、同じ幼稚園バスの運転手で、子どもを乗せて送り迎えをしている幼稚園バスの運転手が、あの幼女殺害事件の犯人であるはずがないと考えて、疑問をもったと言うでしょう。そういう、人間に対する関心とか同情がない社会では、冤罪解決の運動は広がらないと思います。それをどう広げるか。そういう意味で、いろいろな過去の冤罪事件の現実、裁判の問題を知ってほしい。

少しずつかもしれませんが、最近は変わってきたと思います。志布志事件、氷見事件で無罪判決が出て、足利事件、布川事件とか再審無罪判決も出されて、冤罪事件がつぎつぎと明らかになりました。市民の身近なところで今も冤罪がおきているということがわかった。

それと狭山事件の集会でもそうですが、冤罪犠牲者がいっしょになって声をあげていることが大きいと思います。冤罪をなくす司法に変えようと訴えている。

冤罪と闘った人たちはみんな人間として成長していますね。極限までいって、いろいろなことを考えて、それをはねかえしていますからね。石川一雄さんのように獄中で文字を獲得する人もいるし、谷口繁義さんも獄中で勉強して、さきほどのような陳述書を書くまでになった。

そういうこともふくめて少数派の悲しみ、冤罪者や家族の思いを大事にする社会、司法にしたいですね。

冤罪を裁けない裁判所

鎌田　財田川事件の再審を棄却した裁判官や弘前事件で真犯人が名乗り出ても再審を棄却した裁判官のことを考えると、裁判官も組織人なんだと思いますね。重大な人権意識の問題なのですが、裁判官はどうしても組織のこと、先輩裁判官や最高裁のことを、自分の保身とともに考えてしまうのでしょうね。

財田川事件の再審無罪判決でも、結局、手記の「偽造」も、谷口さんが訴えていた拷問も認めませんでした。わたしは、無実の人に三十年以上も死の恐怖を与え続けた、不正義こそ裁かれなければならないと思って、判決直後、高松から朝日ジャーナルへ送った記事で、「もしも、無実の罪におとしいれたものたちを、もっと厳しく裁いていたなら、これから谷口さんも生活しやすくなるのに、判決はその勇気と思いやりを欠いていた。……裁判所はついに裁判所を裁くことができなかった」と書きました。

裁判官が組織ということに縛られず、矢野さんのように勇気をもって冤罪と向き合う、冤罪者の苦しみと悲しみに寄りそおうとしないから冤罪がなくならない。冤罪を解決できるのは、裁判官の良心と勇気なのです。

でも、桜井昌司さんの国賠裁判の東京地裁判決は、検察官の証拠隠しや取調べの違法を認めましたし、先日の湖東記念病院事件の再審無罪判決では、裁判長が、刑事司法全体の問題と指摘しましたね。

財田川、弘前だけでなく、免田、島田、志布志、氷見、足利、布川、東電社員殺害事件、東住吉事件と冤罪はずっと続いています。裁判所が、過去の司法の過ちをきちんと裁くように変えていかないといけないと思います。そういう社会をめざして、石川さんやほかの冤罪当事者といっしょに運動をすすめていきましょう。

コロナ禍のなかで

――冤罪の運動は、あらゆる人権を守るたたかいと結びつけて進める必要があると思います。新型コロナウィルスの感染拡大の中で、いろんなことが知らされないまま強権的に進められていないか、見逃してはいけないと思います。

鎌田　新型コロナウィルスの感染対策で沖縄県も大変なときに政府は辺野古の工事を変わらず進めようとしています。新基地のための埋め立て工事の海底にある軟弱地盤をどうにかしないといけないので、二〇三〇年完成に変更すると言っている。さらに膨大な費用をかけて、あと十年も工事をやると言っている。とんでもない話です。沖縄県が緊急事態宣言を出した翌日には、あらたな工事の申請を県に出しています。

三・一一の原発事故も忘れてはいけない。原発放射能の問題は消えていないわけですからね。福島でも廃炉作業の関連工事の現場で感染が出ていますね。佐賀の玄海原発でも敷地内の関連工事の関係者が感染していましたね。原発の運転に関わる人から感染者が出たら大変なことになるし、こういう状況のなかで、もし万一事故がおきたらと考えると、なおさら危険な原発をやめるべきですね。

――原発の集会や憲法集会などもまくなり情報が伝わらないこともありますが、コロナのことでいろいろなことを見逃してしまわないようにしないといけないですね。

鎌田　安倍政権寄りの黒川弘務東京高検検事長を検事総長にするため、法律を変えようとしています。検察庁法改正の問題です。この前も、六ヶ所村の核燃料再処理工場を原子力規制委員会が安全基準に適合するという審査を出しましたね。すでに核燃料サイクルは破綻していて、何兆円もの金をムダにするだけですね。憲法改悪もそうですが、新型コロナの陰で「火事場泥棒」的な動きを注意しないといけないと思います。なによりも命が大事なときに、命よりも利権が優先されていると言わざるをえませんね。

――狭山のたたかいもこれからですね。

鎌田　石川さんたちも元気に頑張っています。いまは石川さんたちには感染予防といままで以上に健康に注意して、元気でいてほしいですね。五月の集会は中止にしましたが、三者協議もつづいていますし、検察官が出してきた反証にたいして、弁護団は反論を出していくようです。新証拠も出されます。今後、弁護団の動きにあわせて、狭山事件の再審を求める市民の会でも、さらに運動を広げていきたいと思っていますので、みなさんいっしょに頑張りましょう。

第二部　ドキュメント隠された公害

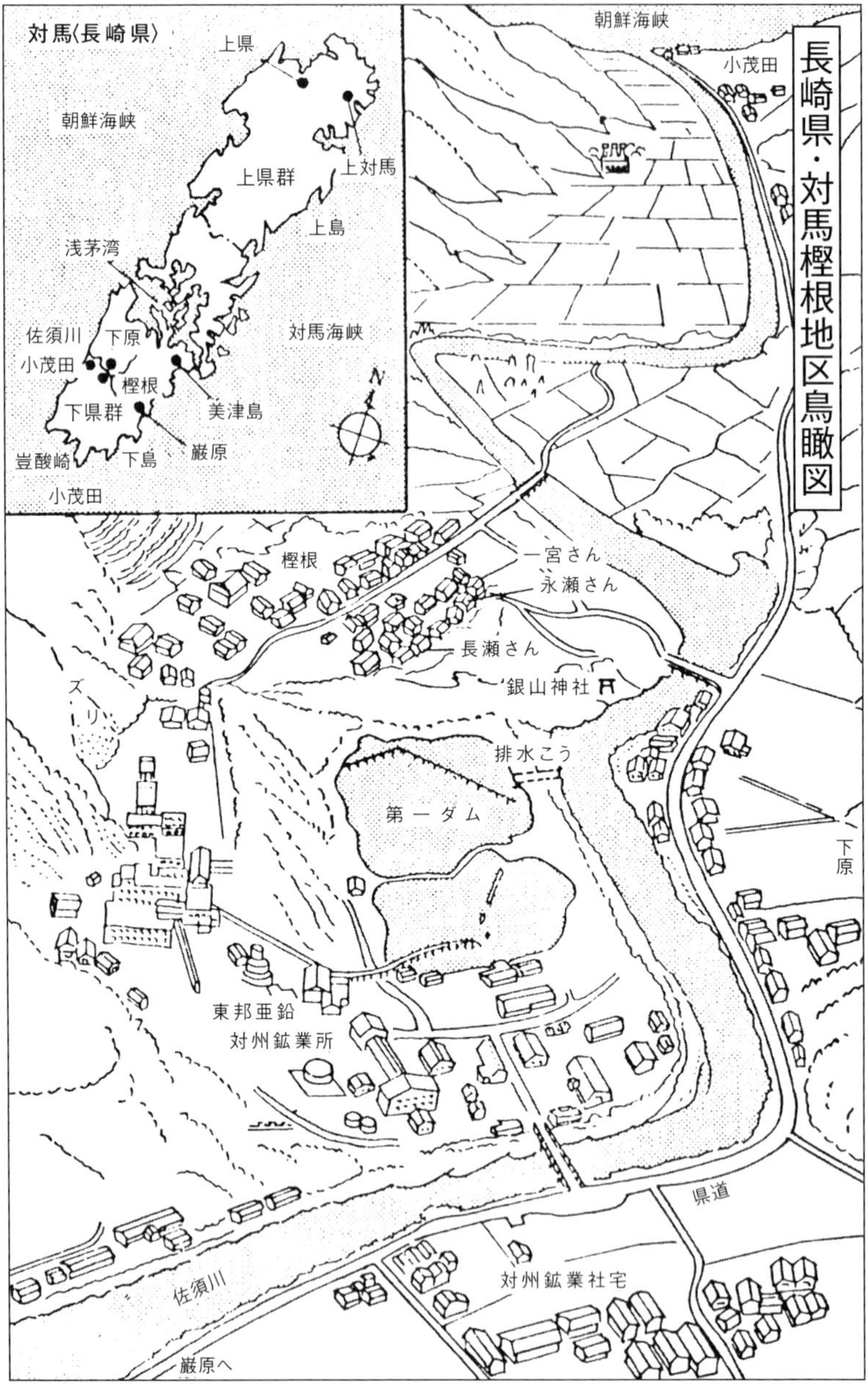
長崎県・対馬樫根地区鳥瞰図
対馬〈長崎県〉
上県
朝鮮海峡
上対馬
上県群
上島
浅茅湾
対馬海峡
佐須川
下原
小茂田
樫根
美津島
下県群
厳原
豈酸崎
下島
小茂田
朝鮮海峡
小茂田
樫根
一宮さん
永瀬さん
長瀬さん
銀山神社
ズリ
排水こう
第一ダム
下原
東邦亜鉛
対州鉱業所
県道
佐須川
対州鉱業社宅
厳原へ

朝日新聞社提供

I　尾行者たち

対馬・樫根《かしね》部落

橋を渡ると樫根部落である。狭い農道は行き交いの激しいダンプの轍で深くえぐられ、道ばたの稲は重い埃をかむって倒れかけていた。傾斜地に建つ低い家並の上には、鉛色の山がのしかかってみえた。

すぐ裏手にある選鉱場から、長年にわたって吐きだされたズリ（鉱石を処理した砕石）が、木も草も山のすべてを呑み尽し、ただ鉛一色の斜面に変えていた。橋から部落のまん中を通り抜けるこの道は、ズリの捨て場へ突き当たり、やがて真暗な廃坑の中へ吸い込まれてしまう。樫根は廃石の上、排水ダムの下で、身をよじるようにして横たわっている集落である。

道ばたにひしゃいで建ち並んだ小屋は、みな一様に鉛色の粘っこい粉によって、うっそりと埋もれていた。そのうしろにつづく母屋は戸をたて切り、コトリとも物音がしなかった。踏み歩く土の上には褐色の廃石がゴツゴツ頭をだしていた。人影はまったく見当たらず、子どもの泣き声や犬の吠える声もない。農村というよりは忘れ去られた炭住街とでもいうような荒廃した風景だった。闖入者《ちんにゅうしゃ》としてのうしろめたさから、わたしの足はひとりでに鈍りはじめていた。

奥へ進むと、籠を背負い、手ぬぐいをかむった小柄な女がやってきた。山へでもいくのだろうか。わたしはホッとして、つとめて気軽な調子で声をかけた。

「すみません。区長さんのお宅はどっちでしょうか」

女は顔をそむけて通りすぎた。そしてすこし離れてから歌うようにいった。

「いま、おらんよ」

その返事にまきつけるように、「お宅はどっちなのですか」ときいたのだが、女は振り返りもしなかった。それはまるで振り返ると石になってしまう、あの童話を信じこんでいるようでさえあった。大きな籠をきっちり背負ったそのうしろ姿には、拒絶というよりむしろ敵意さえこもっているようだった。

「本土で考えているようにはいかんですたい。樫根じゃ記者にはなんもしゃべらん、という部落のとり決めがありますけん。山仕事に出かけているひとを追いかけていってこっそりきいても、鉱山の悪口をいうひとはないとです。わたしらも頭がイタイイタイですたい」

ここにくるまえ、厳原《いずはら》町で会った地元の記者にこういわれていた。わたしは、対馬にも富山県神通川流域とおなじような、カドミウムによるイタイイタイ病が発生している、とのニュースを知らされていた。長いあいだ、富山の〝奇病〟とされていたイタイイタイ病を、公害病として厚生省に認定させた萩野昇医師が、対馬の樫根でも患者を発見したのにもかかわらず、被害者であるはずの肝腎の住民が、頑なに病気の発生を否定していることも知っていた。

はたして、対馬に公害があるのかないのか、もしあるとすればなぜ隠そうとするのか、なぜ取材を拒否するのか、なぜ病気の存在を否定するのか、一体そこにはなにがあるのか、この疑問に追いたてられるようにわたしは対馬にやってきた。そしてまず、部落のうえに重苦しくかぶさっている、他所者《よそ》への厚い不信と敵意の層にぶつかったのである。

わたしは道を引き返した。バス停になっている鉱山の供給所は店を閉めていた。西部劇のセットのように、長く突きだされた廂が細い柱で支えられ、その下に木製の粗末なベンチが置かれていた。そこに腰かけて一日六便のバスを待つことにした。

川を背にして、供給所と鉱山の車輛修理所、そして診療所が並び、道をへだてたむこう側に、ガソリンスタンド、雑貨店、食堂、自転車屋がまばらに建っている。この日は鉱山が休みのためか、ひともクルマもほとんど通らず、ただ風だけが白い埃を巻き上げて道の上を走り抜けていた。

イタイイタイ病との出会い

朝鮮半島のすぐ手前にひっそりと浮かぶ対馬に、イタイイタイ病が発生したのを知ったのは、一九六八年の十一月だった。たまたま福岡市内の旅館で手にした朝日新聞は、一面トップ、八段抜きで、「対馬のもイタイイタイ病、石崎金沢大教授が立証」と報道、社会面には、「やはり本当か」と厳原通信局からの送稿が大きく扱われていた。

六八年五月八日に、富山県婦中町のイタイイタイ病を、厚生省がようやく三井金属鉱業の鉱毒による公害と認定してから、ちょうど半年目のことだった。旅先で読んだその新聞をわざわざ自宅までもち帰ったのは、この奇病にとり組んでいた開業医の孤立無援の物語を、雑誌で読んでいたためでもあった。「やはり本当か」という見出しは、それまで開業医説として一蹴されていた公害の存在が、「大学教授」の診断によって、はじめて〝真実性〟を帯びたことをあらわしていた。「心配そうな地元民」の声もそこに収録されている。その記事には、スリルと一種のユーモアさえ感じられた。記事はこう書かれていた。

……こんどの石崎教授の判定で、いわば一開業医の説として受けとられていた対馬イタイイタイ病は学問的にも立証されたことになり、金沢大医学部の態度などから対馬のイタイイタイ病を認めていなかった厚生省の態度や国の対策にも大きな影響を与えそうだ。「患者はいない」といっていた長崎県衛生部も十八日から対馬で一斉検診を行なうことにしており、対馬のイタイイタイ病は、やっと本格的な追及が始まる。（「朝日新聞」西部本社版、六八年十一月八日）

しかし、この切り抜きはそのまま雑多な新聞記事と一緒に紙袋の中にしまい込まれてしまった。六九年六月、三一書房の編集者と会った際、かれは「アサヒグラフ」（五月三十日号）をひろげてみせた。そこには、「神聖喜劇の島『対馬のイタクナイイタクナイ病』」というタイトルの記事があった。

〝被害地〟の住民たちが、「ここにゃイタイイタイなんてありゃせん」とだけ答え、〝患者〟の疑いの濃いある婦人が、忽然と部落から姿を消した話などが紹介されていた。赤茶けた廃石の上にひしゃいで建つ家並やカメラのまえで顔を覆い隠す女のカラー写真は、しまい忘れていたわたしの切り抜きにもう一度強烈なイメージを焼きつけた。「やっと本格的な追及に入る」はずだった対馬のイタイイタイ病は、部落ぐるみの拒絶によってはね返されていたのを知ったのである。

わたしは病気が「ある」のか「ない」のかの結果よりも、この地域の歴史に惹かれた。富山へ寄って萩野昇医師に会い、金沢大学の石崎有信教授、岡山大学の小林純教授にもお会いした。おなじ東邦亜鉛のカドミウム公害に起ちあがった群馬県安中の農村地帯もまわった。そして八月、はじめて対馬に渡って資料を集めた。対馬を再訪して、樫根部落に入ったのは、九月下旬だった。

博多から対馬までの定期船は一日一便だけである。船は玄界灘を越え、壱岐《いき》に寄って約六時間半。空路はない。

厳原は城下町で、海にはいる川の両側に柳の並木がつづき、長閑《のどか》である。宋家十万石は、むかい合った朝鮮との貿易によって維持されていた。古い石垣の武家屋敷がつづいて、この辺境の地もかつては賑わっていたことを彷彿させた。

着いたつぎの日の夜、まえにきたときに知り合っていた新聞記者を通信局に訪ねると、鉱山の副所長がソファに坐っていた。東邦亜鉛対州鉱業所の公害が問題にされてから、東京本社から派遣された大工原《だいくばら》副所長で、ぶらりと訪れてくることが多くなったとはきかされていた。「お宅がきたことも、もう鉱山じゃ知っとるじゃろよ」という警告つきで。

わたしは鉱山からマークされないうちに、樫根のひとたちから話をききだしたい、と考えていた。が、そんな思惑を嘲笑うように、町から十八キロの山道を越えた島の裏側、朝鮮海峡のそばの鉱山社宅に住む副所長と、〝偶然〟出会ったことでわたしはうろたえた。

副所長は顔の艶のいい、物腰の柔らかな、けっして失言することなどない慎重な話しかたをする人物だった。わたしたちは辛抱強く対馬の歴史の話をした。これには、わたしの付焼刃の知識が役立った。かれは東北大学の経済をでて一九四六年に入社、四十七歳、出世コースに乗っている感じだった。わたしは問われるままに対馬の歴史を研究するためにきた、と答えた。かれは「鉱山にもでかけてください」と如才なくいって席をたった。

それから二週間、わたしは町のひとたちと会うと、かならず、「樫根に知っているひとはいませんか」と尋ねていた。ストレートな取材が拒否されるなら、コネをつくって樫根に近づきたかった。

「さあ、あすこは難しかろ、イタイイタイ病のことは話さんけんのう」

だいたいこんな返事が返ってきた。戸数二十七戸、そのほとんどが鉱山ではたらいている樫根のひとたちと、町で出会うのは難しかった。

尾行者

この日、思いたって、山腹を無理に削りとったような岩石が露出した九十九《つづら》折りの狭い道を、バスで一時間ほど揺られてやってきたのだが、やはりきいていたようにとりつくシマがなかった。供給所のベンチに坐って、このまま厳原の町へ帰ってしまうか、それとももう二キロほど歩いて小茂田《こもだ》浜へでて朝鮮海峡でも眺めようか、考えあぐんでいた。

と、鉱山のほうから白塗りの小型乗用車がゆっくりむかってくるのがみえた。ちょっと止まりかけたので、なにげなく運転台に眼をやると大工原副所長だった。クルマはさり気なく通りすぎたが、その思い切りの悪い走りかたはわたしに気づいたことを示しているように思われた。

鉱山は休みなのに、副所長が通りかかったのはまったくの偶然だったのだろうか。それともどこからか通報があってたしかめにきたのだろうか。見張られているような不安に追いたてられるように、わたしはクルマが走り去った方角へ歩きだしていた。

蛇行して流れる佐須川から近くなったり遠くなったりしながら、白っぽい道がつづいていた。下り勾配になって海岸がちかいことを感じさせた。風は強かったが空気は澄みわたり、あたりの山の緑が陽を浴びてまぶしかった。わたしは山の迫った道をゆっくりと歩きながら、かならずあのクルマが追いかけてくることを確信しはじめた。

やがて軽いエンジンの音が響いてきたので振りかえったが、クルマは山に隠れてなかなか姿を現わさなかった。それは追いつこうか、それともこのままの距離を保とうか、とためらっているようにも感じられた。

急な坂を登り、露出した岩陰を大きく迂回すると、いきなり視界がひらけた。道ははじめて真直ぐに伸び、その先の両側に人家が固まっているのがちいさくみえた。そのうえにひろがった空の下が海であるのはまちがいなかった。「ほう」と一息つくと、クルマが追い越しかけて止まった。

道をよけると、副所長がガラス越しに「おや」という顔をしてみせた。さっきとちがって、助手台にもうひとりの中年の男がコチコチになって乗り込んでいた。副所長は、「乗りませんか」と合図した。わたしは素直にうなずいた。見知らぬ男があわてて降り、自分が坐っていた席を倒して、うしろの座席に乗り換えた。

「さっきはどうも、鎌田さんに似たようなひとだと思ったのですが……」

二度ほどおなじことを繰り返して、副所長は笑顔を示した。通信局で会ったときには名刺を渡していなかったのだが、かれはわたしの名前を憶えていた。よほど記憶力がいいのか、それともよほど注意してくれたのか、そのどっちかであることにまちがいない。

「きょうはどちらまでです」

副所長がきいた。そのときまでは別にあてがなかったのだが、

「漁業組合にでもいってみようと思ってます」

答えながらそう決めた。

「大工原さんは？」

と切りかえすと、

「いや、郵便局まできたんですが、このひとを乗せて虫取りに」

矛盾したことをいう。

「鯛釣りのエサですか」

でたらめなことをいうと、曖昧にうなずいた。クルマが防波堤の壁に突き当たったので礼をいって降りた。降りしなにうしろの席の男の顔をうかがうと、バツが悪そうに目を伏せた。副所長はわたしのテープレコーダーを入れたちいさな袋包みに疑わしそうな視線を注いでいた。

クルマは軽いエンジンの音を響かせて帰っていった。

漁業協同組合に寄って時間をつぶすことにした。が、組合長は不在だった。古い民家の二階に机を置いただけの事務所だった。わたしは職員に「少し休ませてください」と頼み、額に収まった西郷隆盛の肖像画を眺めたりしながら、三十分ほど時間

をすごした。

そこから五分ほど離れた農業協同組合へいった。組合長と雑談したあと、道で副所長に偶然会った話をもちだしてみた。かれはだまってうなずき、すこしまえ、本土（対馬のひとはこういう）から学生がやってきて川水を採集して歩いた。守衛がずうっと尾行して、会社へ電話で連絡していた、といった。

画家に扮した男がキャンバスを立て、通りかかった労働者たちに話しかけたが、まったく相手にされなかった、というエピソードをわたしは思いだしていた。新聞記者には話さないという「部落協定」のまえで、わたしがとりあえず使った「離島問題研究」の口実も、そのキャンバスに似たようなものだった。これからの取材の難しさが感じられた。わたしもまた、地元のひとたちに笑い話のタネを提供しにやってきたひとりかもしれない。

つぎの日、農協に顔をだすと、顔見知りの職員に、こういわれた。

「あなたが帰るとすぐ守衛が電話を借りにきたですたい。『いま、農協からでました』と報告しとってました」

Ⅱ　イタイイタイ病発生

奇妙な声明書

声　明　書

富山県神通川流域のイタイイタイ病と同じような病気が佐須の樫根地区にもあるのではないかと、新聞、テレビ、映画等の関係者が取材のためたくさん部落に乗り込んで来て、あることないことを大げさに発表し、静かな部落の空気を乱し、我々を精神的に苦しめております。

この部落にはイタイイタイ病の症状や患者は過去にも現在にも見当りません。それなのにイタイイタイ病という有難くないレッテルを貼られては、今後、娘、息子の結婚や就職にもさしさわりが出て来て迷惑至極であります。

どうかこれ以上ありもしないことで我々を苦しめないで下さい。

どうか静かにしておいて下さい。


樫根部落の全戸主が連盟で、捺印した「連判書」ともいうべき「声明書」の写しが、各新聞社の厳原通信局へ送られてきたのは、六八年四月一日である。厳原町役場の封筒に入っていたのは、樫根の住民が町役場の一室でこれを清書して鉱山出身の町長に手渡し、町職員がコピー、郵送したからである。

イタイイタイ病　対馬にも発生
井戸にカドミウム
2人死亡、3人重症、主婦、183人が痛み訴え

六八年三月十八日の「西日本新聞」は、富山支局からの記事を八段抜きのトップ記事で扱った。このスクープのあと、新聞記者とテレビマンが殺到して取材合戦がはじまった。部落のひとたちが、記事の内容そのものよりも、詰めかけた記者たちに驚いたのも当然だったかもしれない。

対馬のイタイイタイ病は、神通川流域の三井金属神岡鉱業所と同じカドミウム、亜鉛、鉛を採掘しているT鉱業所の鉱山に近い長崎県下県郡厳原町佐須地区に発生。小林教授と萩野医師は、奇病で主婦が死んだ三十八年から、ことし二月にかけて調査を続けてきた。

三十九年秋、厳原町で①神経痛らしい②手足の骨が痛くて歩けない③足が曲がりはじめた④階段を降りたさいに骨が痛くなった——と訴える主婦百八十三人を検診したところ、樫根地区で足の骨がポロポロになったり、胸部の骨が曲がるなど、神通川のイタイイタイ病と同じ症状の重症患者三人を発見。また、三十九年末から四十一年に四十代の主婦二人が奇病で死亡したことをつきとめた。また、三人の重症患者の手足の骨がポロポロになって折れており、かけぶとんの重みにも痛みを訴えているほど。さらに検診した主婦二十数人の手足が、軽いイタイイタイ病に侵され、多発傾向にあるという。

つぎの日の三月十九日、厳原港からすこし山手寄りの古ぼけた町役場で、その年第一回目の町議会が開催されていた。二十六人の議員中、ただひとりの革新系である無所属の三木康資議員は、「西日本新聞」を片手に町長にたいしてつぎのような質問をしていた。対馬の「イタイイタイ病騒動」はここからはじまった。

三木議員　次に町長にお尋ね致します。実は昨日の「西日本新聞」にイタイイタイ病が対州鉱山地区に発生しておるということでございまして、この問題は過去を振り返ってみますと昭和三十二年に対州鉱山の鉱毒が原因となってあの地帯の被害が甚大化し、平間委員長時代、私が副委員長となって鉱害対策特別委員会を設けまして、その収拾策に苦慮したことがあり、相当の町の一般経費をこれに注ぎこんで漸く調整が出来たのでありますが、今日のケースは多少違うとしても今日の場合は人命に関することであり、当時の農作物弊害問題よりも更に事は慎重でなければならないと斯様に考えているものであります。

実は私の所にも問い合せがありましたけれども個人的な見解はまだ申し上げる時期ではないので、鉱山出身の町長、今日町政の最高責任者である町長に直接質問し、将来の町政の努力を如何にされるつもりかこれをお尋ねする所存でございます。（略）

一宮町長　二十六番議員（三木氏のこと＝引用者註）の方では、私が鉱山出身の町長のような御発言がありましたけれども、これは誤解だと思いますので一応取り消していただきたいと思います。私は鉱山に籍を置いておりません。現在は助役になった頃から鉱山の方はやめておりますので、鉱山出身の町長であるということは私は受け入れることは出来ないのであります。以前からそういうつながりがあったわけでありますが、このイタイイタイ病のことにつきましては、今日初めて私も新聞をみましてびっくりしたわけであります。

今まではどういう都合か知りませんが一回もそういうことを聞いたことはなかったわけでありまして、企画係の日高君がやって参りまして「長崎新聞」（「西日本新聞」のまちがい＝引用者註）にこういう記事がのっていると斯ういうわけで私もびっくりしたわけですが、これの対策につきましては色々な専門的な研究の材料と言いますか、そういうことで取り上げるべきものであろうかと思いますけれども、これに対して私自身がどういう対策をたてるかということを勿論私はズブの素人でございますので、今それを持ち出すことは出来ないわけであります。専門家並びに議会の特に関心の高い方々とも協議を致しまして何とか解決をしなければならないということでございますけれども、今朝新聞を見たばかりでございます。具体的な対策を今持ち合わせておりませんので、この程度で御了解をお願い致します。

この答弁のあと、一宮町長はもう一度「鉱山出身町長」のレッテルについて弁明している。よほど気になっているのであろうか。

三木議員　鉱山出身の町長という私の発言の内容を町長はどう解釈したか分りませんが、出身が鉱山であったということで斯ういう問題が起きたときには調整の労を取られるのに都合がいいのではなかろうか、鉱山出身と同時に現在は町政を担当しておられるのだと言ったことに私は問題はないと思いますが、鉱山の代理者とか、鉱山のひもつきとか考えてもおりませんし、そういう表現でもないと私自身解釈して

鎌田慧セレクション——現代の記録——
第2巻
2024年11月
〒101-0051 東京都千代田区神田神保町3-10-601
TEL 03-6272-9330 FAX 03-6272-9921
e-mail book-order@libro-koseisha.co.jp
URL https://www.libro-koseisha.co.jp/
皓星社

言葉の人

柳 広司（小説家）

鎌田慧氏は言葉の人だ。

初めてお会いしたのは、いまも続くイスラエル軍による「ガザ虐殺」に抗議し、即時の停戦を求める集会の場だった。主催者の一人に紹介されたさい、鎌田さんは少し考える様子で「ああ、『太平洋食堂』の人ですか」と少し口ごもるような口調で呟かれた。

私はすっかり仰天し、その後自分が何をしゃべったのか覚えていない。さらに、その日の流れでお送りいただいた著作を読んで、私の驚愕はいよいよ大きくなった。これはえらいことだぞ、というのが正直な気持ちである。

私の驚きと戸惑いには、少し説明が必要だ。第一に「鎌田慧」と聞けば、ほとんどの人が反射的に「行動するルポライター」という言葉を思い浮かべるはずだ。実際、鎌田氏はこれまで数多くの現場に身を投じ、優れたルポルタージュをものにしてきた。近くは「さようなら原発運動」「沖縄問題」があり、遡れば「国鉄民営化」「成田闘争」「自動車絶望工場」「炭鉱」「鉄鋼産業」、さらには「教育」や「家族」といった現実と捨て身で格闘し、作品にして世に問うている。

行動し、言語化する。それがルポライターの仕事とすれば、小説家は週に六日から七日家にこもり、虚構（フィクション）の側から現実に手を伸ばす。小説家を生業とする私とは、基本的なところで立ち位置が違う——なんとなくそう考えていた。

ところが初対面の鎌田氏の口調には、隔てのないフラットな響きが感じられた。三十歳近く年下の小説家の作品に目を通し、かつそれをフラットな感覚で捉えるのは、賭けても良いが、世間でも、また文芸業界でも考えられないことだ。何が、どうなっているのか？

謎は『忘れ得ぬ言葉』を読んで、氷解した。本書では、鎌田さんが行動の中で出会った人々の声が引用されている。「国家が絶対だという。そのところをのみこめない」（鶴

見俊輔）

「不正義に気づいてしまったら、気づいた人間がやはり何かをしなければならない」（矢野伊吉）

「事実が『私』を鍛える」（斎藤茂男）

あたかも鎌田さん自身から発せられた言葉のようであり、事実、そうなのだ。鎌田さんは彼らの人生と言葉を引き受け、自分と自分の言葉を鍛えてきた。引き受けるためには、対象と隔てのないフラットな場所に身を置き続けるしかない。その結果が「行動するルポライター」「鎌田慧」というわけだ。

謎は解けた。が、おかげで驚愕と戸惑いは逆に大きくなった。他人の人生と言葉を引き受けるということは、それまでの自分自身の人生を明け渡すということだ。職人風に言えば「いくつになっても修業のやり直し」である。言うは易し。常人ではとてもできることではない――。

といった辺りが「これはえらいことだぞ」という、驚愕と戸惑いの真相である。

鎌田氏は言葉の人だ。

行動する人であると同時に、あるいはそれ以上に言葉の人だ。

これが「鎌田慧」という謎を前にしてミステリ作家がたどり着いた、一つの答えである。

ルポライターという肩書と矜持

金平茂紀
（ジャーナリスト）

鎌田さんの著作集の月報原稿を、今、小泉進次郎氏の自民党総裁選出馬記者会見のライブ映像を横目に見ながら書いている。聞こえのよい言葉を連ね、労働市場改革と称して、解雇規制の見直しやら残業規制の柔軟化やら、まるで優秀な企業セールスマンのようにプレゼンテーションを繰り広げていた。憲法改正を問う国民投票を実施し、原発も安定的な電力供給に必要、脱炭素の世界的流れにも協調しなければとか、果ては防衛費の対GDP2％執行を速やかに進め、日米同盟のさらなる強化と、イケイケだった。その一方で、選択的夫婦別姓の導入を明言していた。これでころりと騙されるんだろうな、と思いながら、会見映像の音声ボリュームを絞った。進次郎氏の夢見る世界と、鎌田さんがこれまで長年にわたって活写されてきた日本の現実とのあまりのパラレル・ワールドぶりに、頭がくらくらする思いがしたのだった。

ポピュリズムが熱狂の域に達した時、それを止めるのは容易ではない。僕は長年テレビ報道の仕事に携わってきたが、1977年にこの仕事を始めた時、当時のテレビ局の先輩た

ちからよく説教された。テレビやメディアに出続けていると勘違いする輩が多い。いいか、俺たちは「口舌の徒」になっちゃダメなんだぞ、と。「口舌の徒」。もはやこの言葉は死語に近い。「口舌の徒」という言葉さえ知らないであろう今どきの辣腕の編集長やデスクならこうハッパをかけるだろう。いいか、中身じゃないんだ、聞く人を魅了するプレゼンテーションこそが重要なんだ。テレビ番組も、新聞記事も、見られて何ぼ、読まれて何ぼ。炎上上等。無関心よりはマシだ。

鎌田さんの仕事の流儀は、そうした「口舌の徒」とは対極の位置にある。『声なき人々の戦後史』という鎌田さんへの聞き書きの本を読んで何度も頷かされた。声をあげたくても上げられない人々がいる。『自動車絶望工場』を書き上げる前、鎌田さんは、実際にその労働の現場で季節工として働いた。〈『潜入』が目的だったわけではない。そこで働きながら、現場で考えることが目的だったのである。〉〈当時、私は三十四歳。……妻と二人の子どもを抱え、経済的に行き詰まってどうにもならなくなっていた。……解決する道はひとつだけ。取材したい工場に就職してしまうことであった〉。当時、評論家の草柳大蔵が大企業のヨイショ本を書いていた。〈草柳は、トヨタの労働者が「寮に帰って勉強する」とか「本を読んでいる」と書いていたが、寮にたどり着くと、くたびれ果てて本を読むどころか、ものを考える気力さえ奪われてしまっている、というのが私の実感だった〉。鎌田さんのルポルタージュは、そのような現場の真実から成り立っている。

だから、鎌田さんはルポライターという肩書にこだわりを持っておられる。肩書は日本の社会においては、権威や権力の源泉になる。ルポライターという肩書は、ノンフィクション作家という肩書よりも低い位置にみられるかもしれないと、鎌田さんは推認している。だからこそ、ルポライターの肩書を、矜持をもって使っておられる。最近僕が使っている「ジャーナリスト」という肩書きに正直、居心地の悪さを感じる理由がわかった。

私の中の鎌田慧さん

後藤正治（ノンフィクション作家）

十年前、『探訪　名ノンフィクション』（中央公論新社）という拙著を刊行した。そのさい、鎌田慧さんにご登場いただくことは決めていた。ただ、著に何を選ぶべきか迷った末、『逃げる民』（日本評論社、ちくま文庫版では『ドキュメン

ト追われゆく労働者』）とした。工場のラインでともに働いた出稼ぎ労働者の故郷を訪ね、彼らのもう一つの貌を描きながら、日本社会の現況を浮き彫りにしていく――。筆致はやわらかく、文学的でもあって、私の好きな作品だった。

出会いからいえば、半世紀近くになる。文字通り、ノンフィクション（ルポルタージュ）界の最硬派の書き手であって、姿勢が揺らぐことは微塵もない。ただ、身近で感じてきた鎌田さんは、また別の肌触りの人であって、その一端に触れておきたい。

私にとっての鎌田さんは、まずは恩人である。

はじめての拙著『はたらく若者たちの記録』（日本評論社）は、労働雑誌に連載したものをまとめたものだが、鎌田さんの口添えがあって実現したものである。ただ、そうしたことは、自身からはほとんど口にされず、出版社の担当者から耳にして、はじめて知ったりする。他社においても同じようなことがあった。シャイ、なのである。

時折、電話があって、「後藤さん、食えていますか」という言葉がはさまる。おそらく、私と同じように、駆け出し時代、鎌田さんにお世話になった書き手は幾人もおられよう。私は、鎌田さんの声を聞くのが好きだった。

以降、平均すれば年に一、二回であったか、居酒屋辺りで、共通の知人・友人たちとともに一献傾ける機会を得てきた。思い返すに、鎌田さんと何か、ムツカシイ話をしたことは一度もない。

鎌田さんを〝レフトの人〟といっても間違いではあるまいが、伝わってくるのは、もっと普遍的な、人間への目線の低さであり、やさしさである。だから揺るぎなき書き手であり続け得たのだと思う。

鎌田さんにはユーモアを好む人でもあった。それは氏の出身が津軽の地であることとかかわりあるのかもしれない。北国の出身者に、生真面目でありつつ上質のユーモリストは少なくないからである。

先頃、元岩波書店のO氏を交えて一献の機会を得たが、何かの拍子で、富士山麓の地にある「文學者の墓」が話題となった。当地の墓標には、生前ご当人が選んだ自著名を一冊、刻むようになっている。鎌田さんの心積りでは『六ヶ所村の記録』（岩波書店、その後、講談社文庫など）にするつもりであるという。

下北半島の地で巨大開発に抗した人々の物語であるが、〈この一冊〉であるのは〈北国の物語〉であることにもかかわりがあろう。ふと思い出していた。拙著「探訪」での選択、『六ヶ所村の記録』にすべきかどうかと迷ったなぁと。

鎌田慧さん

松元ヒロ
（芸人）

初めて鎌田慧さんとお会いしたのは地球の平和を願って、世界の人たちと交流するため航行するピースボートの船上でした。一九九二年の春、香港、ベトナム、カンボジアを巡るゴールデンクルーズに私は約一週間、しかも初参加でした。そして、同室だったのがなんと鎌田慧さんだったのです。私は仲間たちと時事風刺コント集団「ザ・ニュースペーパー」を立ち上げてまだ四年目。読書も殆どしたことない私。同乗していた戦場カメラマンの石川文洋さんや、児童文学者の灰谷健次郎さんの事も知らない私でした。

船上でビールを飲みながら「おじさん！」と語りかけると「ボクか？」と関西訛りで答えたその人に「おじさんは船を降りたら陸ではどんな仕事をしてるんですか？」と聞くとおじさんは「しがない物書きや」と言うので「そうですか、私もしがない芸人なんです。まあ、お互いがんばりましょう」「あんた、おもろいな」「芸人ですから」二人でワッハッハ。先入観がないから怖がらないですぐに友だちになれるのです。鎌田さんもそうでした。まわりの人が「あんた、分かってんの？　同室の人はあの『自動車絶望工場』を書いた有名なルポライターの鎌田慧さんだよ」と言われても、偉そうにしていない、とつとつと話す優しい先輩にしか見えないから何でも話せるのです。

船を降りてからも私の家に無理やり鎌田さんを引っ張り込んでイッパイやったり、私のソロライブを観に来てくださったりで、あれからもう三十二年。私は芸人ですから「嘘八百、見てきたような嘘をつき」お客さまを笑わすのですが、鎌田さんはルポライター、現場に行き、自分の目で確かめて本当のことを書くのです。

そうそう、以前貰ったファックス「先日は久しぶりに熱演に接することができまして、堪能致しました。芸域も広がり、豊かになられ、日々の研鑽、頭が下がります。（中略）どうかお身体に気を付け、日本中を笑わせ、政治家を笑殺してください。鎌田慧」は、ちょっと嘘も入っているかな？でも、このファックスは私のお宝です。鎌田さんからこんなファックスを貰ったら誰だって舞い上がっちゃいますよね。だから、鎌田さんからのお願いを断わることは出来ないのです。

一昨年の夏も「安倍『国葬』やめろ！　市民集会を新宿駅西口一階広場でやるんだけど、ヒロさん、ちょっと喋ってくれない？」「勿論行きますよ」。「国葬やめろ！　院内大集

会があるのよ、ここでもちょっと……」「勿論行きます」。「今度出る著作集の『月報』に何か書いてくれない？」「勿論！」、それがこれです。行動するルポライターは他人《ひと》をも自ら行動させるからスゴイですよね～。

「六ケ所村の記録」の記憶

小野民樹
（編集者・映画研究）

90年のそろそろ秋が近いころだったと思うが、『六ケ所村の記録』を数ヶ月書き続けていた鎌田さんが言った。「５００枚じゃ半分も書けない。困ったな」小心者の編集者も困った。編集会議では、「鎌田慧なら闘いとか抵抗とかだろ。書名も悪い。売れない」とかいわれ、仮題にして、単行本３００頁でやっと決った企画なのだ。

鎌田さんは約束の仕事を片づけて、あとはこれに専念して一気に書きあげてから考えようという。こまばエミナースは安いし、一月もあれば十分と気楽に言って、資料や聞書きの録音テープを詰めた段ボールを持ち込んで、自分からカンヅメになってしまった。

私はロシア文学のような農村喜劇が展開されるかなと思って、できた部分を読ませてもらうと、日本近代の不幸が凝縮した下北半島の小さい村の歴史が20年の取材を基礎に一貫した手法で書きこまれた新しいルポルタージュ文学の誕生を予感させるものだった。

冬になってしまった。いくら宿が安いといっても、単行本の書下しには、取材費も宿泊代もでない。印税前払いの稟議書を書いた。経理課長は、備考欄に嫌味のように書斎改築費と書いて、刊行され次第、印税から回収すると言った。これにも困った。いくら名作ができても、ルポライターは食っていけない。

著作集の相談をもちかけた。60冊余りの著書を解体して、一本30枚前後のものを一冊に12、3本ずつ選んで、『日本列島縦断』『繁栄と貧困』『少数者の声』『人びとの中で』『権力の素顔』『虚像の国』の全6巻で構成する。著者自選、解説対談をつけ、短いエッセイを前書とする。作業は私に任せて執筆に専念してほしいと頼んだ。

鎌田さんはそれこそ売れないよと言ったが、私の構成案をみて、第一巻のタイトル「日本列島縦断」は「日本列島を往く」がいいと言った。「往く」は行ったり来たりする感じがでる。冒頭は「川崎・鬱屈の女工たち」にしよう、高度成長は若い女性に残酷な爪痕を残したんですよ。鎌田さんは、今村昌平監督の「豚と軍艦」が好きなのだ。

『鎌田慧の記録』全6巻は、『六ケ所村の記録』の巻数増加と一緒にどさくさまぎれに企画を通した。鎌田さんは終らせたくないのか、延々ねばっていたが、年が明けてやっと脱稿。『六ケ所村の記録』は91年3月と4月に刊行し、それに続けて「著作集」は5月から10月まで毎月刊行、平野甲賀さんの装幀が見事に決った。日本社会の闇を鋭く告発するばかりでなく、その中でしぶとく生きる人びとの小さな喜びと誇りをやさしく書きとめた鎌田ルポルタージュが確立されたのである。

感銘を受けた3冊の本

内田雅敏（弁護士）

これまでに感銘を受けた三冊の本を挙げよと問われれば、躊躇なく、井出孫六著『十石峠』（ちくま文庫）、前田哲男著『戦略爆撃の思想』（朝日新聞社）、鎌田慧著『去るも地獄　残るも地獄』（ちくま文庫）の三冊を挙げる。十石峠は武州秩父から信州佐久へ抜ける所にある。『十石峠』は秩父事件を描く。「事件」とは権力側からの視点であり、正しくは「秩父困民党蜂起」と呼ぶべきだろう。「秩父が立てば、上州が立つ、上州が立てば、信州が立つ……」と、民衆の連帯（「一点突破、全面展開」）を信じ、蜂起し、敗れた農民たちを簡潔な筆致で淡々と描く。

『戦略爆撃の思想』は、日中「戦争」の最中、1938年12月～1941年9月まで、抗日首都重慶に対してなされた無差別爆撃について書く。無差別爆撃は軍事施設が目標ではなく、中国人の「抗戦意志」に向けられたものであり、やがてそれは、ブーメランのように日本本土に対する空爆、広島、長崎への原爆投下となり、さらにはベトナムの空爆へとつながると書く。今日のウクライナ、パレスチナのガザに対する空爆もそうである。

『去るも地獄　残るも地獄』は、1200名の指名解雇を契機とする大牟田の三井三池炭鉱解雇撤回闘争について書く。「英雄なき113日の闘い」と呼ばれ、1960年安保闘争の最中、「総資本」と「総労働」の対決とも言われた。秩父蜂起と同様「三池が立てば、全三井が立つ、全三井が立てば全国の労働者が立つ……」と闘われ、敗れた。

鎌田さんはその墓碑銘を書いたのではない。官営炭鉱の払い下げを受けた三井が、まず囚人労働により、次いで、鹿児島県与論島からの移住民の低賃金労働により、資本の原始的蓄積をなし、やがて合理化による首切り、安全性の無視、炭塵爆発事故による多数の労働者の死、一酸化炭素（CO）中毒による苦し

みの中で、必死に生きて来た三池炭鉱の労働者及びその家族たちの生きざまを地を這うような聴き取りによって書いたルポタージュである。鎌田さんは「ノンフィクション作家」という肩書を拒否し、「ルポライター」という肩書にこだわる。本書を電車の中で読んでいて、登場人物たちの生きざまに感銘し、涙を見せないように上を向いて中断したこともしばしばである。

鎌田慧さんの選集の刊行に際し、「月報」への寄稿を求められ、改めて、鎌田さんの『去るも地獄　残るも地獄』を再読した。再読しようと思ったのは、「月報」への寄稿を依頼されたからだけではない。先日、偶々、友人のTさんから、三池闘争の最中の1960年3月29日、会社側が動員した暴力団が凶器をかざしてピケを張る組合員たちに襲い掛かる様子を撮った壮絶な20枚の写真を見せられたからでもある。

襲撃によって刺殺された久保清さんの葬儀（4月5日）の写真もある。写真には「久保清さんの遺影を先頭に全国の労働者に守りささえられた三池労組の前進はいかなる困難にも屈せず遠々《ママ》とつづくのだ（1960・4・5　大牟田市駅前通りで）」とキャプションが付されている。Tさんの話によれば、過日、九大の学生運動の先輩が亡くなり、遺品を整理していたお連れあいから「こんなものがありました」と渡されたとのことであった。

発言したのでありますが、町長がそれをそういうふうに解釈されたとするなら私はかえって迷惑を致します。その点誤解をしないよう逆に私の方からお願いを致します。

一宮町長　それは私の方の解釈がまずかったかもわかりませんが、一応そう聞えましたので、何か鉱山の方へ現在でも在籍しているとか別の形でつながりがあるという意味に私は解釈を致したわけでございますが、昭和三十六年四月既に鉱山の方には暇をもらっておりますので、以前鉱山に勤めておったのは事実でございます。鉱山出身という取り方を私が誤まったかもしれませんが、そういうふうに申し上げたわけであります。

居直った町長

ところが、鉱山との関係を執拗なまでに否定した一宮町長は、半月もたたないあいだに、むしろ居直ったかたちで、鉱山側にたった発言をした。イタイイタイ病否定に全頁を割いて大キャンペーンを張った地元紙「週刊つしま」の記者に、こう語っている。

最近世間では公害時代が急に襲来して来たかのように宣伝されているが、公害は台風のように急に来るものではなく、かなり長期間に段々と積み重なったものがあるわけで来るのが普通である。従って常に怠りなく防除対策を実行しているところには発生しない。

わが厳原町内にも対州鉱山という全国的に有名な大鉱山があり、東邦亜鉛が経営している。

東邦亜鉛は鉱石中の有価物を百%回収する作業や公害の絶対発生しないための四無作業、即ち無煙、無塵、無臭、無悪水作業で有名な会社だけに会社創立以来、有害作業は一切行なわないこととなっているので対州鉱山においては公害の点では安心している。

……私自体医学知識がないので町内の医師の意見なども きいてみたし、県衛生部長の見解、前記の会社の公害防除対策から押して、さほど心配するほどの問題ではないと思っている。

私も曾つて二十数年鉱山に勤務していたので公害対策に真剣であることは認めているので、むしろ厳原町にこのような事業場を持っていることは町の発展上幸せだと思っている。

一宮町長は公害問題をいちはやく、〝町の発展〟という錦の御旗で覆い隠そうとしていた。かれが「びっくりした」日から「安心している」と変るまで、あまりにも時間が短かすぎた。

この二週間のうちに、まるでどこからか指令でもなされたように、「対馬のイタイイタイ病」は、組織的な反論を浴びていた。

長崎県衛生部長の反論

まず、まっさきに対馬での公害発生を否定したのは、ほかならぬ長崎県の衛生部長だった。「西日本新聞」で第一報がなされた翌日、福田衛生部長はこう語った。

対馬に患者はいない
イタイイタイ病　長崎県が発表

富山、宮城、長崎県下で四十年から四十一年にかけて厚生省委託により日本公衆衛生協会公害防止対策研究委員会との合同調査が行なわれた。本県は対馬厳原町の樫根、下原両地の男女百八十四人が対象。レントゲンや尿検査などの結果ではイタイイタイ病と確認されるものは見当らず、四十二年からは厚生省が調査対象からはずした。ただ、尿検査で一部に糖やタンパクが普通より多く認められたので、これは成人病の対策として引続き取組んでいる。小林教授らが別個に調べたのは三十八年のころで、当時、イタイイタイ病の類似者が発見されたかもしれないが、すでに簡易水道ができており、現在ではその後の調査でもそれらしい症状の者は見当たらない。（「毎日新聞」三月二十日）

極秘調査

厚生省と県はすでに調べていた。極秘に調査を進めていた資料をもとに、〝患者の発生〟を否定したのだが、その内容を発表したのは新聞にスッパ抜かれたからである。つまり国の予算を使って調査したのにもかかわらず、一年半ものあいだ隠していたのだった。

このとき、福田衛生部長は「患者はいない」とだけ語った。しかし、その報告書の中には、樫根地区には臨床検査での異常所見がとくに多く、重金属による障害の疑いがあること、水、土壌、農作物の亜鉛、鉛、カドミウムによる汚染度が他地区にくらべて著しく高いことが記載されていたのだが、それは発表しなかった。

「ない」ことは強調したが、「ある」ことは隠したのだった。ここには治安対策としての行政のやりくちが如実にあらわれている。

調査は「成人病調査」という名目でおこなわれ、住民はおろか町当局にさえ、なんのために、なにを調査したのか知らされていなかった。福田衛生部長は発表しなかった理由について、「完全な調査結果ではなかったし、いたずらに不安を与えてもと判断して、現地町当局にも住民にも報告していない。四十一年には普通の成人病調査として検診したから住民が何も知らないのは事実だろう」(「毎日新聞」十月八日)と語っている。

労使一体の反論

県衛生部長の談話につづいて、東邦亜鉛労働組合対州支部が、調査した結果、「でたらめに近いことが判った」と結論して「声明書」を発表した。

……以上の通りであり新聞記事が如何に事実と相違した報道を行なっているかを如実に物語っている。保安、衛生対策について、会社、組合は協力して従来より万全の策を講じて来た。

対馬を知らない人の偏見的な考え方が、平和な樫根部落の人々や我々組合員を如何に苦しめたかを考えると怒りを覚えてならない。

組合は対馬に「イタイイタイ病」がないことを確認し、小林、萩野両氏の発表並に事実に相違した発表を行なった新聞関係者に抗議する。

昭和43年3月26日

東邦亜鉛労働組合対州支部委員長　牧　山　弥　惣

東邦亜鉛は同月二十八日、厳原町公民館で記者会見をおこなった。そこでの弁明は奇妙なものだった。

樫根部落は千三百年以前から銀、鉛を採掘した廃石流出土砂の上に建てられた部落である、とまず汚染にたいする企業の責任を回避し、重金属は樫根のみならず対馬全島に埋蔵され、樫根の井戸水よりもたかい分析値を示しているが、患者はでていない、と重金属と患者の関連性を否定したうえで、「対馬に対する誤った考え方で推理されており、該患者は『農婦症』に帰すべきである」と断定した。

そして、「樫根地区に『イタイイタイ部落』というレッテルをはられては、今後同地区出身者の結婚、就職に支障があり、まことに迷惑であるという部落民の意見がある」と突っぱねた。このあとにだされた樫根部落のさきの「声明書」は、このフレーズを拡大したものであった。

「……イタイイタイ病という有難くないレッテルを貼られては、今後、娘、息子の結婚や就職にもさしさわりが出て来て迷惑至極であります」

企業は「被害者」住民の声を代弁して鉱害をうち消し、〝害者は「加害者」がつくった原稿にほぼ似せた声明を発表している。新聞記事ははたして〝誤報〟なのだろうか。もしそうだと主張するにしても、なぜ連判書にしなければならないのか。それは住民の意志の強さよりも弱さを表わしているように思える。誰がそれを考え、誰が各戸をまわって歩いたのだろうか。

「診療阻止」の陳情書

部落全戸の署名、捺印による連判状はこれだけではなかった。それから十一ヵ月後の六九年二月、厳原町議会議長あてに「陳情書」がだされている。議会の産業経済委員会は、遅まきながら発見者の萩野昇、小林純のふたりに面会にいくことを決定したのだが、樫根のひとびとはその中止を要請し、結局とり止めになった。

陳情書

……部落民は両氏の徒らに世論を沸騰させ、他人の迷惑など全然意に介しない態度にはこぞって不信感と悪感情をもっており、たとえ招へいされても検診は愚か部落への立入りも阻止するとの強い不満を持っており、今回の招へい訪問は事態を紛糾させるのみで、むしろ事態解決とは逆の結果を招くものと思考致します。

部落民は昨年十一月実施された厚生省、県当局の徹底的な検診、環境調査の結果が、三月頃には発表されると聞き及んでおりますので、最も権威ある国及び県の発表を信頼し、部落民が信じている「イ病」患者は皆無であるとの結論を待望し静観しております。二月二十三日の部落集会において、この事を再確認し、町議会の「イ病」問題に対する御努力には感謝致しておりますが、国の発表があるまで町議会の両氏招へい、訪問は中止願いたい旨の決議を全員一致で決定いたしました。

何とぞ部落民の真情を御賢察賜り、萩野、小林両氏の招へい訪問を中止願いたく陳情致す次第でございます。

「被害者」であるはずの地区住民は、なぜ「鉱害」否定のために二度までも連判書をつくったのか。「結婚、就職にさしさわりがでる」ことも ありうるかもしれない。しかし、それの原因を突きとめ、除去するような対策を講じるのが必要だ、というのはあまりにも〝近代主義的〟考えかたなのだろうか。なにを根拠に「イ病患者は皆無」と「確認」できたのか。なぜ病気の発生を警告した医者にたいして、「悪感情」をもち、その「立ち入りを阻止」しようとするのか。病気以外に恐れ、気兼ねするのはなんなのか。県と厚生省の調査がそれほど真実性のあるものなのか。

巌原町の保健所の衛生課長に会ったとき、かれは「資料はぜんぶ県の衛生部に渡しているから手許にはなにもない。〃発表についてはぜんぶ県のほうでするから〃といわれています」とだけ語った。住民の健康を預る保健所にまで箝口令がしかれているのだろうか。

県の衛生部長に会ったのは、八月九日だった。県庁の玄関にはいったとき、サイレンがなった。長崎に原爆が投下されて、二十四年目だった。

衛生部長は、開業医である萩野医師など、ハナもひっかけない風情で、「医者仲間ではどういわれているんだろうか」と冷やかだった。県の調査結果については、「尿に変化のあるひとが、よそよりやや多い。農作物にふくまれている重金属もやや多い」という程度だ、と木でハナをくくった答弁で終った。

イタイイタイ病無惨

「病院に運ばれていくとき、畳に乗せられていったのです。目の前に畳をおいて、その上に蒲団を敷いてあるんです。そのわずか三センチ位の高さでしょう。その三センチの上にとっても登れないんです。痛くて、痛くて、手をつけば手が痛いし、ひじをつけばひじも痛いし、膝も持ちあがらないんです。しまいには、もう痛くて、こんなに痛いのならいかなくていいと思って、それでも汗びっしょりかいて泣き泣き登ったんです。ほんとに辛かったですよ。口ではとってもいい表わせません。この病気の痛みは誰にもわかりません」

かすれた低い声でつぶやくように切れ目なく話す、富山県婦負《ねい》郡婦中町に住むイタイイタイ病患者、小松みよさんの声が耳にこびりついていた。富山地裁の控え室で固い長椅子にチョコンと坐ったかの女は、とめどもなく話しつづけた。東京の病院で五年間も寝たっきりの生活をしていたためか、ほかの富山の女性たちにくらべて富山訛はすくなかった。かの女をふくめた二十八人の被害者は三井金属鉱業を相手どって六千百万円の損害賠償請求の訴えを起している（六九年の十一月までに第四次訴訟四百三十人、総額七億百二十九万円）。

法廷には腰がまがった女性たちが詰めかけ、身じろぎもしないで、朝十時から夕方五時まで坐っていた。かの女とはじめて会って、わたしは、その姿の異様さに目を奪われた。まだ五十歳だというのに、身体はすっかりちぢこまり、顔だけが異常に大きく感じられた。背丈はけっして大きくはないわたしの胸までもなかった。長いあいだ寝ているうちに三十センチも縮まってしまったのである。

イタイイタイ病は水や米などを通して口からはいった微量のカドミウムが長年にわたって体内に蓄積され、出産によってカルシウムが不足しがちな中年以上の女性に集中的に発病する。カドミウムはまず腎臓障害を起こし、カルシウム、糖分を体外へ排出するために、尿には蛋白、糖がまじる。カドミウムがカルシウム分と入れ替わるために、やがて骨の灰分が欠乏し、もろくなって折れやすくなる。肋骨だけで二十ヵ所、全身で七十二ヵ所骨折して死亡した患者もいる。

「寝ていてわからなかったんです。はじめてベッドから降りたときに、そのベッドがたかくみえて、びっくりしました。いまでもクシャミすると腰に響いて身体が痛い。バスに乗ってでも腰を浮かすようにして乗ります。ジロジロジロジロみんなみるんです。いやですよ。ちかくのひとは知ってるからいいですけど、よその村へいったり、町へきたりするとみんな振り返ってジロジロみるし、そのたびにひけめを感じるのです。そのたびに神岡鉱山に腹がたちます。戦時中で軍の命令でやっていたとはいいながら、罪を犯して申し訳なかった、とひとこと謝まってくれればそれで気持も晴れるんです。川の下にひとがいるのは当り前ですからね。こんな身体でも生きながらえているのは、それでも、有難いことです」

「いまみたいに田んぼの仕事ははかどらなくて、朝はやくからいったものです。大きなヤカンに水を汲んでいっても、暑くてすぐ呑んでしまって、川の水を呑みました。昼ちかくなると、白い水がよく流れてきたんです。あの広い神通川全部が米のトギ汁のような水で白くなってしまって、それでも、こんな病気になるとは思わないで、飲んだんです。わたしが世間のことがわかるようになってから、ずうっと流れてました。わたしはずうっと農業してここにいましたからね。母もやはりこんな病気でイタイイタイといって亡くなりました。わたしがこんな病気で働けなくなったので田んぼも売ってしまいました。主人は工場（日産化学）へ働きにいくようになりました」

「高岡からね。漢方薬の先生にきてもらったんです。治療にきてもらったんです。わたしの薬を飲めば、神経痛や、リューマチは一ヵ月で治るといわれました。二ヵ月飲んでもよくならない。三ヵ月飲んでもなんにもよくならなかったんです。しまいにはもうこっちから頼んでも、むこうからはきてくれなくなりました。いくら呼んでもこなくなってしまったんです。主人もおまえなんか生きていてもなんにもならないから死んでしまえといいました。自分が悪いので遠慮していましたが、いくど死のうかと思ったかわからないんです」

かの女は原告席にやっと腰かけながら、被告代理人の会社側弁護士をにらむようにしていた。かの女の低い呪文のようなつぶやきはいまでもきこえている。

三井金属鉱業神岡鉱山が流しつづけたカドミウム、亜鉛、鉛によってイタイイタイ病になったものは、戦後、記録に残っている死者だけで百二十八人、六九年三月一日現在の認定患者百二人、要観察者（患者に準ずるもの）百三十三人、こんごもさらに発病の危険があるといわれている。これらのひとたちは、「業病《ごうびょう》」という名目で暗い納戸の万年床に寝かされていた。死者を火葬にすると、その骨は「ボール紙を燃やしたみたいに、クシャクシャになってしまって、なにも残らなかったです」と母の骨をひろった青山源吾さんがいう。

奇病発見

萩野昇元軍医は一九四六年三月、中国から復員して故郷へ帰った。富山市から神通川沿いに六キロほど遡った農村地帯にある病院が、かれの生家だった。戦前は小作二百人を抱えた大地主だった、という。「幸か不幸か、農地改革でその日の生活に追われるようになってしまって」と百八十センチもある巨体のかれは、長年患者と接してきたためか、説得調のむしろ女性的な話しかたをする。

帰郷した翌日、かれは壁にきちんとかかっていた父の白衣をつけて診療室にはいった。そこにはかれが帰ったことを知った村の女たちがすでに順番を待っていた。かの女たちのほとんどが「神経痛患者」だった。運ばれてきた老婆の脈をとろうとして握った、痩せて黒ずんだ手首は、軽い音をたてて折れた。それがのちにかれが名づけることになった「イタイイタイ病」との出会いだった。

アヒルの仔のように、ヨチヨチ尻を振って歩く女や全身に痛みを訴える患者は日ごとにふえた。原因も治療方法もまったく未知の奇病との明け暮れがつづいた。貧富の差に関係なく、子どもを産んだ女に集中してあらわれるこの病気の解明のために、さまざまな医師と共同で研究するのだが、長い試行錯誤がつづいていた。そのうち、かれはある奇妙な現象に気がついた。

患者が発生した家を地図の上に赤くスポッティングしていくと、神通川流域の一地区に蝟集《いしゅう》した。一軒残らず被災しているのである。「屋敷の埋立てには神通川の土砂は使うな。別流の井田川から運べ」といわれていた。かれ自身、神通川の土を使ったためにせっかくの庭木を全滅させていた。このあたりは天井川になっているため、それまで数十回の洪水に見舞われ、鉱毒のため稲が立ち枯れ、鮎が白い腹をみせて浮上することも多かった。

萩野医師は鉱毒と奇病を結びつけて考えはじめた。川水に問題がある。かれの視線は六十キロ上流の神岡鉱山に移るようになった。

三井金属鉱業神岡鉱業所

三井金属鉱業神岡鉱業所。高山線猪谷駅から二輛連結のジーゼルカーに乗り換える。六六年十月に新しく開通した国鉄の赤字線である。飛騨の山々をくり抜いて走るこの鉄道はほとんどトンネルつづきである。神通川は深い青味を帯びて流れるともみえなかった。山は豊かな緑に覆われ、夏の光がまぶしかった。

神岡駅にちかいトンネルを脱出した瞬間、わたしは無意識に声をあげた。いままでの緑の世界が一転して茶褐色の不気味な世界に変わっていた。見渡す限りの山々は、まるで洪水のあとのように、汚れた肌をむきだしにしていた。神岡、この美しい地名にはまったく似ても似つかない光景だった。

「亜硫酸ガスのせいですよ」

駅員はこともなげにいった。煙突、ガスタンク、パイプ、ケーブル、それらがチグハグに入り交じっているのだが、太陽を避ける物陰さえない。

鉱業所について、「所長に会いたい」とわたしは守衛所で申しいれた。やがて通された応接室の窓の外は、赤茶けた一面の岩石だった。山の傾斜に面しているその部屋からは、それ以外なにもみえなかった。

萩野氏の鉱毒説は医学界では相手にされなかった。岐阜県立医科大学の館正知教授は「神岡鉱山の廃水を使って動物実験を試み、骨や血液を医学的に調べたが、なんらの異状も見出されなかった」と反論した。萩野説を科学的なデータによってささえたのが、岡山大学の小林純教授だった。

かれは館教授らが実験に使用した〝廃水〟は、現在の沈澱池で濾過されたものであって、重金属をふくんでない水で実験しても意味がない、と反論、戦時中に農林省調査官として同地の鉱毒事件を調査した資料によって、当時の状況を立証した。そして、農作物、井戸水、死体解剖した患者の骨などから多量のカドミウムを検出して、イタイイタイ病の主因はカドミウムにあって、それは神岡鉱山の廃水による公害であることを明らかにした。

一九六八年五月八日、厚生省は「慢性中毒の原因物質として、患者発生地域を汚染しているカドミウムについては……神通川上流三井金属鉱業株式会社神岡鉱業所の事業活動にともなって排出されたもの以外にはみあたらない」という「見解」を発表し、ようやく公害病と認定した。

が、それにもかかわらず、富山地裁でおこなわれている、被害者から三井金属にたいしての損害賠償請求の裁判において、企業側は終始一貫、「本病とカドミウムとの因果関係について、具体的な主張はなんらなされていない」と反論している。

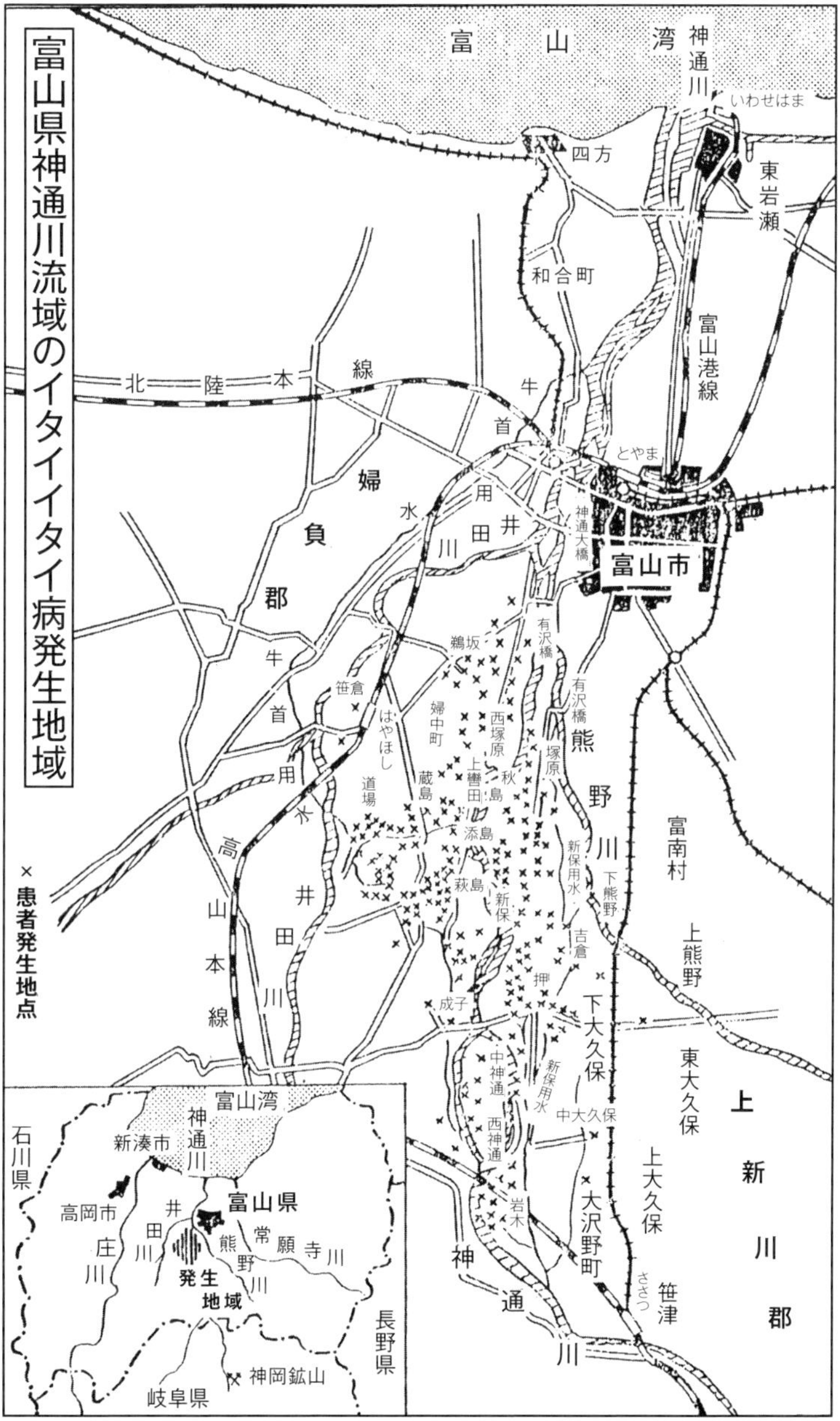

昭和38年度、萩野医師調査記録より

応接室の窓から、すぐ眼の前に迫っている荒廃した山肌を眺めていると、若い社員がはいってきた。「所長に会いたい」というと、あわてて立ち去った。と、こんどは所長も副所長も〝不在〟といいながら、事務長という男があらわれた。

「いまは裁判中ですので、会社の意見の発表や見学はお断わりしているのです」とまず丁重に取材を拒否した。「役所や協会などのかた以外には、どなたにもお話ししないことになっておりますので……」

――先日の厚生省見解について、どう思うのですか。

事務長　あれにつきましても、断定にすぎるものがあると思います。うちでは坑内水を飲んでおりますし、カドミウムの作業所ではたらいているものもありますが、そんな病気はでていないのです。カドミウムと病気の関連はまだ十分に解明されているわけではないのです。まあ、いまは公判中ですので、あまり……

――以前、被害者が鉱山にきたとき、「三井がクロということがすこしでもあれば、こちらのほうが出むいて、補償に応じにいきます」といったそうですが、厚生省見解がでても知らんぷりしているということはどういうことですか。

事務長　どういうことですかねえ。（長い沈黙）もう、むこうにも会ってこられたんですか……せっかくおいでになったんですが、こちらのほうはなにもそんな害はないのでして……

――イタイイタイ病の原因はなんだと考えているんですか。

事務長　はっきり解明されていない、ということです。

――主因はカドミウムと断定されてますし、そのカドミウムはおたくが排出したものでしょう。

事務長　カドミウムは自然界にも多いんですよ。まあ、この辺で、あとは裁判を通じてはっきりさせていきますから……

イタイイタイ病とカドミウムの因果関係

神岡鉱山とおなじような、亜鉛、鉛、カドミウムを産出する鉱山地区で、イタイイタイ病患者が発生している事実があれば、鉱毒説はさらに有力な証拠をうることができる、と小林教授は考えた。

かれは『日本土壌肥料科学雑誌』に十年前掲載された、九大農学部の青峰重範教授の論文「長崎県下県郡佐須村の鉱毒土壌について」を探しだした。そこには佐須川流域において鉛、亜鉛の含有量がたかく、麦、レンゲの生育が不良になっていることが記述されていた。

一九六三年九月、小林教授は一人の助手を連れて対馬に渡った。農学者であるかれは、この鉱山地区がカドミウムによってどれだけ汚染されているのか、その下調査をおこなったのである。水田の土壌、米、いも、井戸水などを採集し、自分の研究室で分析した結果、重金属による汚染度は神通川流域よりもたかく、樫根部落の井戸水はカドミウム含有量が異常にたかいとの結果をえた。

翌年九月、萩野医師と小林教授は博多で落ち合い、翌朝八時半、対馬にむかって出発した。六百トンのちいさな船はよく揺れた。「飛行機でどんなに揺れてもなんともないんですが、さすが玄海灘だけに参っちゃって、ひどい目にあった」

と萩野医師は述懐した。日本人離れした巨体の萩野さんと痩身の小林さんは、嘔吐に苦しみながら、おなじことを考えていた。神通川流域での奇病の正体は、それまで一面識もなかったふたりが協力してつきとめた。対馬のカドミウム汚染地域は前年の小林さんの調査で明らかになっていた。しかし、ふたりの仮説通り、はたしてこの国境の孤島でも、イタイイタイ病が発生しているだろうか。

ふたりの話を綜合すると、つぎのような結果となった。

最初に厳原町の保健所に協力を依頼し、神経痛、リューマチの無料検診をするとと住民に呼びかけた。ふたりが宿泊していた厳原町の旅館には百名以上の患者が訪れたが、鉱山から十八キロも離れ、しかも川が通じていないこの町では、当然のことながらイタイイタイ病患者は発見されなかった。その後、佐須峠を越え、小茂田浜の厳原町支所へ出向き、支所長の案内で、下原、樫根、小茂田、椎根の旧佐須村の住民を検診してまわった。椎根、樫根では蛋白尿のでる女性が多かった。尿中の蛋白が陽性であることは、カドミウムによって骨が犯されていることの証拠のひとつになっている。

そのうち、地元のある医師が、萩野さんの説明をきいて、「あなたが探しているような患者なら樫根部落にいる」と教えてくれた。〝神経痛〟が重くて、長いあいだ寝たっきり、ということだった。

真性イタイイタイ病患者・一宮浅さん

一宮浅さんの家は樫根部落にはいって、すぐ左側の家だった。土間から上がって左側に部屋があった。障子をあけると、天井から蒲団をひもで吊して老婆が寝ていた。貧血していて、皮膚の血行は悪かった。脈をとろうとしても痛がった。左足が骨折していた。ちかくの病院でレントゲン写真を撮ってもらおう、といったが、かの女は痛がって嫌だといった。痛くはしないからとなだめ、リヤカーを借りてそおっと乗せ、萩野さんと小林さんのふたりで引っぱって、バス停のまえにある鉱山の診療所へ運んだ。

「そのころはまだ鉱山側もフランクだったんです。わたしの名刺をだしても相手にしてくれず、小林さんが名刺をだしたら態度が一変しましてね、大学教授だからでしょうか」

そして二枚の、まだ濡れているレントゲン写真を受けとったとき、萩野さんは〝涙のでるおもい〟だったという。

萩野さんは、「ＯＫです、まちがいありません」とかたわらの小林さんにささやいた。やはり、ふたりの仮説どおり、カドミウム汚染地である樫根部落にも、患者が発生していたのだった。尿検査の結果においても、蛋白と糖が検出されていた。自宅にまたリヤカーで送り届けながらかの女の話をきくと、十数年も身体が痛く、七年ほど前に便所へいったとき、物につまずいて足を骨折したという。骨がもろくなっていたのである。

「この部落にあなたのような病気のひとはおりませんか」

萩野さんはたずねた。

「隣りのトヨさんもおなじようじゃったが、去年亡くなりました」

と一宮浅さんが答えた。この浅さんは七人の子どもを産み育てたひとだったが、ふたりが会った三年後の十二月八日に亡くなっている。享年七十五歳だった。

厳原町今屋敷の協立病院に隣りの永瀬トヨさんが入院していた、という浅さんの証言を頼りに、ふたりは山を越えてまた町へ引返した。そこには予想通りのレントゲン写真が残されていた。写真をみるとやはり脱灰症状が進み、肋骨には三ヵ所の骨折が発見された。二軒並んで患者が発生していたのである。その写真はもらい受けて帰った。

萩野さんが樫根で住民の診察をつづけているあいだに、小林さんはほかに患者らしいひとがいないかをきいて歩いた。長瀬さんのお婆さんが猛烈な神経痛で十年前に亡くなった、ということを話してくれたひとがあらわれた。当時はここのひとたちも、ほかの部落同様、気さくに話に乗った。まして医者がすくない地域で、神経痛の無料検診をするというのだから歓迎された。

長瀬さんの家は、発見されたふたりの患者の家から五、六軒上手の、ズリ捨て場にほどちかかった。小林さんが訪ねると、その大きな家ではシゲさんがひとりで留守番をしていた。

「お宅にこんな方はいなかったですか」

とかれはイタイイタイ病の症状の特徴をかいつまんで話した。かの女は驚いた表情で、

「どうしてあなた、遠くにおられて、ここにそういう病人がいるちゅうのを知っとちゃるのですか」

かれの顔を見上げて何度も繰り返した。

「それがとっても、表情にでていて印象的でした」と小林さんは当時を思いだしながら語った。「わたしが聞いたところでは、その春さんがもっとも典型的なイタイイタイ病患者だったと思いますね」

長瀬春さん

一八八七（明治二十）年三月に生まれ、一九五四年に死亡した長瀬春さんは、四十歳のころから足腰に痛みを訴えはじめていた。戦後になってそれが急にひどくなり、亡くなるまえの五年間は、まったく寝たっきりの生活だった。どんな柔らかい蒲団を敷いても、まいにちイタイイタイというので、お尻の下にゴムの輪を置いたり、さらに痛みをやわらげるように、掛蒲団をゴムヒモで吊ったり、コタツのヤグラのようなものをつくって蒲団が身体に当らないようにしたり、湯たんぽで暖めたりしていた。

排泄のときがもっと大変で、身体のむきを変えるだけで痛がるので、三人がかりだった。小林氏は骨を分析してみたかったので、土葬したお墓をなんとか開けてくれないか、と申し出たが、お嫁にきた身分ですから、とシゲさんに断わられた。

井戸に出て、ツルベで水を汲み上げ口にふくんでみた。冷たかったが、吐気を催してとても飲めるものではなかった。「この水を飲んでるのですか」とかれはたずねた。そのままでは飲めないが、味噌汁やごはんをたくときには使った。いまは飲んでいない。鉱山の陰から竹樋で水を引いて使っていたけど、雨や風で樋がこわれたり、水が枯れたときなどには仕方なく使った、と答えた。

小林教授はもっていた〝ジチゾン〟という緑色の試薬をその水に入れてみた。とたちまち赤く変色した。普通の水だったら緑色のままで残り、カドミウム、亜鉛、鉛がふくまれていると赤くなるのである。かれ自身、これほどまでに変色した井戸水はそれまでみたことがなかった。

研究室に帰って、この水を分析してみると、カドミウムが〇・二二五ＰＰＭ（一ＰＰＭは一リットル中に一ミリグラムふくまれていること）、鉛〇・四〇五、亜鉛一三・三七各ＰＰＭもあった。厚生省がのちに発表した資料によると、水のなかにカドミウムが〇・〇一ＰＰＭふくまれると要注意、とされている。

春さんの井戸水は厚生省基準の二二・五倍も犯されていた。萩野氏がイタイイタイ病患者と断定した一宮浅さんの井戸は、三・五倍の〇・〇三五ＰＰＭ、永瀬トヨさんの井戸は、六九年三月日本公衆衛生協会の発表で一一・五倍の〇・一一五ＰＰＭ（六六年金沢大衛生学教室の調査では〇・二）のカドミウムをふくんでいる。

この日本公衆衛生協会発表の資料をみると、長瀬シゲさんの田んぼから採れた米は、〇・八三ＰＰＭのカドミウムをふくみ、厚生省の玄米基準の二倍も汚染されている（表Ⅰ、Ⅱ参照）。

表1　対馬樫根部落井戸水の重金属（1964.9）

（小林純教授調査・日本衛生学会雑誌 第23巻第1号）

	水 1ℓ 中の重金属（mg）					69.9, 鎌田調査
	Cd	Pb	Zn	PH	備考	
（A） 一官浅	＊0.035 0.026 （0.115）	0.040 0.035 （0.290）	2.16 1.73 （10.08）	5.4 6.8 （5.45）	1963.9 採集	永瀬トヨと共同使用。両人とも患者として死亡。
（B） 長瀬シゲ	0.225	0.405	13.37	6.5	井戸水現在飲用せず	義母春は死亡。小林氏は患者と断定。
（C） 舎利倉つる	0.150	0.129	9.91	3.6	すっぱいので2、3年飲用せず 三戸共通	かの女は現在重い〝神経痛〟で歩行不能。両隣りの主婦もともに重い〝神経痛〟。
（D） 安達よね	0.005	0.016	0.27	3.1	道の右側　飲用中	かの女も〝神経痛〟が重い。
（E） 長瀬満男その他	0.025	0.002	0.53	2.7	樫根部落左岸最上流川ぎわの飲水 手押ポンプ	未調査

＊ 飲料水のカドミウム濃度のWHO国際基準は0.01 PPM
＊ カッコ内は68, 8, 県調査

〝村のひとにすまない〟

長瀬春さんはイタイイタイ病だ、と小林教授は断定する。その家へ嫁ぎ、そこで四十年間暮らしたシゲさんも〝リューマチ〟で苦しみだした。「アサヒグラフ」の記者が取材にいったとき、イタイイタイ病患者と疑われていたかの女はどこかへ姿を隠し、「マスコミに追回されていたシゲさんは、夜になると長い間泣いていた、という。そして『村の人にすまない』ともらしていた」（「アサヒグラフ」六九年五月三十日号）

『荒野を拓く・東邦亜鉛』という本がある。「サンケイ新聞」に〝躍進物語〟として連載されたものだが、立志伝中の人、相川道之助社長の直筆、といわれている。それによると一九四一年、相川は対馬の鉱山を開発しようと上陸したが、かれら「やまし」にたいする住民の悪感情は強かった。そんなとき、親切に面倒をみてくれたのが、長瀬さん宅だった。

「長瀬さんは村では一番といってよい程の裕福な農家で、その住居を一行の本拠地として提供されたので、ようやく開発の基地ができて、諸般の仕事の順序を立てられることになったのである」

社長に自宅を提供し、そこが鉱山開発の根拠地となった。生

表2　土、稲の根、玄米、精白米中の重金属含有（対馬）

（小林純教授調査・日本衛生学会雑誌 第23巻第1号）

	±（mg）（乾土1k中の含有量）			稲の根（mg）（乾土1k中の含有量）			玄米（mg）（風乾1k中の含有量）			精白米（mg）（風土1k中の含有量）		
	Pb	Zn	Zn	Pb	Zn	Zn	Pb	Zn	Zn	Pb	Zn	Zn
日見(金子　満)	11	837	1,483	374	7,734	10,946	1.05	0.50	16.4	1.19	0.14	18.8
日 見(堀田三郎)	6	967	1,893	48	7,650	1,984	0.39	0.31	19.2	0.42	0.07	16.2
下原字久保(柚原　一)	12	1,753	2,803	92	6,812	6,144	0.43	0.49	19.2	0.37	0.09	14.9
ホナの原(永瀬儀一郎)	9	2,245	1,787	106	13,374	4,144	0.41	0.32	17.2	0.41	0.11	14.6
ホナの原(永頼儀一郎)	8	1,925	1,974	33	1,712	2,000	0.44	0.35	24.0	0.42	0.06	17.8
金 田 原(小島角次郎)	22	2,675	3,460	372	10,410	5,738	0.63	1.50	22.9	0.56	1.55	20.1
松 木 原(井田 次郎)	19	1,690	2,994	338	7,338	6,544	0.19	0.33	22.9	0.18	0.13	21.4
斎 藤 原(根〆 正男)	11	2,415	1,737	155	10,081	2,625	0.66	0.42	14.8	0.77	0.18	17.4
上　　志(桐谷 清治)	5	210	1,442	95	2,055	5,920	0.98	0.12	20.8	0.84	0.03	18.2
長瀬シゲ	9.39	2,860	2,400							0.83	0.68	27.5

＊ 厚生省による玄米カドミウム汚染基準は0.4PPM
＊ 長野シグさんのデータは、68.8の県調査

産が拡大され、そこから産出されたカドミウムによって、その家からイタイイタイ病患者が発生したとしたら、悲惨といえる。姑の春さんは典型的な患者、といわれている。嫁のシゲさんもやはりおなじ病気になったのだろうか。かの女は、夫に戦死されてひとりで田畑を耕やし、ひとり息子を育ててきた。

〝ある〟のか〝ない〟のか

萩野医師は一宮浅さん、永瀬トヨさんの二名をイタイイタイ病患者と断定していたし、小林教授はそれに長瀬春さんをくわえて三人、金沢大学医学部の石崎有信教授は「地域的にカドミウムの汚染があるのと、尿に変化があるひとがいる。永瀬トヨさんは骨改変層があらわれてるので断定できるが、もうひとり（一宮さんのこと）は普通の骨折だと思う」とわたしに語った。

一人、二人、三人、と三氏ともに人数のちがいはあるが、対馬にもカドミウムによるイタイイタイ病が発生したと、断定されている。

しかし、当事者である樫根部落のひとたちは、「過去にも現在にも見当らない」と否定している。「加害者」の東邦亜鉛は「農婦症だ」と決めつけ、労働組合は「でたらめだ」と抗議している。福田長崎県衛生部長は「六八年の調査時点ではない。過去

についてはわからない」と語った。厚生省は要観察地域と指定しながら「今ただちに、いわゆるイタイイタイ病が発生する危険があるとは考えられない」と六九年三月二十七日に発表した。

　どっちが本当なのだろうか。〝ある〟のか〝ない〟のか。そして、対馬の鉱山地帯を覆っているなにかわけのわからない、重苦しいものはなんなのか。

Ⅲ　やってきた東京資本

日本最古の銀山

　対馬はほとんどが山地である。

『魏志倭人伝』には、

「始めて一海を渡る千余理、対馬《ついま》国に至る。其の大官を卑狗《ひこ》といい、副を卑奴母離《ひなもり》という。居る所絶島、方四百余里可り。山地嶮しく、深林多く、道路は禽鹿《きんろく》の径の如し。千余戸有り。良田無く、海物を食して自活し、船に乗りて南北に市糴《てき》す」

と記述されている。面積では沖縄、奄美大島、天草、佐渡についでいるのだが、その八八パーセントが山林で占められ、耕地面積は急傾斜耕地をふくめても四パーセントに達しない。

　いまは国境の島として日本の辺境に押し込められているが、対馬はかつて大陸への最先端の栄誉を担い、中国や朝鮮との文化交流において重要な位置を占めていた。朝鮮通信使を通じて日本文化に影響を与え、鎖国時代にも釜山にあって交易をつづけていた宋家の倭館など、歴史的に重要な役割をはたしている。

　と同時に、最短距離で朝鮮まで五十キロ弱という地理的条件によって、倭寇《わこう》以来、秀吉の朝鮮侵略の足がかりとして、さらには対馬海峡を睨んで、日露戦争における対バルチック艦隊の出撃基地として、その後は海軍および陸軍の司令部の所在地として、攻防第一線にされ、全島要塞化されてきた。大陸へむかってひらかれていたはずの島が、つい最近までは軍事的に閉ざされ、意識的に隠されてきたのである。

樫根部落は、朝鮮海峡に面した小茂田浜に注ぐ佐須川のわずか二キロ上流にある。ゆるやかな勾配の上にたっているちいさな集落なのであるが、その中腹に曹洞宗の法清寺が建っていて、境内に「御胴塚」と呼ばれる苔むしたちいさな石塚が祀られている。

これは文永十一（一二七四）年、第一回目の元寇の役で憤死した宗助国の胴体を葬ったものだと伝えられ、すこし離れて「御首塚」がある。中世紀にはこの辺りもまだ入江になっていて、小茂田から樫根にかけての一帯が、前後数回にわたる外寇の戦場になったと推測されている。

藤原実資の『小右記』には、寛仁三（一〇一九）年の刀伊賊の入寇の被害について、「……対馬島銀穴焼損す……被殺害人一八、被追取人一一九内男三三、童二八、女五八」と記されてある。新羅、刀伊、元と外国兵に襲われるたびごとに、佐須鉱山の本拠地である樫根は甚大な被害を受けた。

白鳳三（六七四）年、対馬国司・忍海造《おしみのみやつこ》大国が天武天皇に銀を献上した記事（『日本書紀』）はもっとも古い記録であるが、これはこの地で産出したものであり、「……全く田畝無く只白銀を耕す……島中珍貨充溢し、白銀、鉛、錫、真珠、金、漆之類長く朝貢を為す」と書かれてある。大江匡房の『対馬貢銀記』には、当時の銀の製法が克明に記録されている（『対馬島誌』、『新対馬島誌』による）

樫根の奥にいまでも残されている銀本坑《かねのもと》は、この銀の採掘の中心坑で、十七世紀半ば、この辺り一帯には千四百人もの他国人が住み、遊廓が並びたつほどに殷賑を極めていたという。

東邦亜鉛の進出

樫根部落に東京の資本である東邦亜鉛がはいってきたのは、一九三九年八月だった。

いまでこそ資本金五十億円、半期売り上げ高百八十八億四千五百万円、純利益四億七千万円、配当一割二分（六九年九月期決算）を誇り、従業員総数二千八百人、電気亜鉛生産世界第二位という同社も、当時は資本金百四十五万円、従業員百八名。群馬県の安中で、輸入した焼亜鉛鉱石を電解する中途半端な町工場でしかなかった。

非鉄金属業界は戦前から三井、三菱、住友、古河など旧財閥系各社によって生産と市場が独占されていた。これらの企業があらたな原料供給地をもとめて海外に進出しているあいだに、遅れてきた東邦亜鉛は銀山として日本最古の歴史をもちながらも、その地理的条件から目こぼしされていた対馬の鉱脈に賭けたのである。

対州鉱山の買い値は払い込み資本と同額の百二十五万円（東邦亜鉛の前身、日本亜鉛の資本金）だった。その後の東邦亜鉛の急成長の秘密は低賃金と鉱毒を無視した操業と同時に、この鉱山から産出される高品質の鉱石にかかっており、社内ではいままでも「会社の宝庫」「名山」と自讃しているほどである。

鉱山開発の歴史は『荒野を拓く・東邦亜鉛』（荒野をつくる東邦亜鉛との批判が強いが）にはこう記されている。

「開発はまず用地の入手からである。そこで土地の買い入れに手を打ちはじめたのだが、どこの土地でも、先祖伝来の土地を手放すのは、なかなかおいそれとはいかない執着がからむものだが、この対馬は平地が少ないため、その思いはひとしお強く、買い入れの話は一段と難航をきわめるのであった」

「お国のために土地を売れ」

対馬は耕地面積が四パーセントの山島であるが、樫根付近の佐須川流域は数すくない米作地帯である。その貴重な土地を住民が簡単に手放すはずがない。部落の土地の買収の前面に立たされたのは、旧坑の管理人をしていた小島さんだった。かれの話をきくため、ある夜、宮前橋を渡った。闇の中にひっそりうずくまっているこの部落が、どのような形で企業のなかへ組み込まれていったのだろうか。

小島さんの家は勾配のかなり上にある旧家だった。道路からすこしはいり込んだところに間口のひろい玄関があった。わたしは誰とも会うことなく、ようやくそこまでたどり着き、思いきって声をかけた。ゴロリと戸がわずかにひらいて腰をかがめた老女が覗きみた。固いまなざしだった。

「おじいさんはいらっしゃいますか」

わたしはできるだけなれなれしい調子でたずねた。

「えっ」と問い返した。それはきこえなかったのではない。かの女は戸惑いながら、もう一度じいっとわたしをみつめ、素早く風体をさぐった。

「おじいさんはいらっしゃいますか」

わたしはおなじ調子で、おなじセリフを繰り返した。

「いま、いましぇん」。それは、ピシャリと突っぱねる、という感じだった。と、奥から、「おお、いるよ」と気さくな声がかかった。それに力をえて敷居をまたいだ。広い土間だった。障子がひらいて、たかい上り框《かまち》の上に小柄な老人が立った。七十二歳ときいてきたにしては矍鑠《かくしゃく》としている。

暗い蛍光灯を背に受けて表情はよく読みとれなかった。厳原で知り合った知人の名前をもちだして、対馬の歴史を調べにきているものですが、昔の話を教えてください、と頼んだ。かれはちょっと間をおいてから、

「まあ、上がってくだしゃい」

といって身を引いた。礼儀正しい老人である。隣りの部屋からさっきの老婆に、「いやぁ、本を書くひとだ」と軽くいなしている声がきこえた。新聞記者でない、と強調してるのであろうか。

わたしは上げてもらった部屋をみまわしていた。二十畳以上もある広い居間で、家具は置かず、鴨居の上にはなにやら額縁入りの賞状が並んでいた。テーブル代わりの掘炬燵に足をいれて待っていると、さっきの老女がでてきてにじりよった。

「あなた」と相変わらず固い表情で呼びかけ、「この三回ばかりきたとでしょう」

図星だった。この日まで三回つづけてこの部落へやってきていた。

「ええ、区長さんのところへきたんです。きのうお寺でお会いしてました」

精一杯、平静を装って答えた。しかしそれは弁解がましかった。かの女はなにかいいかけて、そのまま黙って引きさがった。奥で物を刻む庖丁の音がきこえだした。小島さんにいわれて、持参した酒の摘みでも仕度しているのだろうか。わたしは三回という数字のたしかさに驚かされた。かの女はどうしてこれほどはやく、しかも正確にわたしについての情報を知りえたのだろうか。誰からきくのだろうか。部落のひとは皆そうなのだろうか。

まもなくかの女は牛蒡と糸蒟蒻を煮込んだのを小皿に盛ってだしてくれた。小島さんとむかい合い、「樫根部落の昔のお話を伺いたいのです」と昔の話に力をいれて繰り返した。まだ立ち去りかねている夫人を意識してのことだった。

小島さんは折り目正しく話しつづけた。記憶力も衰えていなかった。語り口には話好きなひとがもつ飄逸《ひょういつ》さがあった。かれは長いあいだ休業になっていた鉱山の管理を任されていた。買収されると同時に東邦亜鉛に身分が移り、「君は土地のものだから、土地の交渉をしてくれ」と命じられた。

当時、村のひとたちは、「こんどの鉱山師《やまし》は大山師《おおやまし》」とくちぐちに唱えあいながら、土地交渉には応じない態度を固めていた。地元民のかれがその交渉係にされたのである。このころ、山師の先導になったかれのもとには「あいつば打《ぶ》ち殺さんといけんばい」という声もきこえてきた。

東邦亜鉛は用地の買収にあたって、当時最大の権力であった軍隊と警察を使った。『荒野を拓く』には、こう書かれている。

そのうちようやく、トラックも手に入り、バラックながら仮事務所もできて、電話も引けるようになったので、対馬の有力者三十人ほどを、島一番の料亭、厳原の「いろは」に招待して、開発への協力を懇願した。

「この度、日本亜鉛株式会社（東邦亜鉛の前身＝引用者註）がこの鉱山を開発し、掘り出した鉱石は当所で選鉱した上、群馬県の安中製錬所へ運び、そこで電気亜鉛を造ります。こうした時節がら、お国のお役に立てたいのでありますから、なにとぞお集まりの皆さん方にご協力をお願い申し上げます」と相川が挨拶した。

すると、当時の対馬では最高の地位にあった要塞副司令官が、一番先に立って、

「お国のためであるから、できるだけの協力を惜しまない」

と最高の地位にある人からの、さっそくの賛成のあいさつだったので、他の人びとは一言もなく、一同賛成の模様と見受けられた。

自分の土地をもたない、利害関係の異なる軍人が、まず最初に賛成演説をぶって反対意見を封じたのである。しかし、住民たちはなかなかしぶとく、〝大山師〟を手こずらせた。

厳原警察の村田署長は、小島さんが青年団長だったときの駐在で、かれとは昵懇の仲だった。そこで、「署長を呼びだして、呑ませよう」ということになった。小島さんが署長に連絡すると、「お前が呼ぶならいこう」とやってきて、「なんとかしよう」と承諾した。署長はとにかく熱心だった、という。

自ら鉱山に出張して、村民を説いて歩き回わる側に変わった。

「鉱山は戦時重要物資を造るのであり、また経営者は東京の立派な大実業家であるから、安心して別段の協力を頼む」と、警察署長が直接何回も鉱山村へ来ては説いて歩いてくれたので、ようやく村民の心もほぐれて、大分やり易くなった。

だが一方では、村長が相変わらず、大鉱山師説を振りまいているので、署長の話との間で、村民は少なからず迷った。どうしたらいいのか、わからないというようであった。

あとからきいた話では、署長の〝説得〟とは「戦時重要物資を造る会社に協力しないのは非国民だ」というおどかしだったそうである。

「この問題はふたたび村田署長の力添えもあって、曲りなりにも解決をみることになった」

こうして東邦亜鉛は二万坪の土地を、水田一反千八百円、畑一反八百円という破格の価格で買収した。小島さんはこの価格を思いだしたあと「自分のところはちょっとちがうが」といいたした。プラスアルファがあったということなのだろうか。

この会社は「特別な助力をしてくれた消防署、警察、町内の

交番」などに「謝礼または寄付」することが好きなようで、一九四一年の貨幣価値で三十数万円という「相当な大金」を各所へお礼に使って、警視庁から贈賄の疑いでとり調べられたほどである。

呑ませたり、食わせたりする記述は、『荒野を拓く』の随所にあらわれている。

人集めに焼酎作戦

土地は買収したが人手が足りない。酒を飲ませる描写でもっともグロテスクなユーモアをみせているのが、「人集めに焼酎作戦」という章である。

こんな具合で人を集めるのに苦心した結果、厳原の村田署長の手許に、隠退蔵物資として押収されている四十八本の宝焼酎があるのに気がついた。「これだッ」と思った相川は、この焼酎を、公定価格の一樽四円なにがしで払い下げを受けて、毎日出勤する人には、帰りにコップ一杯ずつ配給することにしたのである。

これがたいへん好評を受けて、ほとんど予定どおりの人手を集めることができた。相川は自ら鉱山の入口の門の所に机を出して、コップに焼酎を注ぎ、退社する人に一杯ずつ飲ませた。一日中働いて空き腹のところへ、宝焼酎の生《き》のままゴックリとやるのだからたまらない。すぐ身体に回わって、半町か一町行くとみる間に、足許がヒョロヒョロとして腰が砕け、そこに寝そべってしまう姿をいくつもみかけるのであった。こうして従業員たちは、金で買えない生の宝焼酎を一合もらえるので、翌日も喜んで出勤してくるのであった。

植民地支配者の眼でみた〝原住民〟の姿ともいえる。相川社長は部下にこう訓示したという。「世のなかで人間と土地ほど安いものはない。一番たかいものが亜鉛の鉱石だ」

焼け太った東邦亜鉛

一九四三年十二月、小島さんは勤労係長になっていた。土地のひとたちは召集されて軍隊にいった。人手不足だった。かれは朝鮮総督府の許可をえて、厳原から船に乗って釜山へむかった。そして半ば強制的に連れてきたのが、朝鮮人の若者たち百人余りだった。強制連行された朝鮮人労働者は、軍需工場や炭鉱、金属鉱山、土木工事など、全国で暴力的に使役されたが、ここでもそうだった。まして対馬の場合は、朝鮮は目と鼻の距離でしかない。

　戦後、対馬の炭焼きのほとんどは朝鮮人だった、という。それらのひとたちは、終戦になって坑内夫から炭焼きに変わったのではないかと考え、島の北端にある朝鮮総連の対馬本部へいってみたが、そこには当時の資料はなかった。小島さんにきいても「みんな帰ったとです」と答えるだけだった。

　百人余りの朝鮮人は、部落の上手にある宿舎に住まわせられた。小島さんは目を細めて思いだした。

「お盆になると、連れてきたひとだというので、うちの庭で朝鮮踊りをみせてくれたとです」

　強制連行されてきた朝鮮人たちが、はたして感謝の気持だけをこめて踊りまわっていたのだろうか。

　朝鮮といえば、いま選鉱場の技師として活躍している小島さんの息子さんは、技術提携している韓国の選鉱場建設に従事し、そこを稼働させるのに貢献したと小島さんは得意そうに話してくれた。戦時中、小島さんは朝鮮へでかけて労働者を連行してきた。戦後になって、その息子さんがいって提携工場を建設する。朝鮮とむすぶ日本資本主義の歴史が、親子二代の鉱山生活の中に浸みこんでいる。

「わたしは功労者だと思ってます。ただ、ここではたらいていては、だれも認めてくれんとですよ」

　とかれは目をつぶり、コップの酒をあおるように呑み干していった。わたしたちは一升瓶からコップにじかにあけて飲んでいた。そのかれのもっとも華やかな思い出とは、戦後まもなく東京本社へ出張したことだった。

　一九四六年八月、書類を小島にもたせて寄こせ、という社長からの電報がきた。かれは「山猫」と地元で呼ばれている、手作りの麦焼酎を七合入りの水筒二本に詰めて旅立った。長い汽車の道中、それを飲みながら元気をつけた。

　朝、東京駅についた。まだ一面の焼野原だった。焼跡の道をたどって本社を探して歩いた。到着すると、相川社長は、「小島クンは酒好きだから呑ませてやれ」といってくれたそうである。翌日、群馬県の安中製錬所へむかった。

　安中製錬所は一九三七年、地元電力会社の超安値（一キロワット時七厘五毛、同時期、東京は一キロワット時一銭七厘）を誘致条件に建設されていた。小島さんがたどり着いたとき、工場敷地内には、銅、鉛などのスクラップが山をなして積まれていた。相川社長は終戦の玉音放送をきいたあと、東京、大阪、名古屋など大都市の焼けくずを素ばやく入手した。それが戦後の東邦亜鉛の急成長の原動力となった。

　戦時中に軍需省が集めた古鉛も東邦亜鉛に払い下げられた。軍需省といえば、東邦亜鉛は鉱山局を借家させていた。官庁が私企業の店子になり、店子に工場付近の土地のほとんどを買収させ、住民を強制疎開させ、そして大家さんに払い下げた。軍と警察はここでもその権力を用いて土地買収をバックアップしたのである。

東邦亜鉛は、一九五〇年の朝鮮戦争による金ヘン景気で、さらに急成長した。

皇太子への〝ご説明〟

最後に小島さんにこうたずねた。

「イタイイタイ病はどうなんですか」

「こりゃね、わたしは不思議だと思わんとですよ」、わたしはかれが認めたのだと思った。しかし、この前置きはちがったかたちで展開した。「千二百年ですよ。そのときからカドミ的な鉱物があったはずですよ。あるとすればかなりでてくるはずです。井戸水を呑んでいた時代からそんな病気はないとです」

かれは坑内水は渋くて飲めず、井戸水もまた渋くなったことを認める。いま、部落の中央に干からびた川床を露呈させている樫根川にも、増水時には鉱山からの水が流れ込むことを認める。しかし、そのあとすぐ「このカドミは宿命的なものです。ないとはっきりいえます。安心してます。それは絶対的なものです」と強調するのである。

「本当をいうと、このごろあるのが本当です。鉱山がありますけんね。ところがね、いま、相当な施設をしています。ここは宿命的なものです。カドミ鉱害はどこかにあると思います。しかしですね、人体に関しては神通川のようなものはないとです」

ほとんどのインタビューにはテープレコーダーを使っていた。この小島さんの話をあとで何度ききなおしてみても、「カドミの害がある」という肯定と「人体にはない」という否定を結びつける論理の道すじがみえてこないのである。たとえ、それが結びつかなくても、「安心してます。絶対的なものです」というう晴ればれとした安心感にどうしてなるのであろうか。そのあと、部落のひとたちと話しても、ほとんどの論理がこの隙間に吸い込まれてしまうのだった。

「わたしも新聞で読みました。佐藤知事が、皇太子殿下に『まえにはいた』といってましたね」

小島さんは急に思いだしていった。かれは皇太子夫妻が、六九年度国体出席のため佐世保に着いたとき、佐藤知事が答弁した内容をいっているのだった。わたしはそれをいわれて、壱岐でみた不気味な光景を思い浮かべた。

島にはつくられたばかりの黒く長い道が一筋つづいていた。沿道には小旗をもった老若男女の行列が辛抱強くまっていた。皇太子の宿泊地に予定されていた湯の本へはいると、薄暗く、軒の低い家並がつづく狭い道に、ただ日の丸の旗だけがぼってりとたれ下がっていた。ひとびとはあらかじめ決められた沿道の奉迎所へ狩りたてられていたから、家々は廃墟のようにひっそりと静まり返り、新しい国旗だけが、死んだ大きな蛾のようにぶら下がっているのだった。

「あれが本当に知事がいったものなら、抗議したいと思っとるのです」

と小島さんは話をつづけた。その記事はこうである。

……皇太子さまは、佐藤知事がご説明のなかで、カドミウムにふれなかったところ、ご自分の方から「対馬のカドミウム問題はどうなっているか」とおたずねになった。同知事が「県としては現在厚生省と連絡して現地の実情を研究しておりますが、いまのところ特に問題はございません」とお答えになると、皇太子さまは「病人は出ていないのか」と念を押された。この重ねてのご質問に知事は「以前には患者も出ましたが、いまはございません」とお答えしたのに対し、皇太子さまは、安心したようにうなずかれたという。（『毎日新聞』九月六日）

それまでは、厚生省も県の衛生部も「患者はいない」と断言していた。住民たちもその説が一番ありがたかった。町医者の意見などよりお上の意見のほうが信用できる。ところがほかならぬ皇太子の前で知事が「以前には患者がでた」と説明しただけに、ショックは大きかった。しかし小島さんたちは、いままでは新聞が勝手に書いたものと信じ込んでいる様子だった。

いつのまにか、小島さんの奥さんもそばに坐っていた。かの女はイタイイタイ病患者だとして新聞記事にされたこともあった。はじめわたしに示した拒絶の視線は、そのためだったのかもしれない。

「わたしは怪我でこうなぁました、と（記者に）いっておいたです。けんどイタイイタイ病になっとるですよ。それが本当だったら、もう動けんことになっとるはずです。何年と時がたっとるですよ。わたしは膝がこう曲がらんとはなぁましたが、イタイイタイ病でないことは、自分の心に自信があぁます」

かの女ははじめて新聞記者がやってきたとき、イタイイタイ病についてはなにも知らされてなかった。乞われるままに痛む足を手で押えて写真に撮られた。その足は階段から落ちたためのものである。七十歳になったいまでも元気で、きょうも山へいって草を刈ってきた、とつけ加えた。

「もっと早くでているはずです、毒があれば。川水で石が赤うなるようなのもみてきました。まえは泥鰌《どじょう》なども死にました、白い腹をだして。このころでは麦もでけるし、魚も死なんことになっとります。新聞に書かれたシゲさんもおキクさんもいま元気になっとります」

新聞記者は神通川の悲惨な患者の状況を思い浮かべながら部

落に乗り込んできて、片足の不自由なかの女をカメラに収めたのかもしれない。しかし、かの女たちも新聞に書かれた骨がポロポロになってしまう症状だけを想定して、自分はこのとおり元気だと証言する。イタイイタイ病と〝みた〟新聞記者はそれを患者にし、イタイイタイ病と〝みたくない〟地元のひとはそれを否定する。おなじ論理の裏返しでしかない。それはそのどっちもが、悲惨さが外観にあらわれない限り驚かない、という発想で共通しているようだ。

その両者とも、肉眼ではみえず、静かに体内を犯しつづけているカドミウムを想像することができないだけである。骨がポキポキ音をたてて折れるのだけが鉱毒の影響ではないはずである。小島さん夫妻はカドミウムの汚染は認める。認めているからこそ患者はもっとはやくからでていたはずだと主張し、いま、鉱山は施設を完備させたからもう発生することはない、と信じている。

萩野医師は、イタイイタイ病の症状をつぎの五つの段階に分類している。

第一期（潜伏期）

農繁期や過労のあとに疼痛がおこり、腰部、肩胛部、四肢に疼痛を訴えるが、入浴、休養等により軽快し、とくに所見は認められない。

第二期（警戒期）

疼痛は次第に著明となり、歯頸部に黄色のカドミウム・リングの形成される時期である。尿蛋白が証明されるも、＋、十一、一とモール ス符号のように出没する。

第三期（疼痛期）

全身各部における疼痛は激烈となり、恥骨会陰部に刺すような疼痛があらわれてくる。全身の骨には萎縮、脱灰の変化が現われて、貧血が著明となってくる。歩行に際しては、Watschel-gang（仔アヒルのように尻を振る歩き方）を示すようになる。この疼痛、萎縮脱灰、貧血をトリアスという。X線学的には骨粗鬆症《こつそしょうしょう》の所見が認められ、尿蛋白は常に＋となり、尿糖も証明されて出没する。

第四期（骨骼変形期）

疼痛はますます激烈となり、歩行は不自由の度を加えてくる。脊椎の圧迫骨折のため、身長は短縮し、X線学的にはMilkmann 症候群（特有な横の毀裂《きれつ》）の所見が認められ、骨彎曲、骨改変層が現われ、骨盤はハート型に変形し、骨軟化症の所見がそろってくる。尿蛋白、尿糖は常に＋となってくる。

第五期（骨折期）

骨の萎縮、脱灰はますます著明となり、些細なことにより、全身の骨、すなわち下肢骨、上肢骨、骨盤、肋骨、脊椎に自然骨折をおこすようになる。X線学的には骨皮質に恐るべき脱灰がみとめられ、恰もボール紙を巻いたようになる。

（『綜合臨床』第十八巻第七号）

骨が「ポキポキ折れる」という表現が当たるのは、この第五期に相当し、第二、三期ていどならば、外観的には神経痛とたいしてちがわない。第五期症状に至るまでにはおよそ三十年の時間がかかるという。

萩野医師が第三期ていどと語っている樫根のひとたちは病気にはまったく懸念をもっていないし、二〜三期といわれた安中のひとたちは神経質なまでにイタイイタイ病にたいする警戒心をもっていた。どうしてこんな食い違いがあるのだろうか。

小島さんの家から、二キロほどの山道を歩いて、泊めてもらっている小茂田の家へ帰った。どうしたことか季節外れのホタルが一匹ズボンに張りついて、そこだけが異様な光を放っていた。

「あそこは誰かが死ななければ駄目なんだ。犠牲者がでなければわからないんだ。放っとけと思ってます。死人がでればはじめてわかるでしょう。無知というか、会社からなにかを与えられているか、どっちかだ」

町で会った三木康資町議会議員はもう愛想をつかした、とばかり吐きだすようにいった。しかし、これから典型的な患者がでることがあるのか。本当に患者がいたのだろうか。また、もし死人がでたとして、そのときには部落のひとたちは起ち上がるのだろうか。ホタルと星以外光るものがない、暗闇に包まれた対馬の山道を、わたしは文字通り手さぐりで歩いていた。

監視者と尾行者

翌朝、自転車を手に入れた。居候させてくれる家もみつかり、取材の態勢も整っていた。対馬の生活にも慣れてきた。対馬海峡にむかって自転車を走らせていると、波の荒い水平線の上に薄青く朝鮮の島々が浮んでみえた。わたしは久し振りにのんびりした気分になっていた。見憶えのある白い乗用車がちかづき、副所長が窓ガラスを降して声をかけた。

「お茶でも呑みませんか」

喫茶店も見当たらないこんな海岸では奇妙な誘いだったが、わたしたちは連立って椎根部落へ分岐する道のそばに、一軒だけたっているバラックづくりのめし屋へ入った。そこはバスの待合場を兼ねているのだが、利用者もなく、木の腰掛にはほこりがつもっていた。

「ジュースにしましょうか」

副所長は連れの男と一緒に、皿うどん一八〇円、西洋定食四〇〇円などと筆太の墨で書いて壁に貼られた献立表を見上げながら、わたしの同意をもとめた。

「もう寒くなりましたけんおかんとです」

でてきたおかみさんはすまなそうに答えた。

「コーラは？」

「それもないとです」

副所長と連れの男は店にはいってしまった手前、しょうことなしにウドンを注文した。わたしは遠慮した。

「きのうは厳原で？」

とまず副所長が切りだした。夕方、町の新聞社でその連れの男と出会っていたので、それはかれにもはっきりわかっていることだった。

「はぁ」

わたしはつぎの質問にそなえた。いつもむこうから質問してくることになっていた。

「夜、こちらにこられたのですか」

「はぁ、そうです」

「樫根にいかれたそうで」

かれは三問目でパンチを加えたような調子でいい切った。言葉使いは丁寧でいて、自信に満ちている。

「はあ、そうです」

精一杯さりげなく答えたが、手ごわい一撃だった。昨夜はまっ暗だったし、誰にも会ってなかった。誰が副所長に通報したのだろうか。「あすこはどうやってはいったって鉱山に知れるんだから」。町で会った記者の呆れた口調がきこえてきた。連れの男はわたしを無視したように頬杖をつき、眼を細めながら煙草を吸っていた。

「いえね」と副所長はごくつまらない話だが、というような口調で「うちでも鎌田さんが対馬にこられているのは、どこかのまわしものじゃないかと、ここらあたりのひとは純朴でしょう、だから、そんなことを、いやあ、わたしはめったなことを、と叱っておいたんですがね」

とわたしの顔を覗き込んだ。かれはいつもこんな婉曲な話法を使う。

「第二ダムにいかれたのは、鎌田さんじゃない、ひとちがいだろう、とわたしはいってるんですが」

「いや、まちがいなくぼくです」

わたしはその手に乗ったように、ムキになった口調で主張した。

「いったのはぼくですよ、ちょっとみたかったものですから」

挑戦的に繰り返してみた。

「道がついてますからね」とかれは軽く受け、「わたしももうお会いして顔見知りですし、鎌田さんだったなら、会社のほうへ先にこられるはずだ、ひとちがいだろう、といってるんですよ」

かれは持ち前の微笑を絶やさないで、ウドンの箸をおいた。

「〝立ち入り禁止〟の立札はなかったですよ」

ちょっと押しておいた。かれはその挑発を軽く受け流して、話題を変えた。

「もうぼつぼつ材料もたまりましたか」

「まああです」

「できましたら、うちでもすこし買いますよ。〝歴史〟が好きなのがおりますから」

鉱滓の沈澱ダムを会社に無断でみにいってから、わたしにたいする警戒は急に強まったようだった。対馬の歴史を研究するのにきているはずの男が、鉱毒問題に関係が深いダムをこっそり視察にいく必要はないことだった。その直後、「無断で施設をみないでください、いつでも会社にくれば案内しますから、と鎌田さんに伝えてください」との伝言をわたしはふたりのひとからきかされていた。

鉱山の依頼を受けた東京の帝国興信所はわたしの身許調査をはじめていた。依頼条件は「超特急九月三十日まで」。調査内容は、「学歴、卒業学部、職歴、文筆のキャリア、政党、団体との関係、年収、取引銀行、家賃、畳数」に至るもので、本籍地、家族構成は出張所で住民票をとって調べていた。かれらにしてみれば、わたしが長期滞在している〝背後関係〟とカネの出所が疑問だったのだろう。

「ダムをみにいかんですか」と誘ってくれたのは井田裕夫《やすお》さんだった。わたしは樫根のひとたちの取材がすむまでは鉱山を刺激したくないと思っていた。油断させて時間を稼ごうと考えていたのだが、「あなたをダムに連れていって鉱山を驚かそう思っとるですたい」とかれがいうのをきいて、わたしは「連れてってください」と頼んでいた。

農協職員である井田さんは、組織だけが残っている鉱害被害者組合の書記を務め、珍しく「鉱山に気兼ねしなくてもよい人間」だった。ふたりでダムにいくことで事態がどんな動きをみせるか、わたしも興味を感じた。

山へはいると露出した岩盤の層がそのまま階段になっていた。それを登りつめて、わたしは息を呑んだ。深い山肌に抱かれて、真黒な泥の湖が無気味にひろがっていた。億富ダムは選鉱滓の貯蔵池だった。それは水面に山影が映っているわたしのダムのイメージを無慚に打ち砕いた。

「わしらはダムゆうたら真黒なもんだと思っとります」

井田さんはそういう。ふたりが踏んでいる黒い微粒状の粉末は、ところどころ陽を受けてキラキラ光っていた。赤錆びた鉄管からはあたりにこだまさせて黒い排水が吐きだされ、重そうな泥の中へ呑み込まれていた。すでに泥水のなかで電柱は没し、辛じて頭だけを突きだしていた。水際の樹木はとうに枯れはてていた。

「雑木でもやはりこうなるとわれわれには悼ましいとです」

風に舞い上がった黒い粉末を避けながら井田さんはつぶやいた。この谷間には七十メートル、約百二十万トンの重金属をふくんだ滓が捨てられているとかれは説明した。五十年後、百年後、鉱脈が掘り尽され、廃坑になってしまったあとも、このどす黒い排出物だけがうらみそのもののように残りつづけるだろう。管理するものは対馬を引揚げ、いつか大雨が降ったとき、重い地響きとともに田を浸し、畑を浸し、住居の上まで這い上がるかもしれない。

「そうです、わしもそれを考えとるのです」

井田さんは重い言葉であいづちを打った。

「ぼくを泊めておいて大丈夫ですか」

わたしは何度かかれに尋ねた。樫根にちかいかれの家に泊めてもらわないかぎり、厳原からバスで通わなければならず、五時の終バスではなにもできないのははっきりしていた。「構わんですたい。わしは平気です」

とかれは答えてくれて、ホッとさせた。

すでに鉱山では守衛がどこに泊まっているか調べていたし、井田さんの職場にはとんでもないところから、「どんな関係で知っているのか」と問い合わす電話がきていた。カドミウムを追って対馬までやってきたはずのわたしは逆に徹底的に追いかけられていた。

ある家へは、「これは内緒の話じゃがばってん、いまそっちへいっとるんかね」と守衛所から電話がはいる。海岸に坐っていると遠く離れてオートバイに乗った守衛がいったりきたりする。鉱山の労働組合の事務所へいくと、隣接している駐在の巡査部長がわざとらしくわたしの顔を覗き込んで帰る。井田さんの家のちかくの駐在も露骨な関心を示す。

私道にされた町道

県道から鉱山の正門へ至る白銀《しろがね》橋は、コンクリート橋に架け替え工事中だった。予算は二千七百万円で、その大半を厳原町の財政が負担している。全長五百メートルたらずのその道は、〝町道〟という名目のため、町が工事費を払うのだが、道の途中には守衛所があって、通行人をチェックし、その出口は河床道であるため、増水時には通り抜けできない。実質的には鉱山への出入りのためだけに使う私道でしかないのである。

こんどの着工決定についても疑惑がある、とある記者からきかされていた。六九年度の厳原町の橋の起工については、別の「多景橋」に決まっていたのだ。そのご、町の建設課が県対馬支庁の建設課に呼びつけられ、知事派の代議士をバックにして、建設順序を変えるように迫られ、いつのまにか白銀橋が着工された。

その橋を歩いてみようと思った。〝町道〟を歩くと、守衛はどんな反応をするのか、それを確かめるためだけで橋を渡った。

「どこへいきますか」

さっそく守衛所のなかから声がかかった。黙殺して歩いた。町道を歩いているんだと自分にいいきかせた。

「ちょっと、ちょっと」

と呼びとめた。それでも黙って歩いた。

「ちょっと、ちょっと」とがめる、という感じの鋭い声になった。そして、「ちょっと、鎌田さん！」とつけ加えた。守衛はわたしの名前を知っていた。

「なんですか」

わたしは不審そうな声をだして、ふりかえった。

「どこへいかれるんですか」

「どこったって」

「会社の誰かに会われるんですか」

「いや、会わない」

その頬肉の厚い守衛はしまった、という表情になった。そして小声で「町道を通られるんですか」とたずねた。新聞記者には絶対に声をかけない、ということはきいていた。わたしにたいする警戒心が、無意識のうちにかれに声をかけさせてしまったのだった。

「町道を通るのにいちいち許可をえなければいけないんですか」

わたしはやや芝居がかった声をだした。

「いいがかりをつけるんですか」

身体のがっしりした守衛はひらき直った。

「あなたが検問したんじゃないですか」

「ここは町道と接してますからね」

かれは弁解してから、あわててどこかに電話をしはじめた。わたしはゆっくり町道を通り、川の中を通って県道にでた。うしろからカブ（小型バイク）に乗ってY係長が追いかけてきた。

「いま、守衛に文句いわれましたよ」

とわたしは怒ったような口調で切りだした。

「なんと？」

かれは足をついてカブを止めた。

「どこへいくのかって。町道を通っちゃまずいんですかね」

「町道に接近してますからね。工場へ入るのかと……」

「わたしは工場には用はなかったんですよ」

振り切るようにして歩きだすと、かれは、「めしでも食いませんか」ととってつけたようにいった。それはかれ自身断わられるのを覚悟でいったセリフだった。

「生きものの記録」

その夜、井田さんの家に帰ってこの話をした。かれの呑み友だちがふたりきていた。このことを誘い水にして、かれらの鉱山にたいする意見をきいてみたかった。

「鉱山は殿様だと思っているんですたい」最年長の井田さんはひとりごちるようにいった。

「地元を大事にするよう徹底的に書いとってください」

「でも、あなたがた若いひとたちが話し合って、なんとかしなければいけないんじゃないですか」

わたしはふたりの青年にむかっていった。それには答えないで、ひとりがいった。

「いままでも鉱毒問題があったっちゃばってん、わが方にはどうしても金がつづかんと、それに資料もなからん。ですけん、太刀打ちできらんとです」

「鉱山はわれわれをナメとるですたい」

井田さんがつぶやく。

「岡山大の小林教授にでも調べてもらったらどうですか」

とわたしは口をはさんだ。

「そのひと、大丈夫ですか」

さっきの青年が興味なさそうにいった。かれらは政府や学者をまったく信用していなかった。井田さんは絶望したようにごろんと横になった。わたしはなんとか小林教授には話してみよう、ということだけしかいえなかった。その時、それまで酔ったように井田さんの女の子をからかっていた赤シャツの青年が、突然真顔になっていった。

「誰かが犠牲者にならんとだめなんじゃ」

それがあまりに唐突だったので、みんな黙った。いってしまってから、かれはテレたようにコップを傾けた。

「みんな鉱山に勤めてるけんねえ」

隣りの、人の好さそうな青年があきらめ顔でいった。

「でも鉱山に勤めているから発言できないというのもおかしいんじゃないですか」

わたしの意見は常識論にすぎなかった。

「御用組合ですけん」

かれも柱に背をもたれたままつぶやいた。もう十二時をすぎていた。

「犠牲者にならんとだめなんじゃ」といった青年が、身を乗りだしてあらたまった表情でいった。

「ゆうべ、テレビみたとです。三船敏郎の『生きものの記録』をみたんです。三船だけが、〝原爆がこわい、こわい〟といっとるんです。そんで精神病院へ入れられてしまうとです。はじめは自分のことだけ考えていて、ブラジルへ逃げようと思うばってんが、最後にはみんながよくならなければ、といいはじめるじゃけん、イタイイタイ病も原爆とおなじなんじゃろか」

「映画をみていてそう思ったんですか」

　黒沢映画のシーンを思いだしながら、かれにきいた。

「いいえ、恥ずかしいばって、その時はなんとも。いま話していてそうだと思いました」

「わたしはここには直接関係がない他所者ですが、いまの状況をやっぱりなんとか変えて欲しいと思います」

　寝そべっていた井田さんがいった。

「あなたはよい本をば書いてください。ただ、あなたはもう樫根にははいれんとでしょう」

　寡黙な井田さんが、断言するようにいった。ふたりの友だちはありったけの日本酒とウイスキーを呑み尽してバイクで帰っていった。

「あなたはよい本をば書いてください。ただ、あなたはもう樫根にははいれんとでしょう」という井田さんの言葉が、寝床にはいっても重くのしかかっていた。

Ⅳ　レントゲン写真の行方

レントゲン写真の行方

　樫根部落でのイタイイタイ病患者は、六四年九月、萩野医師と小林教授によって発見されたのだが、六八年四月まで発表されなかった。なぜ三年七ヵ月も経ってから発表したのか、それがわたしの疑問だった。萩野氏はこのことについて、

「つぎの年に看護婦なども連れて、もっと精密検査をしにいくつもりだったんですが、地元で〝萩野がきたら足の骨をたたき折る〟といっているとの話が伝わってきたので見送りました。そのつぎの年もやはりいけずじまいで、それでふたりの患者のレントゲン写真とデータを証拠に、日本公衆衛生学会で発表したのです」

　と語った。

　ふたりの患者、一宮浅さんと永瀬トヨさんはすでに死亡してしまっているため、対馬にイタイイタイ病が発生していたかどうかを証明するのは、いまではそのレントゲン写真によるしかない。この地域でも、神通川流域とおなじような患者が発生していたことが明らかになれば、カドミウムとイタイイタイ病の

因果関係を認めたがらない三井金属鉱業に打撃を与え、樫根部落のすぐ上に建つ東邦亜鉛対州鉱業所の責任問題もはっきりする。

ところが、「この部落にはイタイイタイ病の症状や患者は、過去にも現在にも見当りません」という部落の「連判状」は、レントゲン写真は「存在しなかった」という前提にたっている。

永瀬トヨさんのレントゲン写真は、かの女の遺体と一緒に土葬した。だから萩野医師がその写真をもっているはずはない。一宮浅さんの写真については、ほかの学者が患者と認めていない、と強調するのは舎利倉《しゃりくら》政武さんである。

過去に患者が発生したならば、いまでも潜在患者がいることになるが、もし、過去の「患者」がたんなる「神経痛患者」であったならば、いま部落で目立つ「神経痛患者」は、真正の神経痛患者でしかない。だから、なにも心配することはない。かれはわたしと会うたびにこのあとのほうの論理を熱心に主張した。どんな反論も受けつけない点では宗教的な確信ともいいえた。

日中、樫根へはいっていくと、わたしの意志にはかかわりなく、かならずといってもいいほど偶然にこのひとにお会いした。それはまるでわたしを待ち受けているのか、と疑えるほどだった。

舎利倉さんと最初にお会いしたのは、部落のなかにある法清寺の本堂でだった。わたしは住職と対座しながら、この寺に安置されている蒙古仏のいわれをきいていた。〝神風〟に遭った元の船団が、凪を祈願して海に投じたのが浜に漂着したと伝えられている、と住職はゆっくりした口調で話した。

この日は彼岸の中日で、ほの暗い本堂には燈明がゆらめき、ときおり部落のひとたちがあがってきては静かに手を合わせていた。わたしは部落の区長にいわれて、そこでかれがやってくるのを待っていたのだが、まもなく気ぜわしげに下駄の音を響かせて、小柄な中年の男が本堂にはいってきた。

かれは住職とむかいあっているわたしをわざと無視しているかのように、所在なさげに仏壇などを覗き込んでいたが、まもなく三山区長がやってきてわたしたちの傍に坐ると、かれもまた、まるでしめし合わせていたかのように、さり気なく坐った。それが舎利倉さんだった。

わたしたち四人は、辛抱強く部落の歴史について話し合った。「イタイイタイ病騒動」の舞台へ、わざわざ東京からやってきた男が、昔の話にだけ興味を示しているのが落ち着かないのか、三山さんと舎利倉さんは当惑したように、ときどき、疑わしそうな視線を投げてよこした。

この部落には水だけしか入っていないおかゆを食べる風習が残っている。蒙古の大軍が押し寄せ、支度する暇がなかったことと、戦闘中に喉が乾かないようにとの心遣いの名残りである。

また、佐須餅というのもある。粒餡がなかに入らずに、外側についてるだけの餅で、これも蒙古の襲撃があっというまだったため、なかに詰める時間がなかったからだといわれている。

「こんどの戦争中も大変でした」

舎利倉さんが話に乗ってきた。全島要塞だったので、自分の持山のなかでさえ勝手に歩きまわれなかった。家の新・改築、田畑の拡張はおろか、塀、ドブの修理にも軍隊の許可を必要とした。結婚式、卒業式の写真でさえ、要塞司令部の検閲を受けたことを証明する判がなければ所有できず、カメラは登録しなければならなかった。

「黙っていればわからないでしょう」

舎利倉さんは、とんでもない、というように手を振って、

「それがです、協力者が眼を光らせていますけん、すぐにわかってしまうとです」

封建時代、対馬の島民を支配したのは、宗家と各郷村に配置されたその配下の郷士である「給人」だった。それが日常的な抑圧機構として宗家を支えていたのだが、戦時中は「軍事秘密」を守るという大義名分によって、要塞司令部と憲兵が島民の生活を統制していた。

憲兵に密告する〝協力者〟。その話をききながら、わたしの動静についての鉱山側の視えない情報網を思い浮かべた。いまでも部落のひとたちはその暗い影に怯えているのだろうか。他所者にたいする固い拒絶の表情もそれにつながっているようだ。

「いまの部落は会社あっての部落です」と舎利倉さんは急にいいだした。「それまでの現金収入は炭焼きか道路工事でしかなかったとです。細く長く、もし三十年のものなら六十年にしてでも会社に掘りつづけて欲しいとです。社長がここにみえたときにもそうお願いしてます」

不意をつかれた感じで、わたしは黙った。三山区長も舎利倉さんも東邦亜鉛に勤めている。樫根部落二十七戸中、鉱山に「お世話になって」いない家はほとんどない、という。

「イタイイタイ病はどうなんですか」

なにげなさそうに尋ねた。

「それなんです」と舎利倉さんは膝を乗りだして答えた。待っていたようだった。ひと呼吸ついて「あれには参りました。新聞に書き立てられてしまって。イタイイタイ病があるというんでしたら、いまゴロゴロしているはずですよ。そりゃ、神経痛で軽いビッコをひいているひともいます。そんなの本土へいってもいっぱいいるでしょう。寝たっきりで動けないひともいるじゃありませんか」

「みんなもなんもないのになんで騒ぐのかと思ったぐらいで平気でした」

三山区長もそばから言葉を添えた。話の中心はいつの間にか舎利倉さんに移っていた。

「カドミウムだって売っている食品にみんなはいっているとですよ。ブドウ糖の注射にもはいっているんです、病人に打つ……」という舎利倉さんを引取って「かえってはいっているほうがいいのですよ」と三山区長が笑顔でいった。それは冗談なのか本気なのか判断がつかない表情だった。

「しかし、萩野さんはレントゲン写真を証拠にしていますよ」

とわたしはきりだした。

「一宮浅の写真は、金沢大の石崎教授はちがうといってるでしょう。一宮浅も永瀬トヨもわたしの叔母です。永瀬トヨの写真はわたしがちゃんと埋めました」

舎利倉さんがすかさず答えた。

「あなたが本当に埋めたのですか」

わたしはかれの顔をみながらいった。かれはちょっと間をおいて、

「そうです」と低い声で答えた。「なんにもないのに騒がれるのは人道上の問題です」

舎利倉さんの話が本当だとしたら、わたしが富山の萩野病院でたしかにみた、永瀬トヨさんの写真はなんだろうか。あのレントゲン写真に写っていたほの白い骨は別人のものなのか。そのレントゲン写真に病院名が入っていた協立病院で話をきくために、わたしは厳原町へ引返した。

診療は午前中だけのはずだった。が、協立病院の待合室は昼を過ぎていたにもかかわらず、順番を待つひとたちで一杯だった。

十二時四十分になって「若先生」と呼ばれる古藤恭二副院長が、やっと解放されて診察室からでてきた。まだ若い感じだったが老眼なのか、用件をきくとうんざりしたように、左手で眼鏡のレンズを上に押し上げ、早口でまくしたてた。

「そんなこともうわからないよ、五年もまえのことじゃないか。継続してないからもってないよ。カルテもなにも廃棄処分にしてしまったんだ。隠してるわけじゃないんだ。そんな大事なものならもっとはやくいってくれればいいじゃないか。萩野は医者の仁義にはずれてるよ。むこうではもっているといったって、樫根では埋めたといってるらしいし、ぼくにはわからん。そんなことキミがいったって、日に三百人も患者をみてるんだからな、わかるわけないだろう。九大を卒業してから、鉱山の診療所に半年ばかりいたけど、なにもそんな病気が多いってことはないよ。ぼくだって医者だから興味はもってるんだ。この問題のキメ手はな、このキメ手は墓を掘って、骨に重金属があるかどうか調べるよりないよ」

かれの指示を受けるためうしろに立っていた看護婦の話を忙しそうにききながら、廊下を歩きだした。古藤副院長は萩野医師に写真を渡したのか、それとも退院する患者にわざわざ写真

をつけてやったものかどうかを憶えていない、という。

五年以上たったカルテ類は、保存する義務がない。永瀬トヨさんの写真をわたしはたしかにみた。しかし、舎利倉さんが、わたしが埋めたんだから萩野医師がもっているわけがないと主張すれば、わたしがみた、という事実は、なんの意味もなくなってしまう。

部落の実力者

永瀬さんの家族に会ってみようとわたしは思った。日を変えてまた樫根にはいる橋を渡った。

カブに乗った白いヘルメットの男が道のむこうからちかづいてきて、「おお」と声をかけた。舎利倉さんだった。

「おでかけですか」と声をかけると、「いや」とかなんとかいって、カブの向きを変えようとしたのだが、水たまりの上でエンストを起こしてしまった。

二、三度あせったようにアクセルを踏んで、やっとエンジンが始動した。わたしが先に立って歩きだすとかれが追いつき、結局、ふたり肩を並べてかれの家へむかった。道から家へ入る左側に小屋があって、ろばに似て背の低い対州馬と赤牛が同居して仲よく草を食べている。鶏も数十羽いた。

土間からあがった八畳ほどの板の間には、カラーテレビと真新しい大型の冷蔵庫が並んで立っていた。テレビの上のガラスケースのなかは大きな日本人形である。

「このへんのひとはみんなカラーテレビなんですねえ」

ちょっと驚いていうと、かれは顔をほころばせて、

「対馬でも裕福なほうですよ」と答えて、「鉱山がありますけん」とつけ加えた。母親らしい女性がお茶をいれてくれた。

「このあたりのひとはみんな純朴でして、道で会った知らないひとにでも声をかけるんです。おふくろなんかもそうでして、わたしたち若いもんはそれを田舎者のやることだ、と思うて恥ずかしかったですたい。人情が濃いとですけん」

「でも、誰も口をきいてくれませんよ」

「それが、新聞のせいなんです。もうめちゃくちゃ書かれましたから、みんなこりてるんです、さいきんは落ち着きましたが。わたしも新聞記者とは三時間もわたり合ったりしましたよ」

わたしはこのひとに親しみを感じはじめていた。四十六歳、小柄だが精悍な感じで、青年将校のように張切っている。部落にくる他所者は、ぜんぶ自分で応対しようという心意気があった。

「わたしは無学なんです。小学校よりでてませんもんね。でも、青年学級へいって勉強しました。ひとには負けん自負をもっとります。部落の会合でもスジを通すほうです」

萩野、小林両氏がきた六四年当時は、区長を務めていた。息子と一緒にはたらいている鉱山では、労働組合の副支部長でもあった。奥さんの菊枝さんは、部落の声明書とほぼ同一の原稿を『対馬新聞』の「読者の声」欄に投稿している。「樫根にイ病はない」と主張する部落声明、労組声明には、舎利倉さんのスジが貫徹しているようだ。

「わたしも苦労しました。いまは人並みになってますが、大変でした」

といいながら、かれはどっしり腰を据えたカラーテレビに目をやった。先祖は大分県から渡ってきたらしい、と舎利倉さんはいう。

対馬の封建制は土地が狭隘なために本土よりも厳しくあらわれている。本戸、分家、寄留という身分構成は、本戸群を中心に共同体を支配しつづけ、分家には土地の分与もなく、さらに他所から移住したものは寄留として差別されてきた。つい最近まで盆踊りを踊れる資格をもつのは本戸の長男だけだった。舎利倉さん宅はこの〝寄留〟だったのだろう。

十一歳のとき、かれの父親は過労で亡くなった。四年間、丁稚奉公にいった。ひとりの弟はかれが育て、もうひとりの弟は養子にだした。いま、かれは大工の技術を活かして鉱山の営繕課の監督を務め、やはり鉱山に〝お世話〟になっている長男をふくめて、四人の子どもと母親と奥さんの七人で落ち着いた生活をしている。かれもまた戦時中、警察署長に「土地を売らないもんは国賊だ」とおどかされたそうである。

「いまはちがいます。山林を売るのでもなんでも鉱山は話し合いで解決してくれてます」

と一言つけ加えた。かれと話しながら、わたしは群馬県の東邦亜鉛安中製錬所の裏に住む、ある守衛一家のことを思い起していた。名前は仮にPさんとしておこう。

Pさん宅は二階だての見上げるように大きな家だった。田畑合わせて二町歩もっていて村一番の豪農。先代は村長を務めた家柄である。ところがいまは、Pさんは製錬所の守衛になっていて、訪ねたときには夜勤にでていて不在だった。

夜となく昼となく吐きだされる亜硫酸ガスと地中に浸透したカドミウムによって、田畑はほとんど全滅してしまい、農業では生計が成り立たなくなってしまったのである。

「公害の会社へ勤めるのもなんですけど、本当でしたらほかの会社に勤めるのが一番いいですけど、もう中年ですから」

畳の上に正座して応対した奥さんは、身じろぎもしないで繰り返した。

「加害者の会社に勤めて、口惜しくないんですか」

「抵抗があります。けど生活がかかってます。勤めないと食べていけません」

「どんな気持で会社に出勤されるんでしょうね」

「さあ」

奥さんは戸惑っておろおろした。「勤めるまえは口惜しかったです。いまはなんとも思わないのです。主人が勤めてる以上、あまり文句もいえないんです」と静かに答えるだけだった。「わたしたちの代だけは農業でやっていけると思ってましたが、それもできなくなりました。公害がなかったら立派にやってますから子どもに教育受けさせたい、と思ってます」

畳の目を指でさすりながらそれだけいった。Pさんの家は煙突から直線距離にして二百メートルしか離れていない。一九五三年にこの家へ嫁いできたときはさほど感じなかった。十年前ころにはおカイコが全滅してしまい、菜っ葉類は黄色に変色して目に見えて消え、しぼんでしまった。近所のひとたちと一緒に所長の家へ押しかけたこともある。

「わりに気さくなかたでした。ガスをださないでください、といいましたなら、気をつけます、といってくれたんですけんど」

市長にも陳情した。農政課長がやってきて、これは公害でなく蚕の飼いかたが悪いんだといった。そうかなぁ、鉱毒のためなんだけどなぁと思ったが、それだけだった。

Pさんの家にたいする会社からの補償金。

一九六六年、被害地面積一町九反四畝で五万二千四百十円。

一九六七年、被害地面積前年とおなじ、金額五万五千四百円。一反当たり二千七百五十円の涙金である。さいきん、一反当たり三十万円で買収しようという話が会社からきている。

奥さんはいう。

「主人は五年前から勤めたんです。公害があるから採用は優先してくれました。隣りのご主人も守衛にでてます」

この辺りは上州でも名高い養蚕地帯であり、麦の二毛作では農林大臣賞を受けたひともいる肥沃な土地であった。が、いまはみる影もなく荒廃し、工場用地として買収されはじめている。土地を奪われた住民はかれらを追い払った工場に採用され、生活するだけで精一杯になる。土地を奪われ、身体を犯され、やがて精神も企業に従属する。

樫根の舎利倉さんは繰り返していった。

「会社あっての地元です。すこしでも長く操業して欲しいです。会社はみんな話し合いで解決してくれます」

豪農の息子である安中のPさんは〝落ちぶれて〟守衛になった。寄留の子孫でたいして土地をもたない舎利倉さんは、「努力によって」部落のリーダーになり、会社でも出世の道を歩んでいる。

三度目に舎利倉さんに会ったときも、わたしはよその家へいくつもりだったのだが、招かれてまたかれの家にあがってしまった。そこでまた、当然のようにレントゲン写真についての議論になった。舎利倉さんは風呂上がりで汗をかいていた。熱弁をふるうので、いつまでたっても汗が止まらなかった。これほど真剣な表情で語られると、わたしにはどうしてもかれがうそをついているとは思えなくなる。ひとはこんなに熱をこめてうそをつけるものだろうか。

「永瀬トヨの写真は角度をかえて二枚ありました。それを納棺したんだからほかに絶対あるはずはないです」

「しかし、わたしは富山の萩野病院でそれをみてきたんです」

わたしは切り返した。

かれはそれにはまったく動じることなく、

「いまはモンタージュでもなんでもできる時代ですからね」

わたしは白ヘルメットの東京府中での三億円強奪事件の容疑者のポスターを思い浮かべながら、

「でも、協立病院のマークが入ってました」

「その印だって悪くいえば細工できる。わたしと叔父の儀一郎（トヨさんのご主人）と一緒に埋めたんです」

「しかし、どうして退院するときに、わざわざレントゲン写真をもらってきたんですか」

「病院でもっていても仕方がないからくれたんです」

「では、どうして納棺したんですか」

「写真があると思いだしてよくないからです」

舎利倉さんは即答した。なんのためらいもみせずに。そしてつけ加えた。「このへんは、幸か不幸か、土葬なんです。なんなら棺を開けてオギノさんと対決できるんです」

カラーテレビは沢村忠のキックボクシングを中継していた。隣りに坐って興奮してみている下の息子に「えーい、じいっとせんか」と怒鳴った。「長男が二十三歳、長女が二十歳で結婚適齢期なんです。よその部落からは偏見をもたれてます。樫根はイ病騒動で恐れられているんです。これは人道問題です。下の娘は学校に弁当をもっていって、友だちに蓋をだしたら、イタイイタイ病になるといわれて泣いて帰ってきています。わたしたちは神通川の巻きぞえだ。いい側杖をくっている。わたしは告訴したい。ぶんなぐりたい。カドミウムで病気になるとは思えん。なんも心配ない」

かれは食卓の上の揚げたての天ぷらをむしゃむしゃ食べた。

「これは自分のとこで採れた品だけど、なんも心配してません。わたしは鉱山に勤めているけど、是は是、非は非です。カドミウムがあるとしてもいまの企業の責任ではない。昔掘り放し、投げ放しにしたほうが問題です。わたしは自然公害だと思うんです」

わたしがメモするゆとりもないほどはやく、かれは情熱をこめて話しつづけた。しかし、一年前のかれはちがう発言をしていた。

「私の畑からは一・六一PPM（百万分の一量）のカドミウムが検出されたというが、アメリカの水の基準に比べたら百六十一倍。大丈夫なのかな。えらいことだ」前区長の農業、舎利倉政武さんは報告書に自分の名前をみつけてびっくり。「一番心配なのは米だなあ。年間保有米の農民が多いのだから。これでは食べてもよいと基準はないものか。田畑の土に何か化学薬品を入れて改良する方法はないものか」――これまでカドミウムの汚染など頭から否定していた地区民は困り果てた表情。

「化学にくわしい東邦亜鉛鉱業所や県の保健所にさっそく聞いてみよう」「病気が出てから騒いでも間に合わないぞ。みんなで対策を考えよう」と、これまでと違って強い前向きの姿勢がはっきりよみとれた。（「毎日新聞」報道）

「不安、怒りの対馬住民」という見出しで毎日新聞が「前向きの姿勢」を報道したのは六八年十月八日だった。この記事によれば、そのときから一年半まえに厚生省が調査し、「いたずらに不安を与え」ないため（福田県衛生部長談）に発表しなかった資料を突きつけられ、舎利倉さんをはじめとする住民は対策へたちあがるはずだったのだが、わたしが取材したときは、もう「カドミウムは病気につながらない」と断言する「うしろ向きの姿勢」しか残っていなかった。

わたしは誰の話を信じていいのかわからなくなりはじめていた。

「なんも心配ない」

萩野医師から八人の名前を教えてもらった。かれが対馬に渡って尿検査と臨床診断の結果、「もう一度調べてみたい」と考えているひとたちの名前であった。わたしはそのひとたちのその後を知りたいと思っていた。ほかの部落でまず消息を確かめた。ほかの部落といってもこのあたりは、親戚関係が入り組んでいるため事情は詳しい。その話によれば、驚くべきことに、八人中三人は死亡し、三人が重い〝神経痛〟にかかっているということであった。わたしが調べえたのはつぎの五人である。

Y・Tさん。一九〇五（明治三十八）年十一月二十四日生まれ。神経痛といって鍼、灸に通っていた。六七年一月十四日死亡。

S・Kさん。一九〇六年生まれ。国立病院に入院したが、六九年二月二十四日死亡。

A・Yさん。一八九九年一月四日生まれ。「神経痛」で毎日、鍼、灸に通っている。

S・Tさん。一八八八年九月十二日生まれ。「神経痛」で十数年寝たっきり。

Y・Kさん。二、三年前足の骨にひびがはいって一ヵ月ほど入院。「骨が弱っているんじゃないかな」とこの人のいとこが教えてくれた。

国立病院へ入院していて、半年前に死亡したS・Kさんを調べることにした。国立病院は厳原の町から、リアス式の海岸線ぞいに北にむかって山を越えた十二キロの地点にある。鶏知《けち》町は大西巨人の小説『神聖喜劇』の舞台になったところで、「朝鮮海峡制扼《せいやく》の務めは重しわが対馬」と歌われた要塞司令部と重砲兵連隊の本部がおかれていたところである。国立病院は当時の三等陸軍病院跡に建っている。

竹村院長にお会いした。かれは戦時中、京城第一野戦病院長を務め、一九四六年に復員した。そのとき、この病院の院長と保健所長のふたつの就職口があって判断に迷った。それで神様に拝んでもらった結果、こっちの方角がいいといわれて国立病院長を務めている、と話した。

鶏知町は天理教、御嶽教、白嶽教本部などと墨書した古びた看板が目立つ道のまがりくねったちいさな町である。医者が自分の運命を神様に決めてもらったというのは面白い。対馬は医者がすくないためか祈禱師が多く、取材中にわたしも「大師様」や「神様」の霊験を老婆たちからよくきかされていた。

「イタイイタイ病は以前に萩野氏がたしかに二例あるといわれてましたが、いまのところは出とらんようですたい」

と竹村院長は話しはじめた。S・Kさんはこの病院に六八年八月から死ぬまでの半年間入院していた。尿に蛋白がで、腰が痛いとはいっていた。しかし、レントゲン写真では骨に異常はみられなかった。病名は対馬の風土病といわれている「胸せき病」（上腹部が激しく痛む肝炎、胆のう炎などの症候群）で、死因は心臓弁膜症の悪化という。話しているあいだにも看護婦が二、三度あわただしく呼びにきた。

「出血したと？　輸血せにゃいかんばい」とかれはたちあがった。この病院にはふたりの医師よりいなく、それ以上話す時間は院長になかった。ここでもわたしはついにイタイイタイ病の確証はつかめなかった。

わたしに残されている取材は、一宮浅さんと永瀬トヨさんの家族の話をきくことと、重症の〝神経痛患者〟と会うことだった。しかし、気になっていたのは、樫根のひとたちは、カドミウムにたいして本当に恐怖を感じていないのかということだった。率直に真情を話してくれるひとを探すというのが、つぎの目標になった。

鉱山で生計をたてず、〝自由（?）〟な考えをもつひと、そんなひとはなにを考えているのだろうか。

Aさんとしておこう。このひとには町の喫茶店で会った。ある職場の同僚を通じて会わせてもらったのである。

「迷惑を絶対かけません。奥さんやお母さんが、もしかしたら病気にかかっているのではないかという心配はないのですか」

かれはしばらくじいっと目を伏せていた。やがて細い目を上げると、

「本当のことを話してくれ、といわれてもなにも隠していることはないとです」

「萩野医師は患者がふたりいた、と断定していますが、それをきいてもなんの心配もしないんですか」

「しかし写真はないといってます」

「わたしは富山でみてきましたよ」

「患者がふたりでていたとしても、心配ないんですか」

「心配しません」

「萩野医師はイタイイタイ病の専門家です。そのひとが『いた』といっているんです」

「でも、いまは死んでしまったひとで、わたしたちは心配してません」

「樫根には神経痛のひとが多い、といわれていますが」

「そんなことはありません」

「Y・Kさんは？」

とわたしは神経痛の重いひとのことをたずねた。かれは顔色も変えずに答えた。

「ピ、ン、ピ、ンしてます」

「S・Tさんは？」

「ピ、ン、ピ、ンしてます」

このときはAさんの話を信じたのだが、あとで両方の家へいって調べたが、けっしてピ、ン、ピ、ンしていなかった。かれはなぜかうそをついていた。

「地域がカドミウムで汚染されているのは事実でしょう」

「でも石灰をまいて対策をとっています。会社側も施設を改善したし、水道もはいってます」

「いままでは井戸だったでしょう」

「わたしの記憶にあるかぎり呑んでいません」

これもあとで調べてみるとまちがっていた。

「いまはいいとしても、もしかしたら十年後に発病する、というような心配はないんですか」

「それは心配してません。新聞に書きたてられて、本当に結婚問題に差しつかえたんです。ちょうど、弟の結婚話があったときでした」かれは話題を変えた。「わたしは鉱山とは関係ありません。はたらいていませんから」と念を押した。

「あの部落声明は誰がつくったのですか」

「わたしがあるひとと相談してつくりました」

やっと自分のぶざまさに気づいた。なんとか真情を引きだそ

うとしていたかれはたしかに鉱山ではたらいていなかったが、かれの家からはいっているし、かれの父は声明書発表当時の区長だったことがこのときはじめてわかった。それでも、わたしは性こりもなく、もうひとりに会った。もしかしたら、という期待があった。幼馴染のコネを使ってBさんに会った。

Bさんはわたしより二つ三つ年下で、おっとりしていて好感がもてた。夕方、山仕事から帰ってくるのを待った。暗くなっていたのだが、どうしたことかかれはわたしとの話し中もサングラスをはずさなかった。わたしはカドミウムに汚染されていて心配ないのか、ときいた。じいっと下をむいていた。それがわたしにはなにか動揺しているように思えた。Aさんとはすこしちがうな、とホッとしたのだが、「心配してません」とおなじ返事が返ってきた。

わたしはレントゲン写真でかれを挑発した。口論してでも、かれの動揺の裂目をひろげてみたいと思った。退院する患者がわざわざ自分のレントゲン写真をもらってくることがありえるのか。それを埋める風習がどこにあるのか。わたしははっきり富山でその埋めたはずの写真をみてきた。わたしはむしろ追及する口調でかれにせまった。Bさんは、「とにかく埋めたときいとるんだから」の一点張りだった。そしてつけ加えた。

「うちのおふくろはイタイイタイ病でない、といわれましたから」

かれは話を打ちきった。「もう、飯だから」とたちあがりながら「名前は書かんでしょう」「ええ、それは大丈夫です」とわたしは答えた。

しかし、かれは名前を書かれて困るような発言はなにひとつしていなかった。わたしに会ったことが、「新聞、テレビとは会わない」という部落協定に違反するためなのだろうか。

もうわたしは〝取材〟という行為に絶望していた。質問する。相手が答える。答えたことを綜合すると、樫根のひとたちはなんの心配もなく平和にくらしていて、イタイイタイ病はまったくのデマでしかなかった、という結論になる。取材は空転していた。相手の信頼をえて話を聴く、という方法は決定的に破綻していた。

わたしは部落のひとたちを〝被害者〟と勝手に解釈し、かれらのひそかな協力をえて、〝加害者〟をやっつけるという、単純な〝正義の味方〟気取りでいたが、かれらには重い生活がある。それがようやく判るようになった。

「おたく、同情していたんじゃろよ。つまり住民を救ってやろうとか、上から見下していたんのとちがうか」

厳原の酒場で、ひとりの記者が軽い揶揄《やゆ》をこめていった。

「あすこの連中は『ない』と信じてしまっている、としか考えられんとですたい」

もうひとりの年配の記者がなぐさめてくれた。「みんな死んでしまわないうちはたちあがらないんだよ」という三木議員の吐き捨てるような口調もまだ耳のなかに残っている。「死んだってたちあがらないでしょう」。わたしは耳の奥できこえたその言葉をあわてて打ち消すようにひとりごちた。

イタイイタイ病があるのか、ないのか、自分でも判断がつきかねているあいだに、対馬にきてもう一ヵ月たっていた。錯綜し合った血縁関係とがんじがらめの会社との利害関係の厚い共同体のなかをいくら歩きまわっても、「なんも心配していましぇん」という単調な言葉しか返ってこなかった。

「会社は民主的でいいです。もしなにかあっても対州鉱山の責任ではないですたい。国家の責任です。会社だけいたむことはないです」

二十年以上坑内ではたらいているある労働者の家へ訪ねていったとき、その老いた労働者はそういいはじめた。わたしはなにもイタイイタイ病のことは質問していなかった。昔の労働組合の話をきかせてください、とかれの家へはいって頼んだとき、かれは晩酌にすこし酔いながらむこうから切りだしたのだった。東京から取材にきた、といったのに、かれは本社からなにかの調査にきたと勘違いしたらしかった。その信じられないような誤解が溶けたあとで、「酒と女と喧嘩で失敗してしまった」とくりごとをはじめたのだった。

「おれだって出世の機会はあったんだ。偉い奴をもち上げればなあ。このへんの人間は駄目さ。すぐ会社に密告してしまう。腹のなかはわからん」

とまるで関係のない話をはじめるのだった。かれは二十年勤務していて月給五万円だ。そういいながら、舌打ちしたあと、自分にいいきかせるように「はたらかないものは成績が下がって当然さ」といいはじめるのだった。

ずうっと第一組合に残っていたので不当に差別されている、という話を頼りにかれの家を探しあてていったのだった。「偉いボスがいたら、もしおれが頭がよかったら、鉱山なんかよりもでっかい海産物の加工工場をつくるんだ」「もし鉱山がつぶれても、われわれを製錬所のほうへもっていくと会社は約束しているんだ」

東邦亜鉛は島の唯一最大の企業である。酔いにまぎれて希望と絶望は、その枠のなかをいったりきたりしていた。

奇妙な三人の〝患者〟

翌日、三山区長を訪ねた。かれは川を背にしている東邦運輸のちいさな事務所で電話を受けていた。鉱山の子会社である整備工場の係長なのである。かれにたしかめてみたいことがあった。

樫根部落に親類が多いある情報通の話によると、さいきん、樫根から三人の女性が長崎大学へ精密検査を受けにいっているとのことであった。ところが、その三人とも「部落でもとくに元気もんばかり」といわれ、その人選にあたっては、農繁期で人手不足なため比較的手があいている家から割り当てることにした。部落総会で区長が決めた、という話であった。

つまり発病の危険性がたかいひとよりも、三週間も家を留守にできる条件のあるひとを送りだして員数をそろえたのである。その結果がでれば、樫根の住民を精密検査したが異常がなかった、という発表になってしまう。三人のなかにはかれの母親もはいっていた。

雑談をしながら、なんとなくこの話をもちだしてみた。

「お母さんはどうして長崎へいかれたんですか」

「それがです。誰も行き手がなくて困ったとです。いまはちょうど、朝のうちに草を刈って馬の餌をつくるときです、それが女の仕事で。それに農繁期で、ひとり脱けてもなんとかなる家ということで……」

「区長さんだからしょうがなかったんですね」

「ださんとまずいし、県、国の調査だけには協力すると決めてあったばって、それがかえって仇になって、三人だすのに本当に困りました」

といってからしばらくして、かれはさかんに県からの要望があったので、そのひとをだした、といい変えはじめた。となると、最初のかれの口吻は、自分の家から「患者」の疑いがあるものをだした「不名誉」さのカムフラージュのようにもきこえる。

町役場の厚生課へいった。課長はわたしの名刺を受け取って「あ、鎌田さんか」という。かれとは初対面だった。

「どうしてぼくの名前を知ってるんですか」

「このあいだ、佐須の支所へいったら、そんなひとが調査にみえとるっていってました」

「どなたですか」

「誰だったかな、憶えていない」

「でも、ぼくは支所へいって〝調査〟したことはないんです」

「でも、あのへんにいると調査してると思いますよ」というようなやりとりのあと本題にはいった。厚生課長はわたしがだした三人の名前は否定はせず、「世のなかが狭うなるけん、いうてくれるな」と本人にいわれているので、という。疑問は選考方法について、である。「あんまり突っ込むと取材には応じませんよ」とかれははぐらかした。

「町の厚生課はなにをするんですか」と怒ったようにいうと、「県、国の結論がでてこうしなければならないとなったら、それをやらなければならない」と答えた。詳しいことは保健所できいてくれ、という。

保健所へいくと、驚いたことに、保健所長もわたしのことを知っていた。
「どうして知っているんですか」
「風の便りで」ととぼけて、「ずいぶん小茂田のほうにお泊りだそうで、だいぶ調べられたでしょう」
わたしについての情報は、樫根部落→鉱山→厳原町と駆けめぐっているようだった。

企業と厚生省の〝親しい〟関係

岡山大学の小林教授は、似たような経験をこう書いている。

話は昨年一〇月のことである。わたしは日曜日を利用して、研究室の助手をつれ、厚生省とは無関係に、安中で農作物の汚染調査を行ない、分析に必要なサンプルを採集し、その日は磯部に一泊した。翌日早々に帰る予定であったけれども、農協の組合長が宿に訪ねてこられて、ぜひ、市長に会ってほしいという。誘われるままに組合長の車に同乗して市役所を訪れたが、あいにく市長は不在で、わたしたちは助役と会って話しあった。たまたまそこへ市の共産党議員の人たちが追いかけてきて、わたしたちの話に加わった。

それから数時間後にわたしたちは東京まで帰り、他の用件で厚生省へ電話をかけたのである。すると橋本公害課長がわたしに話があるからと、わざわざ電話ぐちに出られて、「あなたは共産党の議員たちといっしょに、安中を調査されたそうだけど、共産党は製錬所の拡張計画を妨害している人たちだから、行動をともにしないでほしい。東邦亜鉛の本社の人がわざわざ報告に来た」ということであった。

わたしたちの行動が安中の市役所から製錬所へ、製錬所から東京の本社へ、本社から厚生省の公害課長へと、矢つぎばやに連絡されたものらしい。カドミウム公害の加害者である東邦亜鉛㈱と、厚生省の橋本課長とのあいだに、それほど密接な関係があるとは思いもかけないことであった。（『公害』第一巻第一号）

東邦亜鉛安中製錬所とその公害を調査する群馬県衛生研究所の〝癒着〟関係は、県議会でも追及されている。同研究所の滝島常雄化学課長は、妻が死亡したときに当時の製錬所長村上鬼作名で一万円香典を受けとったことを認めているし、坂村堅太郎県衛生民生部長は、県の抜き打ち検査の日時を会社側が知ってること、県の調査データのなかには会社側からもらったものがあることを認めている。

これら議会で追及された事実は、安中公害対策被害者協議会の大塚忠会長のもとにきた、ある人物からの匿名の手紙での情報にもとづいたものであるが、そのなかにつぎのような事柄も記載されていた。

①六九年二月四日、煤煙集めの機械を会社のそばに設置するためにきた滝島課長は製錬所から酒のもてなしを受けた。

②群馬県ではまだ未発表であるイタイイタイ病の要観察者三十四名とそのうち強度のもの九名の名簿を、四月十六日衛生研究所に出むいた東邦亜鉛の副課長が写させてもらった。

③四月二十二日、県庁でひらかれた安中カドミウム検討会での亜硫酸ガス量、カドミウム量、風向、風速のデータは、会社の試験成績であり、これを手直しして公の試験成績にすりかえたものである。このことで滝島課長から安中保健所長に電話が入り、試験に立ち合ったことにしてくれと依頼している。

④滝島課長は群馬県薬剤師会の副会長をしているが、会長は自民党県連の公害対策特別委員会委員長の安藤賢一氏である。安藤県議は安中製錬所と商取引がある安藤震四郎商店の会長を務めている。滝島課長は会社関係者に、「安藤薬剤師会長は県会議員で、自民党県連公害対策特別委員会委員長ですから、立法府にも行政府にも大きな力をもっていて、会社のためにどのようにでもしてあげますよ」とか、「わたしは副会長で、しかも県庁の衛生研究所の成績はかならず会社に有利のように手を加えて上げます」といったことがある。

⑤こんど新設される群馬県薬剤師会館のなかに県庁の衛生研究所が併設される。

⑥東邦亜鉛は滝島副会長の頼みで自動記録式風向風速計を薬剤師会に寄贈する。

この投書の主は、「科学試験の内容、過程は複雑であって、担当責任者が信じられてこそ、その緘験結果が正しいと信じられるのだと思います。滝島課長らのようなよごれた担当責任者のつくった科学試験成績は公害による死の淵に良民をつきおとす凶器に外ならないと存じます」と書き添えている。

これらのことがすべて事実ならば、樫根の住民の健康診断にむかう厳原保健所の係員たちが、〝加害者〟である対州鉱業所のクルマに乗せられていったのを目撃して、「あげなことじゃなんもでんとよ。せいぜい呑まされたり、食わされたりしとっとるだけじゃ」と憤激していた厳原のひとたちは、どんなに驚くであろうか。

厳原町保健所長

厳原町の福田保健所長は県の衛生部長と同姓でありながら、あまり役人くさくない地味なタイプのひとである。このひともまた衛生部長とおなじように「臨床的にみてここにイタイイタイ病はない。まえのことはわからない」と語りだしたが、萩野医師が手許に残っていたふたりのレントゲン写真とそれによって患者と断定したことをどう思うのか、と問い詰めると「いたでしょうね」とあっさり認めた。

「それならばいわゆる、〝神経痛患者〟をもっと精密検査する必要があるんじゃないですか」

「県と協力して健康診断をやっとります」

「受診率はどうなんですか」

「三分の二以上は受けましたい」

「残りのひとはどうしたんですか」

「ひどい病気で、ほかの病気で寝ていてこれなかったとです」

「そのこれないひとが問題なんじゃないでしょうか」

「話をきいたり症状から推して老衰じゃなかろうかと思いました。ぜんぶチェックしてだいたいなかろうということです」

「長崎県へ精密検査にいった三人の選考方法には問題があるようですが」

「わたしは誰がいついったのか知りません」

「保健所が知らないこともあるんですか」

「県の公害対策室からまっすぐにくることもありますけん」

「しかし町の厚生課は知ってますよ。県の衛生部が地元の保健所に内密にきて住民を連れていくこともあるんですか」

「要は調査ができればいいんですばい。タッチばしておらんとよ」

「じゃあ、保健所は棚上げされてるんですか」

さすがに温厚な所長も、わたしの質問にイライラしてきたようだった。

「わしは泥棒でもないし、あなたは刑事で調べているのとちがうでしょう」

「なにも刑事だとはいってません。疑問があるからおききしているんです」

「要するに」とかれは火の消えた煙草に火をつけ直して答えた。

「所期の検査がスムーズにいけばいいとでしょう」

「精密検査の対象になった三人の女性を部落から頭割りでだしたなら、その結論はおかしなものになるでしょう」

「そりゃ、それで一応」とかれは言葉を濁して、「要するに真相を究明しているんだから、わしらが放っておいてなにもせんとはちがう。積極的にやりよる。やっている人間を信用してほしいけん」。かれはもう切り口上になっていた。「あなたがたは白か黒かを急ぎ過ぎるよ。もうわからんはずがない、というけど、公害はどこでも時間がかかりますたい。どこからを公害と決めるかがまた難しい。県では骨に異常があるものがいないと断定したとですから、大きな成果ですたい。やったのだから結果がでたとよ。やらんことだったら結果はでやせん」

わたしが問題にしたかったのは、患者の早期発見である。そのための方法なのだが、かれはやったという行為を大事にしているのである。話はかみ合うはずもない。やった内容の資料をみせてください、といえばぜんぶ県のほうにやってしまっている、という答が返ってくる。

保健所は県の下請け機関でしかなく、地域住民のほうよりも、海を渡り、福岡県と佐賀県を通過してやっとたどり着く、長崎市の県庁のほうをみているのだった。

V　二つの鉱毒運動――対馬・安中

肥え太る東邦亜鉛

「鉱山は殿様じゃけん、わしらのことを舐めとるですたい」

井田さんの怒りとも諦めともつかない重いつぶやきがわたしの耳の奥深く澱んでいる。国境線上の、隔絶された島としての地理的条件から、長いあいだ戦略的にのみ支配されつづけてきた対馬・佐須地区の住民は、十三年前、一度だけたちあがったことがある。あたらしい支配者になりつつあった東邦亜鉛対州鉱業所にたいして、鉱毒による農業被害の補償を要求したのである。まもなく壊滅したその運動の記憶は、いまではかれらの中で冷え冷えとした無力感となって残っているようだ。

会社のドル箱になった対州鉱業所は、山の傾斜を赤いトタン屋根で覆うようにたち並んでいる。遠くから眺めると、その赤が澄みきった空に映え、スキー場のヒュッテのような平和な風景をみせる。ここでは各坑口からダンプカーではこばれた粗鉱が、傾斜を利用して上部から次第に砕石され、選鉱され、精鉱されて下へ流れる。

山峡《やまあい》をうねって長く伸びている県道をダンプカーだけが

埃をけたてて往来し、鉱石を頂上に送る捲揚機の音だけがただ物憂くカタカタ響いている。

『荒野を拓く・東邦亜鉛』には、こう書かれている。

対州鉱山の、戦後年々と増大する二十年の生産の歩みは、産出表でみるとつぎのとおりになっている。

選鉱場鉱石処理量（年別月産量）

昭和二十一年夏	三、〇〇〇トン
同　年秋	五、〇〇〇トン
同　二十五年	五、五〇〇トン
同　二十六年	六、五〇〇トン
同　三十一年春	八、五〇〇トン
同　年秋	一一、〇〇〇トン
同　三十七年	一四、〇〇〇トン
同　三十八年	一五、〇〇〇トン
同　四十年	二〇、〇〇〇トン

（注）二十一年と三十一年のうちに月産量が大幅に変わっているので分けて記入した。

かくて対州鉱山は、昭和十四年に開発を着手されて以来、住民の誤解による非協力に苦しんだり、戦争激化のため、燃料入手難で涙をのんだ中断があったり、また思わぬ火災に見舞われてかべに突き当ったり、まさに紆余曲折、破（波）乱万丈の歩みを続けてきたが、その苦労がようやく報われて、今日では本邦随一の品質を誇る鉱石を、無尽蔵にもつ宝庫として、業界羨望のまとになるほどに成長してきたのである。

すでに対馬全島の鉱業権が獲得されている。

採掘二十六、試掘四十九鉱区、予想鉱量二百六十五万二千トン、投下資本二十三億九千五百万円、従業員数七百三十九名、土地面積四十三万二千平方メートル。

生産量を七倍にまで急成長させた対州鉱山の二十年は、地元住民の犠牲と労働者の弾圧の二十年間であった。月産量を一万トンの大台に乗せた三十一（一九五六）年、労働組合は第二組合に移行した。この直後に鉱毒補償問題が起こっている。が、新興会社・東邦亜鉛は、三井、三菱、住友、古河、日鉱、同和など旧財閥系鉱業所と肩を並べ、電気亜鉛生産では世界二位という地位を占めるに至ったのである。

一通の請願書

一九五七年八月、厳原町長、議会議長、農業委員会長あてに一通の「請願書」が提出された。差出人は厳原町佐須地区（下原、樫根、小茂田、椎根）鉱害対策委員会代表委員長一宮清一だった。

内容は「無形の鉱害に依り年々苦しんでいる町民」がいるため、町も「鉱害防止対策について善処方下さい」というものである。

一九四八（昭和二十三）年、対州鉱山の選鉱が本格化するとともに、地元の農作物の減収が目立ってきた。当時の佐須村議会はこれをとりあげた。井田秀夫村長は九大農学部の青峰重範教授を訪れ調査方を依頼した。五年後の五三年四月一日、ようやく現地調査がなされた。その結果が『佐須村鉱害土壌検査報告書』である。

ここには、「佐須村の重要河川佐須及び椎根川は共に中流或は上流に鉱山があり、これから河川に亜鉛、鉛を流入している。このような河水を灌漑《かんがい》すれば、亜鉛を含まない土壌は殆んど完全に亜鉛を吸収する。従って悪水を灌漑し続けるならば土壌は早晩鉱毒になるであろう」「被害激甚といわれる金田には殆んど裏作はなく、用水取入口から最も遠いところに水稲の試作が行われていたが、その生育は甚だ不良であった」と記述されている。

そしてこの報告書は、水、土壌、農作物の汚染度を分析した結果、汚染された川水を灌漑用水に用いてはならないこと、石灰、堆肥を増給すること、客土《きゃくど》に努めることなどを奨めているが、石灰施用も完全なものでないと指摘している。

当時はカドミウムは検出されていない。まだ日本にはカドミウムを検出する技術がなかったためであって、それはけっしてこの重金属がふくまれていない、ということではない。そのため当時の鉱害の主要犯人である重金属は亜鉛、鉛が中心であった。

金田地区の土壌からは二五ＰＰＭもの亜鉛が検出されていた。坑内排水として佐須川に放流される亜鉛は一日に七二キログラムと推定されている。また「樫根部落の廃坑坑口から流出する水及び井戸水には多量の亜鉛が含まれている」という記述がみられ、廃坑廃水からは二〇～三五ＰＰＭの亜鉛が、井戸水からは三～四ＰＰＭの亜鉛がそれぞれ検出されている。

これについては、対策委員会の『鉱害状況概要』には、「飲料水として不適とされてあるが、これまた上流地帯に鉱山が開発されたためと認められる」と記述されている。

わたしは、敗戦直後から住民によって指摘された鉱毒が、当時農作物を犯し、土壌に堆積され、二十数年たったいま、「イタイイタイ病」として人体に影響を与えているのだと思う。二十年前、住民は鉱毒による補償要求にたち上がり、いまは人体被害を否定し、鉱山の責任はないと弁護している。このおなじ状況における態度の百八十度転換の謎をとく鍵は、当時の鉱害反対運動の闘争経過に潜んでいるようだ。

請願書

対州鉱業所の鉱害に対しこれの被害状況を調査し対州鉱業所に対し今後の被害対策に就て御交渉下さる様請願致し

ます。

1　厳原町大字下原、樫根、小茂田、椎根地区（佐須川下流並椎根川流域）の耕地作物の鉱害に対しては今日迄無形の損害の為に何等の対策の意志が無かったのでありますが、これは既に旧佐須村に於て九大青峰博士の調査の結果、鉛、亜鉛の鉱害が明らかにされている処で被害耕地を有する農業に於いては今日迄長年に亘り鉱害に依る作物の減収を続けて居り被害程度は年々増大しつつあるので御座います。然るに対州鉱業所の事業は年々拡大され其の諸税は町財政の重位を占めて居ると考えられるのですが其の所在地の一部には無形の鉱害に依り年々苦しんでいる町民のある事を御認識下されると共に其の状況を調査下され今後の被害防止対策について善処下さる様御願い申上げます。

2　坑内より搬出する廃石は一応地主と契約の上置場を決定せられておりますが、防砂の施設不充分な為に洪水度にこれを流出せしめ、下流の耕地並人家等にも相当の被害を与えております。中には佐須川本流中へ推し流し幾多の鉱害を与えております。これが状況を御調査下され、これが施設を強化さす様御取計い下さいます様御願い申上げます。

3　鉱山開発の為には日々各所に地下爆発が続けられて居ります。これが為に地層弛み水路の急変に依る灌漑用水及飲料水等の枯濁の状況並に鉱山用水の浸水に依り井戸水が不良飲料水となりました。其の実情等御調査の上善処方御願い申上げます。

右の通り鉱害対策委員会を結成し請願を致します。

昭和三十二年八月　日

厳原町佐須地区
下原、樫根、小茂田、椎根鉱害対策委員会
代表委員長　一宮　清一

厳　原　町　長
厳原町会議会議長　殿
厳原町農業委員会

この鉱害対策委員会の代表委員長一宮清一氏は、十三年後の、〝イタイイタイ病発生〟のときは樫根部落の区長を務め、イタイイタイ病を否定した「連判状」の代表者になった。

かれはそのご代表委員長を辞任し、鉱害対策委員会は鉱害被害者組合と改名している。それはこの運動が下部では不満のエネルギーが盛り上がりながらも幹部は尻込みしはじめたことを示唆しているかもしれない。しかし、この闘争は直接加害者である鉱山に要求を突きつけず、「財政の重位」を鉱山によって占められている町への請願というかたちではじまったことが、そのごの動きを制約したように思えてならない。

鉱害対策特別委員会

とにかく厳原町はこれを受けて立った。一ヵ月後に町議会内に鉱害対策特別委員会を設置し、八名の委員は鉱業所を視察、十月九日に第一回委員会をひらいている。ここには鉱山側も出席していたが、平間委員長から「全般的に廃石の施設を完備して頂きたい。また排水が殆んどそのまま河川に流入される様になっている。浄化を強化して頂きたい」ときわめて当り前の要望がなされた。

これにたいして鉱山側の原田工作課長は、「日見坑の問題はズリを止める施設はざん定的にしている。将来は山のほうにまき上げる計画で現在の処理については検討中です。完全なズリ止めの計画はない。砂防も計画が大きくなるので具体的にできないのは残念です」と悠揚《ゆうよう》迫らざる答弁をしている。

議長　施設の面については詳しく分らないが、本土の方では田畑の被害補償をしてるんですが、鉱山が始まって金銭的な給付をなされてるかどうか、寄付とか、その他の名目で。

一宮総務課長　作物の減収に対してはない。鉱害としては補償してないが、大正坑の下流、或いは樫根川などズリで埋まった個所の作業費として三万五千円出している。又そういった天災的なものもあるから五年間は要求せんということで出した。

当時、鉱山の総務課長は、厳原町の現町長一宮源太郎氏そのひとであるが、この議事録には、こんどのことは天災だけど、特別に作業費として三万五千円払ってやろう、その代わりもう五年間はなにも要求めいたことをするな、と住民たちを恫喝したことが記録されている。

そのごの資料を探してみても、原田工作課長と一宮総務課長のこれらの答弁はまったく問題にされていない。むしろ発足したばかりの地元対策委員会では、情報洩れでてんやわんやな状況になっていたのである。十月二十三日の鉱害対策特別委員会では、これが議事の中心になっている。ここには横の血縁関係と縦の利害関係がないまぜになっている鉱山部落の苦渋が、きわめてあざやかに表出されている。

委員長　……即ち、この委員会の事が鉱山に筒抜けになるという地元の声があったものと考えるので、その事実を遠慮なく発表され度い。（意見なし）早くいえば支所長が内容を漏らすというのか……

西山　各部落から二名ずつ選考されて出てきている委員は鉱山に漏らすことはせんと思う。

一宮秀雄　対策委で支所長の排斥をするということは初耳だ。委員会としてはそんな事は絶対に無い。本人の邪推だろう。最初設置するとき支所長に相談しなかったのが不満なのだと思う。支所長も農民だから、部落民と同一歩調をとるべきも、そう関心を持って居ない。

三山支所長にたいする地元民の反感は一週間後に、「陳情書」となって現われている。

……支所長三山忠氏は佐須地区民の代表者であり、かつよき指導者でなければなりません。然るに鉱害問題に対しましては鉱山側に通じ、当地区鉱害委員会へ妨害の言動極めて多く、其の他一般問題に就いても誠意なく、常に自己本位の考えのみを以って、これを進める等、佐須地区支所長としては誠に遺憾に堪えません。かかる人物を鉱害問題に介入させる事は対策推進上非常に不都合であり、佐須地区民の不利は勿論、町政に及す悪影響は極めて大なるものがあると考えられます。

従って本問題に対する支所長の介入を御遠慮願い度く陳情書を以って御願い致します。

昭和三十二年十月三十一日

厳原町佐須地区鉱害対策委員会

籏原　鉱害対策委を支所で開くことを支所長はきらう。その点一応談じこんで開催したが、席上支所長は「鉱害対策は気にかけているが、物にはなるまい」と言ったり、足尾銅山の例をひいて話をしたり首尾一貫した態度ではない。どうゆう考えで、物になるといったり、ならんといったりするか、一体吾々に賛成か反対かときくと「桐谷熊一は自分が反対してるとゆうが、そうではない」と応える。それで、それならもっと甲斐のある心配をせよといったこともある。又、戸別に運動の費用を出すことをきめても集めに行っても出さないし、兎角、吾々と反対の態度をとるものと解する。（略）

一宮清一　地元としては約束している。今話のあった様に鉱害対策に対し、支所長が面白からざる言動をしていることは全員認めて居ります。当初から支所長は好意を欠いて居た様である。「相手のない喧嘩はできん」とか、区長の役金の集金に応じなかったり、「自分の首を締める金は出されん」と言ったりしている。つまり鉱害対策委は自分を誡にすることを目的としていると考えているのです。

委員長　支所長を本件に関係させたくないという理由を言ってもらいたい。

一宮清一　その線までは殆んど達している。

籏原　はっきり言った方が良い。排斥してもらいたいと言ったじゃないか。（略）

この「村八分」されたと思われる人物は、そのご、町の水道局長を務め、現在町会議員としての席を保っている。これほど不人気な人物が選挙によって当選しているのが不思議である。地元のひとたちにきいてもいまでもまったく不人気で、かれの説得によって鉱山に土地を買収されてしまった、と憤るひともいる。鉱山側の人間かといえばそうばかりともいえないところもある。

小林、萩野両氏の住民検査の先導を務めたのがこの三山氏であったし、いまでもイタイイタイ病についてはは丹念にスクラップをつくり、わたしにもかなりの情報を提供してくれた。鉱山側からも、地元民からも警戒されながら、畏怖されているかれは、その謎の人物らしからぬ笑顔をもった好々爺といった趣きがあって、昔のことには拘泥していない様子だった。

「あんまりわしのことを書かんといてください」というかれは、県議会に立候補したいような口ぶりだった。地元からは「頭がよくて、なんでも金儲けに利用する」と悪口を叩かれているかれが、わたしが会った対馬の人間ではもっとも〝近代的〟な人間のように思われた。

鉱害対策特別委員会はつづいていた。やがて委員のなかで鉱山からカネをもらった人間がいる、という爆弾発言になる。

買収された対策委員

小島乙　それと同時に樫根、椎根、小茂田の対策委の方には、鉱山と密接な関係者が多い。品物を納めたり、家族が勤めたり、経済的関係の深い人が対策委員の中に居るるうだ。色々な角度から農委や議会が検討して、鉱山に圧迫を加えようとしているとゆう点につき、受益者の子弟や親族を圧迫してあるので、言うべきことも言えんとゆうことになっている。それで都合よく言わねばならん人があることは事実である。それだから小島角次郎の言葉（このひとは以前に「損害補償はいらん」と公言したと問題になっていた＝著者註）が出てくるし、会社に忠実にせんと生活に困る人が出てくることは聞いている。

（略）

一宮清一　最近非常に鉱山が関係者を弾圧する気配があり、樫根は殆どの者が従業員である。私は水道の件についてある条件で水道をもらっているが、佐須御宿がみかわ旅館となったときの案内をうけたとき、一宮総務課長と皆川区長と話をしたが水道管を切ろうと思うとゆう圧迫的な話がありました。然しこれは個人的な事で、私は個人として鉱山のする様にせよと思っている。又選鉱の方面で小島（角）の子供も重要な役についており、間接に話があっているとゆうことだ。

然し小島（角）氏は限界をはっきりしている。こうゆう関係で樫根は苦しい立場にあるが、私、区長として実状を報告している次第であるが、乱れることはない。一致団結しておることを申し述べる。（略）

議長　佐須の皆さんにお願いしたいが、吾々はこの件につき相当突込んで、他の指導も得て努力したいと思っている。地元が強力に団結して居ない限り、或程度深刻な場面に来たとき、鉱山に洩れたりすると不味くなるので、地元で水も洩らさん態勢をつくっとかんとやりにくい。依って肚を決めてやってもらい度い。

西山　委員の肚はかわる事はないと思う。

議長　個人としては何等の考えもないが、地元の意見を聞いてゆうのだ。（略）

小島乙　佐須の委員の中に、ずうっと前に一人か二人「鉱害があるので農民が困っている」とゆう理由で、鉱山から損害金か、口留料をもらった者があると聞いている。私は名前も金額も知っている。そうゆう人が今回の委員の中に出ているが、どうもいかん。これはやった人から聞いているから間違いはない。二人程知っているが未だあるらしい。それで揉み消し運動に役立ってきているものと考える。そうゆう委員はこれ丈の金を出していると（議場騒然となる）、そんなら金額を申し上げる。一人は三〇万円だ。もう一人は知らん。出来る丈の事はしているのだとゆう話だった。（『厳原町鉱害対策特別委員会会議録、一九五七年十月二十三日』）

このあと、町の対策委員が県に調査依頼にいった結果についての報告がなされているが、鉱山が準用河川である佐須川を知事の認可を受けずに勝手に埋めていたこと、県にはすでに鉱山側がきていて、「町から来ても円満に解決するよう依頼している」事実が明らかになっている。

町に鉱害対策委員会がつくられ、調査をはじめて三週間もたたないうちに、町役場の出先機関の責任者である支所長が「妨害」しはじめていた。住民には従業員を通じて圧力をかけ、委員の一部は「三〇万円」で買収されて揉み消しをはじめ、県には委員が着くまえに先手を打って「円満解決」を依頼している。

この日の厳原町鉱害対策特別委員会ではこれだけの事実が明らかになった。鉱山側の「対策」の素早さは、そのごの運動への暗い予感を与えた。

鉱毒被害要求総額

対馬全島の水田は六百町歩であるが、旧佐須村はこのうちの四〇パーセントに当たる二百三十町歩を占めている。供出は佐須川流域を中心にだしていたのだが、昔にくらべて一反歩当たり千円の肥料を増与しても減収になっていた、と簱原氏は証言している。

地元の被害者側は、一九四七年から一九五七年まで十一年間の各戸の農作物減収量と肥料、労働力の増加を集計して、つぎのような被害総額を算定した。

1　水稲減収量　一、三二〇石三斗二升（玄米石換算）　一二、七八〇、六九七円
2　麦類減収量　六二七石七斗八升（裸麦石換算）　三、六三三、二七六円
3　大豆減収量　四八石五斗七升　四八五、七〇〇円
4　レンゲ草減収量　六一、九六〇貫（生換）　一五四、九〇〇円
5　甘藷減収量　八、三四二貫（生換）　二五〇、二六〇円
6　肥料増加施肥量　二五、七八六貫（硫安換算）　二、三二〇、七四〇円
7　労働力増加分　三七、五〇〇人（女人夫換算）　九、三七五、〇〇〇円

合　計　二九、〇〇〇、五七三円也
（ただし、レンゲ草は五〇年からの八年間分）

鉱山の本格操業以来、十一年間に二千九百万円にのぼる被害を受けたというのである。

このうち、今回のイタイイタイ病の舞台になった樫根地区は、水稲、麦、甘藷、大豆の四品目合わせて四百五十五万七千円となっている。そして個人別の水稲被害では、イタイイタイ病と断定された永瀬トヨさん宅が二十九万六千円で三位、「アサヒグラフ」で行方不明とされた長瀬シゲさん宅は二位の三十一万七千円。両家とも井戸のカドミウム含有量が高い上に、農作物の被害も甚大だったのである。

この被害要求にたいして、鉱山側は翌年一月、「農作物の収穫量は立地条件による素因性天候気象等の自然現象並びに肥培管理の適否に大きく支配され」「農作物の減収を鉱害に因るものと即断するのは聊か諒解に苦しむところであります」と回答した。

坑内水についても「産業用水として不適当なものは放流していない」ズリ流出の防止策については、「たまたま道路拡幅時に多少の岩石が川辺に落下したが、今後かかることは無いので特別の対策を講ずる必要はないと考える」と突っぱねている。

住民決起大会

一九五八年六月二十五日、小茂田浜にあった映画館「大川館」

では、対馬の歴史はじまって以来とも思える住民大会がひらかれた。

およそ百人ほどの農家のひとたちが、慣れないことなので落ち着かなく席に坐っていた。町から駆けつけた鉱害対策特別委員会の平間、三木正副委員長が、演壇から「わたしたちが味方になる、あくまでやろう」と気勢をあげた。

このあとつぎの「決起大会決議事項」を全員一致で採択している。

一、補償問題の調停は鉱害の名目でなければ之を受けられない。但し過去の補償と将来問題が得心のゆく調停が出来れば之を承認する。

二、鉱山用地の売買貸借に関しては組合員の所有地は補償問題が解決するまでは之に応じられない。

三、補償問題をかちとるために吾々は一致団結して最後まで闘う。

通常、決議事項は採択すればそれですむものなのであるが、この日の大会では、その決議事項を厳守する「宣言」も決定している。決意を二度たしかめているのである。このことは運動の強さよりも個人の弱さを物語っているのではないだろうか。

こんどのイタイイタイ病〝騒動〟で二度も「連判状」があらわれたように、たがいに束縛を強め合うことによって、自分の立場を固定させせようとする発想ともいえる。

宣　言

東邦亜鉛株式会社対州鉱業所に対し吾々は一致団結して鉱害補償問題をかちとる為決議事項を厳守実行することを宣言する。

昭和三三年六月二五日

佐須地区鉱害被害者組合

このころ、東邦亜鉛は生産量の増大にともない、第二ダムの建設を計画、用地買収の折衝を開始していた。

住民側は現ダムの二倍以上の容積をもつこのダムが建設された場合「其の鉱毒汚水は佐須川本流に流れ注ぎ田畑は多大の鉱害を蒙ること明らかである」として、町議会にたいし「河川使用の認可をしない」陳情書を提出している。

決起大会でも補償問題が解決するまでは用地買収に応じない、と決議し、宣言したのだが、それにもかかわらずまもなく組合員である樫根の小島さん（「Ⅲ　やってきた東京資本」の項参照）が、まっさきに山林を手放して建設工事は着手された。

鉱山側の支配体系を使っての各個撃破が、地域の血縁関係の紐帯を破り、こんどはその血縁関係を逆手にとって切り崩した間隙をひろげたのである。

殴られた組合長

補償要求運動は先細りになっていた。十月のある日、厳原の対馬支庁では、支庁長、町長、町議会議長、被害者組合長が集まり、朝からなにやら協議していた。

「妥結ムードだというので、われわれ若いものたちは町へでかけていったとですたい」

自宅の庭先に事務所を建て、三菱の農業機械の販売をしているQさんは、頻にとまったハエを追うこともなく、当時のことをいまいましそうに思いだした。

「たしか集まったのは『いずみや旅館』ですたい。組合長のほうから〝もう資金もないので妥結しよう〟という話になったとです。〝いまさら協議するといったって、もう決まっとるんじゃろ、たばこ銭稼ぎでいままでやってきとったんじゃなか〟といい合っているうちに決まってしまって……」

集まったものたちが、その旅館で一杯やる準備をしていた。ところが、西山組合長と書記のSさんの姿がみえなかった。

Qさんは厳原の町中を駆けまわって探した。雨が降っていた。「しず」という料亭の二階で、鉱山の阿部所長と組合長と書記が「よろしく一杯」やっているのを発見した。Qさんは旅館にとって返し、「みつけたからいこう」と若いものたちを集めた。

料亭の玄関から「西山組合長でてこい」と怒鳴った。階段から降りてきたのをQさんは土間から上がって、蝙蝠傘の柄で組合長を殴り倒し、うしろにいたS書記の胸倉をつかんで外の川に叩き込んだ。Qさんはまだ二十九歳だった。女中たちが、「ケイサツだあ」と騒ぎだしたので、そのまま逃げた。

このときは町議会の鉱害対策特別委員会の三木副委員長は本土の鉱害補償の視察にいっていて、「あす帰ってくる」という日でもあった。弁護士を立てて訴訟請求する準備も進んでいた。会社側はそのまえに必死で切り崩したのである。

鉱毒闘争の終焉

対馬支庁長大石満雄、厳原町長斎藤栄、厳原町議会議長一色堅弘の三名が介入してつくった「**調停書**」にはこう書かれている。

第一条　甲（鉱山側）は乙（組合側）に対し金二百五十万円を支払う。

第二条　従来の鉱害問題およびこれと関連する一切の懸案事項はすべて解決したものとし、今後この種の問題は甲・乙双方異議の申立を行なわない。

但し重大な状況変化が生じた場合はこの限りでない。（以下略）

鉱害問題で住民たちがたちあがってから一年、三十回の特別委員会、二十八回の小委員会、一回の決起大会をひらき、五十万円程度の資金を使ったこの「闘争」は、二千万円の被害にたいし二百五十万円で妥結したのである。それも、「懸案事項はすべて解決し今後異議の申立は行なわない」という特記事項を加えて……。

その翌日、一色議長あてに一通の電報が届いている。

「エンマンカイケツヲシヤシアワセテコンゴ　ノゴ　ハツテンヲイノル　ナガ　サキケンチヂ　サトウカツヤ」

佐藤勝也知事の謝電である。誰が一番感謝していたのであろうか。

鉱害対策委員の買収からはじまったこの一年間の悲喜劇は、加害者代表と被害者代表が料亭で酒盛りする場景で幕を閉じた。筋書きになかったのは「暴力事件」というハプニングだけだったが、鉱山側からみればそれもまた、かれらが仕組んだ分断支配に色どりを添えるものでしかなかった。

億富ダムの決壊

調停書第二条に付記されたただし書き「重大な状況変化」は三年後に忽然と出現する。住民が鉱毒を心配して、議会に陳情書を提出して建設に反対していた「億富ダム」が決壊したのである。

建設当時、「決壊したらどうするんだ」と住民から問われた鉱山の原田工作課長は「大丈夫、決壊したら腹を切る」と大見栄をきっていた、といわれている。「杞憂」は的中した。

一九六一年七月二十六日、梅雨前線の停滞から午前九時ごろから対馬地方南部に降り出した雨は、夜半になって厳原町を中心に集中豪雨となった。厳原測候所の記録によると翌二十七日午後一時現在の雨量は厳原で二百二十三ミリ、小茂田で二百十四ミリとなった。

鉱業所に沿って流れる佐須川は増水してふくれながら、堤防決壊の危険性がたかまったので、地元の消防団が出動して警戒していた。川の水は真黒な泥水と化し、大きく蛇行した金田原付近でそのまま田んぼに流れ込んだ。億富ダムに堆積させられていた選鉱滓が川に流れ込み、田畑を浸したのである。

被害地総面積、被害総額についての記録は、わたしが探した範囲内では残されていなかった。調査した形跡もなかった。

一ヵ月後には鉱山側と鉱害被害者組合が、三山支所長を調停立会者として「確認書」をとり交している。鉱山側はこんどは早手まわしに「円満解決」を図ったのである。

いま残されている確認書は、タイプ印刷されたものだが、金額だけがペン書きで妥結時に記入された痕跡を留めている。

「対州鉱業所は今回の事故に対する謝意と鉱害被害者組合の日常の協力に対し見舞金として一、金二十万円也を鉱害被害者組会員に贈呈する」

これが確認書の骨子である。ここには「謝意」という単語はあっても、補償という字はまったくみられず、「日常の協力に対し見舞金」という名目にして、二十万円を「贈呈」することを記述しているのである。「見舞金を贈呈する」のは、親方が子分に、目上のものが目下のものにたいして不慮の事故の際に行なうことであって、けっして自分に責任がある「事故に対する謝意」のときに使うべき表現ではないだろう。

それも、この二十万円のはした金も現金ではなく、土壌を中和するための石灰を現物支給してお茶を濁しただけだった。それはまるで毒を与えて解毒剤を配給した類いだろう。そればかりではない。そのあとに、「……鉱害被害者組合は鉱業の発展に協力し、双方親密なる連繋をもとにその繁栄を計るものとする」という項目を抜け目なく挿入しているのである。

毒を呑ませ、あわてて解毒剤を与え、それをかさに着て「鉱業の発展に協力し繁栄を計れ」と強要しているのである。「生かさぬように殺さぬように」した封建領主でさえ、こんな破廉恥なワナをかけないであろう。東邦亜鉛対州鉱業所はおのれの責任を免罪するために、

「……水質検査試料に基く水質分析の結果により通常の佐須川水質と何等異なる処がないとの鉱業所側の説明を確認し今後の用水として従来通り使用するものとする」

という一項も入れている。なにを根拠に、なぜ、加害者側の説明を被害者が確認しなければならないのか。

はたして鉱滓が流入した川水は「通常の佐須川水質と何等異なる処がない」ものだったのか。

それならば、なぜこのあとすぐ、「尚、八月三日の洪水により著しく鉱滓流入した永瀬儀一郎（この家は三年前の鉱毒でも最大の被害を受け、奥さんはイタイイタイ病患者として死亡している）、伊原源の水田分にたいしては稲刈後対州鉱業所において責任をもって除去すること」と追記しているのか。この「除去」の目的語は意識的に曖昧にされているが、明らかに鉱毒なのである。

「鉱山は殿様じゃけん、わしらのことを舐めとるですたい」

井田さんの重いつぶやきはわたしの耳のなかでもう一度よみがえり、他所者であるはずのわたしにさえいいようのない怒りがこみ上げてくる。

わたしの調査によれば、川水が冠水した田んぼの表土は黒く

変色してしまい、水の取入口はやがて赤く、まるで鉄板がさびるように変色したという。そして、鉱山の人夫が冠水した表土を掘って運んだ二年後まで、植えた稲は活着してもそのまま立ち枯れ、実らなかったと証言するひともいる。当時、主人が病気で寝ていたため、冠水に気づかなかった家は、去年石灰をまいてはじめて実った実例もある。

その被害を受けた田んぼではたらいていた老女に話しかけてみた。「見舞金は貰ったのか」「被害を受けても口惜しくないのか」「損したと思わないのか」。刈り取った稲を地面に横に寝かせて乾燥させていた老女は、たたみかけるようなわたしの質問に、いまごろなにをきくのか不審そうな顔をしていたが、動かしている手を休めることなく、部落の代表者が話しにいきました、石灰をもらいました、などと説明したあと、笑顔で「田舎のひとは情けぶけえでござぁますから」とつけ加えた。

損害を受けたらその補償を要求する、といったわたしの〝都会的〟で〝利己的〟な考え方は、軽く肩すかしを食ったのだった。

このときの鉱毒は佐須川を伝わって小茂田浜へ流れ込み、サザエ、ワカメなどが全滅して漁民に大打撃を与えた。漁業協同組合にも被害総額の記録はなかったが、七十万円（八十万円というひともいた）の「見舞金」を受け取っただけ、という。

わたしのせっかちな問いかけにたいして、組合長は、補償を要求するにしても資金力がつづかない、鉱毒を証明する資料がないため会社側の発表に押しきられてしまう、と答え、「相手が大きくて、われわれにはかなわんとです」「先手先手で太刀打ちできらん」という言葉が返ってくるだけだった。

対州人は「純朴」と形容され、かれらもまたそれを自負する。「ひとがよすぎる」とも自嘲する。わたしが会ったひとたちはひとなつっこくて、礼儀正しい。わたしははじめそれが禍いしているのかなと思っていた。

しかし、気性が激しいといわれる上州人の安中にたいしても、東邦亜鉛は「呑ます」「食わす」「脅かす」の常套手段によって、分断し支配してきた。

「口をかんし漏洩してはならない」

協定書

記

一、当委員会は安中市○○○地区の全耕作者を代表するものであり、甲、乙双方間の申立事項は勿論、今後一耕作者から種々異議ある旨の申出があってもこの委員会が全責任を以ってその解決に当り、一切乙に迷惑をかけないことを前提とする。

二、乙は甲該当地区における昭和四十年度初秋蚕（夏蚕を含む）

に対し、被害を防止するため、桑葉購入費として金十八万円也を甲に支払う。

三、甲乙双方は本協定締結により昭和四十年度初秋蚕（夏蚕を含む）に関して一切の事項が円満に解決したことを確認し、爾後何等異議を申立てない。

四、本件に関して甲乙双方共部外者に対しては口をかんし内容を漏洩してはならない。

昭和四十年八月十一日

甲　安中市○○地区鉱害対策委員会
委　員　長　×　×　×　㊞

乙　安中市中宿一四四三番地
東邦亜鉛株式会社安中製錬所
常務取締役所長　村　上　鬼　作　㊞

群馬県安中地区では加害者が一工場でありながら被害者の対策協議会が七つに分裂している。それらが個別に会社側に交渉して「桑葉購入費」「見舞金」「協力費」という名目で幾何かの補償金をもらっている。たがいに「口をかんし内容を漏洩してはならない」と強制されているため、連絡はまったくついてない。「一切会社に迷惑をかけない」「爾後何等異議を申立てない」など、手枷足枷をはめられて、「誠意ある協力に応え、特に協力費として金五万円を支払う」という条項をつけてもらった地区もある。各地区の鉱害対策委員には会社からお座敷がかかる。「あなただけですから内々にして下さい」とかなんとかいって高崎の料亭へクルマではこび、帰りには手土産のひとつももたす。

一九六七年度に、ある地区に払われた「補償金」は百三十万円だが、そのうち被害者に分配されたのは九十八万円だけだった。その残りのうち、役員に手当てとして十三万円支払われ、十七万円を委員たちが「諸経費」として会社の職員と呑んだり、あるいは各自で呑んだり食ったりしてしまった。鉱害対策委員会の帳簿にはこう記入されてある。

7／4亜鉛ＫＫ三氏中元見舞　五、○○○円
8／31亜鉛ＫＫ接待　一、○○○円
10／21会社、○○地区委員会田畑下見時食事代
一八、八二○円
11／19亜鉛ＫＫ職員との一般打合せ　三、六三○円
四、○○○円
同・接待費　九、七三五円
12／14亜鉛ＫＫ職員、対策委打合せ　一二、○○○円
12／25亜鉛ＫＫ三氏への御歳暮　八、○○○円

被害者へ与えられた涙金が、役員の手当て、飲食に使われたうえに、会社職員との「打合せ」に浪費されている。被害者が

加害者に呑ませ、食わせ、中元、歳暮の付け届けまでしているのである。

会社は太る、畑は痩せる

一九三八年五月二日の群馬県蚕業試験場の報告には、
「桑の煙による被害は、その区域数町歩におよび、桑樹は樹皮が褐色となり、表皮は極めてうすくはげる程度であり、これを与えた蚕児は相当斃死している」
と記述されている。この前年、東邦亜鉛の前身日本亜鉛製錬が「鉄カブトをつくる工場であって、鉱害は発生しない」というふれ込みで、一面の桑畑だった安中の丘陵地帯に進出してきていた。

それはまだ、同社がベルギーから輸入した焼亜鉛鉱石を輸入して電解するだけで、月産能力は四百トン、実生産二十四トンだけの「田舎会社」(『荒野を拓く』)にしかすぎなかったころのことである。

戦後、一九四八年になって、対州鉱山の鉱石が安中にはいるようになった。生産は増大しはじめた。桑畑の被害もそれにつれて増大した。大学研究所、農林省研究所、県農事試験所は鉱毒を証明した。農民は建設省と県知事に工場増設反対の陳情をした。知事は「日本再建の立場など対局より考えると工場の拡張は必要やむをえない」と建設省住宅局長に具申した。東邦亜鉛は年々急速に発展した。

一九六九年九月期決算は、売り上げ高百八十九億八千四百万円、当期利益四億三百万、配当一割二分。六九年三月現在の土地、建物などの投下資本二百三十六億九千万円。所有土地面積二百七十三万平方メートル。従業員数二千八百三十六名。

東邦亜鉛は三十年間に資本金を三千倍、生産能力を四十二倍に増やした。ところが労働者は二十八倍より増えていない(上表参照)。「昭和三十三年頃、やがて貿易の自由化が始まり、開放経済となることを早くもさとった相川は、徹底した経営の合理化を実施した。その基本をなすものは、こんごいっさい社員を増やさない、即ち雇い入れ禁止である」(『荒野を拓く』)

	1937年	1969年	伸長率
資本金	1,450千円	5,000,000千円	3,000倍
土地面積	46,600㎡	2,730,055㎡	60倍
電気亜鉛			
生産能力(月)	400t	17,000t	42倍
従業員	108名	2,836名	28倍

イタイイタイ病前期症状現る

生産量の増大とともに、吐き出されるカドミウムをふくむ亜鉛酸ガスと工場廃水は、隣接する丘陵地の桑園を壊滅させた。レンゲ、大麦、ピッピー草、セリの順で生育を止め、麦は四十五町ちゅう三十町廃田と化し、米は反当たり九俵の収穫を四俵に落とした。梅林は枯死し、川魚は全滅、牛は妊娠しなくなった。その被害地域は安中市中宿、野殿、岩井、板鼻、中尻を中心に高崎市豊岡、鼻高にまで及び、田畑五十町歩を犯して、年間被害総額一億円（安中農協組合長算定）に達している。小林教授が検出したカドミウム含有量、稲株四八・五ＰＰＭ、小麦の苗二五・八ＰＰＭ、小麦粒二二・九ＰＰＭ、越後菜の苗五六ＰＰＭ、白菜四一ＰＰＭ、庭の苔六一ＰＰＭ。

イタイイタイ病の前期症状と思われる腎臓、骨疾患の罹患者が発生、要観察患者もあらわれてきた。

藤巻卓次さんの心意気

藤巻卓次さんの話。七十一歳。農業。工場裏の丘に住む。「送電線設置反対、工場拡張反対期成同盟」委員長。最近、自宅に葬儀屋からカンオケが届けられた。ごま塩頭。目つきが鋭い。

「東邦亜鉛についてどうして大変興味をもっていたかというと、知っての通り、ここんとこに二十七万五千ボルト（現在六万ボルト）というデッカイ電線を通すというわけになった。その電線はどこへいくんだといったら、亜鉛会社へいくんだ、そんでいまよりかも五倍も六倍もデカクなるんだと、そんなにデカクなられたんじゃ、この村にとにかく亜硫酸ガスなどいろいろで、なおものも採れなくなってむせっぽくもなって第一、人間が身体が悪くなっていられなくなるから、命にかけても反対しようってんで、この電気を送るのを反対しようてんで、地主ばかり、はじめ六人ばっかし集まったんだ（六七年七月）」

「そんでなにしたところが、利害関係で、地主関係にはうまいことといって、とうとう東京電力のほうでだましてしまったんだよなあ。だんだん反対してたんだけんど、市の助役とねえ、商工課長がねえ、観光商工課長というのが、市の命令できたっていうわけはわけだけどねえ、この二者が強力に協力したわけ、強い力で協力したわけだから、ひとりだまされ、二人だまされ、だんだん、商工課長が口がうまくて、しつっこくて、はあ、反対しているひとがはあ、本当、人数が少なくなってしまって、せめられるんで、困っているときにＮＨＫが、安中にもカドミウムがある、ということをば放送してくれたってわけ。ところが、この村がとっても道路が悪い場所なんでね。これに賛成す

れば、道路をおれが助役の顔でどこまでも直してくれるという
エサもってきたわけ……」

藤巻さんは地下足袋のまま上り框に坐って話しつづけた。蚕の上蔟で忙しそうだった。近衛兵にいたことがあるという息子さんと、足腰が痛くてイタイイタイ病の心配もあるという奥さんも、そばに坐って話に加わっていた。

「お茶のんでくれ」と息子さんが大きな声ですすめた。「ランメンでも食わんか。心配しなくても、いいよ。おれたちもイタイイタイ病にはならねえように、考えて食っとるからよ」

かれは豪快に笑った。広い居間にちいさな裸電球で薄暗かったのを、わざわざ百ワットに替えてくれた。

「そんでねえ、もう、ほんとうにどうやってこれ反対つづけていったらいいげなあ、はあ、そうかって負けちまったんじゃ、はあ、ここにはもうおられないんだ、どうしても、電気が送られねえことだけは覚悟すべえ、そうしたらきっと土地収用法にかかる。土地収用法ということになれば、国家のもとへ呼びだされるんだべな。そこへいって理由をしっかり申し述べたら、ちったあ、認めてくれるだろうって、そんで、残ったひとがまあ、七、八人いたわけだ」「吾々は、吾々の生業と生命を守護するため、たとえ法の強要を受けようと、吾々は、その送電線下に身をさらし、被害地区の将来の捨石となるため、会社側が真に誠意と良心とを示すまでは、悲壮の覚悟の上討死します」（反対同盟盟約書）

「死を覚悟して、ほんとう、孤独で闘っているときにそのよいニュース（ＮＨＫ）を聞いたんで、こりゃ、きっと味方になる、われわれの味方にまちげえねえてんで、碓氷川の清流を守ろうということで、壁新聞を二十枚書いて、そんで、頼んで、それを高崎領分にずうっと貼らしてもらったんだぁ」

岡山大学の小林教授は、十年前からあるひとを通じてこの土地の米を分析、汚染度がたかいことに気づいていた。このころ、県を通じて被害地の食物に気をつけるよう警告していたのだが、県の企画部長が「人心が動揺すると困るから」とにぎりつぶしていた事実も明らかになっていた。

「岡山大の小林教授によるカドミウム検出などで問題化している安中市、東邦亜鉛安中製錬所の鉱害について、地元民の集団検診による人体への影響を調べていた県民主医療機関連合会の高柳孝行医師（31歳、高崎病院長）ら、検診医師団は、二十一日第一次検診結果を発表した。それによると集団検診は製錬所近くの同市西岩井の上林地区民六十四人（平均年齢＝男五十三・一歳、女四十八・二歳）を対象に行なった結果、三

〇％を越す十九人（男六人、女十三人）に異常たんぱく尿が検出された」（「読売新聞」群馬版、六八年十一月二十二日）

藤巻さんらは共産党県会議員の紹介で神田知事と浅見県会議長に陳情にいった。

「それでそのおり、すぐ陳情にこいってんで、はじめて、はじめて陳情にいったわけだ。わしなんか、そんまで陳情にいったってはあ、とり上げてくんねえんだから、がんばってさえいりゃ、かならずむこうから土地収用法でくるからそのときにいけぁ、世話がねえから、そんまでがんばるべえ、といってたわけだ。それから東京へいって、厚生省や通産省へもいって、知っての通り、こういう具合になったんだ」

送電塔はもうほとんど建設されてしまった。いま、残った五、六人の農民が自分の土地の上には高圧線を通さない、とがんばっている。市の商工課長と会社の職員が交渉にやってくる。

「もう商工課長のほうは録音とってしまって口をきけねえようにしてしまったんだ。きたらそれをほぐしてきかせて、こういうおめえは間違ったことをいってきてるじゃねえか、あんたまるで会社から頼まれたみてえで、会社から給金もらってるんだったら、それで結構だけんども、自治体というもんは、こういうふうにいうもんじゃねえって、またきたら、これを県庁のほうへもっていくって、いったもんだから、すっかりがっくりきちゃって、おめえさえ我慢すりゃいいんだから、反対してぃるのはあんたきりだからとか、あっちいっちゃ、うめえことといって、こっちへきちゃうそばっかりいってあるんだ。もうそれっきりこねえんです」

「亜鉛工場からもわしどものほうへひとりだけきました。大野ちゅうひとがねえ、四月の六日に抗議集会でデモにいったですねえ、そのつぎの日にきたんです。大野って奴がきたときに、わしがちょうどお昼に野良からきたんです。ここにきてたんです。わしは一遍もいきあったことがねえんだから、送電線のことで話し合ってみたいといったんだけど、亜鉛会社からきたんだったら、ここじゃ話きくわけにいかねえ、外にでろと、わしどもがデモに行った時に、門も開けねえで、門の外で受けたんだから、門まででろってんで、この下に坂があったでしょう、あの坂のとこまでひっぱって、ここぁ、おらちの門だからここでようきくべえといったんだよ。ところが、是非まあ話し合って、電気引かせるように話し合ってもらいたいというから、第一、おめえは東邦亜鉛のなんだっていったんだ。

そうしたら、わたしは公害のことについちゃあ、全責任を負う。わたしがいえあ、なんでもできるんだからっていうんだ。そいつあ、悪いけんど、あれだけ大会社のそれだけ資格持ってる、わしゃ、あんたが、そんな貫禄にみえねえ、一職員じゃねえのか、どうもそうみえねえ、といったんだよ。どうしてもその貫禄があるっていうから、それだけにみえねえ、第一、おれがおめえにきくけど、おめえはどっから給金もらってるんだ。東邦亜鉛からだろ。そうしたら、給金もらってるんだったら、東邦亜鉛に忠義つくすのか、給金泥棒か、どっちだときいたんだよ。妙なことおじさんきくっていうから、忠義つくすのか、給金泥棒か、そのどっちかのひとつをきかせりゃいいんだ、そのつぎの話はそのつぎからするんだからって、どこまでも忠義つくすっていうから、それならば、忠義つくすんならば、いって上司にいえって、いったんだよ。大石良雄は上杉の千坂兵部に敗けたんだから、上司にそれだけいえば、それでわかるひとだからって」

「どういう訳ですっていうから、そんなことおれにきかなくともわかるから、ききたかったら大佛次郎にきけってたんだよ。おめえはそういってくれりゃいいんだから。大石は千坂兵部に負けたんだからこそ、自分の首ひとつで四十七士の命とっけえたんじゃねえか、大石の考えどこにあったと。ちったあ説明してやるべえ。大石は切り込む時にゃ、上杉をおっつぶすのが大石の考《かんげ》えだった。吉良の首なんど問題じゃなかった。だけんど、千坂の情に免じて、仕方なく負けたんだから吉良の首で我慢したんだ。それだけいってくれろ。そんなことといったっておじさん、そんなことといったって、おじさんそれじゃ、おじさんの利益にならんから、皆さんと一緒におじさんの利益になるようにしたらよかんべえ、といったんだ。

そりゃそこらの雑魚ならばそのぐれえの甘ったるいことにひっかかるかもしれねえけんど、百姓にはクジラがいるんだから、クジラとるにはそんなイワシ網じゃとれねえんだから、まっとクジラとるような網もってこい、頭入れ替えてこいといったら、帰《け》えっちまったんだ。それっきりこねんだ。会社へ帰って、あれはふてえ爺いだとそういったそうだ……。千坂兵部は大石のとこへどうやって攻めたらよいかききにいったかってんだ。亜鉛工場にも千坂がいりゃなんとかなるかもしれない。だけんど、おらあのほうは、亜鉛工場だけじゃねえぜ。まがよけりゃ、こいつをきっかけに、佐藤政権まで攻め落とすんだから……」

厚生省への疑問

安中市長であり、市の公害対策協議会会長であり、農業委員会の会長でもある萩原弘氏もまた、会社の土地買収交渉に介入していた。東邦亜鉛は八ヵ月間しぶった末、自分が汚染した田の客土資金として千八百万円を被害者側に払うことにしたが、萩原市長はこの「覚書」作成に立ち合い、被害者農民が「超高圧送電線建設の『非協力者』にたいし積極的に説得に努める」「土地、山林、水路の売買、譲渡、永久使用」の斡旋、協力を義務付けている。

かれが長を務める安中市農業委員会は「今後公害発生の危険がないことが明らかにされない限り、工場敷地に用いるおそれのある農地転用は名目のいかんを問わず認可しない」と決定しているのだが、市長はそれさえ踏みにじっていそいそと企業に忠義をつくしているのである。

市はまた、藤巻さんらがカドミウム汚染を心配しはじめた六

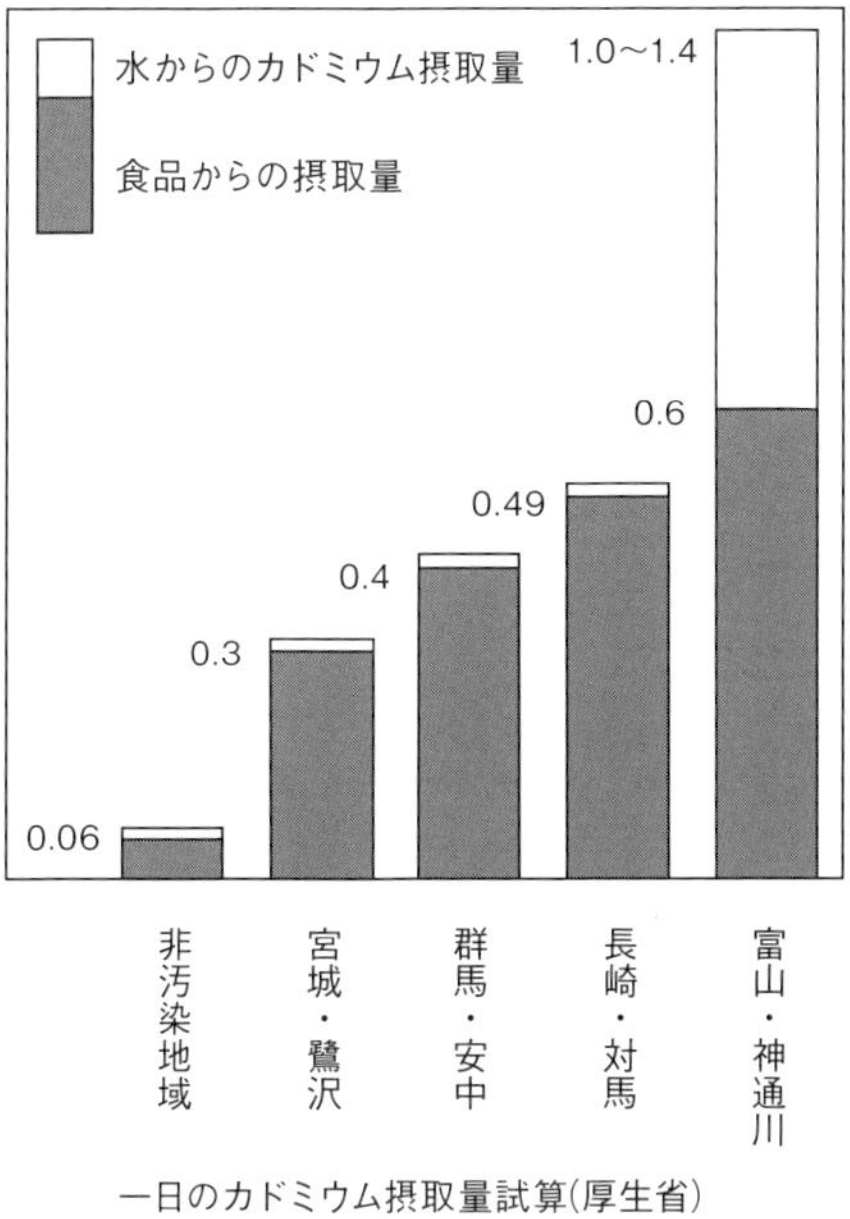

一日のカドミウム摂取量試算(厚生省)

八年十二月二十七日、御用納めの前日という日にあわただしく厚生省から橋本公害課長を呼び、工場を見学させ、「カドミウム公害心配せずに」という記事を『広報あんなか』に掲載している。

ここで橋本課長はなんら科学的調査をせず、なんの資料も持たずに、「東邦亜鉛は、いろいろの含有金属を回収する近代的な工程と設備により操業されている製錬所で」と企業のコマーシャルを入れ、「その現われとしてたかい大きな煙突がない」と証明しているが、わたしがいくたびごとに、工場中央の太い煙突からは煙が吐きだされ、公害防止のためにさらに高くする計画があるときいた。地元にとっては、煙突は高いほうがいい。そして、こう結論づけている。「東邦亜鉛のカドミウムは、現段階において各国のデータと比較しても、人体に及ぼす影響については心配ないと思う……」

厚生省が安中を科学的な調査をおこなってその結果「要観察地域」にしたのが、それから三ヵ月後の厚生省見解である。橋本課長は三ヵ月前にすでに個人的な発表をしていたことになる。小林岡山大教授は、この厚生省の調査方法に疑問を示している。

……住民一日あたりのカドミウムの摂取量について、厚生省の試算（上図）には重大な過失がある。神通川の飲水中に含まれていたカドミウム量が実際よりも何十倍にも過大に評価されている反面、安中では一番問題になる煙によるカド

ミウム汚染を計算から除外して過小評価してある。だから神通川流域の五分の一どころか、実際は安中の住民のカドミウム摂取量の方が多いと思われる。カドミウム摂取量の計算が間違っていては、発病の危険性があるかないかの判断はつかない。……神通川の川水中のカドミウム濃度は、神岡鉱山が完全な沈澱ダムを完成した一九五六年以降は、今日に至るまで、実際問題としてゼロである。……古い過去のことであるから、川水中のカドミウム濃度など、誰にもわかるはずがない。だからといって何の根拠もない高濃度を公式発表して、他の汚染地区に発病の危険がないとしたことは無責任に過ぎる。私はこれはおかしい、何か作為があると直感した……。（『科学』一九六九年八月号）

厚生省の算定がいかがわしく、県の調査官は香典をもらい、飲食の供応を受け、市長以下安中市は土地買収で協力し、そのうえ、通産省鉱山保安監督部は、公害発生の設備増強の違法操業を黙認していた。

通産省・前鉱山保安監督部長の自殺

イタイイタイ病の原因として問題になった群馬県安中市の東邦亜鉛安中製錬所に対し、無認可増設や違反操業を黙認した責任を問われ、配置替えになった通産省の前東京鉱山保安監督部長、鶴田哲也氏（四七）＝東京都新宿区戸塚町一の四一、通産省宿舎、甘泉苑住宅内＝が十四日朝、自宅近くの公園で首つり自殺した。（「毎日新聞」八月十四日夕刊）

鶴田前東京鉱山保安監督部長の自殺は、東邦亜鉛会社と通産省内に大きな衝撃を与えている。カドミウムを含んだ排水、排煙公害で問題になっている東邦亜鉛安中製錬所は、亜鉛製錬設備などの無認可の増設で、先月二十八日、東京鉱山保安監督部から鉱山法違反の疑いで前橋地検に書類送検された。四十三年四月から十一月にかけて行なわれた月産三千トンの電気亜鉛製錬装置などの無認可増設は東京鉱山保安監督部の黙認による〝なれあい〟とみられており、通産省もこの送検にひきつぎ、鶴田前部長らの異動を発令したばかりだった。

安中製錬所の無認可増設が明るみに出たのも通産省が独自に摘発したものではなく、地元安中市の公害反対組織である安中公害対策被害者協議会（大塚忠会長）が通産省を追及した結果だ。そのときから住民側は東邦亜鉛の幹部だけを送検するのは片手落ちで、違法増設を知りながら黙認していた通産省部内の処分をも求めていた。（「朝日新聞」八月十四日夕刊）

自殺した鶴田氏は、「鉱山や工場はむかしのような考え方ではだめだ。かつては鉱山は特別なものと考えられていたが、いまは公害問題があれば特別扱いできない」と生前に強調していた、という。

かれは、戦後一貫して自治体、関連官庁を利用して急成長を遂げた東邦亜鉛株式会社の貪婪《どんらん》な食欲の前での生贄《いけにえ》でしかなかった。〝呑ます〟〝食わす〟〝脅かす〟東邦亜鉛独自の、古い支配方法は破綻しつつある。

被害者住民は大平通産大臣にたいし、施設増強認可の取消しをせまる「行政不服審査請求」の訴えを起こした。それと並行して前橋地検に相川社長、村上前所長など会社幹部を鉱山保安法違反の疑いで告発している。

被害者協議会の大塚会長の許にはカンオケは届いていない。その代わりにか、会社の代理人が三顧の礼をつくして、企業内学校の校長になってくれとの勧誘にきている。

「われわれ農民には工場はいらんですよ。最終的にはこの公害工場を追いだします」

かれはフンドシが浴衣の裾から覗いているのも意に介さずに、笑いながら籐椅子の上で足を組んだ。

Ⅵ　壊滅した第一組合

「朝日ジャーナル」の読者

樫根のひとたちの重苦しい平和に圧倒されはじめていたわたしは、部落出身でない労働者と話し合ってみたいと思っていた。厳原の町でそのルートを探しているうちにようやく、「同級生が鉱山ではたらいている」というひとをみつけることができた。

夕刻、わたしたちは鉱山から二キロほど離れた社宅にむかった。県道からしばらくはいった丘の上には、長屋式の木造やブロックの住宅がチマチマと建ち並び、ちいさな共同風呂の入口には子どもを抱いた主婦がたたずんでいた。夕焼が消え暗くなりはじめていた。

Cさんは前庭に植込みがついた小ぢんまりした職員住宅に住んでいた。六畳と八畳、洋服ダンスや整理ダンスがキチンと並び、団地のサラリーマンといった家庭だった。ステテコの膝の上に子どもをおいて食事をしていたCさんは、同級生の突然の訪問に懐しさを包みきれない様子だった。

ひとしきり友人たちの消息を交換しあったあと、わたしは、イタイイタイ病で会社は大変だったでしょう、と水をむけた。

かれは上機嫌でうんうん相槌をうってきたので、会社ではどういってるのですか、と踏みこんだ。

「安心して静観するように、といわれてます」

「誰がそういうんですか」

「職場会議のとき上司がそういいます」

と答えて、かれはすこし興ざめした顔で、

「このひと、ほんとにあんたの友だちやろ」

と横に坐っていた同級生にたしかめた。

わたしたちは和やかにしゃべりながら、かれがだしてくれたサントリー・オールドを空けていった。かれは思いだしたようにふとたちあがり、つぎの間へいって片手に週刊誌をぶら下げてきた。「朝日ジャーナル」8月31日号だった。

「ほお、「朝日ジャーナル」読んでるんねん。おれは『アサヒ芸能』しか読まんがばってん、やっぱり違うのう」

同級生は皮肉とも驚嘆ともつかぬ声を上げた。Cさんは真面目な顔で、

「ぼくは、『朝日ジャーナル』と『世界』しか読まんが」

とそっけなく答え、しばらくページをめくっていたが、「あっ、これこれ」とひらいて差しだした。そこは「土民土語」というコラム欄でタイトルは「イタクナイイタクナイ」。

こう書かれている。


「なんべんでん、きんぺん（近辺）まできとりました。いっぺんなかてて（加えて）もらわんならんち思いまして」と福岡、板付ゲート前のすわりこみに参加したAは、対馬樫根の出身である。……

この対馬に、東邦亜鉛対州鉱山が原因と思われるカドミウム公害が出ている。が、住民たちは黙して語らない。Aが板付にやってきたのも、帰省して母親の苦しみを目のまえに見ながら、「イタイイタイ病など樫根にはないといいえ」と部落の顔役たちが住民の口を閉ざして歩く、その重さを日夜かかえておれなかったからだという。……

鉱員たちの姓名の半数以上が「阿比留《アビル》」となっているのも、この亜鉛鉱山がこの地に根をおろし、住民たちを吸いこんできた実態を示している。……情報がもれたということで、その糸をたぐれば、どこでだれがしゃべったかが、ことごとくわかってしまう。


わたしは「朝日ジャーナル」と「世界」を結んだ線の上に、「進歩派（?）」を思い描き、ようやくここで内部からの痛烈な企業批判がでるのを期待し、かれの言葉をまった。

「このAは誰かしらんとみんなで考えたばってんが、これうそですたい。だいいち、阿比留が半分もいるなんちことなかろうが。こんまで朝日新聞をば信用しておったがばってん、もう信

用でけん」

話は意外なマスコミ批判になった。Aとは誰かと早速追及し、これはうそだと断定する会社の動きのはやさにびっくりした。「ことごとくわかってしまうのである」わたしはあわてて、鉱山でたったひとりの、それも秘密の「世界」の読者にたずねた。「でも、こんなことあるんでしょう?」

かれは一瞬目をつぶってから「だいたいそうでもあるが」と答えながらも、かれの怒りはむしろ愛読誌である「朝日ジャーナル」が「阿比留」の記述で〝インチキ〟した事実にからみついてしまい、それからさきは質問するわたしを上眼使いにみるだけでまったく話さなくなってしまった。

労働組合が御用組合である話もでたが、かれの口振りからすれば、家賃七十円、フロ代無料、電気水道代基本料金分は無料、といういまの生活にはむしろ誇りをもっているようだった。

町へ帰るタクシーのなかで、わたしの連れは「あそこにはいったらもう抜けられんとですたい」と話をしめくくったきり、正体なく眠りこけ、真暗で長い山道を走るあいだじゅう、わたしの肩にもたれていた。

首を切られた第一組合員

それからまもなくして、泊めてくれていた井田さんから、第一組合員で首を切られたひとがいる、と紹介してもらったのがYさんである。

その家は鉱山ちかくの川端に倒れるように建っていた。家というよりはむしろ鶏小屋にちかい。

板を打ちつけただけのひしゃげた戸から明りが洩れていた。その戸をひくとすぐ六畳の居間で、裸電球の下にYさんは坐っていた。家具といっても真黒にすすけた戸棚が傾いて立っているだけで、まわりの板壁には「平凡」や「明星」から剝ぎ取ったと思われる美空ひばりや三波春夫のグラビヤが貼りめぐらされ、水着のタレントが寒々とした笑顔をふりまいていた。

ちいさな明り採りの窓のガラスは破れ、吊りさげられたカーテンはしみだらけだった。くたくたの丹前を着て縮こまっているYさんの頰には、うっすらと無精ひげが生えていた。話にきいた以上に貧しい生活ぶりで、まるで〝うらぶれた失業者の家庭〟を想定した映画のセットのようだった。

目のやり場に困ってYさんが眺めていた古い型のテレビをみると、チラチラした白っぽい斑点がプロレスの映像を作っていた。

「ここは谷間ですけん、よう映らんとです」かれは申しわけなさそうに首をすくめた。わたしが坐った傍には、「聖教新聞」と「公明新聞」が折りたたんで置かれていた。その視線に気づいてか、「わたしは仏教徒です。なむみょうほーれんげ経といってもいいでしょう。信心しとるんです」。さきに進みたそうなわたしの顔を読んで、「そうそう労働組合の話でしたな。バカみたいかもしれませんが職場委員になりまして。労働者のあり方をおぼえまして。それ、そのままもって帰ってください。もったいない。こっちの焼酎にしまひょう。じゃあ、すこしやりましょうか。いやあ、どうも意地が汚なくてねえ、かあさんコップを、こっちへ」

Yさんはもっていった一升ビンにはじめは手をつけないで、ぐずぐずしていたが、やっとセンを抜いた。かなりのアル中のようにみえた。昔の話をきこうとするわたしに好意を示してくれているようで、熱心に話してくれるのだが、話は脈絡を失い、どこに連がるのかわからなくなってしまう。そのたびに、かれは「すいません」とていねいに謝った。

わたしは多分にイライラし、半ばあきらめながら、断片的なかれの記憶を追った。

Yさんは五十八歳。厳原の高等小学校を卒業すると一年間、町の洋品店の丁稚小僧を務め、そのあと家族六人そろって木造船に乗って朝鮮に渡った。はじめは釜山の郵便局に勤めていたが、兄が電力会社でストを起こし、公務員であるかれはその係累であるためクビになった。

終戦の翌年帰国し、鉱山には四七年の五月にはいった。職種は坑内のトロ押しだった。クビになったのは五五年で、理由は「暴力行為」だった。暴力行為に関してわたしは疑問をもった。かれはおとなしくて、むしろ小心な感じだったので、わたしにはかれがひとをなぐるようには思えなかったからである。

「わたしもアルコールが好きなもんで、失敗したとです」。ちょうど第二組合がつくりはじめられていたころ、Yさんはおなじ第一組合員の友だちといい合いをした。発端は供給所からカケで買ったものを月給から引くのが怪しからんとその同僚がいいだし、Yさんは引かれるのが当たり前だ、と答えて口論になった。

その夜、同僚が酒に酔ってかれの部屋に窓から飛び込んできて、話をぶり返し、なぐり合ったということだった。その噂をきいた駐在の巡査部長がふたりを呼びだし、調書を作成、会社側はそれを証拠に「刑法上処罰の理由となる行為をしたとき」の社則に該当するとして、かれら第一組合員を解雇した。警察力を介入させたデッチ上げだったのである。

「ついてないですよ」とYさんはつけ加えた。わたしは、それで黙っていたのですか、とたずねた。「八年間も真面目にやった会社ですたい。古株にもなってまして、順調だったとです。だから、会社に火をばつけよう、なんて考えたりしましたが……」

もうその言葉にはなんの恨みもこもっていなかった。「不徳の至すところでして」とひょうきんに顔を叩いてみせて、「いまでも雇われれば坑内のなかぐらい歩けますよ。まだ足腰はしっかりしてますからな」と妙な強がりをみせるのだった。

かれは社宅をでる資金五千円と一ヵ月分の解雇予告手当、それまではたらいた賃金など合わせて一万円を手にして失業者になった。いまは営林署の下請人夫になって山に入り、樹木の下刈りや「葛《かずら》殺し」の仕事をしている。

Yさんの話で、組合が結成されると同時に委員長など三役が解雇され、四十九日間のストライキが起こったこと、かれが退社したあとにも、かれとおなじようなデッチ上げ事件で五人の労働者がクビになって、会社前の橋の下に坐り込んでいたことなどを知ることができたが、その詳しい前後関係になるとどうもはっきりしなかった。

わたしは労働組合が結成され、それが壊滅していった状況に興味をもった。樫根部落のひとたちの口の重さには、過去の鉱毒闘争の解体と労働組合の壊滅が深く作用してると考えていたのだ。東邦亜鉛はどのように組合を弾圧したのか。

「タケシだ。タケシがよい。その話だったらタケシだ」。Yさんの目にはそのときはじめて生気が宿った。「わたしはあのひとのお陰でクビにまでなったとです」

その口調には非難ではなく、信仰にも似た確信がこもっていた。かれは何度も当時の委員長に会うことを奨めた。

元第一組合委員長の話

つぎの日バスに乗った。西山武さんが住んでいるときいた今里にむかったのである。小茂田から厳原にで、厳原から鶏知にでる。そこから一日二本、深く入り組んだ浅茅湾伝いに小型バスが通っている。険しい山道を越えバスから降りたときにはもう日も暮れていた。今里は静かな入江に面した漁村とも山村ともつかない集落だった。

ようやく探し当てた西山さんの家は思ったようにちいさな家で、女の子ふたりが留守番をしているだけだった。

「少女フレンド」と「マーガレット」を借りて帰りを待った。そのどれにも、転校生がヒロインとして登場していた。少女たちにとっての日常は、転校することと、転校生が入ってくることによってしか変わらない。闖入《ちんにゅう》者であり、他所者でしかないわたしは樫根部落にとってなんなのだろうか。

西山さん夫婦が山から帰ってきたのは、八時すぎだった。奥さんは、「風呂に入りませんか」「ご飯食べませんか」と叫ぶように声をかけてくれた。わたしはその高い声をききながら深い山林に入り、下刈り機の甲高い爆音のなかで声をかけあいながらはたらく夫婦の姿を想像した。

西山さんはがっしりした体格で、落ち着いたひとだった。ときどきせき込んだが、低い声で、「風邪が落ちんとです。休めませんからね」といいながら、ゆっくり話しだした。

一九四九年十月、シベリアの抑留生活から解放されて帰国した西山さんは、翌年六月に坑内保安夫として鉱山に就職した。このころは、下山、三鷹、松川事件と一連のフレームアップが起こり、それにつづいてレッドパージが進行していた時期である。こんなときにどうして鉱山は「シベリア帰り」の西山さんたちを採用したのだろうか。あとで会った元書記長のTさんも、やはりシベリア帰りでおなじ五〇年に就職している。

「対州は強く、安中は弱い」と組合がいわれるようになったのも、対馬には復員者が多かったからだそうである。まして勃発した朝鮮戦争を契機に対馬では朝鮮人一斉蜂起の噂も流れていたほどである。

とすればまだ中小企業でしかなかった東邦亜鉛は、この千載一遇の好機に金へン景気を目当に事業を拡張したい欲望のために、思想傾向よりもただ労働力をのみ求めていたのではないだろうか。

西山さんの故郷である今里のすぐ近くの港には、米軍が駐留していた。かれはかれの職を斡旋してくれたひとに、アメリカがマークしているからきみは労働運動なんかやるなよ、と釘をさされていた。かれの保証人は、のちに会社の総務課長になり、町長になった一宮源太郎さんだという。

会社は労働力を必要としていたし、採用したあとの思想のチェックには、人的つながりの強い職制で対処できる自信をもっていたのではないだろうか。事実、のちの第一組合の骨抜きと第二組合の結成については、この血縁関係が最大に利用されたのだが。

西山さんは夜十二時を過ぎたのにもかかわらず、押入れからところどころネズミにかじられたボール箱を探して、そのなかから一枚の文書をとりだした。対州鉱山の労働運動史の資料をわたしはそれまでほとんどみつけることができなかった。

これはわたしがみた唯一の資料である。

命　令　書

長崎県下県郡佐須村大字大奈二二八
中立人　東邦亜鉛対州鉱業所労働組合
右代表者　執行委員長　西山　武
（本社）東京都中央区日本橋室町四丁目四番地
（鉱業所）長崎県下県郡佐須村大字樫根大奈二二八
東邦亜鉛株式会社

被申立人　右代表者　取締役社長　相川道之助
同　対州鉱業所長　阿部猛男

右当事者間の長崎地労委昭和三十年（不）第二号不当労働行為救済申立事件につき、当委員会は昭和三十年十月八日第二八一回公益委員会議において、会社公益委員河野吉男、公益委員中村達、同高村忠也、同本脇富重、出席合議のうえ、左のとおり命令する。

主　文

一、被申立人会社は、左記の如き内容の謝罪文を、申立人組合に交付しなければならない。

謝　罪　文

当会社は昭和三十年三月二十二日、東邦亜鉛対州鉱山従業員労働組合の結成に際して、東邦亜鉛対州鉱業所労働組合の運動に対して介入した事実を認め、ここに遺憾の意を表します。

東邦亜鉛株式会社
取締役社長　相川道之助㊞
対州鉱業所長　阿部　猛男㊞

東邦亜鉛対州鉱業所労働組合
執行委員長　西山　武殿

地方労働委員会のこの命令書を読む限りでは、第一組合側は完全に勝ったようにみえる。しかしそうではなかった。会社側は中労委に上訴した。その時はもう第一組合は壊滅してしまっていたのである。

東邦亜鉛は名を捨て実を取った。徹底的に不当労働行為を繰り返し、第一組合が法に依拠しているときにも、露骨な違法行為をしていた。

西山さんが指摘した会社側の不当労働行為の具体例。

一、五五年二月十九日午後五時ごろ、坂井常務（本社から乗り込んで来ていた）は鉱業所職員寄宿舎若葉寮に各作業現場の伍長、職長、係長を招集し、第二組合結成について協議を行なった。

二、同年二月二十日、当時第一組合員であった月給者および日給者の一部が第二組合結成のため、組合員の社宅を回わり、第二組合の加入を強制した。

三、同年二月二十一日、会社は各作業現場の職制を通じて、一斉に第二組合結成のため人員獲得に奔走した。

四、同年二月二十二日、午後五時より協和館において開催された第二組合の結成大会の際、会社は守衛をして会場の外部警戒に当たらしめた。

五、同年二月二十三日、会社は第二組合に対し、組合事務所の新築ならびに掲示板の設置を許可し、共済資金として三十万円の特別援助を与えた。

労働者たちは自分の「職を心配してくれた」職制から個別に

〝説得〟された。「社宅をでろ」と書いた脅迫状を受けとった労働者もいる。それらのひとたちは西山さんのところへやってきては、「食っていかんとならん」「さきのことがあるけん、堪えてつかされ」といいわけして脱退した。

最初に崩れたのは他所からはいってきた労働者や職員で、地元の人間は比較的最後まで残った。同郷の西山さんを意識してのことであったのだろうか。それは階級意識とはまったく異質な横の人間関係であって、それもまた利害をふくんだ縦の人間関係によって断ち切られてしまう。第一組合の強さと弱さはそこにあったのであろう。

「人間の弱さということをつくづく知りました。誰をもひとくちに悪いとはいえんとです。みんなその人その人の苦しみがあるんですけん」

労働者は当時五百六十名になっていたが、そのうち、第一組合員は十九名しか残っていなかった。かれは疲れ果てて田舎に帰った。かれをまっていたのは〝アカ〟のレッテルと部落のひとたちの冷たい視線だった。

生活に行き詰まっていた西山さんは、一攫千金を夢みていた。鋸の目立て、山林の伐採などの賃仕事から帰ると、明け方まであれこれ図面を引いた。発明に凝っていたのである。まったくの独学だったが、それでも学童用の文字入り〝計数器〟〝豆コンパス〟で実用新案をとった。だが、結局買い手がつかなかった。

かれは押入れからでてきたそれらの書類をぼんやり眺めていた。

「死ぬですよ。三十までは他人《ひと》のために生きられます。でも、四十過ぎからは自分のことで精一杯です。やりすぎてもでけん。やらんでもでけん、難しいとです」

西山さんはつぶやくようにいって淋しく笑った。

村八分、生活難、重労働、徹夜の発明、それにもうひとつきわめて対馬的な問題がふりかかってきた。

かれの甥をふくめた三人の若者が、盆踊りをすっぽかしたのが理由で、一万円の罰金を部落総会でいい渡されたのである。対馬の盆踊りは歌舞伎仕立てになっている。踊りというよりは一種の芝居といったほうがよく、本戸の長男たちが、一ヵ月ちかくも稽古する必要があった。

農繁期ともかち合い、家族がすくない家ではかなりの負担になった。その年は中止しようと話が決まりかけたので、西山さんの甥は出稼ぎに発ってしまったのだが、そのあとで、年寄りから仏様を粗末にできない、という苦情がでてまたやることになった。

出稼ぎにいった三人の若者は欠席裁判で罰金をいい渡されたのである。一万円といえば、当時、五人家族の一ヵ月分の生活費に相当した。甥は裁判所に訴えるといって協力をもとめ、西山さんの兄さんは自分の息子を抑えてくれと頼みにきた。

部落のひとたちはかれが煽動していると思い込んでいた。自分のおかれている状況はますます険悪になってきたし、甥と兄との板ばさみで、西山さんはノイローゼになってしまった。

六ヵ月間壱岐の病院に入院した。それ以来、ものを考え詰めると頭が痛くなってしまう。はじめて会ったとき印象的だった落ち着いた態度は、そんな体験を経たうえでの静けさであったのだろう。

翌朝、わたしは金属がきしむ響きで目を覚した。障子をあけて庭を見下すと、そこには西山さんがうずくまり、電気砥石で下刈り機の歯を砥いでいるのだった。昨夜、話を終えたのが一時すぎで、六時にはもう起きてその日の仕事の支度をしている。こんな生活が、鉱山を退職してから十四年間もつづいている。

西山さんから第二組合を結成した中心人物であるSさんのことをきいた。かれもまもなく鉱山を去っていった。そしていま、おどろいたことに、仕事の関係でよく会い、便宜を計ってもらっているとのことだった。

「あの人もいろいろ家庭の事情があってしたことです」

むしろSさんをかばっている口調だった。組織を守ろうとした第一組合委員長とそれを切り崩した第二組合の委員長は、過去にこだわることなく談笑できるものなのだろうか。

分裂直前、西山さんが委員長、Sさんが副委員長だったとき、Sさんは労組の印鑑を無断でもちだし、会社からは出張旅費をもらい、組合決定と相違する企業連合会の大会に出席したことがある。その結果、組合は右寄りの方針に拘束された。労働者たちは、いきり立ってSさんを吊し上げた。

このとき、西山さんは、「印鑑は俺が与えた」と弁護してその場を収めたという。「将来も一緒にはたらく仲間ですけん、人間関係が大事でした。組合には致命傷になったばってん、いま考えても間違ったこととしたとは思わんとです」

組合は壊滅し、西山さんは職場を去らねばならなかった。

元第二組合委員長の話

対州鉱山に組合をつくったのはSさんだった。その組合を分裂させて第二組合をつくったのもSさんである。ところが、〝寝返ったもんが抜擢される〟東邦亜鉛にSさんは残らなかった。なぜかれは自分でつくった組合を分裂させたのか。なぜかれは出世を棒に振ってまもなく退職したのだろうか。

自宅へ訪ねていって会ったSさんは、わたしが想像していたような謎めいた、陰湿な男ではなかった。かれは日当たりのいい、二階建ての新しい家に住んでいた。それはネズミが走りまわる西山さんの家や雑誌のグラビアで隙間風を防いでいるYさんの家とはあまりにも対照的にすぎた。

かれは有能な官吏といったタイプで、記憶もよく整理され、話し方も明解で、几帳面で、率直だった。

対州鉱山に労働組合が結成されたのは、一九四六年八月だった。鉱山の労務管理はそれまで、どこもおなじく朝鮮人徴用工や前科者などを、親方と呼ばれる現場監督が力で押える古い労務管理に依存していた。そんな閉鎖的な社会へ職をもとめてはいった引揚者が反発し、不満を強くするのも当然のことであった。

Sさんは職員だったが、以前いた鉱山で労働争議の経験があった。かれが助言し、引揚者を中心にしてまたたくまに労組を組織したのである。そのころの労働状況については、高野実はこう書いている。

どこのヤマの要求もおなじだった。賃金を増額しろ、職制の悪玉を追放しろ、食糧配給を公平にしろ、坑内七時間労働、有給休暇年二十日だせ、労働協約をむすべ、経営に参加させろ……であった。政府の労働統計にでている何倍か何十倍の集団交渉、サボ、デモ、スト、短期間の生産管理など、やれそうなことは、なんでもやった。主婦も子供も、赤旗をかついで歩いた。大衆行動には夜も昼もなかった。（『日本の労働運動』岩波新書）

東邦亜鉛対州鉱業所の場合は、職場の民主化と地位の向上が要求項目で、賃上げはまだはいっていなかった。人権闘争といってもよかった。ところが組合結成十日目には、委員長、副委員長、書記長の三役に解雇処分がだされた。

「職場の秩序を乱した」「従業員を煽動した」これらを解雇理由に入れてきたほど経営者の時代感覚は古く、態度も高圧的なものだった。

組合大会がひらかれ、労働者の怒りは爆発し、そのまま無期限ストに突っ込んだ。労働者はまだ百人以下でまとまりやすくもあった。会社側は〝アカの煽動に乗るな〟のビラを配り、本社からは重役を送り込んできた。

労働者たちは田舎に帰って農業や漁業、炭焼きを手伝ったりして食いつないだ。なんとか食えればよい時代だった。ストライキは四十九日つづいた。長崎地労委が現地調査し、解雇撤回の調停をして、争議は全面勝利だった。争議中の賃金も立ち上がり資金として払わせた。

組織は運動で強化され、意識は闘争でたかまる。クビ切り撤回で労働組合は軌道に乗った。ところが、委員長と副委員長はまもなく自己退職してしまった。「これ以上皆さんに迷惑をかけたくない」というだけで、辞める事情についてはなにも語らなかった。「対馬の労働運動の裏面史ですたい」とSさんはいう。

会社側がふたりに示したなんらかの条件に、正副委員長がひそかに応じたのだけはたしかである。

そのご、会社側の指導で職員組合が結成されたが、やがてそれも労組に合併された。運動のヘゲモニーは現場の労働者がもちつづけていた。対州鉱業所の労働組合が安中、契島製錬所にオルグをだし、各組織を強化しているうちに、安中争議が起こっている。

安中争議の敗北が対州の右傾化と深く関わり合うことになった。安中では第二組合がつくられた。企業連のオルグとして安中へ出向いていたSさんもまた、その闘争の挫折によって、第二組合の指導者に変貌するのである。

安中闘争

安中闘争とは、五三年十月十二日の無期限スト突入から翌年一月四日の地労委斡旋案受諾まで、約八十日間のストライキ闘争をいう。この年、東邦亜鉛は資本金を八億円と倍額に増資し、開銀から一億五千万円、興銀から五千万円の融資を受け、亜鉛回収の新技術実施のための大規模な電気炉建設にはいっていた。企業としての最大の発展期だった。

『荒野を拓く』での経営者の見方とそのごの記述は特徴的である。

しかし世のたとえにもあるとおり、山あれば谷ありとでもいうことなのか、ここにもまた思わぬ伏兵があって、大災難が持ち上がったのである。

それは前年入社した左翼分子の若者二人が、会社とはまったく無関係な労組の上部団体と提携し、純朴な従業員を無謀な争議に駆りたてたのであった。これら左系分子の計画は、極秘に進められ、一夜のうちにストライキ権を獲得して、翌未明から早くもストライキに突入していた。何んともいいようのない無茶な労働争議だった。こうした意味のない争議だったので、大部分の従業員は即日そのことに気が付いたが、不なれな労働問題だったため、することすべてが後手となって、何ごとも外部団体の圧力に屈して、こまり果てているだけで、手の施しようがなかった。従業員たちは陰で第二組合を結成しながらも、争議は専門の社外労組の人びとの手で続けられ、ついに百四十余日にわたる大争議へと発展してしまった。

この争議は、当時長期の大争議として、新聞紙上をにぎわせたが、従業員の大部分は争議などやる気持ちは少しもなく、ただ発起人である左系の二人と外部の人が懸命になっているだけだった。だからついには第二組合が勝利を得て、外部団体を追出し、二人の不良分子を初め、不覚にも煽動にのった、二、三人の人とともに、不心得者全員が解雇されて、まったく会社側の一方的勝利となって、争議は落着したのである。

　この無謀な争議にこりごりした従業員は、新組合の結束を堅くし、会社と長期にわたる平和協定を結んで、その後は絶対に争議のない会社をつくりあげた。

　物事のめぐりあわせというものは、こうしたものなのか、この労使の協定こそは、禍を転じて福となす大転機となったのであった。それは当時の事業家は、ストライキを伝染病のように恐れ、ストライキのため原料が途切れたならどうしようと、心配する人たちが世間一般に多かった。そうした時だけにこの協定は人気を呼んで、需要家の安心感を増すことになり、争議で原料の途切れる心配のない東邦亜鉛の品物であれば安心だ、原料を買うなら東邦だというので、需要家がたくさんふえたのであった。……かくて労使はいよいよ誓いを固め、社業専一に励んでいる。

　このころ、破防法、基地闘争が激化する社会情勢のなかで、日産自動車、淀鋼、尼鋼、日鋼室蘭などの長期ストが続出していた。

設備投資を完了した東邦亜鉛は、「無スト宣言」を片手に、まさに火事場泥棒的に需要家に「安心感」を与え、その数を増大させた。

　東邦亜鉛労働組合は同盟会議傘下の資源労連に加盟、組合員数二千百二十二名。全従業員は四千三百名だが、現業部門には臨時工が多い。平均賃金（現業）男四万二千四百十一円（三五・六歳）、女一万八千九百六十二円（二三・一歳）。

　相川社長自慢の「平和協定」はいまでも三年ごとに更新されている。

平和協定

東邦亜鉛株式会社と東邦亜鉛労働組合とは、相互の信頼と理解の上にたって、労使間の問題はすべて平和裡に解決し得ることを確認し、企業の繁栄と組合員の労働条件の向上を図るために、自今三ヵ年間労使とも争議行為を一切行なわないことを誓約する。

昭和四十三年九月六日

東邦亜鉛株式会社
取締役社長　相川道之助㊞
東邦亜鉛労働組合
中央執行委員長　伊藤　右橘㊞

覚　書　(一)

東邦亜鉛株式会社（以下会社という）と東邦亜鉛労働組合（以下組合という）は、昭和四十三年九月六日に締結された平和協定と関連して左の事項を確認する。

記

一、会社は年一回（五月）定期昇給を行う。
二、会社は年二回（六月、十二月）賞与を支給する。
三、会社、組合は前二項の定期昇給、賞与については、過去の実績を尊重し、企業の情勢に応じた公正な結論を出すよう努力する。（以下略）

「企業の情勢に応じ」て、年一回の定期昇給、二回の賞与を払うのを条件に組合側はあっけらかんとスト権を放棄しているのだが、安中闘争について、橘安中支部書記長は、「あれはいまのゲバ学生みたいなもんで、めちゃくちゃなものだった」と総括しているだけだった。

一九五一年五月、対州鉱業所労働組合は上部団体の全鉱連の指令を守って賃上げ要求で十日間のストを決行した。それ以来、会社側は全鉱脱退、企業連の組織化を図り、弱い環としての安中労組をまず脱退させていた。企業連結成（五一年十一月）によって中央団交方式になって各支部の情報は筒抜けになりはじめた。

翌年、学生運動の経験をもつ技術者がはいってきて、不満を組織化することによって、安中労組にもかなり姿勢に変化がみえだし、執行部の体質も改善された。

五三年八月の安中労組の臨時大会は、企業連脱退、合化労連加入、スト権確立を決議し、労働条件の改善、危険手当の支給などの要求をまとめ提出した（八月二十二日）。これが安中闘争の発端だった。西山さんの話によれば、このとき対州労組はストには反対だった。やるときは一緒にやるといって、オルグにきた安中の幹部が西山批判を展開、地元意識の強い対馬人にシコリを残し、「各個撃破」されたというのだが。

当時、総評事務局長だった高野実は、前掲の『日本の労働運動』のなかでこう書いている。

もともと作業上の有毒危険の防止と手当の要求にくすぶっていたが、会社側は、僅かに〝一日一人当りアメ玉五個〟というようなこそくな政策をとっていた。そこへ、地方労働委員涌井寅松（総同盟）が、会社に通牒して第二組合の糸を引いていた疑いが、ストライキを激発させた。無期限スト突入、ロックアウト、ピケ破り隊との乱闘、一部作業の再開、第二組合（約四十名）の旗上げ、正門前に小屋掛けし、家族をふくむ四百八十名の坐り込み、出荷阻止の乱闘が日夜くりかえされる……というコースをたどった。また、会社が〝業務妨害〃の仮処分を請求すると、組合は〃第二組合員の使用中止〃の仮処分を申請し、第二組合が一万六千円の越年資金で団体交渉に入ると、第一も一万六千円を要求して、団体交渉拒否にあう。デモ隊はつぎつぎに検束され起訴された。合化労連と群馬地評との指導がくいちがうなどという悪条件の中で、炭労の兄妹もかけつけ、文字どおり家族ぐるみ町ぐるみのストライキとなったのだが、十二月三十日、若干の手当をえて惨敗を喫した。しかも合化労連が組合長以下首脳者の一月末日希望退職を取引したとして、総同盟機関紙『労働』(二・一二)がこれをバクロし、第二組合は総同盟に加入、第一組合員は次第に孤立し迫害され崩壊しさった。

第二組合の結成は、選挙で落選した旧執行部が、争議以前から画策していたこと、職場の生殺与奪権をもっている親方(職制)が個別に切り崩しえたこともあったが、地方自治体をはじめとした地域の支配者の血縁による介入が大きな影響力をもっていた。

これはのちの対馬の場合とまったく共通していた。

組合分裂、第二組合の形成の要因については、製錬所内部の要因のみでなく、それと密接な関連をもつ地域社会からの圧力という条件を考慮に入れなければならない。一部町会議員、周辺町村長、県会議員は積極的に切り崩しに動いた事実があったし、前県知事、現県知事が会社の顧問になっていたことが地域の判決に反映したとさえ取沙汰された。安中町の行財政に陰に陽に支配的力をもつ製錬所と町の支配層との結合、一部商人と製錬所との利害関係、従来からの地縁による従業員の採用などからして、こうした圧力が第一組合にかかることは必然的であったし、組合分裂の促進に極めて有効に生かされた。とくに製錬所が存在し、製錬所から鉱毒被害を深刻に受けている「中宿部落」は、出身の従業員も多く、組合員、家族会の団結もきわめて強かった地区だけに、こうした問題が顕著に現われた。

たとえば、第一に、製錬所と利害関係をもつ一部富裕商人の会社側にたった行動がみられたこと。中宿という半農・半商・半工の農村では、純農村地帯とは異なって、そうした商人層が部落内のボス的支配者としての役割を担っているが、その一人である区長を中心として切崩し工作と労農提携の阻止がはかられた。

第二に、中宿に居住する製錬部門の二人の係長は、従来から部落内の区民が製錬所に就職する場合の紹介者として大きな役割を果していたし、また職場内では職制上の地位をもって幅をきかせていたが、争議の過程では、組合員に圧迫をかけるとともに、部落内の隣組組織の世話役として切崩しの説得に廻った。

第三に、中宿には製錬所の諸負土建業所の組頭がおり、また製錬所の臨時工、日雇の業務を担当する係員も中宿出身者であった。その者は輩下の組夫を動員して、ピケに対する暴力を供給したし、後者は、第二組合員が少なくて採業が進まない段階において、臨時工・日雇をスキャップとして供給することに大きな役割を演じた。

このような会社側とむすんだ区長なり、区に居住する職制の役割、組夫の暴力、日雇人夫のスキャップなど、会社側の労働者に対する管理支配体制と地域社会の支配形態のまぎれない結合が、組合分裂と第一組合の敗北に導いていった大きな要因として指摘されるのである。（『戦後日本の労働争議』御茶の水書房刊、東邦亜鉛安中争議＝高橋洸）

この安中闘争は、委員長、二名の副委員長、青年行動隊長など六名の解雇と引き換えに、第二組合員へ支給した三分の二の賞与、生活資金として一ヵ月分の貸付などという条件で妥結した。太田合化労連委員長が会社側とこの裏協定を結んだといわれている。

Sさんもこういう。

「生活資金が続かなくなってきてました。総評は単産の委員長会議を招集し、カンパ決定して、明年二月妥結をメドに闘う、といってました。ところが、太田委員長が突然、『このへんで妥結しよう』といいだしたのです。急に発言が変わったのでわたしたちには疑惑がでました。太田さんが某所で会社側と密談した、という情報もはいってきました。わたしは打ち破るべき壁のまえに、内部的になにかがあるんだ、と感じはじめたのです。プロ的に割り切って、会社側と酒を飲むような余裕はなかったものですから……」

飼い慣らされた組合

安中の委員長は解雇され、契島の委員長もクビになった。Sさんなりの正義感でやってきた組合活動も行き詰まりをみせてきた。会社側の労務管理はさらに隠微《いんび》なものになっていた。

本社へ団交にいったとき、ひとりの執行委員が、重役が席をはずした隙に、鞄をあけてなかの書類をみた。それを同席していた仲間の誰かが密告し、解雇通知がだされた。撤回闘争を組もうと思ったが、会社側は抜け目なく鞄についた指紋を取って証拠にした。団交で自己退職にさせるのが精一杯だった。

会社側は組合側が要求した労働協約にたいしてあたらしい就業規則をつくってぶつけてきた。これによって、半年前の選挙違反やちょっとしたいさかいや麻薬所持者が該当して解雇された。このときの五人が橋の下に一週間坐り込んだが撤回にならなかった。組合の力は急速に衰えていた。

「強硬一点ばりではもうでけんような時代になっていたんです。感情的な対立になって前進しない。労使が話し合えるような組合をつくろうと思いはじめました。西山君とも意見があわなくなってました。迷いがでたところを会社につかまれたんです」

　Sさんにしてみればもう遠い話になったことかもしれない。安中闘争で〝挫折〟し、〝転向〟した苦悩はむかい合っていても伝わってこなかった。「お役目がすんでチョンです」と低い声で、もらしたのが唯一のものだった。

「みんなわたしのほうについてきました。立役者にされていたんですが、すぐほかのグループがのし上がってきました」

　のし上がってきたひとりが委員長を務め、いま、会社側のバックアップで町会議員になっている島岡某である。

　まもなくSさんはいまの職場をみつけて転進した。会社はかれを東京に呼び、重役が料亭へ連れていった。

「いったんなんかあったとき、きみのようなひとが必要なんだが」とかれが去るのを惜しみ退職金にイロをつけてくれたという。こうして第一組合は壊滅して西山さんが去り、Sさんが理想とした「会社と話し合う組合」は全盛をきわめている。

　いまの組合についてどう思いますか、と問うと、西山さんは、「組合があるためにまとめて締められているだけですよ」といい、Sさんは「会社とうまく芝居を打てるようになりましたね」と答えた。「イデオロギーからではなく、人間的な平等を考えて労働運動にはいった」というSさんも、いまの組合にはかなり批判的なようだった。

　対州支部の事務所を訪ねて、川本昭夫書記長に「いまの組合は御用組合といわれてますが、それについてどう思うのですか」と質問した。かれはそれまでのニコニコ顔をつづけ、むしろ嬉しそうに、

「ひとがいうことはなんも気にならんとです。総評は官公庁など大きいところ、同盟系はみんながはたらかんと大きくならん企業が多いとです。争議行為をすれば、会社が駄目になってしまうところですけん」

　かれもまた戦後まもなくのストライキの体験者だが、当時の争議については、「意味も判らんと組合結成したとです。わからんで参加して、なんのためにやったかわからんとです」というだけだった。

　西山さんが退職したのとおなじころ退社したのが香月さんである。いま、鉱山のまえで自転車屋を経営（いまでは自転車よりオートバイが主な取扱い品だが）しているのだが、かれは地労委での証人になって、第二組合結成当時の不当労働行為を具体的に暴露した。

「企業はこれひとつやもんで、ほかにないけん、役所もいうな

り、離島の悲しさや。土地のもんは、小遣い稼ぎにはたらいておるだけで、酒は呑む、貯金はない。鉱山にゃ、かなわんちゃもう」

かれは退職して、いまのところに店を構えたのだが、はじめのころは会社から徹底的に妨害された。あすこの店へいくもんは鉱山に出入りさせん、と会社がいっていたので、香月さんは営業妨害で訴えようと思ったほどだった。

わたしが会ったもうひとりのひとも長年鉱山に勤務していたのだが、妹の名義で副業の店をはじめたところ、会社を選ぶか、店を選ぶか、と問い詰められ退職してしまった。開店直後も下請の組頭を通じて、従業員が出入りするのを圧迫していたという。このひとは、わたしに何度も、名前だけは書いてくれるな、やっていけなくなるからと念を押した。

川本書記長の話によれば、いま労働組合員は五百五十名、そのほかに「組合にはいれない」下請の労働者が坑内七組、坑外五組合計四百五十名もいる。これら千人以上の労働者とその家族が住んでいるこの鉱山地帯に、バー、赤ちょうちんの類いがまったく見受けられないのがわたしには不思議だった。

地元のひとの話によると、会社がつくらせないとのことだった。仕事帰りに集まって愚痴をこぼしたり、気炎を上げたりする場所さえ東邦亜鉛は恐れているのだろうか。あるいは経営者の〝美意識〟のせいなのだろうか。いずれにしても戦時中の要塞司令部以上の住民管理がなされているようである。

鉱山の保安企画室長に尋ねると、「このへんのひとには心配はいらんですよ」という。

「他所からきたひともすぐここの雰囲気に溶け込んでしまいます。みんな親戚縁者ですから喧嘩もありません」

「夜はなにをするんでしょうか」

「将棋を指したり、碁を打ったり、テレビをみたり、静かなもんです。社宅の半数にはカラーテレビがはいってます」

操作給と密告制度

わたしはこのひとから、「操作給」と「保安改善報告カード」という東邦亜鉛独自の驚くべき労務管理方式を教えてもらった。

「ちいさいうちに処理しますから、うちはストがないのです」とかれは得意顔で説明した。そのご、さまざまなひとにこの実態をきいて、東邦亜鉛の〝安泰〟をささえているのは、労使間の平和協定とこの賃金システムであることを確信した。

かつて対馬を支配したのは、宗家とその末端組織である「給人」制と本戸中心制であることはまえに書いた。戦争中は軍隊と憲兵がそれに代わり、いまは、この「操作給」と「カード」と「平和協定」によってさらに支配が強化されているのである。

「保安改善報告カード」は対州鉱山で第二組合の結成と同時にはじまり、四、五年前から全社的に採用され、普及した自己申告制度である。

まず、短冊型の印刷したカードが各組長の手許におかれてある。労働者は坑内からでてくるとその用紙に「思いついたこと」を書きつける。記入されたカードを一枚一円で会社が買い上げ、ひとりが一日何枚書いてもいい。いままでには一日二十枚書いたひともおり、一月五十枚以上書くことが奨励されている。

なにを書くのか。

たてまえは保安改善報告だから、坑内の危険な箇所を労働者が発見して報告するという安上り安全運動であり、アイデア募集のようである。が、その書くべき内容を指示している「報告分類表」には「相互注意」の項に丸印がつけられ、備考にも、とくに「相互注意」は「最も大切な人助けですからドシドシやってください」と激励されている。

わたしは保安企画室長に、

「『相互注意』って、どんなのがあるんですか」ときいてみた。

かれによると、たとえば、「Aさんは坑道を歩きながらタバコをふかしてました」と記入し、Aさんは、「わたしはBさんにタバコをふかしているのを注意されましたが、こんご注意します」と自己批判するのだそうである。すると、それを受け取った組長が、「それは大いに結構だ」と書いて切り取り線からちぎって、半分を自分の手許に残して事務所にだし、半分はAさんやBさんに返す。

労働者たちはそんなことを毎日せっせと書いては、組長の判を押した半片を後生大事に貯え、四十枚（四十円）で石ケン一個、三百枚（三百円）で地下足袋一足、五百枚で作業衣一枚の現物と交換する。ブルーチップというよりはダークチップ、「一円密告運動」なのである。

これは労働者の、追い込まれた労働者の心理を巧みにとらえている。このカードに支配されている暗い坑道を想像して、わたしは慄然とした。労働者たちは自分の持ち場まで歩く時間、エレベーターに乗る時間を分刻みであらかじめ測定され、かれらの行動は四百二十分の作業工程に細かく割られ、一日のノルマが算出されている。

賃金は基準内賃金と基準外賃金とに大別され、基準内賃金は本俸と操作給（六九年五月から加俸と名称をかえた。操作ではあまりにも露骨でありすぎたためであろう）に分れている。操作給は基準内賃金の一六パーセントを構成している。なにによって操作するのか。保安企画室長は協調性、点検、指示事項の遵守をあげた。川本書記長は協調性について、カードの「枚数が多いと成績が上がり、すくないと下がる」と語った。密告件数と組長のさじ加減ひとつで賃金が毎月上下し、不満は抑えられているのである。

西山さんの退職のときの賃金は、本俸百二十八円、精勤手当百二十八円、操作給六十円、入坑手当二十円、合計三百三十六円だった、という。賃金のうち本俸（基本給）が三分の一しか占めていない。操作給は、組合活動家の場合、ほかの労働者の半分程度しかなかった。川本書記長によれば、現在、労働者の平均賃金は本俸二万四千円だそうである。

操作給をいくらふやしても会社側はけっして損しない。その財源は一人当たりの賃金から六千円ずつ差し引いてプールし、それを組長、係員、主任、係長、課長、所長のヒエラルキーで採点（五十点平均）して支払われる。単純に表現すれば、六千円出資し、上役の採点次第で、一万円の配当がついたり、三千円の配当がついたりすることになる。労働者が夢中で走っている点では、競馬に似ているかもしれない。

これが、東邦亜鉛式労務管理の実態なのである。にもかかわらず、地元のひとたちは鉱山ではたらくことを「お世話になっとる」「遊びにいっとる」と表現する。

会社側のスローガンは「共存共栄」である。鉱山は市場から遠くて現金化しにくい野菜を買い上げ、バスの便が悪い厳原まで子弟専用のスクールバスをだす。子どもをスクールバスに乗せたいために、「鉱山へ遊びにいく」労働者もある。井田さんのお母さんは、「鉱山ができてからみんな生活が派手になってしもうて」といい、小茂田区長の吉田さんは、「誰も百姓仕事にみむきもしなくなった」とぼやく。安中の大塚さんは「独尊独栄だ」と批判する。

ともかく現金収入の魅力とテレビ・コマーシャルの誘惑は、ひとびとをさらに鉱山に従属させる。

〝郷土の大企業で働こう〟

しかし、安中と対馬で、東邦亜鉛は慢性的な労働力不足に悩まされている。定着率はきわめて悪く、若年層がすくない。全社平均でも現業部門は、男の平均年齢は三五・六歳、勤続平均八・四年である。厳原の職安と対馬各地の町村役場には、年間を通じて「従業員募集」のポスターが貼られっぱなしになっている。それは、「まさかホステス募集じゃなかろうに」と笑いとばされているほどである。

「会社概況、資本金五十億円、従業員数三千名、福利厚生完備、採用条件、採鉱員、年齢十八歳～三五歳、賃金六万円程度（時間外手当含む）」のポスターのまえにはたたずむものはない。〝郷土の大企業で働こう〟タイプ印刷のこんなチラシにもまるで手応えがない。百人以上がはたらいている企業といえば、百三十人のバス会社だけしかない〝僻地〟でも、〝郷土の大企業〟はまったく魅力のない職場なのだ。

対馬公共職業安定所で調べてみても、六八年三月卒の中学生で、食費、学費、学用品無料支給、月給一万五千円の技術学園生十名をふくめて、かろうじて十三名を確保したが、高卒者では全敗。離職者（失業保険加入者だけ）は六八年、坑内工だけで五十九名、これにたいする新雇用者が十四名、六九年は一月から九月までで、四十名離職し、一名より補充がついていない。

このほか、失業保険に加入していない下請の組夫の移動もかなり激しく、職安の係員をして、「このままでは、将来、保安上問題がでます」といわせるほどである。いまではわざわざ海を渡って離島の坑内に入りにくるひとも考えられず、東邦亜鉛は温和な地元の人間によって操業を維持できているのであって、「お世話になっている」のはむしろ会社側なのだ。

葬りさられた海難事故

人づてに東邦亜鉛を退職したひとたちを追いかけているうちに、ある男と出会うことができた。

残念ながらそのひとと会った経緯やかれが退職後会社から受けた干渉を具体的に書くことはできない。わたしにはかれの生活を脅やかす権利はないし、守る力もないからだ。

窓が閉めっきりで、歩くと畳の上に足跡がつくほど埃が積もり、普段はまったく使っていないことを物語っている部屋にわたしは案内された。畳の上にはにぎりこぶし大の鉱石がひとつころがっていた。かれはそれを両手でなぜるようにまわしながら、「これが亜鉛」「こっちが鉛です」と説明していたのだが、やがてその手は小刻みに震えだした。

「あんまり横着で、腹にすえかねたもんで訴えよう思って、厳原の海上保安部へ調べにいったとですが、もう書類をば隠してしもうてなんもなかったとです。みんなグルになっとる。鉱山も役所もみんなグルですたい」

かれは口惜しそうにつぶやいた。わたしははじめて鉱山に復讐しようとした男の声をきいた。

一九五一、二年ごろ、かれは出荷事務の仕事をしていた。前年にはじまった朝鮮戦争によって、非鉄金属類は暴騰しつづけ、鉱山は活況を呈していた。精製された鉱石は厳原のちかくの会社専用港である南室《なむろ》から、鉛は契島、亜鉛は安中製錬所へと分けて積みだされていた。このとき五回つづけて海難事故が発生した。

その報告はまず出荷係であるかれのところへまっさきにはいるのだが、そのたびごとに社内的にも、社外的にも秘密になってしまうのだった。

かれの話によると、五二年九月二十七日、南室港沖合で沈没した「復興丸」（このときは死亡者はなかったが）は、その後、船主との補償問題から裁判沙汰になったのだが、その記録は海上保安部にさえなかったという。

　復興丸は鉱石専用船ではなかった。出荷が忙しかったため、急場しのぎに深してきた代用船で、船底にはバラ積みのための仕切りをしていなかった。そのため、急遽、木材を買い集め、枠をつくったほどだった。

　通常、鉱石は水分を一〇パーセント以上ふくむときには運搬が禁止されている。ところが、復興丸に積んだ鉱石は二〇～二五パーセントも水分をふくんでいた。それを三百トンの船に三百五十トンも積んだため、港をでて一キロも航海しないうちに、急場しのぎの木枠がこわれ、鉱石が崩れて転覆したのだった。責任は明らかに会社側にあった。採掘から出荷までの時間を稼ぐために、十分乾燥しきれていない鉱石を運びだして数回の事故を招いていたのである。

　調査員がいくときは乾燥した鉱石をみせていた。それはいまでも、カドミウムの調査団がいく前日に、アルバイトを雇って佐須川の泥をすくったり、安中では禿げた山肌に青い塗料を吹き付けて、実態を〝糊塗〟する伝統として残されている。

　当時の所長が転任するとき、わざわざかれのところへきて、「きみのことは十分考えている。一生ここではたらけるようにしてやる。どんなことがあっても船のことはいってくれるな」と頼んでいったという。

　十七年前に消えてしまった五隻の鉱石船。まだくすぶっている出荷係の怨念。わたしにはそれが、波の荒い対馬の海に漂う幽霊船のように思えた。資本金五十億円の東邦亜鉛は、発行株式数の一四パーセントが相川一族とその関連会社に所有されていて、むしろ個人会社的色彩が強い。かれの怨みを、あるいは対馬のひとたちの意識下にある怨みを、ストレートに相川同族にぶつけることができるのではないだろうか。

　町へもどって、海上保安部の警備救護課をたずねた。当時の資料を探しだして、出荷係の話をたしかめてみたかった。二度いったが、課長は「もうなにも残ってない」と答えた。「火事で燃えてしまった」ともいった。が、厳原海上保安部が火事になった事実はなかった。とにかく当時の、この事件に関する書類は残っていなかったのである。

　厳原港岸壁に、九州海運局福岡支局厳原出張所という建物が建っている。所長は品のよい老人だったが、このひとが目を細めておもいだしてくれた。かれは書類で報告を受けただけなのに憶えていた。わたしはなぜ憶えていたのか、と質問した。

「たしか沖合の漁船がみつけたんです。二、三分のうちに沈んでしまった、と書いてありましたけん、それで憶えているとです。仕切りが無かったように思ってますが……」

　海難事故は事実だった。対馬からの帰途、大阪で下車した。

復興丸の船主の海運会社を探したのだが、もう倒産したのか探し当てることができなかった。残り四隻の船主になっている辰巳商会でもきいてみたが、「室戸台風で書類は消失してしまいよりました」ということで、それ以上はなにも摑むことができなかった。

出荷係は退職後のかれを圧迫した会社の旧悪を暴露しようとした。だが、かれの怨みは海の中からは浮かび上がれそうもない。

労使一体の〝独尊独栄〟

東邦亜鉛労働組合は、六九年九月に全国大会をひらいて、「業務上死亡の場合三十万円を下らない額」という規定になっている「弔慰金」を、三百万円にしてもらう交渉をはじめることにした。つまり、いままでは「三十万円を下らない額」で収まってきたのである。六九年五月十四日、午前十時二十分、当時モグリ操業中だった安中製錬所第三電解工場で、鉄板で仮設した渡り廊下が崩れ落ち、四十六歳の労働者が亜鉛十三トンの下敷になって即死した。

この事件はどうしたことか新聞に掲載されていない。十七年間も勤続した労働者の妻に会社側が払ったのは二十万円だけ。賃金は子どもが二人いて、本俸三万円、加俸八千円というものだった。

第三電解工場は、無認可操業を摘発されて、七月二十一日に操業を休止した。かれはヤミ生産のためはたらいて〝犬死〟した、といえる。奥さんは「弔慰金二十万円」にはもちろん不服であったが、裁判ではなく示談を望んだ。穏便にすませたかった、といえる。

安中支部はいまはそんなことよりも、モグリ操業を再開させてくれという陳情運動で精一杯である。会社側が陳情したすぐあとを受けて、県知事、市長、通産省に陳情団をだし、労働者はひとり三十名のノルマを課せられて、署名を集めている。

公害被害地出身の労働者、近所に住む被害者たちのあいだをまわって、増産賛成の署名をとるという状況に追い込まれた。いまや東邦亜鉛は労使一体となって、新工場の稼働と超高圧送電線の建設のための運動を起こし、これに反対している農民たちにまっこうから対立をしている。そればかりか、県知事と市長にたいしては、「反対者の説得をお願いします」との陳情をしているのである。

陳　情　書

私達は東邦亜鉛株式会社に勤務する従業員をもって組織する労働組合の組合員及びその家族であります。

今次安中製錬所の公害問題に関しては、貴職をはじめ関係の方々に多大の御迷惑をおかけしておりますが、これについて私達は公害をなくすという社会的責任と私達の生活権擁護の両面から深く事態を憂慮し、去る六月十七日私達の見解をそえ、問題の早期解決について陳情申し上げたわけであります。

しかるにその後も、地域住民以外の者が介入した私達の工場の排斥運動にも類する反対運動が行なわれており、これに会社の手続き上の手違いが加わって現在新工場の稼働が停止するに至っております。

申すまでもなく私達の労働条件の向上は企業の収益によってもたらされるものであり、現在のような事態が長期化するならば、私達の生活に直接打撃となることは火を見るより明らかであります。

私達組合員及び家族は、すでに一度問題の早期解決について陳情申し上げたことでもあり、事態の好転を今日か明日かと念じていたわけでありますが、ここに至って私達の生活の危機が如実にせまってまいりましたので、あえて再び貴職に対し次の事項を陳情申し上げます。何卒私達の苦衷を御高配下され、何分の御尽力を賜りますようお願い申します。（以下略）

この「私達の苦衷」ぶりは、松井副社長名でも市長である萩原安中市公害協議会委員長にあてた要望書では、こう表現されている。


とくに当所にとって現在の情勢において、当所が置かれている立場は企業の存立を危くする重大な局面である。この事態を深く認識し、当所としては、事態がここまで至った経緯については独自の見解もあるが、この際それは隠忍し、ともかく一刻も早く事態を解決して、地域社会の当所に対する誤解を解消し、共存共栄の本来の姿を確立しなければならないと考えている。


僅々百八十字のなかだけでも、「当所にとって」「当所が置かれている立場は」「当所としては」「当所に対する」というように「当所」が四回もでてくる。これをみても明らかなように、この地方自治体の長であり、公害対策の長でもある市長にあてた文章は、「おれが、おれが」のきわめて傲慢な姿勢を示している。「いいたいこともいろいろあるが、とにかく〝共存共栄〟のために」という論理は、それまで弾圧と懐柔によって、長年〝独尊独栄〟的に地域を支配しつづけてきたものの意識のあらわれでしかない。

東邦亜鉛労働組合は、労働者に年一回の昇給と年二回の賞与を配給し、その見返りに労働者を統轄する機関でしかない。

おなじイタイイタイ病の加害者である三井金属神岡鉱山の

労働組合は、同年六月、臨時大会をひらき、「何十年ものあいだ、この鉱山で働き生活を営んできたものにとって、鉱山がその原因だということにはなんともうなずけない気持が作用していた」と取り組みが遅れていたことを自己批判し、「公害の責任はあげて資本と政府にあるのだから、もし企業責任が問われ、企業縮小、事業所移転、労働条件の切り下げなどの攻撃がかけられてくることがあっても、地元住民や全国労働者の支援によって生活権確保のために断固闘う」との「執行部統一見解」をだしている。

中野委員長は、「企業意識に押し流され、社会的責任をはたせなくなっては駄目です」と話しながら、その立場をどこにおくのか、というわたしの質問にたいして、「日和見といわれるかもしれませんが、中立的立場としてものをいいたい」とひるむようにいった。

企業の従業員であり、労働者である、この二面をもつ企業組合の複雑さと苦渋が若い委員長の表情にもあらわれていた。だがはたして、加害工場にはたらく労働者が中立的立場に立てるものだろうか。公害発生工場の労働条件はかならずといってよいほど悪い。むしろ劣悪な労働環境が公害を発生させているともいえる。

安中製錬所電解工場には重金属の粉塵が層をなして堆積され、天井の鉄骨さえ腐蝕し、労働者には「歯牙腐蝕症」があらわれている。火傷の事故も多い。安中闘争は「埃り手当」の要求からはじまったともいわれる。公害の発生源対策とは、労災防止、安全操業の確立の要求と不可分に結びついているはずだ。

かつて対州鉱山のある坑口に鉱害被害者組合が視察にいったとき、農民が会社側にきいた。

「この水はまたずいぶん汚ないですが……」

当時、採鉱課長だった神出現所長が胸を張って答えた。

「いや、大丈夫ですたい。この水で工員はお茶を飲んどるからね」

そばに立っていた地元出身の労働者は、青すじたてて怒って課長の胸ぐらを摑んでいった。

「そんなことなか。水はほかから汲んで飲んどる」

さいきん、青森県八戸市にある三井金属の製錬所へ調査団がいったとき、そこの労働者は学者たちがとめるのもきかないで、廃水を飲んでみせたという。

Ⅶ「カドミウムは怖くない」

神経痛かイタイイタイ病か？

「あなた、新聞記者でしょう」

長瀬シゲさんはのっけからこう切りだした。わたしの目を鋭く捉えながらの口調には、「またきたな」というような余裕さえこもっていた。

シゲさんの家は戦前、相川社長が寝泊まりして鉱山開発の拠点になった。いまその井戸には〇・二二五ＰＰＭものカドミウムがふくまれ、姑の春さんは、小林教授によって「典型的なイタイイタイ病患者」と断定されている。シゲさんは〝リューマチ〟が重く、イタイイタイ病ではないかと疑われ、別府の温泉に湯治にいっているあいだも、新聞記者たちに追われていた。

「ああたでしょう。小茂田に長げえこと泊りこんで、あっちばこっちば調べよっとるのは。なんば書きよるとですか」

小島さんの家へ二度取材にいったことをも、かの女は先刻承知だった。

「ああた、わたしをイタイイタイ病だと思いますか」

「ぼくは医者でないからなんともいえないです」

わたしはずるい逃げ方をした。

「そんなら話でけん。わたしは忙しいけん」

こんなやりとりを繰り返し、三回目に会ったときは、かの女もなごんでいた。わたしたちは縁先に腰をかけて話した。シゲさんは早口でハキハキしていて、六十歳になったいまでも昔の可愛い顔立ちがしのばれる。〝しっかりものの後家さん〟とでもいうのだろうか。

「ちょうどそのイタイイタイ病があれしたときに、わたしは関節リューマチにかかったわけですたい。そのかかったときが、このひとが（とそばで子どもと遊んでいる嫁さんのほうをみて）妊娠三ヵ月というんでねえ、山の植林をはじめるんで、検査もくる、子どもは役場におるけん手伝わんけんねえ、忙しかったわけですたい。痛とうなったけど、無理して、遠い山ですけんねえ、士富《しとみ》といってね、そんなことしたけん、痛とうて、とうとう動かれんようなったとです」

いまはどうですか、と尋ねると、「ずうっといいです」と答え、九大温研がつくった処方箋によって、対州鉱山の診療所で〝金注射〟を打ち、薬を飲んで治療しているという。

「『アサヒグラフ』の記事で、あなたのことを書いてますが？」

「〝生き証人〟といわれて、ほんとにまあ、腹が立って、訴えてくれよう思って、こんどきたときにゃ、足の骨をば一本ぐれえ叩き折ってくれようと思っとる。新聞記者というのは、どんなことでも書いていいもんですか。わたしはなる品《しな》が、ならん品がわからんですが、裁判にでも、名誉毀損で訴えでようと思っとるくらいですけん」

「記者が探していたとき、あなたはどこにおられたんですか」

「鉄輪《かんなわ》の〝松屋〟ちゅう旅館に、逃げもかくれもせんと、ちゃんとおったですけんねえ。わたしがイタイイタイ病でないちゅうことは、ああた、温研の先生も証明してあるとです」

「永瀬さんはリューマチ」

河村富夫医師、九州大学温泉治療学研究所（別府市）の話

永瀬さんは九月二日、自宅から入院した。たんぱく尿、低血圧などを伴っていたので、はじめイタイイタイ病ではないかといわれていたようだが、こちらで臨床治療の結果、たんぱく尿も止まり、低血圧はあるが、腎臓障害、肝臓障害もなく、昔ながらのリューマチ症状だった。患部は両手、両足、肩などだが、温泉治療などして、かなり快方に向かっており、二、三ヵ月すれば退院できるだろう。カドミウムの検出はしていない。（「長崎新聞」六八年十月十日、永瀬は長瀬のミスプリント＝著者註）

温研の資料の一部は萩野医師に送られた、ときいたので、あとで萩野氏に会ったが、かれは「あのデータだけではなんともいえない」という。

「萩野さんに診てもらおうとは思わないですか」

「ないですねえ。萩野博士はイタイイタイ病の権威か知らんけど、わたしはイタイイタイ病ではないけんねえ。骨もなんも折れちゃおらんのに、これ、どうしてイタイイタイ病ですか」

樫根のひとたちは骨が折れてしまうのがイタイイタイ病という固定観念を持ちつづけ、それまでの過程がいくつかある、と説明してもまったくうけつけなかった。

「この土地がカドミウムで汚染されていることについては心配しないのですか」

なんども繰り返してきた質問をシゲさんにもむけた。

「さあ、水のことは、たしかにわたしたちもいまいっさい使わんですねえ。田の水はかけるけんどねえ。川水はきたねえもんと思っちゅうけん、佐須川といえぁきれいな、有名なきれいな川だったけんねえ、やっぱりいまはもう鉱山の汚水が流れるとでねえ、汚れとるですもん」

「それだったら心配じゃないですか」

「どこにもだすとこねえで、仕方ないけん、あきらめとるですたい」

「鉱山のほうに補償してくれとはいわないんですか」

「やはり、真黒い水なんか、いまは流れないとですが、ダムが決壊してでたときはやかましゅういうですよ、こんなことは困るちゅうことは、そのときはいったとですよ」

「お母さんはどうだったんですか」

　春さんのことをきいてみた。

「わたしはイタイイタイ病と思っちゃおらんけん。医者ちゅうもんもいい加減なことというっちゃ、わたしも思うですねえ。自分の博士資格をとろう思ってそういうことばするると、わたしたちはいうですたい。イタイイタイ病でないことは何年ちゃとり扱うてわかっとるです、わたしも」

「〝リューマチ〟だったんですか」

　と水をむけた。

「神経痛だったとです、あのひとは、やせちゃったけど、床ずれひとつもでんひとだったもんねえ」

　萩野医師は『イタイイタイ病との闘い』（朝日新聞社刊）でこう書いている。

「一般所見では……皮膚は一種の光沢をもちながら特有の黒ずんだ色となり、長らく病臥している割合にとこずれはすくない」

　シゲさんの話はつづいている。「よう、とってもお金もったったちゃねえ、何万円、いまから十八年も二十年もまえに、いつもそんな金もってましたです」

「そんなにお金があったら、もっといい医者にかけられたんじゃないですか」

　シゲさんはちょっとまごつき、

「神経痛ちゅうは、どこで養生しても完全に治るちゅうことはないけん。荷をいっぱいつんだ雄《おとこ》のあばれ馬が、身体のうえを通ったですたい。それが生きてで（ぶり返して）治らんとですたい」

「ふとんを上から吊していたそうですねえ。神通川のほうでもはじめは神経痛だ、神経痛だといっていたんですが、それがイタイイタイ病だったんですよ」

「なにせ気ままなひとだったけんねえ、きついというですよ、ふとんが」

　シゲさんは自分のことはおろか、姑の春さんについてもイタイイタイ病であったかもしれないというような疑惑をまったくもっていない。わたしはきそびれていたことがあった。別府の温泉に長期間滞在していたのは、会社側が金をだし、かの女を隠していたのではないか、この疑問は厳原の町のひとたちも新聞記者たちももっていた。それに答えるようにかの女のほうからいいだした。

「二千円もらっただけですたい。そんなの隣り近所の付き合いじゃったら、お見舞ですけん、当り前でしょう」かの女は強調する。「わが病気をば隠して、養生せんと逃げまわって、なんの遠慮することですか、鉱山にね。公害でそういうふうになるなら。誰が命と代えらりょうですか」

シゲさんはわたしの目を意識したような、気丈夫なうしろ姿をみせて歩きだした。

部落の入口にある一宮浅さんの家へいった。このひとは六七年十二月八日に亡くなっているのだが、萩野、小林両氏がきたときは、フトンを天井から吊して寝ていた、という。隣りの家の永瀬トヨさんも患者といわれたひとで、両家の境にある井戸は、永瀬さん宅と同じようにコンクリートの蓋で密閉されていた。カドミウム含有量は〇・一一五ＰＰＭで、シゲさんの井戸についでたかい。四十すぎの主婦がでてきて、話しだした。

「さいきん、部落から人夫をだし合って工事したとです。鉱山から材料をば払い下げてもらったとです。それまでは飲んでました。冷とうて社宅からももらい水にきておったほどですたい」

かの女は遠慮がちに話した。わたしのそばには息子さんが身じろぎもしないで坐っていた。突然の闖入者に席を立ったものかどうか当惑しているようでもあり、わたしを警戒してがんばっているようにも思われた。かの女もまた、この部落には骨がくずれたようなひとはみかけない、そんな症状のひとはいないからイタイイタイ病についてはひとつも心配しない、というだけで、姑の浅さんについても、家に上がるとき踏み段から落ちて足の骨を折った。「骨つぎにいってようなった」と答えるだけだった。

その足で隣りの永瀬トヨさんの家へいった。ご主人の儀一郎さんに会って、舎利倉さんが強調するように、本当にレントゲン写真を納棺したのか、なぜわざわざいれたのかきいてみたかったのだが、福岡のほうへいっているとかで不在だった。やはり四十代のお嫁さんにきいてみた。

「レントゲン写真はどなたがいれたというのですか」

「おじいさんじゃないですか、それは」

かの女は台所から忙しそうにでて、牛小屋を覗き餌を与えはじめた。当然のことながらわたしはまったく歓迎されていなかった。

「トヨさんはどんな様子だったんですか」

「畑仕事で忙しゅうて、扱っておらんじゃけん、ようわからんとです」

「〝神経痛〟はかなり重かったんですか」

とりつくしまもなく、わたしは愚にもつかないことをきいていた。

「そりゃ、重いってことはなかばってん、辛抱ならんと痛がってましたけんねえ」

もう疲れだしていた。きいてもきいても答はおなじだった。どんな質問を出しても答は、「なんも心配ない」という紋切り型でしかなかった。それは本心から心配していないようだった。イタイイタイ病はこの部落において、一部学者とマスコミがつくりだした〝幻の公害〟でしかないのか。滞在も長びいていたし、勢いこんでいたわたしも気分が滅入りだしていた。

ある夜の部落集会

こんなとき、三山区長はひとつの機会を与えてくれた。部落総会とほぼおなじ規模でひらかれる農事組合の総会に「出てみんですか」ともちかけてきたのである。一瞬判断に迷った。それはかれの他意のない親切であるようにも思えたし、取材がうるさくなりはじめたので、部落のひとたちの面前で「模範答弁」を演じてみせるとも考えられた。

記者のころから、わたしは記者会見というのが嫌いだった。そこでは公式見解以上にでない。それとは逆とはいえ、多人数に同時に会ってなにをきけるのだろうか。それでもわたしはこの誘いに乗った。

区長のあとについていくと、もう部落のほとんどのひとは集まっているようだった。襖をとりはずした二間つづきの部屋で、ミカンやせんべいを盛り上げたテーブルを囲んで、二十人ばかりのひとたちが神妙に坐っていた。中年の婦人たちが、隅のほうに五、六人かたまってゴチョゴチョ話をしている。

「会議のまえに少々時間をお借りしたいと思いまして、ご迷惑でしょうがご了承願いたいと思います」区長の三山さんは膝を折ってかしこまり、慣れた口調で話しだした。「最初にご紹介をしたいと思います。ここにおみえになっておられる方は鎌田さんとおっしゃいまして、離島関係の研究をしておられて、例の樫根地区のイ病関係についてもいろいろ調べられておると思いますが、せっかく部落の皆々様がお集まりになっておられます時間をお借りしまして、会わせてもらえんだろうかという話がありましたので、十分か二十分ぐらいお話を承わりたいと思います。内容につきましては、鎌田さんのほうからどんな話がでるか知りませんが、鎌田さんと皆々様の話し合いで進めてもらいたいと思います」

集まったひとびとは一瞬、しーんとなった。膝の上でむずかる子どもを「しいっ」と抑えた女の声だけが意外によく響いた。男たちは礼儀正しく視線をそらしていた。わたしは緊張し恐縮していた。

「あのう、突然あのう、こんな席にお邪魔して申し訳ないんですが、地元のかたがたから、直接、率直にお話を伺ってみたいんです。どう考えておられるのか、ざっくばらんにお話ししてもらいたいんです。ひとつはここにイタイイタイ病があるということについてどう考えておられるのか、もうひとつは、厚生省がここをカドミウム汚染の要観察地域に指定していることについてです。まず、最初に、イタイイタイ病があるということについてはいかがですか」

まず最初に口火を切ったのは、〝理論家〟を自認する舎利倉政武さんだった。かれとはもう三回も会っていたし、三十分まえにも話し合ったばかりだったのだが、かれはいきなりこう切りだした。

「鎌田さんにちょっと、あのう、伺いたいんですが、実はわたしは初対面ではなくていままで何回かお会いしてるんですが、だいたい離島問題研究ということなんですが、なんかイ病にえらい関心があるようですが、イ病が本当なのか離島研究が本当なのか疑問に思っているんですが」

「ぼくは歴史学者でもないですし、専門家でもありません。皆さんのお話を伺ってそれで書きたいと思っています」

「われわれがいうことを率直に書いてもらわなくちゃ、新聞の場合は大きく曲げられて報道されて、地元としてはイ病がないのに大きく報道されて迷惑しています。いったことをいったなりに、いわばわたしのように知能が低い連中が話するんで、幼稚なことは幼稚なりにそのまま書いてもらわなきゃあと思います。いまのところは、新聞記者にはものをいえばウソ書かれるというのが地元のひとの考え方です」

「お話ししたことを百八十度曲げて書くことなどはありえないことです。それについては問題ないと思います」

三山区長があいだにはいって、「どうでしょうか、いまの鎌田さんがおっしゃっているこの問題をどう思うかということなんですが」と誘いをかけてくれた。

「わたしはないと思います」すかさず、舎利倉政武さんが引きとって「いままでですね、ありとあらゆるひとがこられたんですが、わたしは過去、現在をみきわめて、そういわれているようなイ病はない、ただし、神経痛やリューマチは多少はいる、ただし、その神経痛やリューマチ患者はこの地域に限ってあるものだったら、いわれているイ病とつながりをもたれてやむをえんと思いますが、ここにだけあるもんではない。だからわたしはイ病はないと思います。

それでカドミウムについてもですね、千三百年前から鉱山があるんですから、ないというのはおかしい。あるといえばある、ただしカドミウムは、そう、新聞で騒がれたように恐ろしいものではない、というふうにわたしは考えます。さいぜんにもこれはわたしがいったことですが（とかれはみんなのほうに向き直り）再確認の意味でいいます。カドミウムが恐ろしいということになれば、まいにちメシが食えんということです。自分のとこでできたものをまいにち食っとるのですから」

わたしが怖れたように、舎利倉さんはこの場を使って、再度、意思統一をはかり、統一見解をだそうとしているようだった。そのために、いままでわたしにいいつづけてきたことを繰り返して、ほかのひとの発言を封じこんでしまいたいようだった。こうまでいわれたあとで、誰がそれに反論できるだろうか。

「えーと、鎌田さんはずっと、あの対馬全島まわるわけですか」

問い詰めるような口調で、度の強い眼鏡をかけた男が発言した。赤ら顔の五十すぎの男だった。

「もう全部まわりました」

「今晩の目的は？」

「イタイイタイ病について」とふたりで同時におなじことを口にしていた。「離島問題研究、なぁーるほどね」ひとりでうなずいた。

三山さんが小島さんに「なんかありませんか」と発言をうながした。平べったいあぐらで背をかがめていた小島さんが、すこし身体を起こして、

「わたしはもう、その、あなたはもちろん離島問題を研究しとるんじゃから、イ病も問題にしておられると思いますが、はじめはね、歴史を研究しているんじゃから、イ病問題は関係ないと思って、あなたを信用していたのですが、イ病問題についちゃねえ（と声をたかめ）いまいわれるようにですね、こりゃ、ないですな」

「あるとすりゃですね、相当患者がでておらにゃいけんと思うがばって、それがおらんちゅうことは、ないということですね」

遠くに坐っていた三十代の男がゆっくりした口調で話した。

「わたしは問題にせんですな、イ病なんちゅうもんは」

と小島さんがふたたび話しはじめたのを舎利倉さんがさえぎって、そのまえに発言した三十代の男を指さし、わたしのほうをきっとみすえると、

「鎌田さん、いま発言されたひとが、このひとが永瀬トヨの長男です。あなたがいま写真が問題になっておるという、で、これはわたしの従弟です。肉親の従弟です。わたしはさいぜん話しましたように、叔母の写真を納棺したというのは事実です。ここに長男がいるのできいてもらってもよいですが、（かれのほうへむき直って）やっぱり、レントゲン写真はオギノ（舎利倉さんはハギノではなくオギノと発音する）さんが持っとると、ということと納棺したということとできかれとるが、おれとしてはあくまでも納棺したということはいっとるんだが、鎌田さんはむこうのオギノさんがもってあるといわれるんで、そのへんはどうなのかといわれるんだ」

舎利倉さんの従弟はつづける。

「そりゃ、オギノさんがもってあるということはどういうことか、どういうふうにしてそういうものを手に入れたかわかりませんが、いま舎利倉さんがいわれるように、写真は棺にいれて、もうないです。こりゃ事実です。うちにはない」

「鎌田さん、こんばんは」

かれの隣りに坐っていた一宮さんが声をかけた。このひととは一度、町の喫茶店でひとを介して会ったことがある。わたしは秘密に会ったつもりだったのだが、かれのほうから名乗りを上げてきた。

「まあ、気楽にどうぞ、わたしはまえにもあなたにお会いして

お話ししましたが、だいたいいまおききのとおりです」

「それじゃあ、皆さんはイタイイタイ病はないとおっしゃっているんですが、もうひとつの問題である、厚生省からカドミウムの汚染地としての要観察地域にされていることについてはどうですか」

わたしは矛先を変えてみた。まっ先に飛びついてきたのは、舎利倉さんだった。

「これについてはですねえ、カドミの汚染地区だとなるとわたしは国のほうでですねえ、やはり土壌改良せにゃならんということになりますと、これは国のほうで、国がやるべきだと思います。国家の、国土ですから、われわれ一農民の力でできるわけはないんですから、国が国土を守るという立場に立って国でやってもらいたい」

「わしゃそのう」、待ちかねていたように小島さんが話しはじめた。「国がやってくれるということになるかもしらんが、国が汚染地区に指定しておるんだから、精密調査をして、これこれの、なにか薬品を投入すれば、カドミが減るというはっきりした線を示してくれれば、わしたちもないほうがいいからやりますよ。しかしいままでわしゃ、以前はもっとあったと思いますよ、カドミのあれが、最近は減ったように思っとる、最近は減ったんじゃから、あえて土壌改良せんでも自然と消滅するんじゃないか、とわたしはこう思っとります。なにもいままであったからといって、われわれの人体にはなんもひとつも異常はないとよ」

小島さんの論理はいつも前提と結論が矛盾していた。どっかでまがってしまう。そう考えていると、眼鏡をかけた五十くらいの男がまたいいだした。

「わたしはこう思うんです、たしかに政治的な問題がからむと思うんです。土壌調査をして厚生省が要観察地帯とはっきりしたからですね。国がどんなふうにするのかはっきりした結論をだすと思うんです。厚生省がいうようにカドミのある作物を食べるとイタイイタイ病になるというなら、化学的肥料などで解消できるものであれば、そんな方向でもやってもらう、そんな線がでるんじゃないですかねえ」

「それについて国などにはやくやってくれ、ということは要求しないのですか」とわたし。

舎利倉さんがまた答える。

「これ以上汚染しないようにとはいえんです。もう千三百年も昔から汚染されてしまっているんですから。汚染したカドミウムがよくないものである、ということになれば、地元のものはそれについては恐れていないんです、実際のことをいえば。いままで病人がでていないから。それでもいかんということになると、やはり石灰中和などいろいろあるでしょうが、根本的な客土になると農民の力でできないから、だから国の段階でやるのだと思いますが、それをすぐやれというべきものかどうか、というのは病人がでていないので、われわれは病人はおらんというわけですよ、きょう、あすにさしせまったもんでもない、国はいま、研究段階なんですから」

千三百年前から汚染していたといったい誰が証明できるのだろうか。もし昔から汚染されていたのならば、どうして東邦亜鉛が生産を開始したあとから鉱毒の被害がふえ、それにたいして農民がたちあがったのだろうか。樫根部落はたしかに昔排出した廃石《からみ》の上にある。しかしその廃石がどれほどのカドミウムを分泌するのか調査したのか。

鉱業所へいったとき、わたしは旧坑跡を写した数冊のアルバムをみせてもらった。水田中の廃石を五十倍に引き伸したカラー写真が貼られ、そこに「各所の水田土壌中には四百年前のカラミが多量微粒になって混在しているが、溶出せず、農作物に吸収されない証コである」と記載されていた。樫根のひとたちはあまりにも疑わなさすぎる。疑うことを恐れているようにも思えた。

「病人はでていないから、恐れてはいない。病人がでていないから、土壌の汚染もさしせまった問題ではない」と舎利倉さんはいう。「患者がいた」と専門医が断定すると、それはウソだ、と否定する。加害企業が強力で、行政が無力であれば、住民は現実を直視しないですまそうとする。

「でも、すこしでも汚染されているところには住みたくないというのが人情じゃないですか。それだったら、客土でも石灰投入でも早くやってくれ、というのが考え方の基本じゃないですか」

舎利倉さんは声を荒げて答える。

「いまいったようにわたしは恐れていない、というんです」

〝カドミウムは怖くない〟

三山区長がひきとっておだやかな口調でいった。

「部落のひとはですね、こうなんです。カドミはぜんぜん恐れていない。ただですね、ここの道を砂利を積んだクルマが走るでしょう。これが猛塵なんです。家のなかにも飛び込んでくる。こいつの舗装のほうが問題で、カドミなんか問題にしてないとですよ」

さっきの眼鏡の男が発言する。

「だいたいあれじゃないですか。カドミは大なり小なりどこの土地にもあるんじゃないですか」

一宮さんがいう。

「結論はですね。問題ないということです。会社自体もまいとしまいとし設備をしてますからね。わたしの場合はぜんぜん恐れていないちゅうことです」

舎利倉さんがまた発言する。

「東京のどまん中で市販されている飲食物のなかまで多少のカドミがふくまれているといわれる時代ですよ。それに鉱山というものは、対州と富山だけにあるものだったら別ですよ。世界各国に無数にある。カドミが即人体にイタイイタイ病ででてくるもんだったら、わたしは世界各国はイ病患者でゴロゴロしているんじゃないかと思います。それとですね。本で読んだんですが、病人に注射するブドウ糖のなかにもふくまれているということなんですね。だからカドミそのものが薬になっているのか、毒になっているのかそのへんもようわからん。弱った病人に打つんですから、みんなイタイイタイ病になってしまうですからね」

「いままで発言してないひとでどなたか話してください」

わたしはもはやなんの期待ももたず呼びかける。

舎利倉さんが、女たちのほうをむいて、いくぶん冗談めかしていう。

「イタイイタイ病あるかっち?」

区長が「どうね」と誘う。子どもをあやしていた小肥りの主婦が発言した。

「イタイイタイ病は、わたしは、ないと思います」低い声でつけ加える。「恐れていません」もうひとりの女性がそれにつづける。「そんなひとみらんちねえ」

一宮さんが吐き捨てるように、

「なして、樫根ばっかし、こんな目に合わされるかってことですたい。なんか知らんがばってん、マスコミちゅうは、面白半分でベタベタ書きよる」

「萩野医師と小林教授がここに患者が発生したと断定していることについてどうお考えですか」

「これはたんに、まあ世界的な権威者であろうとも、写真一枚みてね、どんな写真か知らんがばってん、それで断定するってことがおかしいとです」

一宮さんが一言でかたづける。かたまって坐っている女たちのなかから声が上がる。

「めんどうくさいけん、もうきかんとほしい」
二、三人それに同調した声をあげた。舎利倉さんがあらたまった口調で問いかける。
「鎌田さん、わしのほうからひとつききたい。あなた、そのぉ、樫根にきて、ここにいわれているような病気があるというふうにとられるか、どうかということですが……」

「ぼくは、わからない、としかいえないです。〝ある〟という専門的な知識も権威もありませんし、〝ない〟という専門的な知識もありませんから……」

「いや、そうでなくてですね」と舎利倉さんは逃がさない。「どういう印象をもつか、ということです」

みんなの視線が矢のように注がれている。わたしはわたし自身の結論を問いかけられ、どもりながら答える。

「印象っていったら、ぼくは、二人のレントゲン写真をみて、萩野さんの話をきき、新聞記事を読み」と他人を引き合いにだして逃げ、「あるのではないかという気がしております。それで皆さんからのそれにたいするお話をきいているんですが、そのお話だけで、ないと書いたり、あると書いたりはできないと思ってます」

樫根のひとたちの論理のおかしさを批判するわたしも、自分の論理のおかしさに気づいていた。わたしは八月から取材しつづけてなにをみてきたのだろうか。たしかにいまは神通川のように骨がボキボキ音をたてて折れるひとはいない。しかし、だからといってイタイイタイ病患者はいないといいきれない。身体じゅう熱くなっていた。「みんな死んでしまえばわかるんだ」という声がかぶさってくる。「病人がいないから安心だ」樫根のひとたちの声がダブル。どっちもちがう。どっちもちがうと思いながらなんにも答えられない。

「ないことをあるように書かれて迷惑しとるです」

舎利倉さんが押してくる。わたしのまえにあぐらで坐っていた三山区長が、とどめをさす。

「鎌田さん」とふりむいて「小茂田にはまだいるんですか」

わたしは曖昧に、「はあ、もうすこし」と答える。

「部落の人たちは、はたらけるひとはみんな田や畑にでてるとです。昼はいないんです。その留守にまわって歩いておられることに、なんとかならんか、という苦情がきているんです。まあ、盗難事件がないからいいですが、かんぐられると困るでしょう。きょう、こうして、皆さんに貴重な時間を割いてもらっているんですから、どうですか、もうまわらんといいでしょう」

三山さんは駄目押しするようにわたしをみつめた。

「もうまわってもおなじですよ」舎利倉さんも言葉をそえる。やはりそうだったのか、みんなのまえにわたしを引きだし、これで個別な取材にとどめを刺そうというのだろうか。

「ええ、まあ」わたしはずるく、言葉を濁して席をたった。わたしにはまだ誰にも、誰にも会っていないように思われた。

〝神経痛〟患者たち

つぎの朝、わたしは性懲《しょうこ》りもなくまた宮前橋を渡った、三山さんの〝好意〟を無にして。もう腹をすえていた。わたしははっきり樫根のひとたちに対立をしていた。かれらは被害者ではない、いや被害者かもしれない。しかし、共犯者なのだ、といいきかせた。昨夜の部落集会は、結局、舎利倉さんと一宮さんの、部落声明を作成したこのふたりと区長が演出した舞台でしかなかった。わたしはかれらの「再確認」の儀式のための生贄だったのかもしれない。

Y・Kさんの家を探した。一九〇三（明治三十六）年生まれのこの老婆は、神経痛がひどく、あるとき道ばたでしゃがんでしまい、迎えにきた孫におぶさって帰宅した、という話をきいていた。頭髪の真白な小柄な老人がひとりで留守番をしていた。このひとは長いあいだ坑内ではたらき、いまは子どもが代わりにはたらいている。鉱山の事務の手ちがいで厚生年金の支給を五年ほどもらいそこねていた、という噂もきいていた。

「いまはおらんとです」老人は奥さんの不在を告げた。「十日ばかりまえから別府へ入湯にいっとるもんで」

「どこが悪いんですか」

答をまった。

「坐骨神経痛ですたい。去年から腰の骨がいとうなって、それで入湯へいっとるです」

老人は静かに答えた。町で一宮さんにY・Kさんの消息を尋ねたとき、かれは、「いいえ、ピンピンしてます」と答えたものだったが。

隣りのS・Tさんの家をまわった。八十二歳になるその老婆は萩野さんの「もう一度調べてみたい」というリストにはいっていたし、やはり〝神経痛〟がかなりひどい、という話を対岸の部落のひとたちからきいていたからだ。

入口のまえに、四〇代後半の、手拭いを姉さんかぶりにした主婦がたっていた。

「Sさんのお宅ですね」とわたしはつとめて気楽な調子で呼びかけた。

「ここじゃなか」そっ気ない答が返ってきた。わたしは隣りの家でここだ、ときいたばかりだったので、混乱した。

「どっちですか」

「あっち」とあらぬほうをあごでしゃくって答えた。

「あっちってどっちですか」

かの女は返事もしないでそのままなかにはいってしまった。

半信半疑で玄関のまえまで進んで表札を見上げると、なんとそこがSさんの家だった。牛小屋のそばの日なたに眠るように老婆が坐り込んでいた。S・Tさんだ、とわたしは直感した。若いお嫁さんがでてきた。

「あのひとがS・Tさんですね」。わたしは念を押して「やはり〝神経痛〟ですか」と先まわりしてきいた。かの女は気さくだった。

「よう治りきらんとです」

「いつごろからなんですか」

「わたしが三年前、嫁にきたときにはまだなんとかはたらいておったとですが」

ここの井戸は隣りのYさん宅と共用で、小林教授の調査によれば、カドミウムが〇・一五〇ＰＰＭ、亜鉛が九・九一ＰＰＭと重金属の含有量が非常にたかい。わたしはその老婆にちかづいて話しかけようとした。お嫁さんは耳に手をあてがって、

「きこえんとです。ぼおーっとなっておるけんねえ」

Ｓ・Ｔさんは薄目をあけていたが、わたしが呼びかけても、身じろぎもせず、定まらない視線をかすかに動かしただけだった。二軒並んで重症の神経痛患者であることだけはわかった。

道のむかいがわにあるＡ・Ｙさんの家をたずねた。萩野医師のリストに入っているひとで、七十一歳。話好きのひとだった。

「調査にきなされたとですか」

と、かの女はなんども繰り返した。そのたびにわたしは医者でないと打ち消したのだが、かの女にはそれが不服のようだった。わたしは話しているうちに、かの女はむしろ医者にきてほしいと思っているのにやっと気づいた。連れ合いが五十代で亡くなったので、かの女は六十代まで炭焼きをしてはたらいた。若いときから男仕事をしてきた。

「年の加減でこうなぁました。五十代まではいてえこともなか、きついこともなかったとですが。お医者に何年もかかりましたが、起きて歩くっていうと、ギリギリといとうなって」

かの女は歩くのが大儀そうだった。

「いまはどうしてるんですか」

「鍼や灸に通っとります」そういいながら、かの女は笑顔で裾をたぐって脛をみせた。そこには丸い灸のあとが二列に並んで残っていた。医者でないのが残念だった。

「井戸は使っていたんでしょう」

わたしは話題を変えた。

「はい、使わなぁならんので使っとりました」

なぜそんな話をするのかというような怪訝な表情だった。

「イタイイタイ病は怖くないですか」

「うちにはなんも病気はありましぇん。なんも悪い病気はござぁせん」かの女は家の名誉にかかわることのように繰り返して、「イタイイタイ病でいたがっておったひとは死んでしまったけんねえ」

えっとわたしは耳を疑った。樫根にはいってはじめてイタイイタイ病のひとの話がでたのだ。かの女はわたしの疑問にはまったく無頓着で、ごくあたりまえのように、

「トヨさんと浅さんは二人ならんで、寝てばっかりおったとですが……あそこの家は男手があってもああなったとですけんねえ。うちはなんも悪い病気はござぁません」

かの女は自分の家は男手がなく、かの女ひとりで重労働をつづけてきても、そんな病気にかかっていないことを強調したかったのだ。わたしのさもしい忖度には関係なく、かの女はひとなつっこい眼で微笑んでいた。

Ⅷ　公害対策特別委員会

公害対策特別委員会委員長

厳原町公害対策特別委員会の委員長は樫根出身の一宮秀雄議員である。議会事務局の隅のソファに坐って、地元の記者と雑談しているとき、かれは背を丸めてはいってきた。

「もう委員長報告をまとめめんといけんなあ」

と大儀そうにひとりごち、わたしの側のソファに坐った。話は当然イタイイタイ病になった。

「あっていいか悪いかわからんとですが、率直にいいますと、樫根にゃ山林もなし、鉱山がないと駄目ですたい。出稼ぎせんとならんし、若いもんには小遣いはない、一家の生計が立っちゃいかんとです。イタイイタイ病どころではなからんとです。わしも坑内は一ヵ月ぐらいはいったことがありましたばってん、煙草吸ったり、メシ食べとるうちに、一日が終わってってしもうですたい。冬は温《ぬく》いし夏は涼しい、いっぺんはいるともうでとうなか」

これが公害対策特別委員会委員長との最初の出会いだった。あとでわたしはかれと変なトラブルを起こしてしまったが、このときは鉱山に感謝している委員長の話をききながら、ただ唖然としていた。

それからしばらくして、樫根部落を登りつめた丘の上にたつかれの家をたずねた。胸まであるようなたかい上り框、三十畳ちかいガランとした座敷、なげしに掛ったいくまいもの賞状、それは十分、旧家であることを偲ばせた。

樫根には一宮家が五戸、長瀬六戸、舎利倉四戸、三山が三戸あるが、一宮家はもっとも古くからの〝給人〟で、秀雄議員は六十三歳、十九年間も議員を務め、かつては〝一宮天皇〟という尊称もあったほどである。

このときもまたわたしは、東邦亜鉛が進出する以前の部落のひとたちの現金収入は、炭を焼き、それを馬の背にくくりつけ、山を越えて城下（厳原）へ売りにいくことくらいで、「鉱山へいったほうがなんぼええかわからんですたい」という話をきかされることになった。

「公害対策委員会はなにをするんですか」

かれは穏やかに答えた。

「それがですたいなぁ、石灰での土壌改良を目的にやっていくことですたいなぁ、あるとすれば、カドミウムがあるとすれば、土壌改良をしてもらうよりなからんと」

「鉱山には補償を要求しないんですか」

「これは公害ですたい、金ヘンの鉱害じゃないとです。ですから政府、県へ要望することもあろうが、会社には要求せんとです。公害は会社ではなく国の責任ですたい。鉱毒問題の時は要求したこともあったとですが……」

そういいながら、かれは部屋の奥へいって風呂敷包みをもちだしてきた。スクラップブック代わりの大学ノートをひろげ、長瀬シゲさんはイタイイタイ病患者でなかったと報道した『大分合同新聞』の切り抜きを、つっかえつっかえ読みはじめた。

その記事は青い紙に複写されていた。かれの切り抜きにはコピーされたものが多い。鉱山側は自分に有利になる新聞記事を複写して新聞社の通信局に送りつけていたことをきかされていた。新聞記事を否定し、新聞記者には会わない、と部落でとり決めたこのひとたちも、自分たちに都合のいい記事は大事に貼りつけ、「証拠」にしているのである。

「一宮さんがそれをコピーされたんですか」わたしは意地の悪い質問をした。かれは「えっ」ときき直して態勢を整え「いや、うん、まあ」と言葉をにごした。さすがに「鉱山からもらったんでしょう」とはいいそびれた。

厳原町の議事録をみると、六八年六月二十六日の議会で、山下一郎（公明）議員の質問に、一宮町長は、「十分石灰を鉱山の倉庫に確保しておいて、……鉱山側と致しまして今一袋が百七十八円だそうでございます。それを百三十七円にして使ってもらうことにしている、斯ういうようなことでございます」と答弁している。被害者には特別四十円割り引いて売ってやろう、という鉱山の商法を、町長は議会の場で宣伝していたのである。

公害対策委員会のメンバーは七名で、一宮委員長以下五名が、被害地域の出身議員で、そのなかには、鉱山に材木を納入して大きくなった業者や会社とのアベック闘争で最高当選の前労組委員長などもはいっている。委員のなかでさえ「地元が多くてなんもでけん」と批判するひともいた。委員は議長と副議長が選任し、〝年齢順〟で一宮秀雄議員が委員長になった。企業に関係が深い議員たちで、公害対策を検討しようというシステムになっているのである。

条例違反

厳原町議会委員会条例第十四条（委員長及び委員の除斥）にはこう記述されている。

「委員長及び委員は自己もしくは父母、祖父母、配偶者、子、孫もしくは兄弟姉妹の一身上に関する事件または自己もしくはこれらの者の従事する業務に直接利害関係がある事件については、その議事に参与することができない。ただし、委員会の同意があったときは、会議に出席して発言することができる」

わたしはこの委員会の構成は明らかに条例違反だと判断した

ので、責任者である岩坂町議会議長に電話できいてみた。

「どうして公害対策特別委員会をつくったんですか」

かれはひとなつっこい調子で、「えらく公害問題をやっているそうですなあ」と前置きして、「真相をば究明するために県もやっとるのに、町としてなんもせんでは無責任ですたい」

「会社のバックアップではいったといわれる島岡議員が委員になっているのは、条例違反なんじゃないですか」

「そんなこと問題じゃなか、御用組合という声もあるがばってん、会社側でなく、労働組合側ですたい。会社の内容は関係あるもんが一番ようわかっとる。ほかの地区のもんにはわからん。それにこれは公害じゃろうが。会社に利益を与える委員会じゃないちゃけんのう」

傍聴、取材拒否

委員会はどんなふうに運営されているのか。委員会開催の日、小茂田浜から町へもどって、わたしは議会事務局で一宮委員長に傍聴を申し込んだ。かれは「わしゃ知らん」というがはやいか、部屋をでて議場にはいってしまった。あとで申し込んだ記者たちにも回答がないままに会議ははじまり、結局、その日は〝秘密会〟になってしまった。


つぎの日の委員会は初の鉱山視察だった。わたしも新聞記者のクルマに便乗して鉱山にはいった。守衛所でジャンパー姿の一宮委員長が、登山帽を目の上まで下げ、腕を組んで眠るように坐っていた。ほかの委員たちがやってくるのをまっていたのだったが、わたしの顔をみると、吐き捨てるように、

「キミはきのう挨拶しなかったな、わしに」といいだした。「世話になったと挨拶しなかったろうが」かれは怒った表情でそっぽをむいた。


わたしは言葉を失っていた。議会事務局にはほかの議員たちが詰めかけていたので、むしろ個人的に親しそうな態度をとるのは差し控えたのだった。かれの家での取材のあと「まあ、わしがいったことはあまり書かんでほしい」というのも意識にあった。そんな言い訳もいいかねた。委員長はわたしが個人的な挨拶をしなかったから傍聴を禁止したのか、という疑念もチラッとかすめた。わたしは返事につまってしまい、黙って鉱山の事務所に入った。

この日も鉱山と公害対策委員会の話し合いの傍聴は拒否された。一宮委員長は「わしゃ知らん」と逃げ、会場からでてきた副委員長は、「まあ、まあ、議会で報告するんじゃけん、いいじゃろが、そう目くじらたてなさんな。さきに新聞にでると議員がうるさいんでのう」とにこにこ顔で弁明する。

本土から赴任したばかりの岩本記者が、

「議員よりさきに町民が知っちゃ悪いんですか、議員は議会を私物にする特権階級ですか」

と噛みついた。

「まあ、まあ、きょうのところは、あとの工場視察のほうは一緒にこられてかまわんですけんに」

副委員長がとりなした。

委員会構成の問題にたいする議長の回答もそうだったが、委員会を非公開にした理由の説明も、うやむやなままに既成事実だけがさきに進んでしまう。

副所長の説明に、委員たちはさかんにうなずきながらぞろぞろ歩いた。

「このダムで排水は浄化してますから水はきれいなもんです」

副所長がいうと、そばにいた公害対策委員はこう答えた。

「はい、昔はよく飲んだもんです」

皮肉かと思ったが、副所長を見上げるかれのまなざしには親愛の情がこもっていた。労働組合代表の（公害委員は、遅れて歩く委員たちに、まるで会社代表でもあるような得意顔で、「この施設には五千万円もかかっております」と説明すると、「はあ、たいしたもんですね」礼儀正しい感嘆の声がそれに答える。

定例議会第一日目の昼休み、岩本記者とわたしは一宮委員長にむかいあっていた。

「委員会の傍聴を拒否した理由を教えてください」

岩本記者がいった。

「議会事務局のほうから報告したろうが」

「なんにもきいてないですよ」かぶせるように岩本記者がいい、

「委員長は〝わしゃ知らん〟といったままでていったきりでしょう」とわたしがつづけた。

「わしゃそういった憶えはない」

委員長は机のうえのパンフレットのはじを折り曲げながらいった。

「十月二日の午前十時半に、議会事務局でぼくが傍聴を依頼したとき、委長は〝わしゃ知らん〟といって逃げたでしょう」

わたしは切り口上でいった。かれは老人特有のやせた頬をぴくぴくけいれんさせていたが、下をむいたまま低い声で、

「それは、あなたにはわしが謝罪します、陳謝します」

と一気にいった。わたしの場合はあくまで個人的な傍聴希望だったが、岩本記者の場合は記者にたいする取材拒否だったので、問題はこじれていた。やがて記者会は議長に取材活動の自由について申し入れた。結局、そのときの公害対策特別委員会は秘密会を宣言しないまま、実質的な秘密会になってしまったのだ。

形式的な議事進行

十月の厳原町定例会での公害対策特別委員長の報告は、形式的な、それまでの経過をメモにもとづいて述べただけで終わった。三木康資議員から質問に入った。傍聴席は新聞記者だけだった。

三木（無所属）この問題については被害者、加害者ともに虚心坦懐に話し合うことが大事です。十数年前の鉱毒問題については九大の青峰教授を招《よ》んだが、今回、小林、萩野両氏を特別委員会の名において招いて調査してもらう意志はないのか。

委員長　報告した通り委員会としては萩野、小林両氏にお会いし、それに反論している医師にもお会いしたいと考えています。

三木　樫根の調査に来てもらうことはないか、ということだ。

委員長　現在ではありません。

宮原（無）私が聞いているのでは樫根では診断を拒否しているというが、部落の人たちの生命を守ろうとしているのだから地元の人は喜ばなければならないことだ。今までの県などの診断はスムーズに行なわれたのか。

委員長　今までの健康診断には部落民は喜んで応じています。

三木　長崎大に精密検査に行った三名の「要観察者」の名前を発表しないのは、県の指示か、会社の指示か、それともあなたの指示ですか。

委員長（ボソボソ発言したがわたしにはききとれなかった）

議長　ここで休憩にします。

会場の議員たちはホッとしたように煙草を吸いはじめた。と、三木議員がまた立ち上がって発言した。

三木　特別委員会は証人の喚問ができるはずです。小林、萩野両氏に来てもらうよう発案できる。県、会社、地元から反対があっても招べるはずです。もっと虚心坦懐にやってほしい。

町長　今は休憩中ですが、県から精密検査の要請があったのは四名です。名前を指定して来ました。ところがその四名は実は健康なんです。平素はピンピンしている。尿検査の結果で来たのかもしれませんが、体が弱い人には感じられない人たちです。一名は都合がつかなくて結局三名になりました。県衛生部ではこれが最終的な検査だといっております。明年二月頃、結論が出る予定になっております。

宮原　萩野医師が来て調査した人たちの現在の健康状況は、どうなっておりますか。

委員長　萩野氏が調べられた人は、現在みんな死んどる。

これは委員長の〝勘ちがい〟だ。わたしの調査では三人より死んでいない。しかし、ぜんぶ死んでいる、というほうがもっと重大な発言ではないか。わたしは誰かが突っ込むかと思ったが、誰も質問しなかった。

平間（副委員長）　先日、県に行った時、福田衛生部長にお会いして、萩野、小林両氏の〝二名いた〟という説にたいして県はどう思っているのかと聞きましたが、衛生部長は「反論もある、自分としては、レントゲン写真を見てないから断定できない、小林教授は〝農学者〟だ」などといってます。県は積極的な意思表示をしてないようです。

宮原　来てもらうのがいいですねえ、もういっぺん。

議長　再開します。質疑はこれで打ち切ります。委員長報告に御異議ございませんか。

場内　異議なし。

議長　それでは承認致します。つぎは……。

　こうして議会での審議が終わった。形式的すぎる。あまりに形式的すぎる。

　町長は対州鉱業所の元総務課長で「鉱業所は島第一の会社だから大切にしなければ……」ともいう。対州鉱業所の大工原副所長の話によると「何やかやを合わせると、うちの関係だけで町の税収の半分近くになるはずで、ヤマで島を支えているようなもの」という（「朝日新聞」六八年十月二十八日）。

ヤマでシマを支える

「ヤマでシマを支える」けなげな自負にもきこえかねないこのセリフには、たくまずして鉱山の尊大な支配者意識が表現されている。しかしそうだろうか。はたしてヤマがシマを支えているのだろうか。「会社がきたもんじゃけん、百姓するもんはないちゃけんねえ、生活ばっかり派手になってしもうて」。いまでも朝はやくから田んぼにでる井田さんの母親の繰り言がよみがえる。

　樫根部落＝ほとんど全部、下原、床谷部落＝ほとんど全部、椎根部落＝半数以上、小茂田部落＝約半数、かっての鉱毒被害地の農民たちは、鉱山での賃労働に〝ありつい〟ている。隔絶された孤島では職業選択の機会もなく、鉱山《やま》か山（伐採）にしか現金収入の道がない。農業は見捨てられ、安易に鉱山にはいる。かれらが失ったすべてとかれらがうるわずかばかりの賃金の差は比較できないほど大きい。

　たとえば、おなじイタイイタイ病の鉱山町である岐阜県神岡町とその財政における企業の貢献度を比較してみると、〝支えている〟実態が明確になる。

神岡町は公害問題を契機に町長が会長になって「神岡鉱山を守る会」を結成したほどその依存度が高く、専業農家は十軒だけ、町の総務課の職員は、「鉱山でまかなっている町ですので、会社が困れば町としても困ります」と語った。

	厳原町	神岡町
人口	二万二千人	二万四千人
鉱山勤務者	六百四十一人	二千九百三十一人
歳入総計	五億七千五百九十六万円	五億六千百万円
町税総計	一億一千百三十六万円	二億五千七百万円
法人割所得税、町民税（当該企業分以下同じ）	七百八十六万円	二百九十万円
固定資産税	五百四十四万円	四千七百万円
鉱産税	八百六十万円	五千万円
電気ガス税	十一万円	百六十万円
町民税（従業員個人分）	二百二十三万円	二千三百万円
合　計	二千百一万円	一億三千四百万円

このように、歳入額、人口とも同規模の厳原町と神岡鉱山をくらべてみた場合、厳原町の財政に占める鉱山の寄与率は二〇パーセントたらずなのにたいして、神岡町の場合は五〇パーセントにも達している。対州鉱山はいかにすくなく与えていかに多くの支配権をえていることか。

設備投資においても、ほとんどの重要機材は本土からの〝輪入〟であるため、島内調達は極言すれば坑木などの木材でしかない（資材購入＝島内調達合計七千百万円、島外調達二億六千三百万円＝一九六三年度実績、『対馬地域総合開発振興計画・現況編』）。対州鉱山の労働者の八割は〝現地人〟であるが、神岡では他所からの流入者が五割いる。東邦亜鉛は労働市場が閉鎖的である離島の地域性を最大限に利用して、〝植民地支配〟を維持しているともいえる。

一宮厳原町長

議会終了後、「鉱山出身の町長」一宮源太郎にお会いした。かれは民間企業の総務課長だったためか、物腰が柔らかく、きちんと揃えた膝の上に両手をおいてわたしにむかった。

「イタイイタイ病についての町長のお話を伺いたいのですが」

かれは立ち上がって自分の机の傍にいき、三、四分かかってごたごたなにやら探していたが、一冊の本をとりだした。それは一年前に発行された萩野医師の『イタイイタイ病との闘い』だった。帯もキチンとしている、新本同然だった。かれはその本をテーブルに静かにおいて、

「わたしもこの本を読んで勉強してます」

とにっこりした。勉強した割には本がきれいすぎた。

「萩野、小林の両氏はレントゲン写真を根拠に、ふたりのイタイイタイ病患者がいたと断定しておりますが……」

それまでなんどとなく繰り返してきた質問を投げた。

「ふたりとは誰ですか、その該当者は」

これまた奇態な、といった表情できいてきた。総務課長時代の手なれた方法かもしれない。

——一宮浅さんと永瀬トヨさんです。

町長　もうそのふたりは死んでいます。生存していないんです。生前に診たかもしれませんが。

——しかし写真をみた専門家が断定しているんですから……

町長　本人の写真かどうか、疑問もあるようです。

——しかし、わたしはこっちにくるまえ、富山へいって、協立病院と対州鉱業所診療所のネームがはいったレントゲン写真をみてきましたが……

町長　わたしはそこまで研究しておりません。

かれは身じろぎもしないで、おなじようなおだやかな調子で答えた。そのあとダメを押すように、「一宮浅はわたしのイトコで、わたしも樫根ちかくの出身です。神経痛で寝ていたことはまちがいないですが、身体が変形しているなどはありませんでした。永瀬トヨも若いころから神経痛でよく医者に通っておりました」とつけ加えた。

——しかし、神通川で何百人も患者を診た萩野医師が断定しているんです。

町長　町にもなんも連絡はありません。こっちにきたことはきたらしいですが。

表情も変えずに退けた。

——おふたりを呼ぶことは考えないのですか。

町長　それは昨日の議会でも質問があったことですが、むこうへいってお会いすることになってます。

——しかし現地へきてもらって、はやく白黒の結着をつけるのが、地元のひとのために一番いいのではないでしょうか。

町長　本人がおいそれときてくれるかどうかわかりません。まえのときにも議会できてもらおうという話があったのですが、どちらかがヨーロッパにいかれるというのできてもらえませんでした。

——そのときは、地元からきてくれるな、という陳情書がでた

んじゃなかったですか。

町長　それは新聞やテレビがまいにちのようにきて、なんにんものひとを追いまわしたからです。いまは県とか厚生省の報告を信じてます。「骨軟化症はない」という報告がきています。健康調査もやっております。長崎大にもひとをだして長期療養してもらってます。

――しかし、その三人は、部落から頭割りしたんだ、とぼくはきいてます。

町長　いいえ、そんなことはありません。県のほうから指定してきたひとです。

――ぼくは暇なひとを割り振りしたとはっきりきいています。それに四人の要請に三人しかいってないのもおかしいじゃないですか。

町長　それは家の事情があっていけなかったからです。

一九六九年六月五日の町議会で、一宮町長はつぎのような興味のある事実を報告している。

五月二十日の午前十時半から樫根部落の方に入りまして、樫根の法清寺におきまして地元との懇談会を致したわけでございます。地元から区長、議員、部落の主だった有志の方に出席を求めたわけでございますが、これに立ち合いましたのが、支庁の乙成総務課長、福田保健所長、それから保健所から、新衛生課長、町からは町長、厚生課長、鉱業所側から大工原副所長、斎藤総務課長、山崎係長、こういうふうに出席しまして寺田公害室長（長崎県）が説明されたわけでございます。

そのときの説明では検診の結果、今直ちに罹病の危険はない、それから要観察地域に指定されたということが大きく報道されておりますが、これは公害があるから指定したというわけではない。今後十分調査研究致したいということで指定した。今後の対策としては水道以外の飲料水をとらないことが一番いい、それから現地の農作物を偏食しないで、今、色々の食物が出ているので、そういうものを考え合せて、偏食をなるだけさけて栄養を採ることを充分考えてもらいたい。それで予防が出来るという話を聞いたのであります。（『厳原町議会議事録』六月五日）

重金属によって汚染された地域のお寺に、汚染させた加害者である鉱山と汚染された被害者である住民の代表者が膝を交じえて集まり、両者ともに個人的につながっている町長と県庁の出先である支庁の幹部もクビを揃えている。そこへ県の公害対策室長がやってきて「心配するな、栄養を摂れ」と演説したということの報告は、議会ではまったく問題にされずに終わっていた。

被害者でもある町の公害対策特別委員長は「鉱害ではなく公害なのだから会社に責任はない」といい張り、企業側は土壌中和のための石灰を「特別安く売ってやる」と資本の論理をむきだしにし、町長はその斡旋をおこない、県の公害室長は栄養指導でお茶を濁す。もはや、加害者、被害者、行政の立場は解消されてしまい、あたかも突然来襲した「天災」の〝善後策〟を、共同体構成メンバーが立場を超えて鳩首協議している図、ともいえる。

〝公害〟の意味

「公害」という曖昧な、無意味な規定を普遍化させたものにわたしは憤りを感じる。すべての企業とおなじように、東邦亜鉛もまたシェア（市場占有率）競争に耐えるために低コストでの増産を継続してきた。まして同社の場合、財閥系が支配する非鉄金属界では新興勢力であるため、その犠牲は極端に労働者と地域住民に転嫁された。

私的利潤を追求するために、資本の法則どおり設備を増強し、環境を無視し、ただコスト削減だけを図ってきた企業の欲望の痕跡を、どうして「公害」と呼べるのだろうか。

東邦亜鉛は安中で、「公害防止のための植林」を口実に用地を買収して工場施設を拡張した。そしてさらに「公害発生を防ぐ設備をつくる」との理由で、増産用の超高圧送電線を引こうとしている。企業にとっては、すべてのものを利潤追求の論理に組みこんでいくのは、また当然のことかもしれない。

安中製錬所周辺の農民は、「工害」を増加させるにすぎない設備増強にたいして、根強い反対運動をつづけている。にもかかわらず、労働者は企業間競争に勝ち、「賃金がふえる」増産に賛成のデモンストレーションをしている。生産過程で発生する有毒物は、労働者、農民をとわず犯すはずなのだが、いまや「公害」対策とコストの増減をめぐって、労働者と農民の対立が激しくなっている。

安中のPさんの例に典型的にみられるように、まず農民は、進出してきた工場に土地の一部を買収され、半農半労になる。工場の生産量の増加につれ、鉱（工）毒が土地を汚染し、農作物の生産は減少する。やがて不毛になってしまった土地を売り払った工場へ〝優先的〟に雇われ、かれは完全なプロレタリアートになる。工場は労せずして安い土地と安い労働力を獲得して、さらに生産を増大させる。

Pさんは隣人である農民たちが、「公害反対」のデモで門前にやってきたとき、守衛のひとりとして鉄柵越しに対峙していた。

　樫根のひとたちもまた、やってきた企業に依存の度合を深めながら、企業防衛意識にがんじがらめにされてしまった。その狭隘な土地を守るために他所者の転入を防ぎ、長男だけが相続権をもち、長男中心に運営されてきた〝本戸共同体〟は、企業の単一支配によって強化されている。生活手段の変化にともなって、村落共同体が企業共同体へと〝発展〟しただけである。「自己閉鎖的で権威に弱い」と対馬のひとたちはいわれている。長いあいだ領主が各村落に配置した給人によって支配され、そのごは要塞司令部と憲兵によって統轄され、いまは地域を独占した本土資本によって牛耳られている。対馬人は礼儀正しく人情に厚い、争いを好まず自己を主張しないと一般にいわれているが、この〝美風〟が良質の企業意識に仕立てられ、いったん企業に呑みこまれたひとたちは、鉱山と争ったりして鉱山に去られることをなによりも恐れている。それが病気にまさる恐怖となった。

公害闘争の分断

　厳原港を発った日、海は珍しく凪いでいた。横に長く伸びた対馬の島影は、船が壱岐の勝本港にはいるまで霞みながらもみえていた。それははじめてのときよりも心なしか優しくみえた。昼となく夜となく樫根部落に出没しているうちに、固い拒絶の表情の奥に潜むものが、けっして対馬特有の地理的、風土的な特異性にあるのではないことが、わたしにもわかりはじめてきたせいかもしれない。

　事実が目のまえにあらわれないうちは、あるいは、もしかしたらけっしてあらわれないで終わるかもしれない事柄を、あえてむきだしにしていまの平穏さに波紋を生じさせたくないのを〝怯懦《きょうだ》〟と呼ぶなら、それはわたしのなかにも根強く残りぬくぬくした〝惰眠〟をむさぼっている。

　わたしが出席した部落の会合で、ひとびとはまるでシュプレヒコールのように「カドミウムは怖くない」とくちぐちに叫んでいた。その場でわたしはカドミウムの怖さを一言半句も表現できずにただ引き下がってきた。

　樫根のひとたちが無知というよりは、むしろ想像力が欠如しているとでもいうべきかもしれない。たしかに樫根には骨がポキポキ折れる〝奇病〟は現在あらわれていない。自分で想定した奇病の実態を追いかけていた新聞記者とカメラマンたちは、外見的な障害者だけを追いかけ、話しかけシャッターをきった。「ある」「ない」「いる」「いない」これだけをいたずらに追いかけても、「めんどうくさいけん、もう聞かんとほしい」との生活防衛の論理のまえで撃破されてしまう。わたしもマスコミの記者とまったくおなじ論理構造の上に立脚していたのを自己暴露したただけだった。

富山へ足をはこんで、三度目にお会いした萩野医師は「もう樫根には患者はあらわれないでしょう。鉱山が鉱毒を抑え、患者を治療させていますからね」とあきらめたように答え、岡山大の小林教授は「いやかならずあらわれます。土壌がカドミウムによって冒され、地元のひとたちがそれを食べつづけている以上は……」という。これから何年かさき、樫根部落に奇病があらわれ、またマスコミが殺到するかもしれない。

あるいはまた、たぶんに〝神経痛患者〟が多いにしても、なにごともなくこのままひっそりと深く積もった鉛色の埃のなかで、けだるい平和な時間をもつだけなのかもしれない。

長いあいだ、ぐるぐるまわり歩いてわかったのは、身体に痛みを感じない限り〝加害者〟に立ちむかえないとしたなら、身体に痛みをともなったにしても、やはりたち上がらないだろうということである。わたしたちはいつも「被害程度」を行動の基準にしているだけなのだ。わたしたちは「事件」が起きてはじめて驚き、やがて慣れ、なにも「発見」しなくなる。樫根では最初、カドミウムの存在さえ否定し、そのあと常識のように肯定し、いまは「怖くない」と「安心して」いる。地域にのしかかる企業に勝つ道がないとしたなら、ことを荒だてずその状況に眼をつぶって生活することを選ぶのである。

複雑な「職階規定」と「操作給」によって分断され、スト権を放棄した「平和協定」に束縛され、ただものをいわない労働力としてだけ管理されている限り、たとえ樫根のイタイイタイ病が不顕性から顕在性へと質的に転化したとしても、やはりいまとまったくおなじように、「なんもない」といいつづけ、イタイイタイ病としては認めないかもしれない。

労働者であり、農民でもある樫根のひとたちが「公害」に真に対決できるのには、企業に従属しなくても生活できる方策を探すしかない。

一九五三年に敗北した東邦亜鉛安中製錬所の長期闘争は、労働組合の解体と同時に、労農提携による反公害闘争が萌芽のまま潰えた貴重な体験だった。当時すでに発生していた鉱毒によって、製錬所ちかくの中宿地区の農民たちのなかから、不毛化した耕地を手放し、賃金労働者へと転化するものがではじめていた。

スト突入とともにかれらは家族会を結成し、区民大会をひらき、ピケに参加したほか、第二組合員が就労している工場にむかう水を水利組合の決定によって止め、生産をストップさせようとさえした。ストライキに入った労働者とその出身母体である鉱毒地の農民が共闘を組んだのである。

「この争議が、全地域社会的規模をもって展開されざるを得ない諸条件が、農村を背景とした工場町のなかには無数に存在した。とくに地域社会の製錬所のなかに存在した多様な対立、緊張、抗争が、この争議のなかで、一定の方向を与えられたこと。それが顕著にあらわれたのが家族会や労農提携の動きであった」（前出『戦後日本の労働争議』）

しかし、上部団体であった合化労連はこの意味を評価できなかった。いま安中では工場労働者と農民の対立はさらに激化し、労働組合は農民の分裂工作に手を貸している。

東邦亜鉛・松井副社長

東京に帰って、わたしは相川社長に会見をもとめて東邦亜鉛の本社に電話した。

「社長は各事業所をまわられていて、野村証券さんにも、日本経済新聞さんからの申し出にさえ応じかねております」

と秘書課は奇妙な断わり方をした。事務担当の責任者である松井副社長に直接電話すると、かれはわたしの名前はすでに知っていて「鎌田さんなら、安中などまわられていて、もうお話はきいてあるでしょう」と断わりかけたが、咄嗟のこともあってか断わりきれず、つぎの日会うことを承諾した。

翌朝、応接室で待っていると、女性的な遠慮がちなノックがきこえて松井副社長がはいってきた。

「わしは協会の会議で出ることになりましたので」と時間をまちがえていたことを弁解し「総務課長のほうからお話しします」という。その日は再会を約束してそのまま帰った。

カドミウム公害で問題になっている群馬県安中市中宿、東邦亜鉛製錬所の施設の無認可増設工事を調べていた前橋地検は一日午後二時すぎ、東京都中央区日本橋江戸橋三丁目五番地東邦亜鉛会社（相川道之助社長）と、同社安中製錬所の前所長村上鬼作（六〇）＝現同社取締役、社長室付、同副所長児玉伊智郎（四五）を鉱山保安法八条（無認可の施設増設）、九条（無許可操業）の違反で起訴した。同地検では「鉱山保安法八、九条違反で公判を請求したのは全国で初めてだ。社会的に注目されている問題であり、正式に裁判所の判断を仰ぐことにした」といっている。（「朝日新聞」六九年十一月二日）

「無認可増設の会社起訴」。この新聞記事が掲載された日、わたしは総務課長に電話した。もう株主総会も終了し、忙しい時期は去った、と判断したからである。かれは新聞記事のせいか、しきりに地方の各事業所に長距離電話をしていた。やっと電話口にでてきたものの、副社長との面会については「新聞にださしてもらったので、いまバタバタしていて予想がつかない」と断わった。

「しかし、松井副社長はいつでもお会いしますと約束したはずです」わたしは強引に押した。一度約束どおり訪ねて、相手の都合で日延べしていただけに、その拒絶は納得できなかった。

「まえにお会いするといって、こんどは会えないというのはどういうことですか」

「情勢が変化したもんですから」

かれは歯切れ悪く、二度おなじことを繰り返した。

「それはわたしには関係がないことです」

「いまは鎌田さんだけに集中することはできませんので」

総務課長は相変わらず丁重に答えた。

「なにもわたしに集中してくれとはいってません。三十分だけ時間をつくってくれればいいことです」

「それがいま見当がつかないもんですから」

「お会いしないということは逃げるということですね」

かぶせるようにいった。

「会わないとはいってません。当分予定がつかないということです」

「それでは、きょうから一週間、まいにち電話します。それでも会う時間がないというのでしたら、ぼくは逃げたと判断します」

わたしの切り口上にかれは鷹揚に「どうぞ」と答えた。もう会社側と会う意欲はわたしのなかで萎えていた。

五日前、安中公害対策被害者協議会の大塚忠会長が、参議院産業公害交通対策特別委員長の瀬谷議員とともに会社幹部に面会にいったときも、応対にでたのは総務課長と係長だけだった。この日もわたしは松井副社長との会見を催促していた。

総務課長との電話を切って、三時間も経たないうちに、「明朝十時に副社長がお会いします」と連絡してきた。会う会わないは、時間の問題というよりも意志の問題である。

取締役副社長松井郁一。一九〇五年（明治三十八）十一月二十三日、石川県生まれ。一九二七年横浜高商卒、同年、安宅商会入社。一九四一年五月、日本線材製品統制株式会社常務取締役、四四年三月、東邦亜鉛入社。取締役安中製錬所長、四五年常務取締役、六一年十一月、取締役副社長就任。所有額面普通株二十二万六千五百株。趣味、ゴルフ、囲碁。

かれのいいまわしは長く、挿入句が多い。それはあたかも、あっちこっち引っぱりまわしているうちに聞き手を混乱させ、結論から逃がれるための考えをめぐらしているようでもある。

――東邦亜鉛の重要な事業所である対州鉱山と安中製錬所で、イタイイタイ病の問題が起こっていますが、これにたいして会社ではどう考えているのですか。

副社長　イタイイタイ病が発生しているとは、会社のほうとしてはぜんぜん考えていないんです。われわれとしてもイタイイタイ病についてはぜんぜん素人ですが、調査しておられる厚生省の結論に従って、会社としても対処するというのが現在の段階です。

もちろん、まえむきにね。カドミウムは国家的に重要な資源ではありますが、もし人体に影響があるということでしたら、その予防対策はどうするのか、もうすこし建設的に会社としては、いままで会社のほうでも医学的にもわからなかったという問題もありますけど、こういうふうにしろ、とかなんとかの話があるなら、国に善処するという行政的にも指導してもらわなくちゃ。

——対馬については、専門家である萩野、小林、石崎の三氏が患者が発生したと断定してますが。

副社長　だけど厚生省はなんにもそうだとは断定してないでしょう。そうでないというひともあれば、だからといってわれわれもなにも放っておくというんじゃないですよ。われわれ自身でも、イタイイタイ病はカドミウムだけで起因するのかどうか、いろんな先生方にもきいているんですけど、こうだという事実がなにもないんだから、会社はこういうふうだから、こうしろという指導も、予防措置なり講じろとなにもいわないでしょう。一応カドミウムは問題になっておりますので、発生源としてはでないように努力はしてますよ。

——発生源対策はこんごの問題であって、いままで汚染したことが問題なのでしょう。

副社長　だから、それはどうしたらいいかという具体的な措置は、行政的にどういうかたちにするかでてないでしょう。

——いまは厚生省の指導まちということですか。

副社長　まあ、そういうことですね。

——指導がでるまえには、会社はなにもしないんですか。

副社長　これがイタイイタイ病である、全面的に会社に起因している、ということになれば会社は責任を負わなければいけませんでしょう。それは当然のことです。ところが全面的に起因しているかどうか、現在としてはまだ軽率にいえる段階ではない。汚染されている事実は会社としても否定しかねることですが、三年も五年もまえにカドミウムは害があると予知されておれば、われわれのほうはあるていど対策をとったかもしれないが。全面的に会社の責任であるが、もちろん会社も一半の責任は負わなければならないにしても、国なり、県なりと協力して、こんご、もしあると断定されれば、発生しないようにそりゃ努力はします。

——それまではなにもしないんですか。

副社長　みなさん、非常にカドミウムを、さいきん脚光を浴びられたからなんですけど、企業としてある程度、地元に迷惑をかけておるってかたちのものは、なにもそのカドミウムだけでなく、SOのガスだってそういうかたちがいえるわけ、したがって、従来、濃度として汚染されてきたものは、県と協力して、客土のカネっていうものは、会社としてもだしてありますよ。

――対馬にたいしては支払っていないですね。いままでわたしが調べた範囲内では、五八年（昭和三十三）の鉱害被害者組合に二百五十万円、六一年のダム決壊のときには石灰を現物支給しただけで、それ以上の事実はないです。

副社長　ああそうですか。細かいことはわたしもどうも。われわれのいえることは姿勢の問題ですから、一私企業ではなかなかやりきれない。しかし、県なり町なりとは協力してやっていくつもりだし……。対馬では、町会にたいしてあていどの協力はしているはずですが、具体的にはしていませんね。対馬はかなり問題としてもね。何百年もまえからの対馬ですから、もちろん会社としても一半の責任もあるだろうし、全島が鉛、亜鉛の鉱区ですから、県なり、対馬島なりと一緒になってやらないと、なかなか一私企業だけでは簡単にやれないという面もありましょうけど、私企業でやれる範囲ではやってるでしょう。

――対馬も安中でも操業の歴史はまだ浅いのですが、すでに汚染地域になっていて、これから、五年、十年後に病気が発生するんじゃないか、と心配はしないんですか。

副社長　われわれは、カドミウムを多量に吸収すればいいもんじゃない、ということだけは常識として思いますよ。けれども神通川的ないわゆるイタイイタイ病は起こらないと思いますがね。

――現在でもすでに対馬と安中には要観察者がでていますが。

副社長　だから要観察者という観念はね、イタイイタイ病の要観察者というんではなくて、いろいろの障害のあるひとを究明しようというんだと思うんです。腰の痛みだってイタイイタイ病にかぎらず起こるわけで、われわれだってそれを感じるような年輩になってますからね。そりゃまあ、症状をもっているひとを長いあいだかかって調べようという意味の要観察者だと思っているんです。

――骨がボキンボキンになってしまうのだけがイタイイタイ病ではなくて、慢性中毒として……。

副社長　そりゃ、ありうるでしょうね。会社のほうでもかならずしもイタイイタイ病に至らなくても、慢性中毒はありうると思っていて、従業員なら従業員の健康診断や健康管理は講じています。イタイイタイ病の問題が起こってからですがね。

――安中のあの地域のカドミウム含有量がたかいのは、東邦亜鉛の責任ですね。

副社長　まあ、そうですね。

――そのカドミウムによって、住民が慢性中毒などなんらかの損害を受けた場合は、それは会社がだした害によってですね。

副社長　そりゃ、そうでしょうなあ。

――それにたいする補償については考えてないんですか。

副社長　それについてはいまからです。会社としては当然善処しなけりゃいけない問題ですな。うーん。

――もし住民から要求がきた場合は受けてたつのですね。

副社長　そりゃ、たたざるをえないでしょう。たたざるをえないでしょうけど、それは仮定の話で、いま安中でカドミウムで障害を受けているひとは、わたしはないと思う。

――それでは対馬の場合、専門家の萩野医師が写真を証拠に患者が発生した、と断言していることについてはどう考えるのですか。

副社長　だから、そりゃ議論であって、あなたは萩野さんといわれるが、反対の意見のひともあるんですよ。萩野さんはたしかに神通川でイタイイタイ病を発見した大家といえましょうが、厚生省ではいま調査してますからね。それがでて善処しなければならないところは善処しますよ。あなたもみられたらしいですが、樫根は東邦亜鉛ができる以前からある部落ですからね。

――昔の手工業的な生産方法によって、どれだけカドミウムがでたか、その物的証拠はないわけでしょう。

副社長　カドミウムは医学的に問題になったのはさいきんのことですが、鉱山関係の技術も進歩してます。対馬のほかの地域にもカドミウムはありますからね。

――しかし、要観察地域になっているのは、鉱山のある佐須地域だけですが。

副社長　それはね、つまり、いま問題になっているのは鉱山であって、全国的に精密検査すればもっとありますよ。

――要観察地域として指定された四地域のなかに東邦亜鉛の二つの事業所がはいっていることについて、どう考えているんですか。

副社長　それはね、その原因は富山に起こった問題から、カドミウムがイタイイタイ病に関連があるんじゃないか、という見地から、カドミウムを比較的多く生産しているところが俎上にあがったというだけであって、それ以外のなんでもないと思いますよ。

――厚生省が結論をだすまでは、ほかの意見は認められない、ということですね。

副社長　そうですね。うーん（と咳払いする）。

――いま安中の新設備が住民の反対で生産休止の事態になっているのは、どう考えているんですか。

副社長　こりゃ、企業ですからね。一日もはやく再開したいし、再開するように努力していますがね。努力をするにしたっていろいろのいりくんだ要素もありますのと、地域的にね、会社としても、まあ意志の疎通を十分に図らなかった、というかたちの反省もありますがね。地域社会と何とかして共存共栄のかたちはとりたいと努力はしてます。

――生産休止になったことには、住民の抵抗が強かったからだと思いますし、公害問題を解決しない限り生産再開は難しいのではないですか。

副社長　そうですね。公害問題は、対策はいろいろありましょうけどね。

――それにたいする反省は具体的にどうするのですか。汚染し、住民が怒って抵抗し、生産中止にまで追いこまれた経過をみて、どうするんですか。

副社長　公害といっても亜硫酸ガスもカドミウムもあって、こと人命に関することであって、われわれがカドミウムは害がありませんよ、といくらいってみたところで、なかなか解決できにくいので、事実的に先鋭化しているので、発生源対策をしたいと思っています。要するに、さきの話といまの話とこれからの話がごちゃごちゃになっているんですね。あなたの質問においても。

――いままで汚染したことをどうするかを明確にしないかぎり、これから汚染しないから協力してくれ、といっても無理でしょう。

副社長　それとこれを一緒にしないと解決しないと考えていないんです。それはこれからの地元との交渉なり、話し合いなりによることでしょう。

――いままで汚染させて、地元のひとに迷惑をかけた、ということで東邦亜鉛として謝罪する気持はないんですか。

副社長　謝罪すること？　あやまってすむことなら簡単なことですよ。それにカドミウムについては予知していなかったことですからね。

――知らなかった、ではすまないことでしょう。

副社長　だから、それは公害対策としてこれから協力していこう、といってるんです。

公害はすべて〝お上《かみ》〟の責任

大工原副所長と面会したときもそうだったが、わたしは東邦亜鉛の論理の二段構えに気がついていた。そこへ陥ち込むと、事実が攪拌され呑み込まれてしまう。まず、樫根はカドミウムに汚染されている、と認め、それは会社の責任でない、と切り抜ける。ことはそれで解決するはずなのだが、そのうえにイタイイタイ病患者はいない、という事実をつけたし、萩野、小林教授への批判がでる。

もしも汚染にたいして責任がないのなら、患者の有無については会社にはまったく責任はないはずだ。患者の存在を否定するのは、汚染についての無関係さをみずから否定するようなものではないか。むしろ患者の存在否定によって、汚染させた行為を打ち消そうとしているだけではないだろうか。ところが、もし百歩譲って汚染にたいして東邦亜鉛に一片の責任がないとしても、会社は鉱害の賠償はしなければならない。鉱業法第六章第一〇九条にはこう記載されてある。

「鉱物の掘採のための土地の掘さく、坑水若しくは廃水の放流、捨石若しくは鉱さいのたい積又は鉱煙の排出によって他人に損害を与えた時は損害の発生の時における当該鉱区の鉱業権者が……損害を賠償する義務を負う」

六八年十月八日の参議院商工委員会でもこの問題がとりあげられている。

田淵哲也（民社）「重松逸造氏（国立公衆衛生院疫学部長）は、地元住民の中にイ病の潜在的症状が見られるといっている。しかし、その原因は現在の東邦亜鉛対州鉱業所前身の企業活動によるものと見られるので、地元民の症状が公害と認定され補償問題が起こった場合、どこが補償の責任を負うことになるのか」と質問、これにたいし、林鉱山石炭局鉱政課長は「鉱業法第一〇九条によって現在の企業が責任を持つと思う」と答えた。（「朝日新聞」六六年十月八日）

松井副社長もまた、保健所、厳原町、長崎県衛生部、そして〝被害者〟であるはずの樫根のひとたちとおなじように、すべてを厚生省の、〝お上〟の裁定に任せていることがわかった。任せる、というよりは、当面そこに責任を預けるといったほうがはやいかもしれない。

十二月五日、わたしは厚生省八階にある公害課で、橋本道夫公害課長に会った。八月一日に対馬に発ってからもう四ヵ月たっていた。わたしはこのときこれまでの取材が、最終的に厚生省にいきつくためにだけ歩きまわっていたような妙な錯覚にとらわれていた。取材者としての自分ははたしてなにをみたのか、なにをきいたのか、はてしない言葉の往復のあいだにすべり落ちていった多くのものを、この四ヵ月間で十分感じていた。

それにもかかわらず、「いま一番注目しているのは対馬です。いまの診断基準にはない慢性カドミウム中毒症の基準をつくりたいと思ってます」と橋本課長が話しだしたとき、明らかにわたしは期待していた。わたし自身、「ある」「ない」だけのセンセーショナルな観方にふりまわされ、そのあいだにあるもっと大事なものの存在にようやく気づきはじめていたからかもしれない。わたしは意気ごんできいた。

厚生省・橋本公害課長

——注目しているとおっしゃるのはどういうことですか。

公害課長　あすこは対州鉱山があって、萩野先生がまえにいかれてふたり患者がいた、といわれているんですが、いまの診断基準に合わせるだけのものは揃っていないと思うんです。お医者さんの診断ですから、わたしどもは異議を差しはさむのではありませんが、現に患者さんはいないし、少々材料として欠けるものがあるわけです。本来ならカルテがあるのが当然でしょう。それがちいさなメモに書いてあるだけですから、これだけでいたんだというには無理があると思います。

——レントゲン写真の骨所見は神通川の患者と一致しているといわれますが。

公害課長　それは萩野先生の意見でしょう。

——ええ。しかし金沢大の石崎教授も認められてます。

公害課長　そういう意味で条件がいろいろある、とわれわれはそうみてます。

——結局、どう判断するんですか。

公害課長　それからあと、うちが調査したでしょう。むしろイタイイタイ病は骨の異常だけでなく、腎臓障害の段階で、カドミウム中毒として分けられれば、これで踏みきる、こういう考え方をしてます。カドミウム中毒としては、カドミウムをどれだけ飲んだり、食べたりしているか、異常に排出しているか、腎臓の所見がカドミウム中毒と考えられる根拠をもっているか、これはいままで労働衛生でもはっきりされていなかったのですが、おおかたの専門家がそういわれれば、行政的に踏みきろう、ということです。

——それはイタイイタイ病として断定できるまえでも、慢性的なカドミウム中毒として公害病として認定できるということですね。

公害課長　ええ、それが鑑別できればですね。ぜんぶイタイイタイ病とするには無理がある。腎臓だけのカドミウム中毒もあるだろうし、骨までくるのもあるだろうし。

——県と厳原町では、対馬については最終段階だといってましたが……

公害課長　それは今年度の調査班によって先生がたが判断されることです。そこでの論議で決まることです。

——それはいつごろ結論がでるのですか。

公害課長　今年度末までの狙いでやってますが、それでわからなかったら、つぎにつづきます。

——わたしの素人考えですが、その地域がカドミウムによって汚染され、食物も汚染され尿蛋白に異常があれば、そこになんらかの人体障害があると考えられると思うのですが。

公害課長　無理なんですね、そこは、医学的には。

——しかし、厚生省の発表でも対馬は神通川についでカドミウムの含有量がたかいですが。

公害課長　医学的診断では難しいんですね。われわれは対馬が一番怪しい、と思っていますがね。含有量が高く、患者がいたし、これは完全な条件が揃っていないとしてもそういわれている。それで非常に怪しいと思います。

——それを地元のひとに警告し警戒させるのが行政の責任ではないのですか。

公害課長　だから要観察地域に指定してます。

——地元は恐れていません。そのごの指導に問題があるんじゃありませんか。

公害課長　恐れさすんでなく、健康管理をちゃんとさすってことでしょう。恐れさすんだったら自動車事故のほうが怖いでしょう。成人病として、あるいは腎臓障害としての恐れをもつていどです。

——それが蓄積されると恐しいことでしょう。

公害課長　そこんところは対策をたてていく。患者がでるかでないかは来年の調査結果をみなければわからないでしょう。

——対策の具体的な方針はどんなのですか。

公害課長　どうやってカドミウムの摂取量を減らすかという検討です。食品構成を変えるとか、あるいは土地の問題もでてくるかもしれんですよ。

——あすこの汚染の理由についてはどう考えているんですか。

公害課長　あれは鉱山が汚したんですね。もうひとつは自然からのもある。

——それは度合の問題でしょう。

公害課長　どの度合になるかというのは非常に難しいと思うんです。鉱山に責任あることにはまちがいないけど、どのていどまで責任をもたされることになるかの話は別ですよ。因果関係についても百パーセントはっきりしなければ手をくださんとはいってません。いまやっている鑑別診断の結果で慢性カドミウム中毒の結果がでれば、公害病として認定します。

——それでは、このままなにもない、とお茶を濁すことはありえないことですね。

公害課長　そんなことはまったく考えてません。もしそんなことをいうひとがいたら、それは中傷です。それだったら「要観察地域」として指定しませんよ。

——しかし、要観察地域の中に一応ぶっこんでなにもしてない、という批判もありますが。

公害課長　そうすぐさまきれいになかなかできないです。世界最初のことですからね。もうひとつはね。やってみて、なんたることをしたのだ、ということはいわれたくないですからね。学問的にはフェアにやってます。

――それが三月にはでるんですね。

公害課長　三月までの調査分はね。患者がいてもいなくても来年からはカドミウムの漸減対策は進めます。（三月末現在、まだその結果は発表されていない＝著者註）

――三人が長崎大へ鑑別診断にいってましたが、その三人が忙しいから暇のひとがいったという話がありますが、これは大きな問題じゃないですか。

公害課長　これは難しい。非常に難しい。それぞれの家庭の事情がありますからね。むしろそれは医療行政の問題ですね。本来ならなにも島をでて精密検査にいかなくてもすむんですから、病院があれば。

――しかしこの結果によって県のほうでもなにもなかったと発表した場合、問題になるんじゃないですか。

公害課長　そんな予断をもつ必要はないでしょう。ちゃんと調べているんですから。積極的にとり組んでいるのはまちがいない。

かれは腕時計をみると受話器をとり上げ、物慣れた英語でどこかへ電話した。四十過ぎたばかりのかれは、わたしの質問にもテキパキ答え、その有能さは会話の回転のはやさと自信をもった口調からもうかがえた。かれは公害には積極的にとり組んでいるし、樫根の問題についても、最悪事態として想定されるイタイイタイ病患者が続出するまえの段階で、慢性中毒症として認定する姿勢を示している。

しかし、それでもまだ疑問が残っている。公害課長が、あるいは厚生省全般が、良心的に事態に即応しようとしたとしても、いまの調査そのものがどれだけ厳密にやっているのか、長崎大へいった患者が本当の要観察者でないとしたら、その調査の上にたつ結論が正しい結論になりうるのかどうか。そしてもし、調査が樫根を徹底的に調べつくしたものであり、それによって慢性カドミウム患者として認定されたとしても、樫根のひとびとがそれによって補償請求の闘いを起こすことがありうるかどうか。

もし、闘いが起こり補償が要求された場合、それに企業が応ずるかどうか。さらに、もし神通川のように裁判になった場合、樫根のひとたちがどこまでがんばれるかどうか。もし長期裁判になった場合、そのあいだ、東邦亜鉛はそのまま生産をつづけ、利潤の蓄積を継続するだろう。やがてそのうちのほんの一部が〝補償金〟として支払われるかもしれない。しかし、それだけのことだ。

政府機関である厚生省が、通産省が、裁判所が、どこまで企業に対立して住民の利益を優先できようか。それよりも前に、〝お上〟に依存し、〝お上〟にだけ従うと公言する企業と住民が、どんな状況のときに対立しうるのだろうか。

対馬、安中、富山の三つのカドミウム汚染地帯をぐるぐるまわりながら、わたしは樫根の〝平和〟がいつまでつづくのかを考えていた。鉱山労働者として生産に従事し、農民としての自分の土地を汚染されているかれらの矛盾を、こんごかれら自身でどう解決するのだろうか。東邦亜鉛労働組合対州支部の一員であると同時に、佐須地区鉱害被害者組合の一員でもある樫根のひとたちが、組織を強化しながら、企業と対立しだすのはいつのことだろうか。

「これは公害ですけん、会社の責任じゃなか、国の責任ですたい」

〝被害者〟たちのこんなつぶやきがわたしの耳から離れない。

「これは公害ですから、一私企業の問題じゃないです」松井副社長の声がそれにかぶさってきこえる。

わたしの〝樫根部落〟

「きょうは死ぬ覚悟できました。これは重大問題なんだから、テンノウヘイカのお耳に是非いれてください。テンノウヘイカのお耳にどうしてもいれてもらいたい」

首にちいさな風呂敷包みを結いつけたゴマ塩頭の老人が立ち上がり、鉱山保安局長にむき直って叫んだ。ことし（七〇年）一月末、安中の農民たちは通産省に押しかけた。面会場にあてられた通産省の八階会議室にはひといきれがたちこめ、真冬にもかかわらず、大きな扇風機が回転していた。

「おれたちも日本人なんだから、虫ケラのように扱わねえでもらいたい」

「いままで公害を放ってきた責任をどうするんですか。それをいってもらわにゃ、納得いかねえ、このままにすんだったら、通産省は会社に買収されたと思うしかねえ」

「鉱毒がどうしてもでるんなら、引越してもらえねえか、それが一番いいだんべ。国はでっけんだからよ。鹿島でも、太平洋のまん中でも、工場《こうば》をもっていってくんねえか、どうだね局長さん」

「局長さんよ、われわれの寿命縮めても、東邦亜鉛の増設を許可するんですか、はっきりいってくんろよ」

「公害のない会社ととっかえてくんねえか、はあ」

農民たちはくちぐちに叫んだ。かれらはそのすこしまえの通産省の現地調査を、会社とのなれ合いになると主張してムシロ旗を立てて阻止していた。橋本鉱山保安局長は背中をこごめてこんな答弁をする。

「過去における問題については、十分な科学的方法が完備してなかったため、監督が十分でなかったといえます。過去についてはいろいろあっても、モトに返せ、といってもモトには返らないでしょう。これは補償の問題です。将来については、健康上の問題に抵触するなら、（増産を）許すことはない」

　三月中旬、通産省は一年前に認可した設備拡張計画を撤回した。しかし、それは企業と現地住民の対立をなんとか円満に〝解決〟しようという姿勢であった、としか思えない。安中の農民たちは土地の不売と行政不服審査、ヤミ生産の告発などで東邦亜鉛の鉱害にたちむかっている。富山県神通川流域の農民たちは三井金属鉱業に損害補償を要求している。二十年、三十年にわたって、土地に、そして骨にへばりついたカドミウムの呪いを背にして、かれらは企業を追いつめている。鉱害は「公害」ではけっしてない。企業の私的利潤追求のためにおこなった犯罪でしかない。

　しかし、樫根のひとたちは、くちぐちに唱える。「これは公害じゃけん、会社の責任じゃなか」「カドミウムは怖くない」「なんも心配せん」

　カラーテレビと引き換えに鉱山に与えたものはあまりに大きい。それはけっして、農地や労働力だけではなく、かれら自身そのものだった、ともいえる。カドミウムの汚染にとっぷりと浸り、長いあいだ、眼にみえないカドミウムを呑みこみながら、精神は犯され、企業の論理に組みこまれてきた。いまある生活を失うことだけを恐れる沈黙は、自分自身を喪った結果のものであろう。

　しかし樫根のひとたちが、いま満喫している「平和」は、わたしが都会でえている「平和」といったいどれほどの相違があるというのか。いまの生活の「平和」だけを願いつづける樫根部落は、わたし自身のなかでもひっそりと息づいている陰湿な一地帯でもあるようなのだ。

Ⅸ　送られてきた手紙

対馬へ

博多港から対馬・厳原港までの船は、フェリーボートに代わっていた。わたしは明るい船室で寝ころびながら、以前もっとちいさな船で渡ったとき、玄海灘の波の動きに合わせて船体がきしり、乗客たちはただ耐えるように横たわっていたことをおもいだしていた。何年ぶりかできてみて、当時、一日一便だけだった定期船が、いまは朝と午後の二便になっていて、この島への旅も、いくぶん〝便利〟になっていることを知ることができた。

隣りに寝そべっていた六十すぎの痩せた男が、わたしの読みさしの本に眼を止めて、「ずいぶん難しい本を読んでるんですな」と話しかけ、しばらく昔の船旅の難儀さについて語った。かつてこの航路は対馬を経て釜山に連絡されていたのだが、船はまだまだちいさく、いったん時化がきて、波にもちあげられ、放りだされると、そのたびごとに火鉢が畳の上を走りまわった。船酔いに苦しみながら、もう乗るものか、と思いながらなんどもこの海を往復してきた、という。

話がひとくぎりつくと、かれは背広の内ポケットに手をつっこみ、封筒から紙切れをだしてたずねた。

「ここになんと書いとりますか」

それは福岡のある大学付属病院の診断書で、病名は慢性気管支炎、肺気腫。かれは一ヵ月ほどの入院のあとにこの診断書を手にしてから、誰かにこの「肺気腫」がどんな病気であるのか尋ねてみたかったのだった。わたしもまた、それまで慢性気管支炎と診断された咳込みに苦しみ、それがようやく収まってでかけてきたところだった。

かれはまったく大ざっぱで正確さを欠いたわたしの「肺気腫」に関する説明が終わると、急いで話題を変え、自分ではなにも気にしていないように努めようとしていた。

「なにかお仕事で」「ええ、ちょっと友だちのところへ遊びに」わたしは旅行の目的をあいまいにしながら、「鉱山が閉山だそうですが、町はどうですか」と尋ねた。この退職前の老教師は、「ええ、静かなもんですな」と関心なさそうに答えた。

一九七三年の秋、わたしは経済面の一番はじっこのベタ記事で、対馬にある東邦亜鉛の鉱山が閉山通告したのにたいして、労組が賛成多数で同意したことを知った。「会社の宝庫」「神棚にでも祭っておきたい」「東邦亜鉛の収益は、この鉱山に鉱石のある限り保証されている」などと社史（『荒野を拓く・東邦亜鉛』）にも書かれていたほどの鉱山だったから、そのニュースはわたしにいかにも唐突な感じを与えた。同時にひとつの黒い風景を想い起こさせた。わたしはかつてこう書いていた。

「山へ少しはいると露出した岩盤の層がそのまま階段になっていた。それを登りつめたとき、わたしは息を呑んだ。深い山肌に抱かれて、真黒な泥の湖が無気味に拡がっていた。億富ダムは選鉱滓の貯蔵池だった。それは水面に山影が映っているわたしのダムのイメージを無慚に打ち砕いた。

『わしらはダムゆうたら真黒なもんだと思っとります』

井田さんはそういう。ふたりが踏んでいる黒い微粒状の粉末は、ところどころ陽を受けてキラキラ光っていた。赤錆びた鉄管からはあたりにこだまさせて黒い排水が吐き出され、重そうな泥の中へ呑み込まれていた。泥水の中ですでに電柱が没して辛うじて頭だけを突き出し、水際の樹木はとうに枯れはてていた。

『雑木でもやはりこうなるとわれわれには悼ましいとです』

風に舞い上がった黒い粉末を避けながら井田さんはつぶやいた。この谷間には七十メートル、約百二十万トンの重金属を含んだ滓が捨てられているとかれは説明した。五十年後、百年後、鉱脈が掘り尽され、廃坑になってしまったあとも、このどす黒い排出物だけが、怨そのもののように残りつづけるだろう。管理するものは対馬を引揚げ、いつか大雨が降った時、重い地響きとともに田を浸し、畑を浸し、住居の上まで這い上がるかもしれない」


わたしはこのとき閉山を五十年後、百年後の未来においてしか予測できなかった。が、現実はわたしの貧弱な想像力を超えて苛烈に進行していた。そういえば、この新聞記事がでるまえ、わたしのところにある資料が送り届けられていた。いまにしておもえば、これが閉山の前兆であり、対馬への無言の招待状でもあったのだ。

差し出し人は「佐須川流域農民有志一同」とあるが、思い当たるひともなく、筆蹟もまたまったく見憶えのないものだった。佐須川は東邦亜鉛対州鉱業所のまえを蛇行して流れる川である。つぎのような手紙が添えられていた。

「鎌田慧様
此の資料は正確で聊かの誇張もない真実の記録です。

貴殿の『隠された公害』を著書発行に到る迄の絶大な苦心と努力に敬意を表わしその空発に終る事を惜みての『隠した鉱害』の現実版証明の一部です。

神岡・生野・土呂久・足尾等々、内地での鉱害補償に比べ、ここ国境の島、会社の村八分のもと、何んと淋しいことよ」

わたしの小著は七〇年四月に三一新書の一冊として出版されている。当時、神通川からはじめて、対馬、おなじ東邦亜鉛の製錬所のある群馬県安中市、厚生省や東邦亜鉛東京本社、足を棒にして歩きまわりながら、その存在さえも知ることができなかった「企業秘密」が、ある日突然、それも三年半もの時間を経過して、いきなり手許に送りつけられてきたのである。

そのときには、わたしの前に屹立して、ちかづけば遠くなり、遠ざかればちかくなる「城」（カフカ）としての鉱山は、もうすっかり用がすんで、廃鉱とされようとしていたのだった。それはさんざん翻弄されたあとで、「どうだ、参ったろう、教えてやろうか」と種明しされるのに似ていた。

水まし調査

「資料」には、鉱山がいかに鉱害を発生させたか、そしてそれをどんな方法で、どう隠蔽してきたかがきわめて克明に記録されていた。たとえば、そこで述べられている秘密はつぎのようなものである。

佐須川上流に五〇年に開坑された「日見坑」の坑内水は、月間約十七万トンにも達していたが、これはすべてそのまま無処理放流されていた。五九年六月沈澱池がつくられたが、その容量がちいさいので役に立たず、翌年もうひとつ新設されたが、所長の命令で夜間に出す三分の一日分の坑内水はそのまま放流されていた。このように各坑口から佐須川に放流された量は「合計四千四百万トン」にものぼり、この中にふくまれる「純粋のカドミウムメタル量が二千八百六十キログラムになる」等々。


また、六八年二月以降、イタイイタイ病鉱害問題がこの地で出はじめてから各官庁の調査がはじまったが、これにたいして鉱山はつぎのような行動を起こした。

まず、厚生省調査のために決定された試料採取予定点の水を事前に分析してみた結果、鉱山と無関係の上流ではカドミウムは検出されなかったが、鉱山からの下流には多量のカドミウムが検出された。そこで前所長の命令によって汚染地点の鉱泥を洗い流し、別の良質砂泥を散布混合し、上流の非汚染地点には、鉱石などを投入してカドミウムが滲出しているようにした。

この結果、六八年度厚生省委託による日本公衆衛生協会カドミウム研究班の報告書には、「川水の重金属濃度がとくに高い地点は、いずれも現在の鉱業活動に関係のない上流の地点であることが特徴であった。その理由としては、この流域が地質的に重金属濃度が高いことや、かなり古い時代から採掘が行われていたことなども考える必要があろう」

と発表された、等々。

さらに、こればかりでなく、当時の所長は、カドミウムの濃度がたかいことをみずから指摘し、当日の官庁採取試料に、あらかじめ準備した良質水を注水調節させ、それぞれ二分の一から三分の一にうすめさせた。

「これらの官庁採取試料に対する注水調節は、試料が鉱業所内に置いてあったので、神出前所長の厳命により、主として夜間に行われ、後日荷造りし役所に発送した。又その日持ち帰りのサンプルは、昼食、夕食時間の隙をみて実施していた」等々。

　つまり、この資料によって東邦亜鉛は「公害」問題が喧しくなる以前においては、坑内排水を無制限にたれ流し、それ以降は形式的に「公害防止施設」をつくって世間の眼をあざむき、夜は堂々と排出していた。役所が調査にくるまえには、採水予定地を「浄化」し、そのうえ鉱山の影響の及ばないところまで汚泥を撒き散らし、夜陰に乗じて役人たちが採取したサンプルに大量の水をまぜていたことが判明した。

　だから、これによって発表された政府、県などの〝科学的結論〟が、いかに茶番だったかもまた明らかになったのである。

　厳原港は四年まえとおなじだった。たしかに港の岸壁はフェリーを迎えるために整備され、道は舗装され、船首がウィンチでもちあげられると、ジュラルミンの胴体を陽に輝やかせた冷凍車や長い鋼矢板《シートパイル》を積み込んだ大型トラックや乗用車が吐きだされていく光景は、かつて想像もできなかったほどの変容を示しているが、島のひとたちや観光客やクルマなどが忙しげに去ってしまうと、そこはまたもとの静けさにもどり、子供たちが烏賊の臓腑を海に放り込むと、小鯵がメダカのように集まってきては釣り上げられて、風の冷たい岸壁でピョンピョン跳ねまわっていた。

　博多から百四十七キロの城下町厳原は、やはりまえとおなじように石を積み上げて家の周りを囲った武家屋敷が目立ち、街のまん中を川が流れ、柳が風にそよいでいたし、町から鉱山へむかう途中にある佐須峠からは、遠く、大小無数の島がいり組んだリアス式の浅茅湾を眼下にし、鉱山周辺の部落もまた、やはりおなじ静かなたたずまいで、梢に赤い柿の実を残したまま、これからの冬を迎えようとしているのだった。

　ただ、かつて、カラカラとあたりにこだまさせて動いていた鉱山の捲揚機はもうすでに取りはずされてしまい、構内に赤錆びたワイヤーや台車や大きな滑車などが雑然と放りだされているのが、道からもよくみえ、佐須川のせせらぎが、まえよりも音高く流れているように感じられた。「ヤマがシマを支えている」と豪語していた鉱山は、すでに生産を停止して撤収作業にはいったのが、この島でもっとも大きな変化といえる。

　島の唯一最大の企業である東邦亜鉛対州鉱業所は、十二月末（七四年）にむけて閉山を準備していたのだが、あのころ、このあたりにピーンと張りつめていた得体の知れないなにかはすでに取りはずされ、気のせいか風景までが優しさを取り戻しているようである。

　あれから四年たった。イタイイタイ病患者が「いたか」「いなかったか」は曖昧にされたまま、あっさり鉱山は撤退することになったのである。樫根はほとんど全戸、鉱山ではたらき、そのひとたちは「お世話になっている」と表現していた。そうであれば、鉱山が一方的に閉山を通告したなら、「お世話になっていた」ひとたちは、これまでの生活そのものの支配にたいして、はじめて批判の言葉を放つのではないか、そんな期待もあってわたしはやってきたのだった。

鉱山に土地を奪われ、鉱山に依存して生活し、鉱害にたいしても口を閉ざしていたひとたちは、支配者としての鉱山の呪縛から解き放たれ、いまこそくちぐちに憤懣のありったけをぶちまけるのではないだろうか。

閉山通告

鉱山が労組にたいして閉山通告したのは、七三年八月二十三日だった。新聞記者への発表もなかった。その二、三日前に、鉱山から報らせを受けた元鉱山総務課長であった一宮町長は、二日間ものあいだ部下の誰ひとりにも教えなかったという。

労組はその日すぐ合同委員会をひらいた結果、閉山反対の線を打ちだした。というのも、この年の四月、会社側は鉱山の縮小、分離→第二会社への移行を提案し、労組は縮小、合理化の条件で妥結、四十名ほど安中、小名浜などへ配転になっていった。生産量も粗鉱生産、月間二万トンベースを半分にまで落とし、人員削減、経費節約などの「合理化」によって、四月からは黒字に転換していた。

「この四ヵ月は景気がよかった」と内田対州支部書記長はいう。だから、閉山通告はまったく寝耳に水で、「狐にだまされたような感じだった」。イタイイタイ病の問題がでたとき、六百八十名だった労働者は、すでに半分以下の三百二十二名に減少していた。鉱山はじわじわ撤退作戦を取っていた。

会社側の閉山理由は、「鉱山の品質が低下し、コストアップになった」が主なものだったので、「いま閉山を食いとめても将来性がない」「いまだったらカネも十分あるので会社もお世話ができる」といったような労使の意見が影響して、まもなく、賛成多数になったのである。

条件交渉が妥結した、九月二十二日の労組機関紙『情報』に、渡辺港委員長はつぎのように書いている。

「又各組合員がこの様な状況（交渉中のこと＝引用者註）の中でも生産は落さず、無言の圧力を会社に与えた事も特筆されましょう。振り返って先輩諸士の多くの努力と尊い人柱もあった三十年の歴史を閉じる交渉が終った事、対州鉱山の歴史の中に燦然と輝くものと考え感慨無量であります。我々は残った撤収作業を無事故で終り、それぞれの道を歩むことになるが、その為にも立つ鳥あとをにごしたくない所存です」

この組合は同盟系である。執行部は交渉中に生産を上げることが、無言の圧力になると信じ、撤収作業をサボることなくやるのが、飛ぶ鳥（追われる鳥が実際なのだが）跡をにごさないことだ、と労働者に説教していたのである。

四年前、追っかけっこしてたがいに顔見知りだった副所長は本社に栄転して重役となり、斎藤課長は副所長に昇格していた。そして係長は課長になっていた。当時わたしは、カバンのなかにテープレコーダーを忍ばせていたので、課長はわたしと応対しながらも、わたしが放りだしていたカバンにしきりに視線を移していた。副所長に、労組との妥結条件を教えてくれというと、手許に資料がないので組合の『情報』をみてください、と答えた。会社の広報をも労組の機関紙が代行しているということなのだろう。

内田書記長の話によれば、労働者約三百名中、配転希望者は、八十名程度で、あとは希望退職になるという。そのほとんどが、地元出身者である。平均勤続年数、十四、五年、退職金が五十七～六十万円、それに特別慰労金一年未満十万円、一年ますごとに三万円が加算されて五十万程度、両方合わせて百十万、これだけが四十歳前後、十四、五年勤務の労働者の手許に残ることになった。

現実は苛烈に進行していた。四年前には想像もできないほどに、鉱毒の被害が急速に拡大していた。そのうえ、労働者たちは職場を喪いつつあった。労働者三百二十二名、このうち島外からきているもの七十七名、島内出身者二百四十五名のうち約半数の百四名は鉱山周辺の住民である。このほかに約百名ほどの下請労働者。

そしてまた、労働者たちが所有していた田んぼのうち、二十七ヵ所、合計九・三ヘクタールが汚染田として、こんごの耕作が不可能とされていた。閉山と同時にかれらは職場と農地の両方ともに喪うことになったのである。しかし、それにもかかわらず、この地帯には以前ともちがった諦めが支配的だった。

鉱山の正門前を通りすぎると、佐須川はほぼ直角に折れて流れる。川沿いの県道もそれにつれてまがり、やがて道の両側に自転車屋、食堂、酒屋、雑貨店、ガソリンスタンド、それに鉱山の売店などが疎《まば》らに建ち並んでいる。自転車屋のおじさんは忙しそうにはたらいていたが、食堂は廃業して店は取り壊しちゅうで、ほかの店もまえにくらべてなお、閑散としていた。

県道からはずれて、佐須川に架かる橋を渡ると樫根部落である。渡り終えると橋のたもとに金文字の「竣工記念碑」があたらしく建っていた。部落のなかを通り、古い坑口に突きあたる町道が、五百五十万円の予算でようやく鋪装されたのを記念してだった。五百メートルたらずの道が鋪装されて、高さ三メートルほどの立派な記念碑が建つことにわたしは軽いショックを受けた。

部落のすぐ裏手の鉱山から日夜排出されたズリ（鉱石を処理した砕石）は裏山にあふれ、部落にのしかかってはじめてみるものに異様な印象を与えていた。そのズリは建築資材に使われるため、ダンプが列をなしてこの道を往来し、道傍の家々はダンプが蹴立てた埃をまともにかぶっていた。

だからこそ、道の鋪装は部落の悲願でもあった。いま、道は鋪装され、これに貢献した部落の有力者の名前が永久に刻まれた。そのなかに、やはり、わたしが予想したように、「東邦亜鉛」が特別協力者として、金文字で輝やいていた。

舎利倉政武さん。わたしはこのひとになんども会っている。部落にはいるたびごとにかれが登場してわたしに応対したのだった。この日は、鉱山の仕事が終わる四時すぎまで待って、お宅に訪ねた。土間にたっていたかれは、わたしが名乗ると、「鎌田さんですか、あんた本当に鎌田さんですか」と繰り返した。若くなってみまちがえた、というのだった。わたしはかれのはたした役割にたいして批判的に書いていたし、かれもそれを承知のはずだった。だが、当時たがいにやり合っていたにしても、こうして四年振りに会ってみると、なにかしら懐しい感情も滲んでくるのだった。

かれは当時、こういっていた。

「いまの部落は会社あっての部落です。それまでの現金収入は炭焼きか道路工事でしかなかったとです。細く長く、もし三十年のものなら六十年にしてでも会社に掘りつづけて欲しいとです。社長がここにみえたときにもそうお願いしてます」

いまかれはこういう。

「公害は二の次です。これは昔からあることです。問題は過疎問題です。坑内夫など手に職のないひとはどうするかです。会社も新事業で救済したい、といってますが、それに淡い期待をかけています。企業があれば、大なり小なり公害があります。一利一害はある。それより職を失うのは大きいことです。ことしの正月は迎えられるが、来年の正月は、家族一緒に迎えられるか、そんな心配もでています」

かれにはもうまえのように意気込んだところもなく、やや沈痛な話し振りだった。

「汚染田については企業責任はでているのだから、もうわれわれも百姓がでけんのだから、長く残ってもらいたかった。でも、いまはやむをえんの心境です。会社を責めてみても再開する見込みのないものです。汚染田の企業責任を追及するのではなく、対策として自治体がどうしてくれるか、それに期待しています。これは政治のあり方の問題です。汚染田の一括買い上げについては、最初売らんの方針でした。はじめは県や町の補償の問題だったんです。これまでは食用のコメはつくってはならんといわれていて、こんどは県が土地の買い上げだけをいう、でもやむをえんです」

「あのころは結婚問題で深刻でした。わたしも年ごろの娘と息子を抱えまして、企業を防衛するという気持もあったでしょうが、観光客がきても新聞記者にみえて、新聞に書かれて嫁のきてがなくなるのが心配でした」

かれは鉱山の仕事から帰ってきて、夕飯前のすこしの時間を惜しんで畑にでかけようとしていた。十二月末で閉山したあとは、大工になっている息子と一緒に仕事するか、それとも会社ではじめる新事業（具体的なプランはない）にいくか、まだはっきり決まっていない。

部落では和牛の生育、椎茸の栽培などを手がけている家もあるが、和牛の多頭化には放牧地がいるし、椎茸生産の大量化には木の生育の時間がいる、といった問題があってそれほどの期待もできない。かれもまた、十四アールの汚染田を抱えている。

あとは野となれ山となれ

公害が問題化したとき、樫根のひとたち、被害者でありながらも「鉱山にお世話になっている従業員」でもあるこのひとたちは、企業危機と企業防衛を唱える企業と一体となりながら、当面の敵としての報道関係者とは会わないと部落決議した。イタイイタイ病問題の火つけ役である萩野昇、小林純の両氏の招へい中止の陳情書を町議会にだした。これで当時のうるさい連中の動きを封じた。これには鉱山出身の町長や議員たちがバックアップしていた。

厚生省や県の調査にたいしては、まえに述べたように、鉱山は採水点を事前に清掃し、サンプルを水まし し、鉱山の上流を人為的に汚染させた。その一方で、東邦亜鉛は、重金属による汚染は、千三百年の銀山の歴史と全島を走る鉱脈の影響があるとする「対馬全島の地質学的及び歴史的考察」なる論文を発表した。そこではこう述べられている。

「実際には被害をうけなく共、大事業所があり開発規模が大きいと言うことだけで、とに角鉱害があるとの先入観念を少しでも与えれば、農耕への努力、天候気象、肥培管理、耕土自体の地力の稀薄から生じてくることまでをもすべて鉱害の如く考えられがちである」

こうして、対馬の「公害」問題は、鉱山側の言語に絶する「公害対策」によって封じ込められた。が、鉱毒だけはじりじり周辺の農耕地を犯しつづけ、ここのコメは厚生省基準の三倍ものカドミウムをふくんで収穫されるに至った。そのことによって、住民は企業への依存度をますますたかめ、企業との一体化だけがこんごの生活の基盤となってしまったとき、企業はコストアップを理由に閉山、無数の坑口と喰いつくした空洞を放りだして撤退することにしたのである。

コストアップが理由かもしれない。しかし、わたしには、時間がたつにつれておのれの犯罪の痕跡がしだいに姿をあらわし、もはやどうしようもない事態に立ち至ったために、雲を霞と逃げだすように思えてならない。「あとは野となれ山となれ」。これが資本の論理である。

企業に依存しきった住民たちは、突然、一方的に放りだされた。鉱毒の田んぼと、「要観察者」たちを抱えて。が、それでも、舎利倉さんのように、「やむをえん」という諦めが先行しているのだった。

三山広義さん。このひとは樫根の区長であり、東邦亜鉛の系列会社東邦運輸の係長でもある。工場へ訪ねたとき、かれは白い作業服を着てミニトラックの塗装をしていた。かれのことも、それほどよく書いていなかったのだが、やはりわたしたちは会って懐しかった。かれは仕事を中断して事務所に招いた。あいさつがすんで、ストーブを囲んで坐ってから、「率直にいって」と切りだしたので、いよいよ苦情をいわれるな、と覚悟した。「率直にいって、よく調べてますね」かれはそういってくれた。

「いままで、鉱山も孫子の代までつづくといっていたし、部落でも、お世話になっているといってましたが……。部落総会でも、こんごのことでは暗い話ばかりです。まいとし調査するたびに、汚染田はふえる一方です。いままで表面にでなかったもので、これから表面にでてくるものがあるでしょう」

これがかれの精一杯の表現だった。鉱山は閉山になる。しかしまだ、撤退はしていない。それにかれは子会社の社員だし、東邦運輸の存廃はまだ微妙なところにあった。

対馬は山地けわしく深林多い朝鮮海峡に面した孤島である。その耕地面積はわずか四パーセント。その数すくない米作地帯は佐須川流域としての樫根、下原、小茂田と、鉱山を通るもうひとつの川、椎根川流域の稚根部落に集中している。この四地区の水田面積は六十一ヘクタールとなっているのだが、このうち半数以上の三十二ヘクタールは、カドミウムによる汚染田として県の買い上げが「決定」されている。

買い上げはより正確にいうならば、「没収」そのものであろう。問題になりそうなところは没収してしまえば、もうあとで文句もでない。これからもまいとし調査をつづける。調査してカドミウム一ＰＰＭ以上のところは没収する。こうすれば、ほとんどの農地はなくなってしまい、カドミウムも検出されず、公害問題は表面化しない。

樫根から佐須川に沿った県道を二キロほど歩くと小茂田浜にでる。海岸には石垣と松に囲まれた小茂田神社があり、そこには第一回目の元寇の役で憤死した宗助国が祀られていると伝えられている。わたしはこの神社の石垣の上に寝そべって、朝鮮から押しよせる波の音をきくのが好きだった。

それほど晴でもない、それほど曇でもない風の強い日、水平線のむこうには、薄青く朝鮮の島々がみえる。その日はみえなかったが、空はどこまでもたかく、海はどこまでも澄み、その色も雲によって太陽がみえ隠れすると、微妙に変化した。

海まで迫った山は色づき、鳥があちこちでさえずっていた。境内には海岸での蒙古軍との戦いが一枚の武者絵となって収まって立っている。神国日本は、第二次大戦までは戦いに敗れたことがなかった、とされてきた。元寇の役はまさしくそうだった。国難のときにはかならず神風が吹いた。元寇の役はまさしくそうだった。国難のときにはかならず神風が吹いた。いまでも、当時の戦勝の跡として観光客を感嘆させている。博多湾の防塁は

しかし、対馬は、「不名誉」な敗戦地だったのだ。樫根部落には宗助国の胴体を葬ったと伝えらえる「御胴塚」、近くには「御首塚」がある。銀を産出するこのへん一帯は侵略のたびに戦乱の地となり、男は殺され、女は犯され、手に窄をうがたれて船べりから吊るされた、とも伝えられている。それらの伝説は、工業生産のあとに、毒に犯されたまま打ち捨てられようとする、このあたりの水田地帯と重なり合うようである。

水田買い上げ価格は反当たり八十万円。当面、見込まれている買い上げ水田分、総額約三億円のうち一億円だけが東邦亜鉛が負担する、という。鉱山は三分の一だけ支払えば、無罪放免となって東京に帰れるのだ。この企業責任三分の一論に〝科学的根拠〟を与えたのが、九大農学部の青峰重範教授である。

一九四八年、対州鉱山の選鉱が本格化するとともに、地元の農作物の減収が眼にみえてきた。当時の佐須村議会はこれを取り上げ、青峰教授に調査方を依頼した。同教授は一九五三年に調査報告書をまとめ、このなかで上流に鉱山があり、これら河川に亜鉛、鉛（当時はカドミウムを検出する技術がなかった）が流入している。だから、客土に努め、汚染された川水を灌漑用水に用いてはならないと指摘していた。

ところが、それから二十五年たった七三年三月、かれはこんどは県の依頼で、「長崎県厳原町、佐須川、椎根川流域におけるカドミウム等重金属による環境汚染の原因調査報告書」と題するタイプ印刷百八十頁の文書をまとめた。この最後の「まとめ」にこう記述されている。

「ここに算出したいく通りの数値を組合せることにより、水田土壌の汚染に対する新・旧鉱山の寄与率を概算し、新鉱山二六・六～三二・一パーセント、旧鉱山六七・九～七三・四パーセントという結論を得た」

この科学的根拠に基づいて長崎県は、東邦亜鉛にたいして、汚染水田買収量の三〇パーセントを負担することを申し入れ、残り七〇パーセントのうち、五五パーセントを県が、一五パーセントを厳原町が負担することにした。

厳原町の一五パーセントは、当初、県から要求された四五パーセント負担をようやく一五パーセントにまけてもらったものだと、厳原町公害特別対策委員会委員長の平間稔さんはいう。

支配者に見捨てられ

　平間さんは、十五年前、佐須地区住民が鉱害の被害にたまりかねて補償要求したときもまた、町の鉱害対策特別委員長だった。当時かれは、三木副委員長と長崎にまででかけ、弁護士と相談した結果、鉱山の財産を仮差し押えする方針を決めて帰ってきたのだが、そのときはすでに遅く、被害者組合の組合長と書記は妥結を決めて、町の料亭で鉱山所長と一杯やっていたのだった。その妥結額は二百五十万円。二千九百万円と算定されていた被害総額の十分の一たらずにすぎなかった。

「これとおなじですたい。結局、負けますね。対馬人は酒をのむと荒いけんが、ふだんはおとなしいですたい。よそだったら県庁に押しかけてるでしょうが」

　県の買収の実務は厳原町公害課がおこなう。公害課長は樫根出身のAさんである。かれは立場として被害者であるが、その仕事は被害者の土地を〝円満に〟買収することにある。わたしはかれとも顔見知りだったので、ひそかにその苦悩をきいてみたいと思ったのだが、残念ながらついに会えずじまいだった。

　だから、議員である平間さんに会ったとき、Aさんは大変でしょうね、ときくと、「いや、割りきって県のために一生懸命やっているようですたい」ということだった。わたしは本人に会ってないから、かれの真情は判らない。しかし、かれを土地買収を担当する役職につけた政治の冷酷さが感じられてならない。もしかれがそれを拒否せず仕事を担当するならば、結局、地元のひとと顔見知りのかれは、ほかの人間よりも、よりスムーズにことをはこぶにちがいない。

　平間さんは青峰教授の三分の一論には批判的だった。

「ちょっとときよっただけで、どうして三分の一の責任だと判定できますか。調査のたびに汚染田が発見されてます。それが買収になって、しまいには全部つぶされてしまう、それが県や国のハラでしょうよ。企業はそのうちの三分の一だけ支払って、あとは税金が使われます。うまくできとるですね」

　わたしを億富ダムに連れていってくれたのは井田さんだった。かれの土地もまた買収されようとしている。かれは買収反対の急先鋒である。

「三分の一は政治的に一番よかったんでしょう。わしらはそう思っとるですたい」

　かれは疲れて諦めていた。はじめ、かれは汚染田には米をつくらせない、という県の方針に反対して、「米をつくるぞ」と主張した。すると県は、もしつくるなら、佐須地区全部の米を買わない、とおどかし、農民同士の対立をはかった。以前、かれが被害者代表として鉱山にでかけて、そのころ副所長で、いまは常務にまで出世した大工原氏に会ったとき、副所長は、

「もし鉱毒で米が汚染されるようなことがあったら、鉱山で全部引きとりましょう。鉱山の人間は安心して食べますよ」

といい放った、という。それなのにこんどは県が前面にでて「汚染米はつくらせない」「汚染田は買い上げる」と決定し、通告してきたのだった。

奇妙なことに、田んぼ一枚ちがっても汚染田と非汚染田との区別がある。汚染田は放置すると、雑草が生え、虫がでる。と、隣りの持主から苦情がくる。部落内で対立する。だから耕作するあてがなくても、防草剤、防虫剤などの農薬をまかなければならない。おなじ地区でも、生産性のたかい良田もあれば生産性の低い湿田もある。売るのに反対の人間と売ったほうがいい人間が対立する。この対立を利用して買収がすすむ。

「もう調べんほうがええ」

と井田さんはいう。「公害対策」は、いまや土地買収のもっとも有効な手段にされようとしているのだ。

「閉山」の記事を読んで、まっさきに思い浮かべた億富ダムはそのまま残った。

水面一万坪のこのダムは三十センチほどの覆土がなされ、そのうえに芝生が植えられることになった。臭いものにはフタとばかり、〝緑化〟されることになったのである。五十三坑といわれる東邦亜鉛の坑口にもまたフタをされる。あたりは鉱山がやってくるまえの静けさにもどろうとしている。ひとびとは支配者の鉱山に見捨てられることによって、ようやくその支配から脱した。静かになったいまようやく気づく。喪くしたものがあまりにも大きかったことを。

X　大団円

対州鉱山閉山の真相

農民がたちあがっていった。

「マンホールの出口の田んぼが汚されたとき、佐藤が五千円もってきたろ。地元に五千円ずつ配って歩いたんだ。目撃者がいっぱいいたから、いまさら隠しきれるもんじゃねえ」

「宮崎さんよ。四十四年（昭和）の交渉のときの態度どうだったかい。ここに写真があるよ。みろ、みろ、みろよ。あんた、ふんぞり返って（笑）」

そんな追及がひとしきりすんだあとで、小柄な老人がニコニコ楽しそうに語りだした。

「こうしてむきあっていると、人間らしい顔をして、どうしてそんなこといえるんかね。あの東邦亜鉛には人間が住んでいない、といわれてたもんだが、まったくそうだ。あんたがたがウソをいって、ごまかしてやろう、という腹がみえるから、こうして朝はやく起きて、押しかけてこなくちゃなんねえんだ。どうか真人間になってくんろ。あんた方も人間の子なんだろ」

対馬・東邦亜鉛鉱業所の「隠された公害」の事実が、内部からの手紙によって暴露されて以来、いままで凍結されていた歴史が、あたかも遅い雪どけのように進行している。

一九七四年四月末、群馬県安中市の被害者農民約五十名は、東京駅ちかくの東邦亜鉛本社に押しかけた。あらかじめ企業側に交渉にいく旨を通知していたにもかかわらず、当日は社長（代理）をはじめ、トップクラスは病気や用事を理由に姿をみせず、応対にでたのは、取締役ひとりと課長級三、四人のものにすぎなかった。

まず最初に、企業側は広い場所がないから全員とは会えない、代表者を選んで欲しい、といいだした。が、場所がないのは口実でしかないことが明らかになって、本社のなかでのはじめての集団交渉が開始された。この日の交渉内容は、安中における公害隠しの事実の確認と、鉱業権移転の策動を封ずるためのものだった。

農民たちは、これまで安中製錬所がおこなってきた行為――モグリ増設工場の操業を通産省が検査にきた日だけ止めてなに喰わぬ顔をしていた。やはり通産省が検証にくる数日まえに、採水地点のマンホールを洗浄した。地裁が検証に入るまえに、旧工場の煙突を撤去した。鉱滓堆積所を取りはずし、赤土をかぶせた。汚染田を焼き払った、など――を追及した。

会社側は頭から否定していたが、追及を受けて「事実があれば認めざるをえない」と退歩し、やがて「やったことは認める」

と言明した。

もうひとつの問題は、対馬の鉱山が閉山したのにともない、東邦亜鉛がその鉱業権を譲渡し、安中製錬所を対馬から切り離して独立させようとしていることへの追及だった。長い押し問答のすえ、会社側が中座して相談したあと、この日の出席者の代表名で、次のような「誓約書」が交換された。

誓　約　書

当社は貴団体の同意のない限り長崎県対馬の対州鉱山の鉱業権を別会社に譲渡することは致しません。

昭和四十九年四月二十四日　東邦亜鉛(株)　交渉代表者

宮崎孝人(印)

安中公害対策被害者協議会殿
違法増設工場認可取消請求人団殿
送電線設置・工場拡張反対期成同盟殿
安中被害補償請求人団殿
安中公害裁判原告団殿
安中公害弁護団殿

この日まで、わたしは対州鉱山の閉山後にあらわれた鉱業権の譲渡の問題と安中公害反対闘争との関連について考えることができなかった。

昨年末の閉山についての会社側説明は、「採算悪化」というものだったが、その理由はそれまで会社のドル箱と内外に宣伝してきただけに根拠が薄弱だった。だからわたしは、それまでの長い間の廃水たれ流しの結果、鉱害被害が企業の想像を越えて深化、拡大したため、学者に企業責任「三分の一論」を打ちださせ、その補償金を払いながら、あたふたと東京に逃げ帰った、と判断していた。

しかし、こうも考えられるのだ。

東邦亜鉛は、対州鉱山で採掘した鉱石を安中に送り、安中製錬所がこれを製錬して、亜鉛、カドミウムなどを生産する。対馬と安中は一体のものとして、鉱山保安法に基づき通産省の監督下にある。ところが、安中製錬所では、六八年に七十億円を投入して完成させた増設設備が、そのまま休止状態になっている。当時、無認可増設と違反操業が住民から摘発され、通産省の鉱山保安監督部長が縊死する事件も発生、通産省は、操業の認可をだしていないのである。

とすれば、安中製錬所を通産省鉱山保安監督部の監督からはずせば、操業できる可能性が強まる。さいきんでは、非鉄金属類は暴騰しているし、三月期決算では、経常利益が二・四倍、累積赤字は一掃、やがて復配する時期も迫っているほどである。

いまこそ休止設備を使っての増産態勢にはいりたい。このためには、メリットが低くなっている対州鉱山を取りつぶして鉱業権を別会社に譲渡し、形式だけを重んじる通産省の監督下から脱すれば、あとは県に届け出るだけで操業できる。つまり対州鉱山の閉山は、安中休止設備を稼働させるための〝捨て石〟とも考えられる。

が、社内の技師が良心に耐えかねて、対馬での鉱害隠蔽工作の事実を暴露するなど、誰も予想しなかった。この事実の発覚によって、ついに鉱業権放棄の策謀も一頓挫をきたすことになった。

神風としての「内部告発」

「内部告発」によって、対馬のひとたちは運動に起ち上がった。

五八年六月、急激に増やされた生産量にともなって、鉱山のそばを流れて朝鮮海峡に注ぐ佐須川流域の水田地帯は、鉱害の被害が重大化し、海岸にちかい映画館では住民決起大会がひらかれた。しかし、長いあいだ要塞地帯として意識的に孤絶させられてきた対馬の、歴史はじまって以来ともいえるこの大衆的な昂揚も、運動指導者の裏切りによってあえない幕切れとなっていた。それ以降、農民ひとりひとりのなかに沈澱した苦い想いの十六年間があって、いまふたたび農民大会がひらかれ、鉱山にたちむかうことになった。

ようやく運動がはじまりだした。鉱山の権力が閉山によって解体したこともある。が、さらに重要なのは、いままで疑いがあったにしても、事実に基づいて鉱山に迫れず、鉱山の唱える自然汚染説を破れなかったのが、内部告発の資料によって、ようやく決定的な証拠を手にしたためである。だからこそ地元のひとたちは、「マスコミの〝内部告発者〟という呼び方は気持にあわない、〝協力者〟と呼ばなければならない」という。

このかんの事情については、来島した県知事にたいする農民たちの要求書によくあらわれている。それはまさしく、土壇場で突然吹きつけた「神風」でもあった。

要　求　書

久保知事殿

ここに集まった農民は二十年以上の永きに亘り、東邦亜鉛対州鉱業所が流すカドミウム等の有害重金属により、水田や田を荒され、減収、休耕、買収等のいわれない苦しみをなめ続けてきました。先祖代々に亘り生活の基盤であった水田を次々と奪われ収入は減り、出稼ぎ等によって家庭生活を破壊された上に、健康に対する心配までしなければならないのは一体誰のせいでしょうか。しかもこの春から一号田ばかりでなく、二号田まで米作中止の声がかかり、県の意向を酌んだ町の買収交渉は広がってさえいたのです。

久保知事殿　我々は対州鉱業所と県によって根こそぎ生活を奪われようとしていたのです。一体県は我々のこうした窮状に対し、一度でも理解や協力を示したと言えるでしょうか。この度の対州鉱業所に於ける鉱害隠ぺい工作の内部告発は、こうした瀬戸際で泣寝入り寸前だった我々に立直りのきっかけを与えてくれたのです。

これまで対州鉱業所が唱えてきました無責任な自然汚染説は内部告発によって、くつがえったのであります。佐須地区約三十二ヘクタールの美田を、カドミウム等の有毒金属類で汚したのは、東邦亜鉛であることが、今再びはっきりしたのであります。

我々佐須地区被害者組合の農民は、ここに改めて東邦亜鉛に対し汚染の企業責任を追及すると共に、国、県、町の各行政局に於かれましても、ずさんな公害調査等により、我々に与えた損害補償の一端を担うべきであると考え、ここにまず久保知事に宛て農民大会の決議事項として次の事を要求します。

昭和四十九年三月二十四日

佐須地区鉱害被害者組合

佐須地区鉱害被害者組合は、東邦亜鉛にたいしては汚染田の復元と被害補償および慰謝料を、県にたいしては、これまで住民無視の行政の姿勢を正すことと買上げ農地の白紙撤回、萩野医師、小林教授などによる再調査を要求している。

「こんどはみんな怒っている」

「わしらもこんどはやる」

農民大会の様子を映しだすテレビのニュースをみて、わたしは井田さんに電話をかけた。対馬の騒然とした動きを受話器越しに受けとめながら、わたしは対馬への出発を決めた。

東邦亜鉛は「地元との共存共栄」と「四無作業」を唱えてきた。四無作業とは「無煙、無塵、無臭、無悪水」というもので、鉱山の選鉱所の屋根には、これみよがしに大きな看板が掲げられていた。

その大看板のもとで堂々と鉱毒を流し、偽装工作を進め、地元民に甚大な被害を与えていたのだった。

鉱山の屋根にはまだこのタテマエが悪びれることもなく掲げられていた。

事務所で副所長に会った。わたしはまず、小西社長が、対馬の「公害隠し」を陳謝しに来島したときに取り交わした、

「農地補償、慰謝料等の被害農民の要求に対しては、誠意をもって当る」

など五項目の「確約書」は、その半月後に社長が引責辞任したのを理由に、「いまさら知らない、などとはいわないでしょうね」と念を押した。

「これは組織の問題でして、社長個人で決めたことでないので、社長が代わってもつづきます」

副所長はこう答えた。

「鉱業活動をするうえで、労働力、土地の問題にしても地元のひとの協力がなければできませんでした。その協力頂いた地元のひとたちにたいしてこういう結果になったことは、申し訳ない。社長が約束したことは実行して、円満に解決したいと思います」そのあと、かれはこうつけ加えた。「これからもあたらしい事業をやりますので、ご協力願わなければなりませんから……」

わたしはひとつのことに思いあたっていた。閉山になったいまも、鉱山には三十名ほどの保安要員が雇用されている。「新対馬観光」「対州鉱発」などの別会社も設立された。前者は当面、閉山の後始末の土木工事をおこなっているもので、後者はもしも新鉱脈をみつけたならまた小規模ながらも鉱業活動をはじめるためのもの、という。とにかく、閉山になっても企業は残っている。

被害地の中心である樫根のひとたちは、一挙に路頭に放りだされたわけではない。閉山にたいする怒りが爆発する手前で、それらの企業に採用され、「希望」が投げ与えられ、不安と不満はこま切れにされて処理される。このときは気づかなかったのだが、「対州鉱発」は、鉱業権を譲渡しようとしていた別会社だった。東邦亜鉛は別会社を使って鉱業権を温存したまま閉山にもちこみ、安中製錬所を通産省の監督下から外して休止設備を稼働させようとしていたのだった。緻密に読まれた妙手だった。

破壊された共同体

そうであるならば、対馬のひとたちにとって、はたして企業は希望であったのか、この三十五年間の歴史とはなんだったのかをあきらかにしない限り、こんごの鉱毒補償運動は眼のまえでふりかざされる「希望」に分断され、刈り取られることになる。

最盛時八百名、閉山時三百二十名、これらの労働者がいた。ちかくの部落からは、百人ものひとたちが鉱山ではたらいていた。が、突然閉山になっても、パニック状態にならなかった。なぜか。そのほとんどのひとたちは半農半労であり、鉱山がなくなっても食う分にはさほど困らないことがはっきりした。

いままで「鉱山のお世話になっている」「鉱山あっての部落」と語りあっていたのだが、その重要な支柱が外されてしまっても、暮しが成りたっていることが判った。偉大な発見だった。むしろ問題なのは、農業にたち返るにしては、農地の汚染が激しいことである。

佐須川は小茂田浜にむかって流れ、そのまま朝鮮海峡に注ぎこむのだが、小茂田浜からちいさな岬をまわると、戸数四十戸ほどの椎根部落がある。やはり鉱山を経て流れる椎根川河口の田んぼは、カドミウムの被害によってうち捨てられ、雑草がまばらに生えているだけだった。

普請《ふしん》している家があった。手押車《ネコ》で土をはこぶ女や、材木をかついではこぶ若い男たちがせわしげにはたらいていた。わたしは井田さんの母親から、「カタヨリ」についてきかされていた。「カタヨリはひとつところに集まる片寄りからきてるんでしょう」と話してくれたのだが、それは共同作業の「結《ゆい》」とおなじもののようである。

対馬の家屋はこれまでたいがいカタヨリによってつくられてきたし、いま普請しているこの家もカタヨリでつくられている。自分の山の木を伐りだす。家の主人《あるじ》は育ってきた木の太さを測りながら、自分が新築する代に当たったことを悟るのである。

「一年間はこれにかかりっきりでした」

六十すぎの主人がいった。かれはチェーン・ソーの刃をとぎながら語りだした。十五畳、十畳間などをふくめて平屋十間ほどの家である。住むのは六人だけ。大黒柱が三十八センチ四方もある。材質はほとんど欅である。柱が太いので部屋を大きくしなければ釣合いがとれない、と苦笑しているのだが、十五畳間ほどの間取りはこのあたりでは珍しいものではない。

部落長（区長）はもちまわりなのでその寄り合いのためでもあるし、また盆踊りの練習のためでもある。対馬の盆踊りは歌舞伎仕立てで、本戸の長男たちは本読み、立ち稽古にけっこう時間をとられた、という。

さいきんではいくぶん様子がちがってきたものの、昔は普請がはじまると、使いにいかなくとも部落のひとたちは黙って集まってきた。一軒から、二、三人、子どもも女も家族ぜんぶでることも珍しくはなかった。が、さいきんは次第に勤め人がふえて、「きょうはこらえてくれ」というところが多い。

それでも正月四日には「初区役」というのがある。部落のひとたちが集まって、神社の傷んだところを修繕したり、道を治したあとで酒をくみかわして部落のことについて語りあう。三、四月はひじき、海草取り。年よりでも子どもでも区役にでてきた家には平等に分ける。

「ここらのひとたちは個人個人では弱いけど、団体になると強い」

とその老人はいうのだった。

椎根部落の汚染田はまっ先に県の買い上げの対象になった。カネが入用で六十万円の最初の価格で手放さなくてはならない家がでてきた。そのひとの分は部落で買い上げて、そこから崩れるのを防いで、結局八十万円にしたこともある。この部落は鉱毒被害四部落のなかでも、鉱山との関係はいちばん薄い。

距離的に鉱山ともっともちかい樫根部落は、企業の影響を受けて共同体的な風習がはやくから〝近代化〟された。昔の部落の寄合いは徹底的にディスカッションをし、対立している意見がやがてあらたな方向にむけて進んでいった、という。が、部落のひとたちが労働者として企業のなかに組み込まれ、そのなかで「出世」（といっても係長程度のものだが）して、階層が形成されるにつれて、討論も微妙に変化し、企業のバックが強い人物の発言が大勢を占めるようになった。

イタイイタイ病があるかどうかが問題になったとき、部落のひとたちが、企業とまったくおなじように、「イタイイタイ病はない」「なんも心配はいらない」とのシュプレヒコールを繰り返したのは、結局そのためだった。

それまでつねに前面にたち、部落を代表するコメントを発表していた舎利倉さんは、農民大会がひらかれた日、会場のうしろの柱に身をもたせて、ひとり淋しそうにしていた、と伝えられている。だからといって、かれ以外の農民たちが全員、反企業で起ち上がった、というほど事態は単純ではない。

企業によって、村がどう変えられたか。かつて安中の大塚忠さんが、こんな話をしたことがある。

わたしが子供のころは、春の二月に「春契約」という行事があったのです。この日は、村のひとたちがぜんぶ、大人も子どももいっしょになって、二キロほど離れた山にでかけ、網を仕掛け、みんなが勢子《せこ》になって、キツネやウサギなどを追いかけて遊び、もち寄った大きなナベにウサギやニワトリ、ネギなどをいれてみんなで食べながら、これまでの一年間の反省をし、これから村でやる仕事などについて話し合っていたのです。この春の話し合いを「春契約」といい、みんなで決めてみんなで守ったものでした。

それが、わたしがシベリアから一九五一年に復員して帰ってみると、とげとげしいまでのよそよそしさが目立っていました。村のひとと道ですれちがっても、ろくに挨拶もしない。よその部落のひとと会うと、とかく「西組のやつ」とか「峯組のやつ」などとやつ呼ばわりしているひとたちが多いのです。

五九年ごろから、安中でも東邦亜鉛の鉱毒被害が激しくなり、それにつれて企業の「公害対策」も露骨になって、「飲ませ、食わせ」がはじまりました。

公害対策委員のところに会社の渉外係がきて、「今晩あいてますか」ときいてクルマに乗せ、高崎の料理屋へ連れていき、女を抱かせ、帰りにはお土産の反物の一反もくれる。「ないしょにしてください」とひとりずついわれるものですから、会社から大事にされたのは自分ばかりだと思ってしまう。補償額を決める会合の席では、交渉委員のほうから「まあ、このへんで」といいだして、みんなももうすっかりアルコールが効いているもんですから、首をタテにふってしまう。スズメの涙ほどの補償金を委員たちがわれさきに分けてしまって、一般の被害者で、一戸年間百五十円というのもあったほどです。ですから、ひとをみるとおたがいに「あいつも陰でうまいことをやっているんだろう」と思うようになってしまったんです。

工場に制圧された樫根部落

樫根は、閉山まえのころからまた変わっていた。風通しがさらによくなっていた。立ち話をした老婆は身体が痛いことを訴え、はやく専門の医者に診てもらいたいといった。これまでここでの医療調査は意識的にサボられてきたし、閉山のあとは無医村状態になっていた。部落のひとたちは、全員調べてもらって「白黒をはっきりつける」ことにしていたのである。

八重桜が咲き残っていた。道ばたに長瀬シゲさんが坐って、孫のお守りをしていた。かつてその道は鋪装もされず、ズリを積むためのダンプカーの往来が激しく、とても道ばたにしゃがみこんで話しこめるようなものではなかった。かの女はわたしのことを憶えていてくれた。シゲさんの家は、この部落でも裕福なほうで、鉱山が建設されるときは、その前進基地として使われた家でもあった。姑は「イタイイタイ病」と疑われていて、水田の鉱毒被害も大きい。

「こんどの事件をどう思っているのですか」かの女はそれまでの微笑をつづけながら、「鉱山には無料《タダ》で電気をつけてもらいましたし、いままで裕福に暮させてもらいよりました。それに、人間的にも古くから知ってますばってん、とても怨めません。企業というものは、自分で商売してもそうでしょうが、自分のことだけ考えるものですけんねえ、水の採集や土壌の検査などでも、県や国がもっと厳重に監視してくれよったら」

企業は儲けるために悪いことをするものだ、というのが、かの女の認識である。問題なのはそれを監督しなかった国家と県ということになる。

シゲさんの腕は直視できないほどに変形していた。手首の骨はたかく隆起し、指は叫び声を上げているように、一本ずつ大きく曲がっているのだった。温泉へいったり、九大へ長いあいだ入院したりして治療してきた。以前は朝起きるとき、畳につけないほど痛かった。が、九大病院で両手首の筋（？）を切って、金具をいれてからは、痛みが和らいでいるという。もう、その金具を抜きにいかなければならない時期なのだが、また長いあいだ家をあけて入院するのは嫌なことですねえ、そんな話になった。

その原因をかの女はリューマチのためと信じている。息子さんが説得して、こんど萩野医師がやってくるときには診断を受ける、という。

しかし、かの女がいうように、はたしてこの部落は裕福になったのだろうか。樫根の歴史が、開発のはじまりとその終末を典型的に物語っている。樫根の社史『荒野を拓く』にはこう書かれている。まず企業がやってくる、カネだけをもって。東邦亜鉛の社史『荒野を拓く』にはこう書かれている。

「開発はまず用地の入手からである。そこで土地の買い入れに手を打ちはじめたのだが、どこの土地でも、先祖伝来の土地を手放すのは、なかなかおいそれとはいかない執着がからむものだが、この対馬は平地が少ないため、その思いはひとしお強く、買い入れの話は一段と難航をきわめるのであった」

対馬は農地がすくなく山嶮《けわ》しい島である。その数すくない土地を、容易に手放すはずはない。とにかく、農民の反対を押し切って工場が進出する。北九州工業地帯の基点になった八幡村でもそうであったし、そのごの日本資本主義の「開発」の歴史は、農地が工場によって押しつぶされる歴史でもあった。そしてそれはその地域が企業によって制圧される過程でもあった。樫根部落にはその歴史が凝縮されていた。

樫根のひとたちは山林や水田を鉱山に売り渡し、ほぼ全戸が〝従業員〟になった。親子二代、「お世話になった」家族もある。電気が灯き、台所を衛生化する「新生活運動」もはやくからはじまり、カラーテレビの普及はもっともはやかった。この島ではもっとも〝生活の進んだ〟地域だった。と同時にカネで支配された最初の地域になった。

安中の大塚忠さんがいうように、村のなかに疑心暗鬼がはびこるのは時間の問題。対馬には「長てぼう」という独自の背負籠がある。それがチューベ（ゴマスリ）の代名詞にもなった。長てぼうのなかに、酒をなん本か忍ばせて上役のところにいくのが競争になった。それが昇給と昇進の基準になった。他人よりすこしでも賃金のあがることが、そのまま自分の能力を認められることになったのである。

対州鉱業所の賃金形態で、本俸は四分の一に満たない。二十五年勤続したある労働者の総支給額は十四万円になっているが、そのうち、基本給・本俸は三万五千円。基本給・加俸は二万七千円、それに請負給が二万五千円となっている。加棒は以前、操作給とよばれていたもので、協調性、点検、指示事項の遵守などによって、労働者を企業に従属させるための操作に利用されるものであった。

また、請負給については、就業規則にこう規定されている。

「採鉱、発電の現業職及び購買部に標準作業量に対する達成率によって算定する請負給を支給する」

つまり、ノルマが賃金の基準になっており、明確な賃金体系は設定されていなかった。この労働者たちは「長てぼう」という重荷を背負わされて、ただノルマとゴマスリだけに励むように支配されていたのだった。

そして、いま、閉山したあと、ここには田んぼを覆いつくした鉱毒と多くのカドミウム中毒要観察者と、けい肺、白ろう病（鑿岩機による職業病）の未認定患者が残されたのである。

子会社ではたらいているあるひとは、こういう。

「鉱山のすべては樫根にありました。昔は本事務所もここにあったとです。ですから、みんな親戚みたいな気持で協力してきました。それが裏切られたんですよ」

「神風」に頼らぬ運動へ

安中の農民たちは「あの会社には人間が住んでいない」といいきった。樫根の長瀬シゲさんは「企業は自分のことだけを考えるもんです」と達観している。企業に棲むものは人間にはなりえないのであろうか。

東邦亜鉛の公害隠蔽工作の事実は、企業内から送り届けられた。わたしはそれを握ったまま長いあいだためらっていた。消印をみて、たぶん、もはや会社にはいないだろうと判断できたものの、確信はもてなかったし、そのごの本人の身の上に降りかかる影響を考えれば、責任をもちえず迷っていた。が、わたしは、閉山の報せをきいて雑誌に書いた。いま企業の犯罪事実は明らかになり、そのご、地元ではほかの事実も発掘されだしている。

新聞でいうところの内部告発者、農民がいう協力者は、すでに鉱山を退職し、島を離れて郷里に帰っていた。企業の外にでたからこそ、はじめて人間的な行為ができたのである。Aさんは、身体を悪くして田舎に帰った。

会社にいるときから、綿密に事実を記録していた。が、二年間そのままあっためていた。良心がとがめて寝つかれなかった、という。わたしはその言葉をききながら、「王様の耳はロバの耳」と立木の穴にむかって叫んだあの床屋の、事実を知ったものの苦悶を思い描いていた。

「あれをだしてスカッとしました」

しかし、それだけではやはりすまなかった。

「あなたの仕事の掩護《えんご》射撃をしようと思ったのですが、そのあと個人的な問題はいろいろでてきてますよ。鎌田さん、正義の味方は辛いもんですなぁ」

Aさんは力なく笑った。

まず新聞記者がきた。そこまではよかった。第一報が一面トップの大スクープとして報道されると、新聞社間の競争になった。まず、「犯人探し」がはじまった。この極秘資料をもちうる人間を割りだすのは、年金受給者のリストをもつ企業では簡単なことだったろう。

Aさんの住所は、官庁から流れたようだ。夜、記者に叩き起こされる。本人としては、妻や子どもや親戚には知られたくなかった秘密である。やがて鉱山保安監督署、会原町議会から出頭命令がくる。罰金刑、禁固刑、そんな脅しもあったどいう。Aさんにしてみれば、社長も国会で認めた事実であるし、事実は資料のなかにほとんどだしてある。いまさら自分を調べなくても、そんな気持なのだ。

告発は、企業社会のなかでは、けっして正義ではない。裏切り行為でしかない。内部告発した人間を、どうしてほかの企業が採用するだろうか。またそれは子どもの就職やそのごの生活にも影響する。

「わたしはもう老いさき短いからいいのですが」

かれはそんないい方をする。かれはまったく個人的な気持から、わたしに送ってくれた。わたしはいろいろ迷った末に、「社会化」した。そこには、たぶんに自己保身もあった。その秘密を握りつぶす結果になった場合、自分の存在理由が問われるからである。たしかに大義名分はある。こんな重大な企業悪は公のものにしなければならない、との。しかし、それに関わる個人の生活をどうするのか。

Aさんはわたしを非難はしなかった。「あとは自分で解決しますよ」そういってくれただけである。かれは家を転々として生活した。それは裏街道をいく逃亡者の姿でもある。

さいきん、ある自動車会社の課長がクルマを批判して退職し、美濃部都政に再就職して脚光を浴びた。しかし、本当の「内部告発」は、告発者の運命は、そんなことですむものではない。

企業のなかに自由は存在しない。安中農民の言葉を借りれば、人間は存在しえない。利潤追求と人間性は両立しないのである。これがわたしの結論である。もし、自由の幅をひろげるとしたなら、企業の論理そのものに対決する運動を現場に構築するしかない。もしそれが成立すれば「告発」は退職する個人か、退職した個人の良心に任せるのではなく、組織的な運動になりうるのだ。

「鎌田さん、正義の味方は辛いもんですなあ」その述懐は身をちぢこませる。

対馬で、Aさんの資料の裏づけ発言をまっさきにしたBさんに会った。わたしが泊まっていた井田さんの家に遊びにきてくれて、一緒に酒を飲んで話をした。かれは上司の命令で、直接川ざらえ作業をやらされたのだった。

現場の労働者は、電気係だったかれ一人で、あとは大学出の連中ばかりだった。口止め料はもらわなかったが、かれは「残業手当」をつけさせた。職員たちには手当てはでなかったであろう、ということである。反社会的な企業防衛は、企業共同体のなかでの黙契として成立しているのである。

「どうして、わしらにいってくれなかったんですか」こういう諦めとも溜息ともつかない声がでた。かれにはもしそれをいったとしても、鉱害反対運動が展開できるという信頼感がなかった。かれ自身もまた鉱害による汚染田をもっているにもかかわらず、である。

「誰かがきいてくれれば隠さないでいったよ。そのきっかけがなかったのさ」

そういった。いいたい気持もあったが、どうしようもない、という諦めも強かった。長いあいだ鉱山ではたらいていると、それを悪いことだとして突きだす意識が弱くなるのであろう。

五月上旬になって、東邦亜鉛の取締役会は新社長を内定した。元伊藤忠常務、現北洋水産会長。主力銀行の興銀から押されたのであろう。わたしが東邦亜鉛の取材をはじめてから五人目の社長である。

東邦亜鉛の体質は、資本バックをもたない創立者が、財閥系の非鉄金属各社のあいだで競争するための無理にあった、とかつてわたしは書いた。が、それでは中堅企業の「特異体質」を免罪することになる。たしかに企業による地域住民と労働者支配は、大企業のほうにより貫徹している。それはさらに巧妙で、東邦亜鉛のようにドジを踏まないだけのことなのだが、かといって東邦亜鉛に弁明の余地はない。

あたらしく選任された佐須地区鉱害被害者組合の桐谷正義さんは、これまでの組合の体質とちがった運動をはじめている。有力議員の仲介も断わっている。かれはいう。かつてここは侵略者蒙古に敗退した地だ。いま「神風」でまずわれわれは救われた。これからは自分たちの力で企業と対決する、と。

完全復土、損害補償がいまの運動の要求なのだが、このなかで、われわれにとって企業とはなんだったのかをつきつめていかないと、また新会社の「希望」に怒りが吸収されるだけで終わる。「企業」そのものと対決し、その論理を否定する論理を住民各人が捉えたときに、ようやく住民の生活を自立、復興させる手だてを考える道筋がみえてくるのであろう。

資料「鉱害始末記」

(イ)対州鉱山と佐須川

問題の佐須川は対馬下島西海岸の小茂田港にそそいでいる。全長一二キロ。川幅は中流において約五〇メートル。鉱山事務所は海岸より約一・六キロ上流に位置し、その横に選鉱場がある。各坑口は川岸に面し、上流より日見坑・新富坑・第二ダム・大奈坑・鶴恵坑・第一ダム等がある。

昭和四三年三月、イタイイタイ病鉱害問題が起こるまでの佐須川の実態は、

(一) 日見坑と日見川

日見坑は佐須川の上流二・五キロの点より分岐した日見川の上流約九七〇メートルの川岸に坑口がある。昭和二六年三月、山腹より斜坑で掘下り、三一年四月に零メートル水平坑道を川岸に向け開坑された。それ以来坑内水は一分間に平均四トン、月間約一七万トンをそのまま無処理放流していた。

昭和三四年六月、坑口下の川岸に六〇立方メートルの小さな沈澱池を作ったが、容量が小さいので、僅かの時間で澱物が溜まり、何の役にも立たず、一回も澱物回収や掃除をしたことがなかった。

昭和三五年六月、日見坑口上流約二〇〇メートルの川岸に、二一八〇立方メートルの沈澱池を新設したが、以来坑内水は神出前所長の命令により、昼間のみこの沈澱池に送水され、夜間すなわち約三分の一日分の坑内水は日見川に放流していた。

この期間中、日見川へ無処理放出した水量は、昭和三一年四月、日見坑開口以来、三五年六月の沈澱池新設までの四年間に八二九万トン。日見沈澱池新設の三五年六月以来四二年一二月パイプ流送完成までの七年半にわたる夜間放水量は四四九万トン。合計未処理放水量は一二七八万トンに達した。

(二) 新富坑と佐須川

新富坑は佐須川の上流五・二キロの鉱山最上流の坑口である。この坑口は昭和二三年三月に開坑された。坑内湧水量は一分間に一・九立方メートル、月間約八万二千トン。昭和四三年八月、坑内を通じて第一ダム沈澱池へ流送処理するようになるまでの二〇年間に放水した坑内水は一九六九万トンである。

(三) 第二ダム選鉱廃滓堆積場と佐須川

第二ダムは選鉱場の上流一一〇〇メートルにある関の隈沢の上流約五〇〇メートルの所、佐須川面より一三〇メートル高いレベルにある。

これは昭和三三年一二月に構築され、以来毎月五千トン～七千トンの鉱泥を選鉱場より送泥しており、現在一一六万トンの

貯泥量である。

昭和三六年七月二七日、当地に二八〇〇ミリメートルの集中豪雨があり、決潰して六一九立方メートルのスライム（鉱泥）が佐須川に流出した。

このため沢内及び下流川岸には長年これが残留した。特に九〇〇メートル下流の志多田のカーブ土手にノシ上った大量のスライムは対岸志多田の水田にも入り込み、今もなお水田中に残留している。

第二ダム滲出水の沈澱池は当初ダム暗渠前に七・八立方メートルの小さな沈澱池を作ってあり、そのオーバー水は二六〇メートル下流の佐須川との合流点川岸に設けられた二六七立方メートルの沈澱池に入り毎分〇・四立方メートル。排出水量は九年間に一八八万トンであった。また木樋の送水能力は一分間に一・〇立方メートルであったので雨期特に台風等の大雨時には第二ダムよりの大量の滲出水は、この木樋をオーバーし、この沢より佐須川に流出した。

(四)　大奈坑と佐須川

坑口は新富坑より一一〇〇メートル下流の佐須川岸に在り、昭和二二年七月に開坑された。

坊内湧水は一分間に〇・六立方メートル。一ヶ月二万六千トンであるが、開坑以来、昭和四三年二月の第一ダム沈澱池へパイプ送水する迄の二〇年五ヶ月間の直接佐須川への未処理放水量五七二万八千トンである。

(五)　鶴恵坑と佐須川

坑口は鉱山事務所の対岸、鶴恵沢の上流一五〇〇メートルの所にある。

昭和三一年四月に開坑され、坑内湧水毎分一・〇立方メートル、一ヶ月四万三千トンを沢を通じ佐須川に未処理放流していた。昭和四二年一二月坑内水を第一ダムにパイプ流送する迄の一一年八ヶ月間に約五九一万トンの放水量であった。

(六)　第一ダムと佐須川

第一ダムは昭和一八年一〇月、選鉱場完成と共に構築されていたが、終戦後昭和二三年より本格操業した。

昭和二五年五月に堆積量三〇万トンの認可申請を行い、硫化鉱廃泥を貯泥した。昭和四三年、佐須川流域のイタイイタイ病鉱害問題が発生するや直ちに坑内水、選鉱排水を集水処理し始めた。

第一ダム設立以来、四三年三月迄ダムオーバー水は東（上流側）、西（下流側）の樋により一分間一・五立方メートル放水していたが、その二〇年間にわたる放流量は一五五五万トンである。

以上、各坑口よりの坑内水放出量は合計四四〇〇万トンとなり、沈澱池排出水量は合計一七四三万トンとなる。これらの水質については、昭和二八年四月一六日、九大農学部青峰教授が、当時の佐須村長井田秀夫氏の依頼により現地調査を行い「佐須村鉱害土壌検査報告書」なる論文をまとめた。これによると第四頁第二表水のPb及びZn含有表に坑内水の平均亜鉛は六・五ppm、鉛〇・一ppm、pH七・一と表示してあり、また「坑内水排水口より採取した水を定量した成績は特に坑内水のZn含有が多い」との記事がある。

対州鉱山坑内水の水質はZnの1/80～1/120のカドミウムが含有されるのでZnの1/100即ちカドミウムの含有量は〇・〇六五ppmである。

よって未処理坑内排出水総量四四〇〇万トンでは純粋のカドミウムメタル量が二八六〇キログラムとなる。

(七) 佐須川と鉱泥

各坑口よりの放出水の懸濁物質ssは平均一三〇ppmであったので総排泥量は五七〇〇トンとなり、その泥質は昭和四三年八月一二日より同八月二三日にかけての分析結果によると亜鉛で三二〇〇～五〇〇〇ppmが検出された。この亜鉛には、カドミウムがその七〇分の一～一二〇分の一の割合で随伴するので平均Cd三五ppmである。特に、日見坑口下流の大きくカーブするあたりの澱みは、鉛色の泥でドブ池と化し、三二一〇～七六九〇ppmの亜鉛が検出され、第二ダムの沢下流では三二六〇ppm、第一ダム東側放流点で一七六〇〇ppm、同西側放流点で二三〇〇ppm、第一利水点の宮前橋下で三五〇〇ppm、第二利水点の柳ノ本セキで四〇二〇ppm、最下流の松木原セキで三〇五〇～四〇二〇ppmのそれぞれ亜鉛が検出された。

これらの鉱泥中の亜鉛には純粋のカドミウムメタルで二〇〇キログラムが随伴し、前述の坑内排水中のカドミウム量と合せると三〇六〇キログラムの金属カドミウムが佐須川底及び下流水田中に流れ込んだことになる。

(ロ) 官庁調査と対処

昭和四三年二月以降、イタイイタイ病鉱害問題が本格化してくるにつれ、各官庁の来山調査がひんぱんとなった。これに対し鉱山は神出前所長の命令によりいかに対処したか。その主なものをあげると、

(一) 厚生省調査

㋑長崎県衛生研究所及び公害対策室は厚生省の委託を受け、佐須川椎根川流域の広域環境汚染調査を実施することとなった。

この調査は、世に喧伝されたイタイイタイ病特定地域としての環境汚染の実態を明らかにして鉱害対策を樹立するという重要な意義を持つものであった。

まずその測定点（採水、採泥）決定のため、八月九日長崎県公

害対策室長他一名来山。坑廃水管理状況と農地調査を行い、八月一〇日神出前所長と共に各河川・沢・井戸の試料室取予定点を決定した。そして八月二七、二八両日にわたり第一次調査に再来することになった。

㋺厚生省の調査に備え、神出前所長は八月二二日、各採取点の河川水・河底泥の事前分析を命じたが、その結果、鉱山と無関係地点の佐須川上流（経塚橋下）、日見川上流、椎根川上流には、カドミウムは殆んど検出されず、鉱山の排出水点以下の下流には多量のカドミウムが検出された。

㋩そこで神出前所長は八月二七日、二八日の厚生省第一次調査に対処するため、まず日見坑下流、第二ダム下流、第一ダム東側川岸、悪水谷沈澱池下流の鉱泥の洗い流し作業を八月一三日以降、夜陰に乗じて実施することを、各上席職員に命じ、これを完了した。

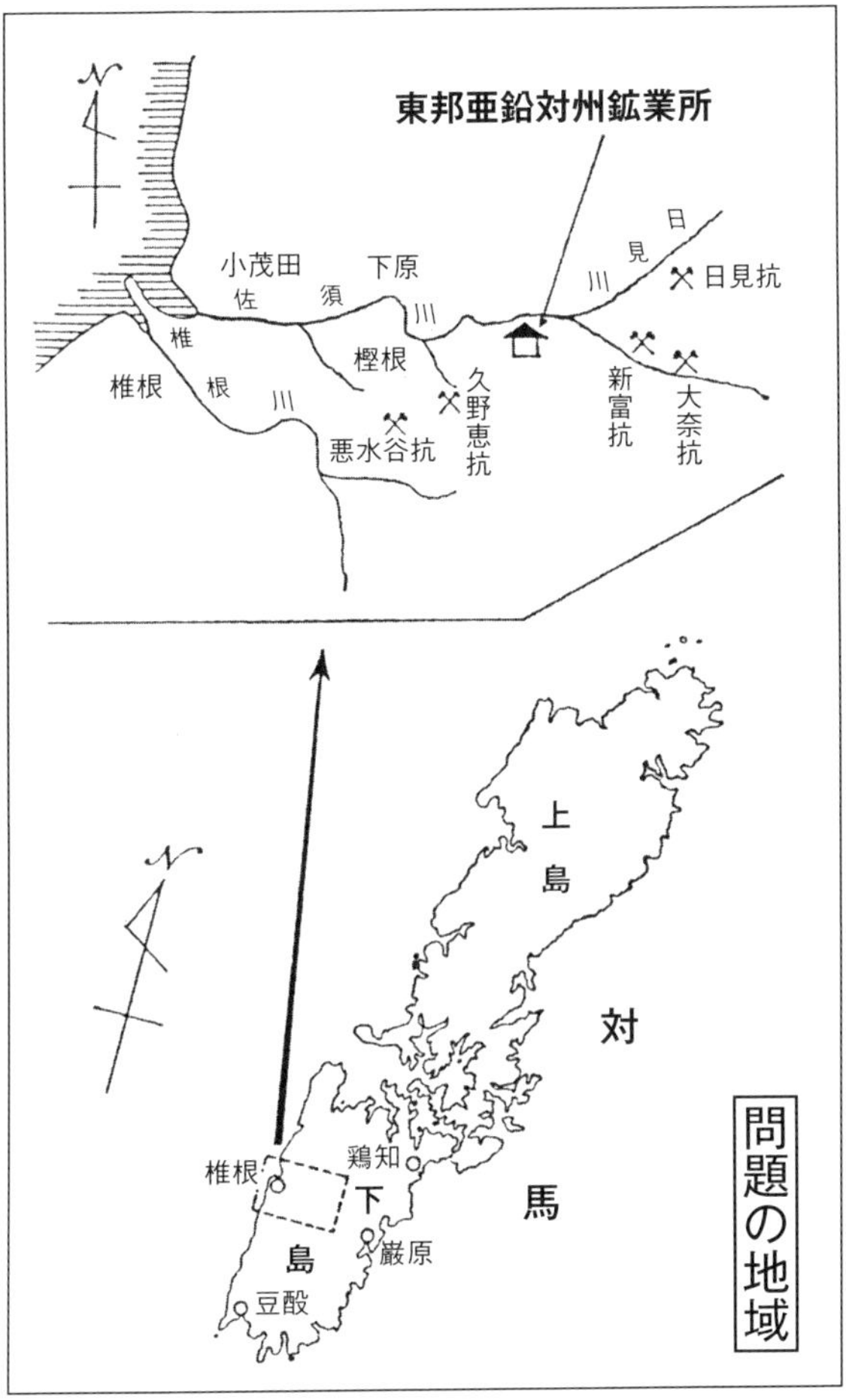

尚、鉱山と無関係採取箇所の泥、水にカドミウムが多量に検出されていかにも自然汚濁があるようにするため、また坑口下流の鉱山地帯の関係地点採取予定箇所では、カドミウムが少量になるようにするため、次のような作業を命じ、八月二四、二五、二六の三日間に亘り実施を命じた。

1　日見川上流・佐須川上流（経塚橋下）・椎根川上流の無関係採取点には、夜間、鉛、亜鉛鉱石を含む古代廃石（樫根部落野積）の細石を四～六トン河底に散布し、従来の底質と混合した。

2　鉱山下流の関係地域採取点の日

見川橋下、第二ダム下流、第一ダム下流（宮前橋下取水セキ前）・佐須川中流（柳本セキ）・久野恵沢上流・佐須川下流（松木原セキ）・椎根川悪水谷沈澱池下流・椎根川下流セキ等には、鉱石を含まない無関係上流地の河川砂・泥を採取地点に散布混合し、坑口下流の採取泥水に実際よりも低いカドミウムの分析値が出るようにした。

3 第一ダム排水口では、東側排水口（上流側）川岸のスライムには亜鉛が一七六〇〇ｐｐｍもあり、それにカドミウムが約百分の一随伴するので、川岸のスライムをブルドーザーでかき流し、その上に別の川砂でカバーした。西側排水口（下流側）の泥採取予定箇所にも別な良質砂泥を散布混合した。

4 特に椎根川上流の河床露頭凹部には、鉱石を含む古代廃石を投入し、いかにも河床露頭から、現在でもカドミウムが滲出しているようにした。

総合調査は予定通り昭和四三年八月二七、二八の両日に亘り、福岡鉱山保安監督局も立合いで行われたが、その結果が昭和四四年三月二〇日、厚生省より（昭和四三年度厚生省公害調査研究委託費による財団法人日本公衆衛生協会カドミウム研究班報告「カドミウム等微量重金属による環境汚染に関する研究」財団法人日本公衆衛生協会誌）発表された。その結果、

①河川水は、無関係地点（従来ほとんどカドミウムが検出されなかった地点）の日見川上流に於て〇・〇二六ｐｐｍ、佐須川上流で〇・〇四二ｐｐｍ、椎根川上流〇・〇四一ｐｐｍの異常高濃度のカドミウムが検出され、これらの僅か下流の鉱山地帯（坑口下流、日見川橋下）で〇・〇〇二ｐｐｍ、佐須川中流（第二ダム下流）で〇・〇〇六ｐｐｍ、椎根川（悪水谷沈澱池下流）で〇・〇一ｐｐｍの低いカドミウム分析値が発表された。

②川泥及び排水口の泥については、無関係地点の日見川上流に於て、カドミ五・二〇ｐｐｍとなり、昔の七・五倍、佐須川上流の経塚橋下では四・五六ｐｐｍ即ち昔の四倍、椎根川上流では四・七二ｐｐｍ、昔の三倍のそれぞれカドミウムが検出された。鉱山地帯では、日見川橋下に於て一四・六〇ｐｐｍ、昔の四分の一、佐須川中流（第二ダム下流）で五・三二ｐｐｍ、昔の三・六分の一。この他第一ダム下流柳本セキ、佐須川最下流セキに於てもいずれもカドミウムが減少した。

このように同一水系での無関係地点に於て、僅か下流の関係地点（鉱山地帯）の約一〇倍もの極端なカドミウムが検出された事に対し、研究報告書では、

「川水の重金属濃度がとくに高い地点は、いずれも現在の鉱業活動に関係のない上流の地点であることが特徴であった。その理由としては、この流域が地質的に重金属濃度が高いことや、かなり古い時代から採掘が行われていたことなども考える必要があろう」

又川泥については、「川泥で濃度がとくに高い地点は川水の

重金属濃度が高い地点の下流にあたっていた」と発表された。

神出前所長の命令、処置により、上流の作られた自然汚濁、消された下流の川泥作戦が見事に図に当った。

その後、毎年数回ずつの諸官庁の同一地点における採取測定結果は、上流に於ては、ほとんどカドミウムが検出されていない事実に対する疑惑を持つこともなかった。

鉱山保安監督局・長崎県（保健所）の採水・測定に対処

昭和四三年八月厚生省第一次調査が行われてより以後、ひんぱんに各鉱害調査官庁の採水分析が行われた。これに対し神出前所長は、事前に採水定点箇所の水の分析を行い、カドミウムの濃度の高いものを自ら拾摘し、当日の官庁採取試料に、予め準備した良質水を注水調節することを命じた。

この良質水とは、佐須地区水道の水源地の水でカドミウムは殆んど無い。

試料に注水調節した個々の実情は次の通りである。
○昭和四三年一一月二八日福岡鉱山保安監督局（福監）採水の悪水谷坑沈澱池排出水と椎根川中流セキの試料に良質水を½入れ替えた。

（昭和四四年）
○三月一三・一四日の福監採水で、日見川下流（日見橋下）・同佐須川合流点・樫根下水鬼ヶ隈下流・悪水谷下流・椎根川中流の各採水点試料にそれぞれ½入替え、また悪水谷沈澱池排出水を⅓に薄めた。
○六月一六～二〇日の福監採水に於て、第一ダム排出水を½、悪水谷沈澱池排出水を⅓に、鬼ヶ隈下流水を½にうすめた。
○八月四～五日長崎県公害対策室、福監合同採水に於て、柳ノ本セキ・鬼ヶ隈下流松木原セキ水をそれぞれ½に、また第一ダム下流（宮前橋下）水試料を⅓にうすめた。
○一二月二日長崎県公害対策室採水、松木原セキ水を⅓にした。
○一二月九・一〇日福監採水時、樫根沢下流水・裏河内沢水・柳ノ本セキ・久野恵沢流入前水・同沢上流水・悪水谷沈澱池入水・椎根川中流水等の試料をそれぞれ½に、又裏河内沢合流前・鬼ヶ隈深下流水等を⅓にうすめた。

（昭和四五年）
○四月一四日福監採水時、悪水谷沈澱池入水を½にした。
○七月二日経企庁委託の厳原保健所採水で、松木原セキ水を½に、又鬼ヶ隈水を¼に。
○一〇月一四日・一五日福監・保健所採水で日見沈澱池排出水・久野恵沢上流・裏河内沢・柳ノ本セキ水を½にうすめた。
○一二月一〇日保健所採水、金田原セキ・柳ノ本セキ・松木原セキ水をそれぞれ½に、又鬼ヶ倸下流水を⅓にうすめた。

（昭和四六年）

○二月五一九日福監・保健所合同調査採水に於て、裏河内沢流入前水、同流入後水久野恵沢合流前の各試料をそれぞれ½に、又柳ノ本セキ・鬼ヶ倸下流水を⅓にうすめた。

○六月二一日・二二日福監採水に於て、裏河内沢合流前水を¼に、又鬼ヶ倸深下流水を⅔にうすめた。

○一月二一日保健所採水に於て、松木原・鬼ヶ倸水をそれぞれ½にうすめた。

○一二月一四日福監採水に於て裏河内沢流入前の水を⅓にうすめた。

これらの官庁採取試料に対する注水調節は、試料が鉱業所内に置いてあったので、神出前所長の厳命により、主として夜間に行われ、後日荷造りし役所に発送した。又その日持ち帰りのサンプルは、昼食、夕食時間の隙をみて実施していた。

このように当時の神出所長・大工原副所長・安達副所長の裏工作が見事効を奏し、諸官庁の水質検査結果発表に於て、佐須川、椎根川の河川水は極めて良質であると公表されたが、隠される鉱害として今後もつづくであろう。

東邦亜鉛kkでは、神出前所長は、公害対策の最高実力者として、昭和四七年一月本社公害担当重役、環境管理室長として、一年間各製錬・鉱山の公害処理に対する会社の基本的対策を樹立後、莫大な功労金、退職金を得て勇退し、後を引ついだ大工原氏は常務取締役、社長候補として、又、安達氏も次代の最高幹部として「隠される公害」への実力を発揮することとなった。

＊

この告発文書は四八年夏、対馬のイタイイタイ病を追った『隠された公害』の著者、鎌田慧氏のもとに送られ、これが、翌四九年三月八日付朝日新聞でスクープされることとなった。

この結果、沈滞していた地元の反鉱害運動は一挙に盛り上がり、敵をはっきりと見きわめることができた。すでに四八年十二月に東邦亜鉛対州鉱業所は正式閉山し対馬から何事もなく逃げ去ろうとしていた。イ病の疑いのある健康被害者と汚された土地、過去何十年間の農作物被害を残して、住民を守るべき行政も企業の先兵となって「公害対策」として汚染田の買収を進めていた。地域住民は健康に不安をもち農業を追われ、今まで尽して来た鉱山にも見捨てられるなど生活環境を奪われていた。

このようなギリギリの状態にあった時、以前鉱業所に勤めていた一人間が勇気を奮い、来たるべき苦難を覚悟して、いわば身を挺して、この告発文書を世に出してくれた。私達はこの勇気ある行動に報いる為にもこの佐須地区の鉱害問題を完全に解決するまで企業や行政の責任の所在を見きわめ、この地をよりよい地域社会にするよう奮闘するものである。

最後にこの勇気ある人に組合員一同感謝の意を表明するものである。

昭和五〇（一九七五）年十月一日　佐須地区鉱害被害者組合

〈付記〉

1　対馬での取材に全面的に協力してくださった井田裕夫さんは、一九七六年七月十六日、転落死した。三十九歳だった。それはいまなお、わたしにとっての痛恨事である。かれは、この本を産みださせた恩人だった。

2　厳原町佐須地域では、二十五人の女性が「要観察者」として指定されたが、イタイイタイ病にはひとりも認定されなかった。このうち、生存しているのは、四人だけである。富山県婦中町でも、その後、イタイイタイ病の認定申請は棄却され、カドミウム原因説を否定する動きが、政府、産業界に強い。

3　佐須地区鉱害被害者組合は、汚染田の買い上げを阻止し、完全覆土を成功させた。その後、佐須農業機械利用組合（桐谷正義組合長）を結成し、農業機械の共同利用を成功させ、八九年度の「朝日農業賞」を受賞した。禍を転じて福となす壮挙、といえる。「反鉱害の団結が、農業で自立する力をつくった」と桐谷さんはいう。

4　一九九〇年六月二十六日、富山県婦中町の医師、萩野昇氏死去。

資料 ちくま文庫解説
これは〈熱いノンフィクション〉だ

松下竜一

鎌田慧とは同世代ということもあり、私の作品歴に幾つかのルポルタージュやノンフィクションがあるせいもあってか、ときに読者から「鎌田さんと親交があるのではありませんか」と訊かれることがある。読者の嗅覚が嗅ぎ当てるとおり、私は鎌田慧に同志（それも、果敢に先行する同志としてだが）としての親しみを抱き続けているが、実際には彼と語り合ったことは一度もないのだ。顔を合わせたことなら一度だけあるが、それも今思えばこっけいな場面であった。

場所は「筑豊文庫」である。筑豊の廃鉱地帯に蟠踞《ばんきょ》し、この国の急速な近代化を文字通り地の底で支えそして棄民化されていった炭坑労働者を執拗に記録し続けた作家上野英信の火宅が筑豊文庫だが、一九八〇年夏某日、私は上野氏が南米取材の土産に抱えて帰ったメキシコ産テキーラに悪酔いして、激しい嘔吐に見舞われていた。そこへ筑豊の取材で立ち寄った鎌田慧が、苦しむ私をしりめに上野さんを案内にしてさっさと取材に出て行ったのである。二年後に出版される『去るも地獄　残るも地獄　三池炭鉱労働者の二十年』（筑摩書房）の取材であったと思われる。のちに私が東京で出版関係者と会うたびに、一つ話のようにテキーラでひっくり返った件が持ち出されたもので、その吹聴者は鎌田慧以外にありえなかった。

あえてこんな挿話を披露するのも、鎌田慧が記録文学者上野英信の系譜につらなる一人であることを、読者に印象づけたかったからにほかならない。

上野英信は頑ななまでに〈事実〉に執してフィクションを排したが、しかし読者に伝えられたのは単なる〈事実〉にとどまらなかった。その〈事実〉と向き合っている上野英信の生きる姿勢そのものを、常に読者は読み取ったはずである。

近年、ミヤコではやるノンフィクションのうさんくささを、筑豊という辺境から炯る眼がじっと見据えていることを、鎌田慧は深く意識している一人であった。

だからこそ、『追悼・上野英信』（上野英信氏は一九八七年十一月二十一日死去）に寄せた鎌田慧の小文の最後は、次のように結ばれるのだ。

〈「ノンフィクションの時代」とか「事実の時代」などといわれて久しいが、その核に、変革の想いと熱い連帯の訴えをふくまない文章など、ボタのごときものであろう。舗道の捨石にさえ役立たない消耗品といえる〉

こういい放つとき、鎌田慧はノンフィクションの通念に桃戦状を突きつけたのだといえる。

　それは、どういうことか――

　ルポルタージュを含めてノンフィクションの作法で一番強調されることに、取材者の取材対象とのスタンス（距離）の取り方という問題がある。取材者が取材対象から離れ過ぎるのは論外としても、逆に近過ぎてもいけない、常に安定した一定のスタンスを保つことがノンフィクション作法として重要だというのである。一方に偏しない客観的眼配りのゆき届いたノンフィクションが良質だとされるわけである。

　鎌田慧が〈その核に、変革の想いと熱い連帯の訴えをふくまない文章など、ボタのごときものであろう〉といい放つとき、彼はそういう安定したスタンスで貫かれた〈とりすましたノンフィクション〉に挑戦状を突きつけているのであり、もっと破格な〈熱いノンフィクション〉があってしかるべきではないかと提唱しているのだと思う。

　では〈熱いノンフィクション〉とはいかなるものか。その好例が、本書『ドキュメント隠された公害』にほかならない。

　この作品から、取材者（作者）と取材対象の間に安定した一定のスタンスを読み取るという読者は、まずもっていないだろう。

　それはそもそも冒頭から「わたし」（鎌田慧）が主人公として登場することによって、破られてしまっている。

〈対馬に公害があるのかないのか、もしあるとすればなぜ隠そうとするのか、なぜ取材を拒否するのか、なぜ病気の存在を否定するのか、一体そこには何があるのか、この疑問に追いたてられるように〉（１６４頁）対馬にやってきた「わたし」は、たたみかけるように自らの行動の動機を表白するところから、すでに血気のありすぎる主人公（取材者）であって、取材対象との冷静で安定したスタンスなど最初から眼中にないというべきであろう。

　たとえば、次のような告白がある。

〈もうわたしは〝取材〟という行為に絶望していた。質問する。相手が答える。答えたことを綜合すると、樫根のひとたちはなんの心配もなく平和にくらしていて、イタイイタイ病はまったくのデマでしかなかった、という結論になる。取材は空転していた。相手の信頼をえて話を聴く、という方法は決定的に破綻していた。わたしは部落のひとたちを〝被害者〟と勝手に解釈し、かれらの秘かな協力をえて、〝加害者〟をやっつけるという単純な〝正義の味方〟気取りでいたが、彼らには重い生活がある。それがようやく判るようになった〉（２１２頁）

　率直な告白というしかない。取材対象との安定したスタンスをいうとき、同時にそれは先入観の排除をも意味している。一方に偏した考えを持たずに取材に入っていくべきだということも、ノンフィクションの鉄則のようにいわれるのだが、「わたし」

がはっきりと予断を抱いて対馬に入ったことがここでは隠さずに告白されているのだ。

もう、はっきり言っていいだろう。『ドキュメント隠された公害』は通念的ノンフィクション作法を破っていて、きわめて主観的な「わたし」が熱くなって動き廻り嗅ぎ廻り（スタンスへの注意などなく）、それでも真相に迫りえない取材者としての手の内もすべてさらけ出していくところにこそ、読者を惹き込んでやまない魅力があるのだ。あえて、〈熱いノンフィクション〉と呼ぶゆえんである。

年譜によれば、鎌田慧三十一歳のときの取材であり、彼の本格的ルポルタージュの第一作ということになる。全身をぶつけるようなきおいが全篇にみなぎっているのも、成程とうなずける。

このドキュメントを一篇のスリリングな推理小説のように読んだ読者がいたとしても、不思議ではない。本書はそういう結構を備えている。

対馬樫根部落にイタイイタイ病患者はいるのかいないのか――それを突きとめようとあがいている「わたし」の前に立ちはだかるのは、まさにカフカの「城」を思わせる程に牢固として閉鎖的な村落共同体である。そこの住人たちの何喰わぬ相貌の不気味さは、充分に推理小説の登場人物たりえていて、奥が暗く深い。

『ドキュメント隠された公害』が一九七〇年に三一新書として刊行されたとき、このドキュメントは本書の第八章までで終わっていた。二ヵ月間の現地での取材によっても、ついに公害企業の確たる犯跡を剔出《てきしゅつ》するには至らなかった「わたし」は、犯人を解き明かしえない推理小説としてこのドキュメントを閉じざるをえなかったのだ。

取材者として敗退し、厳原港から去って行く日の感慨を、「わたし」は次のように述べている。

〈事実が目のまえにあらわれないうちは、あるいは、もしかしたらけっしてあらわれないで終るかもしれない事柄を、あえてむきだしにしていまの平穏さに波紋を生じさせたくないのを〝怯懦〟と呼ぶなら、それはわたしの中にも根強く残りぬくぬくした〝惰眠〟をむさぼっている〉（二八八頁）

そう呟くしかなかったろう。

だが、犯人を解き明かせぬままに刊行された『ドキュメント隠された公害』の著者に、やがて現地から内部告発の手紙が届き、企業がいかに悪辣に犯跡をくらませたかの真相が明かされるという劇的な展開をみせるに至る。

いうなれば、本書の第九章と十章は推理小説の解決篇の趣きを呈することになった。特に第十章が「大団円」と題されているのを見て、私（解説者）は微笑を禁じえなかった。

かつて推理小説以前の探偵小説でよく用いられた終章のタイトルが大団円であったことを思い出してしまったのだ。このタイトルは鎌田慧の稚気であるのかも知れない。

ところで、実に偶然なことながら、この文章を書きつつあった今朝（一九九〇年十一月二十五日）の「毎日新聞」に、「イタイイタイ病　データ無視した結論　実験リーダー告発」と題する大きな記事が掲げられている。

〈富山県の神通川流域に多発したイタイイタイ病の原因をめぐり、環境庁の委託で財団法人・日本公衆衛生協会が昨年九月に公表した「イタイイタイ病とカドミウムの関連性は証明できない」とした、中間報告書について、実際に研究にあたったグループのリーダーが「関係性を裏づけた我々の実験データが故意に無視されている」と内部告発していることが二十四日、わかった〉（以下本文略）というのだ。

鎌田慧が真相に迫ろうとしてドン・キホーテのように悪戦苦闘したときから実に二十一年の時が経過して、なおこの実態である。

嘆息せざるをえないではないか。

まことに〈現実〉という奴は……

この作品は一九七〇年四月、三一書房より刊行された『ドキュメント隠された公害』に、『工場への逆攻』（一九七六年六月、柘植書房刊）の中の「対馬　内部告発までの道」を追加したものである。

あとがき

鎌田慧

冤罪と公害。このふたつの作品をここに同時に収録したのは、告白者の良心と内部告発者の正義感と勇気を顕彰したかったからだ。その精神がこれからの民主主義をひろげる運動にとって、もっとも必要だ、と考えるからだ。

このふたつの事件。ひとつは「冤罪の証明」として、極めつけの「真犯人」登場。その本人とのインタビューによって、「犯罪者の良心」を描くことができた。もうひとつの「公害隠しの暴露」は、企業の犯罪行為を担わされた技術者からの、内部告発として、犯罪行為の詳細な記録を託され、その解決に役立つことができた。記録者としての僥倖だった。

まず冤罪解決。いまから七十五年前、一九四九年八月、青森県の城下町・弘前市で発生した「弘前大学教授夫人殺人事件」である。この本が最初に発行された時のタイトルは『血痕　冤罪の軌跡』（文藝春秋社、一九七八年）だった。無実の被告・那須さんのシャツに血痕が付着していた、として有罪の証拠とされたのだが、その血痕は警察官が付けたものだった。（七五、七八ページ）

那須隆さんは、第一審では証拠不十分、として無罪判決を受けた。ところが検事側が猛烈に巻き返して控訴。二十五歳の那須さんは、否認し続けていたのだが、懲役十五年の刑が確定、十一年間服役してようやく仮出獄できた。当時は刑期満了前でも仮釈放していたのだ。

ところが、出所して十五年がたった一九七一年七月、突然、「俺がやった」と昔那須さんの近くに住んでいた男が名乗り出た。自分の殺人事件を告白する、という犯罪史上稀な展開となった。しかし、真犯人の登場、というまさに天佑ともいえる事態があっても、那須さんの再審請求は却下された。裁判官に勇気がなかったからだ。那須さんが無実の罪を晴らすためには、まだまだ時間が必要とされていた。わたしはその時のことを次のように書いた。

「疑わしい点はいろいろあるが、再審は開始しない。冤罪を主張する再審請求にたいする裁判官の論理はどこででもおなじものである。原判決にしがみついて、自己の責任を回避する。そこで不足しているのは、おのれの良心と使命感にお いて、上級機関である最高裁の決定に疑問を投げつける勇気だけである」（一二六ページ）。

仙台高裁での再審開始決定は、一九七六年七月だった。四九年に新刑事訴訟法が施行されてから、はじめての再審開始決定だった。その前の年、最高裁は北海道での「白鳥事件」判決で、「疑わしきは被告人の利益に」との原則を再審請求にも適用すべきだ、との見解を打ち出した。それまでの再審は「疑わしきは確定判決に有利に」の思想に縛られていた。天皇の名において裁判は絶対だった(一一七ページ)。

無罪判決は事件発生から二十八年目だった。事件後の青森地裁弘前支部での第一審無罪判決から数えると二十六年。ドラマチックな真犯人の出現から三年もたっていた。八〇年代に連続して解決した、免田事件、財田川事件、松山事件、島田事件の四つの死刑冤罪事件は、無罪判決までほぼ三十年がかかった。つい最近、二〇二四年九月に解決した袴田事件は、ほぼその倍の五十八年もかかっている。袴田さんの拘置は、実に四十七年七ヶ月にも及んだ。これらは日本の司法制度の野蛮さを証明している。

逮捕されてから五十八年もたって、ようやく無罪判決を得た死刑囚・袴田巖さんにたいする、静岡地裁での再審無罪判決(国井恒志裁判長)は、警察官ばかりか、検察官の犯罪性も追及した画期的なものだった。

「検察官も逮捕の翌々日から警察官と入れ代わり立ち代わり、虚偽の事実を交えるなどしながら、被告を犯人と決めつける追及的な取調べを繰り返した。被告が自白したとする検察官調書は、黙秘権を侵害し、警察官と検察官の連携により、肉体的、精神的苦痛を与えて供述を強制する非人道的な取調べで作成された。実質的に捜査機関によって捏造されたと評価できる」

「捏造」は取調調書ばかりか、「証拠」に対する評価でも使われた。

「五点の衣類を除く当時の証拠関係によれば、被告が無罪になる可能性は否定できない状況にあり、捜査機関において、到底許容できない事態であったと認められる。五点の衣類は、犯行とは関係なく、事件から長期間経過後に捜査機関によって血痕を付けるなどの加工がされ、タンク内に隠匿された捏造の証拠である。

被告の実家から押収された端切れも捜査機関の捏造と認められ、証拠から排除する」

明解な判断である。つまり、袴田さんを犯人としていた、もっとも重要な証拠が捏造だった。犯罪の証明が捏造だから、無罪。それが判決の精神である。この判決にたいして、当該の検察側は、畝本《うねもと》直美検事総長が異例の「談話」を発表した。

「本判決は——「五点の衣類」が捜査機関の「ねつ造」であると断定した上で、検察官もそれを承知で関与していたことを示唆していますが、何ら具体的な証拠や根拠が示されていません。それどころか、理由中に判示された事実には、客観的に明らかな時系列や証拠関係とは明白に矛盾する内容も含まれている上、推論の過程には、論理的・経験則に反する部分が多々あり、本判決が「五点の衣類」を捜査機関のねつ造と断じたことには強い不満を抱かざるを得ません——控訴して上級審の判断を仰ぐべき内容であると思われます」

「控訴して、上級審の判断を仰ぐべき」というのは、無罪ではない、有罪だ、とする主張である。しかし、最高検察庁は控訴せず受け入れた。再審開始の法廷でさえ「死刑」を求刑していた根拠が「捏造」だったならば、それは犯罪行為で殺人罪に匹敵する。法治国家としては許されざる行為だった。ところが結論として、

「袴田さんは、結果として相当な長期間にわたり、その法的地位が不安定な状況に置かれてしまうこととなりました。この点につき、刑事司法の一翼を担う検察としても申し訳なく思っております」

と腰砕けの屈服である。自分たちの責任を反省することなく「法的地位が不安定」と曖昧な表現で恩着せがましいのだが、誤認逮捕した人間を、証拠の偽造をしてまで、絞首台に引きずりこもうとしていたのだ。逮捕して四十八年間も拘束していた。静岡地裁での再審決定の時に、「これ以上、拘置を続けるのは正義に反する」とする村山浩昭裁判長の命令によって、ようやく釈放されたのだが、検察が抗告をして、無罪判決までそれから十年もかかった。邪道というしかない。

つまりは、人間としてのもっとも重要な時期を、日夜、死刑の恐怖に苛まれる、精神的な拷問を受け続けてきた。袴田さんの現在に続く現実からの精神的な乖離が、その残酷さを示している。「申し訳なく思う」といいながらも、検事総長の談話には、反省はなく、頭が高く恩着せがましい。判決文には取調べた検事の名前も明らかにされているが、真実を隠蔽した警察、検事、これまでの裁判官の責任は重大だ。

「再審法」改正の要求が高まっている。再審裁判は「ラクダが針の穴を通るよりも難しい」と言われてきた。警察や検察は取調べの経過を秘密にしているし、裁判所は先輩の過ちを認めたがらない。再審裁判では証拠の開示が進まない。法的なルールがなく、証人尋問や現場検証などの事実調べが保障されていない。袴田事件解決を契機に、冤罪者を救い、冤罪をつくらない制度的保障が緊急に必要とされている。

弁護団の努力によって、ようやく裁判所が再審開始を決定しても、検察側が不服を申し立て、抗告や控訴によって開始決定が取り消されることがある。鹿児島県の大崎事件の被告、原口アヤ子さんは、三度も開始決定が出たのだが、検事側が抗告して、四度目の再審請求中だ。九十七歳である。狭山事件の石川一雄さんは八十五歳、それでもまだ再審開始に至っていない。

再審を請求しても、長い時間放置されている。袴田さんは二〇一四年に再審開始の決定があっても、検事側が抗告して実際に裁判が始まったのは、九年が経ってからだった。狭山事件は事件発生から六十一年、有罪決定から五十年。再審を求めてか

らでも四十七年。これから再審開始決定になっても、検事が不服を申し立てると、再審が始まるのにはあと何年もかかる。寿命との競争だ。

冤罪者を救うためには、再審開始の決定を早く出す必要がある。検察は証拠を隠さず、開始決定にたいして不服を申し立て（抗告、控訴）ない。再審法を早く整備することが迫られている。

＊

『ドキュメント　隠された公害』は、わたしの最初の著書である。三十歳でフリーライターになって二年後、一九七〇年四月に新書版の書き下ろし作品として出版された。この頃、日本各地の公害被害がひどい状態になっていた。「水俣病」が熊本県水俣湾でのチッソ工場からの有機水銀、「イタイイタイ病」は富山の神岡鉱山からのカドミウム、「第二水俣病」が新潟県阿賀野川流域での昭和電工、三重県での大気汚染による「四日市ぜんそく」は、石油コンビナートによる硫黄硫化物が原因だった。これらは四大公害病と呼ばれたが、それ以外にも、工場から排出される有毒物質が地域に住む人びとの生活を破綻させていた。

この頃、いまは廃刊になってしまったが、朝日新聞社が発行していた「アサヒグラフ」に「イタクナイ・イタクナイ病」とのタイトルで、長崎県対馬の「東邦亜鉛」のカドミウム被害が取り上げられていた。鉱山から排出されるカドミウムに汚染されている地域なのだが、住民たちは会社と対立しない、取材にも応じないで、会社を守る側にいるという記事だった。それに目をとめた若い編集者が、その地域に取材に行かないか、と誘ってきたのだ。

月刊誌の編集者をやっていた頃、六十八年の東大闘争や日大闘争が激しくなって、刺激を受けていた。美濃部革新都政だったが、モータリゼーションの波及で、都営の路面電車が撤去されることになった。撤去に反対する労働組合の側にたって、ルポルタージュを書くようになっていた。それより十数年前、一〇代後半、わたしは会社の偽装倒産、全員解雇に遭って、反対闘争に参加して、応援に来てくれた労働者の友人がふえていた。その関係から都電労働者にも知り合いがいた。少数派や反対派に加担する性癖から、公害の被害地域にいながらも、公害企業を擁護する人たちに関心をもつようになった。

博多港から小さな連絡船に乗って、壱岐島を経由、朝鮮半島が対岸に見える島、対馬がイタイイタイ病の舞台だった。対州鉱山。東方亜鉛の精錬場がある地域のひとたちの多くが、鉱山で働いていた。公害反対が世論の大勢になっているのに、公害企業を擁護しなければならない人たち。それがあらたな取材先になったのだ。実際、取材で地域をまわりはじめると、露骨に背をむけられた。

島の玄関口である厳原の街の旅館に宿泊して、鉱業所に近い地域までバスで通っていたのだが、便数が少ない。たまたま鉱業所近くの集落に、居候させてくれる人物がみつかった。農協の職員で、むかし、鉱毒補償要求運動をやっていた井田裕夫さんだった。鉱害の取材のため、東京からやってきた見知らぬ男を宿泊させているのは、勇気のいることだった。

ある日、わたしは神社の社殿脇の部屋でひらかれた、部落総会の席に招かれた。ふたつの部屋の敷居の襖を外して、大きな車座になっている座敷の真ん中に座らせられた。顔馴染みとなっていた区長さんが、参加者ひとりひとりに「イタイイタイ病があるか」と問いかけると、「どこにもいない」という答えが返ってきた。そして、結局、「もう部落には入ってくれるな」と引導を渡された。それでも、わたしは翌日からも、地域の人たちの話を聞くために歩きまわっていた。

富山県の神通川流域、府中町などでイタイイタイ病の取材を重ね、この病気の発見者の萩野昇医師にも教わりながら、一冊にまとめたのが『隠された公害』（三一新書、一九七〇年）だった。その後、八幡製鉄（現・日本製鉄）がある北九州市の公害と八幡製鉄所の労働問題を取材、さらに青森県下北半島と六ヶ所村、核燃料の犠牲区域の取材をはじめていた。と、一通の手紙が送られてきた。

「鎌田慧様

此の資料は正確で聊かの誇張もない真実の記録です。

貴殿の『隠された公害』の著書発行に到る迄の絶大な苦心と努力に敬意を表わしその空発に終る事を惜みての『隠した鉱害』の現実版証明の一部です。

神岡・生野・土呂久・足尾等々、内地での鉱害補償に比べ、ここ国境の島、会社の村八分のもと、何んと淋しいことよ」（三〇三ページ）

この内部告発の文書は驚くべき緻密さで、鉱害隠し作業が記録されていた。鉱業所から下流に沈殿している、カドミウムを含んだ汚泥をトラックで運び、夜陰に乗じて上流にぶちまけた。それによって、鉱業所による汚染を、あたかも自然界の汚染のように捏造することができた。

厚生省の調査結果は狙い通り、下流ばかりか上流も汚染されていることによって、汚染は自然界特有の汚染である、となった。さらに厚生省の職員が採集した河川水のサンプルに、やはり夜陰に乗じて加水、汚染度を緩和させていた。

わたしはこの文書を抱えて悩んでいた。狭い地域だから、発表すれば告発者が明らかになる。といって、発表しなければ告発者を裏切ることになる。どうしたらいいのか。結局、付き合いのある雑誌に、少しだけ紹介することにした。影響力よりも、いわば悪用していない、というアリバイ証明のような使い方だった。

と、朝日新聞西部本社の記者がその記事を読んで、東京まで取材にやってきた。わたしは記者を信用して資料を提供した。彼は対馬に出かけて取材した。この記事は東京、名古屋、大阪、西部本社版の一面トップ記事になった。国会での野党の追及となり、社長は辞任。汚染された被害地には、全面的に覆土が実施され、農業の復活となった（三三二ページ）。

内部告発者は、追われるような生活になった。彼は電話口で「あなたの仕事の掩護射撃をしようと思ったのですが、そのあと個人的な問題がいろいろでてきますよ。鎌田さん、正義の味方は辛いもんですなぁ」といった。それでも彼はわたしを批判しなかった。彼の決意に報いられた、と感じた。居候にしてくれた井田さんは、冗談っぽく「よく会社に売りつけなかったですな」といった。わたしには彼への恩返し、との気持ちもあったのだ。

僻地の住民にとって、大企業の進出は「希望」なのか、それとも「絶望」なのか。工業化は「開発」と呼ばれてきた。山地、田畠、今まで買い手のつかない土地が、「商品」になる。それは廃業を意味するが、会社員となって「近代化」することでもある。零細農民よりもサラリーマンの方が「進歩」したように見えた時代があった。しかし、鉱山や工場が拡大するにつれて鉱毒や公害が増え、ひろい地域での農業が成立しなくなるのが、現実でもあった。企業の進出によって、地域がどのように変わったか。東邦亜鉛が対馬の樫根地域に進出したあとの状況について、わたしはこう書いている。

「距離的に鉱山ともっともちかい樫根部落は、企業の影響を受けて共同体的な風習がはやくから〝近代化〟された。昔の部落の寄合いは徹底的にディスカッションをし、対立している意見がやがてあらたな方向にむけて進んでいった、という。が、部落のひとたちが労働者として企業のなかに組み込まれ、そのなかで「出世」（といっても係長程度のものだが）して、階層が形成されるにつれて、討論も微妙に変化し、企業のバックが強い人物の発言が大勢を占めるようになった。」（三二〇ページ）。

「会社のお世話になっている」との住民の意識が、公害が発生しても、起ち上がらなくさせる。土地を売って裸になり、その企業に雇用されれば、身分と意識は丸ごと企業に従属する。その変身が僻地では当たり前になる。「近代化」が従属を深める、という奇妙な関係は、対馬ばかりか、先に開発された群馬県安中工場周辺でもみられた。

もちろん、それはひとり東邦亜鉛のことばかりではない。公害と地域の関係では、どこでも見受けられた関係だった。それはたとえば、最も危険な原発進出地での関係であり、さらに危険な沖縄・南西諸島への自衛隊進出の島でも、あらたにはじまっている関係である。

ひとつの地域にあらたにあらわれた異質の組織が、投資と雇用を生み出し、雇用するものと雇用されるものとの関係をあらたに構築する。日本のように「企業内労組」の場合は、労組も企業間競争に巻き込まれ、公害が発生しても企業擁護の運動体となりがちだ。

ひとつの悲しい事例では、二〇一一年、福島県双葉町が原発事故に遭遇したとき、当時の双葉町町長は、かつて原発反対運動の中心的な人物だった。反対運動から賛成へ。そしてさらに原発増設を進めていた途上での、大事故発生だった。危険性が利益を発生させる。水俣などの反公害闘争が、その非人間的な関係を否定したはずだった。

初出及び底本一覧

弘前大学教授夫人殺人事件
初出誌『週刊文春』一九七八年五月四日号〜六月一日号
初出単行本『血痕　冤罪の軌跡』文藝春秋、一九七八年十月
底本『弘前大学教授夫人殺人事件』新風舎文庫、二〇〇六年五月

弘前事件――真犯人が現れても再審棄却　冤罪にほんろうされた那須さんの人生
初出「罪者の思いに寄りそう司法に変えよう――冤罪事件のルポをとおして考える」『狭山事件裁判』五〇四号　二〇二〇年五月　より部分採録

ドキュメント隠された公害
初出『ドキュメント隠された公害　イタイイタイ病を追って』三一新書、一九七〇年四月
底本『ドキュメント隠された公害　イタイイタイ病を追って』ちくま文庫、一九九一年一月

・本書は、右の単行本・雑誌を底本としました。
・単行本に収録された著作については、最新のものを使用しました。
・明らかな誤記については修正し、振り仮名は新たに振りました。
・第二部について、掲載時のタイトルを変えたり、加筆訂正している場合があります。

鎌田 慧（かまた・さとし）

1938年青森県生まれ。弘前高等学校卒業後に上京、零細工場、カメラ工場の見習工などをへて、1960年に早稲田大学第一文学部露文科に入学。卒業後、鉄鋼新聞社記者、月刊誌「新評」編集部をへてフリーに。1970年に初の単著『隠された公害：ドキュメント イタイイタイ病を追って』（三一新書）を刊行。以後、冤罪、原発、公害、労働、沖縄、教育など、戦後日本の闇にその根を持つ社会問題全般を取材し執筆、それらの運動に深く関わってきた。東日本大震災後の2011年6月には、大江健三郎、坂本龍一、澤地久枝らとさようなら原発運動を呼びかけ、2012年7月、東京・代々木公園で17万人の集会、800万筆の署名を集めた。2024年現在も、狭山事件の冤罪被害者・石川一雄さんの再審・無罪を求める活動などを精力的に行っている。

主な著書

『自動車絶望工場：ある季節工の日記』（1973年、現代史資料センター出版会、のちに講談社文庫）
『日本の原発地帯』（1982年、潮出版社　のちに青志社より増補版）
『死刑台からの生還』（1983年、立風書房　のちに岩波現代文庫）
『教育工場の子どもたち』（1984年、岩波書店）
『反骨 鈴木東民の生涯』（1989、講談社　新田次郎文学賞受賞）
『六ヶ所村の記録』（1991年、岩波書店　毎日出版文化賞受賞）

鎌田《かまた》慧《さとし》セレクション―現代《げんだい》の記録《きろく》―2
真犯人《しんはんにん》出現《しゅつげん》と内部《ないぶ》告発《こくはつ》

二〇二四年十一月二十六日　初版第一刷発行

著　者　鎌田慧
発行所　株式会社 皓星社
発行者　晴山生菜
〒一〇一－〇〇五一
東京都千代田区神田神保町三－一〇 宝栄ビル六階
電　話　〇三－六二七二－九三三〇
FAX　〇三－六二七二－九九二一
ウェブサイト　URL http://www.libro-koseisha.co.jp/
メール　book-order@libro-koseisha.co.jp
印刷・製本　精文堂印刷株式会社
落丁・乱丁本はお取替えいたします。
ISBN978-4-7744-0842-2

鎌田慧セレクション —現代の記録—
各巻概要

1　冤罪を追う
ISBN978-4-7744-0841-5

冤罪という権力犯罪の追及、雪冤運動との同伴は鎌田の代名詞となった。財田川事件の『死刑台からの生還』、狭山事件、袴田事件、三鷹事件、福岡事件、菊池事件などの論考を再編集して収録。

2　真犯人出現と内部告発
ISBN978-4-7744-0842-2

真犯人が出現してもなお冤罪者を追い詰める警察とマスコミの退廃。内部告発の手紙によって公害隠しが明らかになった対馬・イタイイタイ病をめぐる地を這うような取材活動。『弘前大学教授夫人殺人事件』『隠された公害』の二編を収める。

3　日本の原発地帯
ISBN978-4-7744-0843-9

チェルノブイリ、福島原発事故のはるか以前、1971 年から鎌田は反原発だった。へき地や過疎地帯に交付金と引き換えに押し付けられる原発。鎌田の矛先はその危険性だけではなく差別的な原発推進政策に及ぶ。『日本の原発地帯』『原発列島をゆく』　を収録。

4　さようなら原発運動
ISBN978-4-7744-0844-6

内橋克人、大江健三郎、落合恵子、坂本龍一、澤地久枝、瀬戸内寂聴、辻井喬、鶴見俊輔に呼びかけ、脱原発の大衆運動を一挙に拡大した「さようなら原発運動」の記録と現地ルポ。

5　自動車工場の闇
ISBN978-4-7744-0845-3

世界数か国で翻訳出版されたトヨタ自動車の夢も希望も奪い去る、非人間的労働環境を暴いた鎌田ルポルタージュの原点。『自動車絶望工場』ほか。

6　鉄鋼工場の闇
ISBN978-4-7744-0846-0

真っ赤な溶鉱炉の火に魅せられた男たちの夢と挫折。日本の高度成長を支えた基幹産業の闇に迫る。『死に絶えた風景』『ガリバーの足跡』を収める。

7　炭鉱の闇
ISBN978-4-7744-0847-7

落盤事故、炭塵爆発事故、合理化による大量首切り。反対闘争への官憲の弾圧、資本に雇われれたやくざの襲撃。必死に生きる労働者と家族の生きざまを伝える鎌田ルポの神髄。『去るも地獄残るも地獄』ほか。

8　教育工場といじめ
ISBN978-4-7744-0848-4

1969 年、日本の教育は民主化教育から大転換した。管理教育の実態とその歪みから生じた「いじめ」を追う。『教育工場の子どもたち』　ほか。

9　追い詰められた家族
ISBN978-4-7744-0849-1

社会のひずみは擬制の共同体「家族」を破壊して子どもを追い詰める。永山則夫とはだれか？『家族が自殺に追い込まれるとき』『橋の上の殺意』　ほか。

10　成田闘争と国鉄民営化
ISBN978-4-7744-0850-7

日本史上最長、最大の農民闘争となった三里塚闘争の渦中からからの報告。国有鉄道、この日本最大のインフラを財界に売り渡した、利権と裏切りが渦巻く『国鉄処分— JR の内幕』は、現在の北海道、四国の交通の惨状を予告した。

11　沖縄とわが旅路
ISBN978-4-7744-0851-4

島の住民の四分の一が殺され、いまもっとも戦争に近い島『沖縄—抵抗と希望の島』。及び著者の自伝的文章を再編集して収録。

12　拾遺
ISBN978-4-7744-0852-1

人物論 / 文庫解説 / エッセーなど単行本未収録作品を精選し収録する。

に入れられると『殺せッ!ブルジョア×××!さあ早くやつてくれ
なりちらした。彼れの目はつりあがり、骨ばかりになつ
だらけだつた。『くそいまいましい奴だ!』と刑事たち
たかつて彼れを、××××××××××、両手を×××
××、××××××××、水を××××たり、しまひには××××××
のやう×××××××××。そして××××××××××××××
×××。小山はたちまち××××。水をぶつかけられて、やつと
きかへすと
うだ白状しろッ!』と刑事たちが左右か
スパイは
はずむ話で
JR渋谷駅
558371
945310
451080
019219